Hermann Wagner

Die Franklin-Expedition und ihr Ausgang

Entdeckung der nordwestlichen Durchfahrt durch Mac Clure [sic], sowie Auffindung der Ueberreste von Franklin's Expedition durch Kapitän Sir M'Clintock, R.N. L.

Hermann Wagner

Die Franklin-Expedition und ihr Ausgang
Entdeckung der nordwestlichen Durchfahrt durch Mac Clure [sic], sowie Auffindung der Ueberreste von Franklin's Expedition durch Kapitän Sir M'Clintock, R.N. L.

ISBN/EAN: 9783743647824

Hergestellt in Europa, USA, Kanada, Australien, Japan

Cover: Foto ©ninafisch / pixelio.de

Weitere Bücher finden Sie auf **www.hansebooks.com**

Die

Franklin-Expedition und ihr Ausgang.

Entdeckung der nordwestlichen Durchfahrt
durch Mac Clure
sowie
Auffindung der Ueberreste von Franklin's Expedition
durch
Kapitän Sir M'Clintock, R. N. L.

Mit
110 Holzschnitt-Illustrationen, sechs Tondrucktafeln und drei Uebersichtskarten.

Leipzig.
Verlag von Otto Spamer.
1861.

Vorwort.

Im ersten Bande unsers „Buchs der Reisen" begleiteten wir den kühnen Nordpolfahrer Dr. E. Kane nach der nördlichen Küste von Grönland. Wir verfolgten mit steigendem Interesse die Kämpfe, die dieser Wackere und seine kleine Heldenschaar zu bestehen hatten gegen die Schrecknisse des arktischen Winters, gegen Eis, Schneestürme, Raubthiere und gegen den noch schrecklichern Hunger.

Unser Interesse an dem Geschick jener Männer wurde besonders gesteigert durch das Ziel, welches die Unerschrockenen verfolgten. Um einen vermißten arktischen Helden mit seinen Begleitern, Sir John Franklin, aufzusuchen, setzten sie ihr Leben aufs Spiel. Kane vermuthete, dieselben seien vielleicht durch das Nordwasser in den Smithssund gedrungen und durch diesen in jenes Meer gelangt, welches den Pol umspült und von dem man glaubte, es sei eisfrei und gestatte eine ungehinderte Passage nach der asiatischen Küste.

Erst nach einem zweijährigen Kampfe gelangte Kane mit dem Rest seiner Leute im gebrechlichen Boote wieder in gemäßigte Breiten. Mit den Schiffen, welche zu seiner eignen Aufsuchung ausgesandt waren, und die ihn zur Heimat zurückführten, erhielt er auch die ersten Nachrichten, daß man Spuren der Franklin'schen Expedition an der Mündung des großen Fischflusses, also auf dem Festlande Amerika's gefunden habe.

Im vorliegenden Bande, dem V. der ganzen Serie, dem zweiten, der Kenntniß der neuen Welt gewidmeten, machen wir uns vertrauter zunächst mit Sir John Franklin selbst, dem Helden aller jener Nordpol=Expeditionen, welche eine lange Reihe von Jahren hindurch die Aufmerksamkeit aller civilisirten Nationen nach dem unwirthlichen Norden lenkten. Wir schildern seine frühern Erlebnisse, seine verschiedenen Reisen nach dem arktischen Amerika und sein schließliches Verschwinden. Nachdem wir uns begeistert an dem edlen Wettstreit, in welchem die Nationen bei der Aufsuchung der Verschwundenen sich überboten, begleiten wir eingehender Mac Clintock, den letzten der arktischen Helden, auf seiner Fahrt nach King Williams=Land und Montreal=Insel in der Mündung des Fischflusses. Wir sehen ihn an den unwirthbaren Küsten und unter den Eskimo=Horden die Reliquien der Franklin'schen Expedition sammeln und die aufgefundenen Gebeine beerdigen; wir sehen durch ihn das Geschick der Unglücklichen aufhellen, so weit solches aus den aufgefundenen Papieren möglich ist.

Hierdurch sind wir nach dem nördlichen Theil des amerikanischen Festlandes versetzt worden und haben dessen Naturbeschaffenheit, so wie die Eigenthümlichkeiten der Völkerschaften, welche es bewohnen, kennen gelernt,

Unser Blick schweift über die Gebiete der Stämme der nördlichen Eskimo, bis zu den fischenden und jagdkundigen Indianern, welche die Länder der Hudsonsbai bewohnen. Zugleich lernen wir die verschiedenen Pelzhandels-Gesellschaften kennen, welche den Norden der neuen Welt beherrschen.

Wir haben bei dieser Gelegenheit gesehen, in welcher Weise die seit lange schwebende Frage in Bezug auf die nordwestliche Durchfahrt theils durch MacClure, theils schließlich durch M'Clintock's Forschungen ihre Lösung gefunden. Nachdem aber die Unbrauchbarkeit einer nördlichen Wasserverbindung sich herausgestellt, hat sich das Interesse um so mehr auf die Passagen über die Felsengebirge gerichtet, die bisher nur von einzelnen Agenten der Pelzcompagnie und von abgehärteten Jägern benutzt und ihrer Beschwerden wegen gefürchtet wurden, die aber von Jahr zu Jahr in demselben Grade an Wichtigkeit steigen, als der Verkehr zwischen dem Osten und Westen des großen Erdtheils zunimmt.

Der ferne Westen, die jung aufblühenden Provinzen und Kolonien an den Ufern des Großen Oceans nehmen unsere Aufmerksamkeit in Anspruch; sie, gegründet und bevölkert durch die Verlockungen ihres Goldreichthums und weiter kultivirt durch regen Fleiß, Landbau, gewerbliche Betriebsamkeit und Handel! Jene Länder mit ihrem Reichthum an natürlichen Gütern, ihrer günstigen Lage am Gestade des Oceans, dessen Fluten jenseits das gesegnete Ostasien bespülen, — sie sind es, bei welchen wir im folgenden Bande des „Buchs der Reisen", der sich an den vorliegenden anschließt, zu verweilen gedenken. Wir werden uns vertraut machen mit dem Leben der Pfadfinder, die mit Art und Büchse zuerst eindrangen in die Jagdgründe der rothen Männer, als erste Spitze des Keiles, den die Civilisation ins Herz der neuen Welt unaufhaltsam vorwärts treibt.

Aeltere und neuere Reisende, aus der langen Reihe der neuern ein Charles Fremont, ein Catlin, Bartlett, Whipple, ein Möllhausen u. a. werden uns als Genossen Franklin's und der Polarfahrer erscheinen, eben so kühn in Ueberwindung von Gefahren, eben so unerschrocken und zäh im Kampfe mit ununterbrochenen Widerwärtigkeiten und Beschwerden, oft dagegen glücklicher im Erfolg und durch ihre gelungenen Bestrebungen Segen bringend nachkommenden Geschlechtern.

Für jenen Band haben wir uns vorzugsweise eine eingehendere Beleuchtung der Indianerstämme vorbehalten, um im vorliegenden die Eskimo, diese eigentlichen Menschen des Polarkreises, in den Vordergrund treten lassen zu können.

Möge das Gemälde der Gebiete des Nordpols, in welchem Franklin und seine Nachfolger als handelnde Personen auftraten, das Interesse unserer Leser in demselben Grade erregen, als es uns selbst angenehm gewesen ist, dasselbe zu entwerfen! Wir hegen die Hoffnung, der geneigte Leser des „Buchs der Reisen" werde uns auch bei unseren weitern Wanderungen gerne folgen, die ja je weiter nach Süden, sich um so farbenreicher und mannichfaltiger, so wie für das praktische Leben bedeutungsreicher gestalten!

Die Redaktion des Buchs der Reisen.

Inhaltsverzeichniß.

B. Mac Clintock's Expedition:

VIII. Mac Clintock's Eisfahrt in die Baffinsbai 173
Anderson's Expedition. — Ausrüstung des Fox. — Clintock's Abfahrt. — Frederikshaab. — Fiskernaes. — Godhavn. — Diskobucht. — Waigaitstraße. — Uvernivik. — Melvillebucht. — Rückfahrt im Eis. Befreiung.

IX. Mac Clintock's Fahrt nach der Bellotstraße 187
Des Fuchses Umkehr. — Küstenfahrt an Grönland. — Gefahr an der Buchan-Insel. — Eskimo vom Smiths-Sund. — Insel Koburg. — Pondsbai. — Kavarotulit. — Lancastersund. — Melville-Insel. — Peelstraße. — Bellotstraße. — Der „Fox" im Kampf mit der Eisströmung. — Das Fuchsloch. — Entwürfe zu Schlittenfahrten. — Thierleben.

X. Mac Clintock's vorbereitende Schlittenreisen 198
Anlagen der Depots. — Fahrt auf einer Eisscholle. — Brand's Tod. — Witterung an der Bellotstraße. — Schlittenfahrt nach Victoria-Kap. — Eskimo daselbst. Nachrichten über Franklin's Leute. — Young's Reise nach Prinz von Wales-Land. — Reise des Schiffsarztes. Zucker in der Fury-Bai.

XI. Ausgang der drei großen Schlittenreisen von Mac Clintock, Hobson und Young. 207
Reise nach der Westküste Boothia's. — Kap Victoria. — Eskimodorf. — Neue Nachrichten. — King Williams-Land. — Matty-Insel. — Eskimo auf King Williams-Land. — Montreal-Insel im Fischfluß. — Rückweg an der Westküste von King Williams-Land. — Das Skelett. — Cairn am Kap Herschel. — Hobson findet Schriftstücke. — Muthmaßliches Schicksal der Franklin-Expedition. — Das gefundene Boot. — Hobson's Reise. — Young's Reise. — Geographische Ergebnisse. — Heimfahrt.

Ueberblick der geographisch-naturhistorischen Ergebnisse der Nordpol-Expeditionen.

XII. Rundschau am Nordpol 224
Die Herrschaft des Unorganischen. — Eisriesen. — Rocky-Mountains. — Aleuten und ihre Vulkane. — Seealpen. — Flüsse. — Der Fraser-Fluß. — Die nördlichen Inseln. — Der geognostische Bau Grönlands. — Geologische Formationen. — Spitzbergen. — Meeresströmungen. — Treibholz. — Binneneisfeld Grönlands. — Warme Quellen. — Bodeneis.

XIII. Das Pflanzenkleid der Polarländer 243
Klima. — Winde. — Nebel. — Luftspiegelungen. — Eisblink. — Wälder von Nordkanada. — Baumgrenze. — Waldbäume. — Vegetation der Westküste. — Nutz- und Kulturpflanzen. — Grönlands Pflanzenreich. — Die Tundra. — Polarkräuter.

XIV. Das Thierleben der Polarwelt 260
Reichthum des Meeres. Walfisch. Finnwal. Weißfisch. Seehunde. Haifisch. Kabliau. Lachsforelle. Lump. Buttfische. Hundszunge. Miesmuscheln. — Landthiere: Renthier. Fuchs. — Pelzthiere des Festlandes. Pelzhandels-Gesellschaften. Seeotter. Büffel. Kaninchen. Moschusochs. Seebär. Seelöwe. Amphibien. Wolf. Eskimohund.

XV. Der Mensch am Nordpol 275
Eskimo: Bevölkerung Grönlands. Europäische Ansiedlungen in Grönland. Erik. Helge. Thorgils an der Ostküste. Geschichte der dänischen Kolonie. Eskimo des Festlandes. — Die Indianerstämme des Nordens. Bewohner der Aleuten.

Die zu diesem Bande gehörenden 6 Tonbilder sind in folgender Weise einzuheften:

Der „Fox" im Kampf mit der Eisströmung (zu S. 195) .... Titelbild
Dr. Richardson's Bootfahrt im Polarmeer .... Seite 79
Das Begräbniß im Polareis .... „ 181
Dorf und Gletscher Kavarotulit .... „ 192
Auffindung des Franklin'schen Bootes auf König Williams-Land .... „ 218
Jagd auf das Elennthier .... „ 269

Sir John Franklin.

Sir John Franklin's Name ist mit den Gebieten des Nordpols unzertrennlich verbunden!

Kaum findet sich anderswo auf dem Erdenrund ein so weites Gebiet, das mit dem Andenken an die Persönlichkeit eines Reisenden so innig verschmolzen wäre, wie dies mit den unheimlichen Gegenden des nördlichsten Amerika und der edeln Gestalt Franklin's der Fall ist!

Die weiße Schneedecke und das dunkle, schäumende Eismeer bildet den düstern Untergrund. Phantastisch geformte Eisberge, gleich gepanzerten Riesenheeren dahinziehend, schroff ansteigende Klippen aus Urgesteinen, unnahbare Felszacken und unendlich trübselige Torfsümpfe sind die Staffage des finstern Gemäldes. Nur wenig dürftige Kräuter verbrämen einige Tage des Jahres hindurch die Gesimse der natürlichen Säulen und die Ränder der spärlich und nach langen Pausen fließenden Bäche. Der Robben fettglänzende Geschlechter, der Vögel kreischende Schaaren und der Fische stumme Brut stellen den Chorus der großen Tragödie dar, deren Held John Franklin ist.

Die Mitternachtssonne des Nordpols beleuchtet die Hoffnungen seines muthigen Angesichts, — das blutigflammende Nordlicht zeigt selbst in der gräßlichsten Noth, wie sie nur der nordische Winter gebiert, des Kühnen Unverzagtheit, Unerschrockenheit und Ausdauer. Lorbeer und Eichen grünen freilich im Polarkreise nicht für die Stirne des Vorkämpfers, keine geschmeidigen Halme und strahlenden Blumen bietet der nordische Winter zur Graskrone, wie sie die Alten auf dem Schlachtplan wanden zum höchsten Ehrenschmuck des siegenden Feldherrn. Am Pol der Erde webt nur das bleiche Mondlicht einen magischen Kranz um die kalte Stirn des siegreich Gefallenen — wie sich Eiskrystalle und Schneesterne um die gebrochene Tanne schlingen!

Mancherlei Fahrten waren vor Franklin nach den Gestaden des nördlichen Eismeers ausgeführt worden, — keine ward aber so folgenschwer wie die von ihm unternommenen.

Anfänglich suchte man im Norden Amerika's einen möglichst nahen Weg nach Ostindien, China und Japan, — später spähte man nach gewinnbringendem Pelzwerk und nach bequemen Straßen für diesen einträglichen Handel. Durch täuschenden Schwefelkies ward eine Zeitlang der Golddurst nach den Nordküsten Amerika's gelenkt, Andere wurden gelockt durch den thranreichen Wal und das elfenbeinliefernde Walroß. Schließlich traten Fragen der Wissenschaft Alles beherrschend in den Vordergrund, die rein geistigen Interessen des Menschengeschlechts, erhaben über den augenblicklichen materiellen Gewinn. Sie zu lösen, dies war die hohe Aufgabe, welche John Franklin sich setzte, ihr widmete er den bessern Theil seines Lebens. Dreimal begann er den Kampf mit den widerstrebenden finstern Mächten des unnahbaren Gebiets, — nicht geschreckt durch die Todesgefahren, die an die Fersen der Polarreisenden klammern. Dreimal zog er aus, um seiner Nation den Ruhm zu erringen, eine Durchfahrt durch das nördliche Eismeer vom Atlantischen nach dem Großen Ocean aufgefunden zu haben; dreimal drang er im Dienste der Wissenschaft vor, um den Schleier zu lüften, hinter den sich die Polarwelt barg: doch nur zweimal kehrte er zurück; der Kampfplatz wurde sein Grab. Das tragische Geschick des Mannes und seiner zahlreichen Begleiter erschütterte in dem letzten Jahrzehnt die Gemüther der ganzen gebildeten Welt und erst die Neuzeit sollte die Stätte finden, wo er und seine 138 Genossen zur ewigen Ruhe eingingen.

Franklin, der Held des Nordens, hatte vom frühen Jünglingsalter an ein höchst bewegtes Leben geführt. Unter Gefahren war er zum Manne gereift. Er war im Jahre 1786 zu Spitsby in Lincolnsire (spr. Lingkönschihr), einer Grafschaft an der Ostseite Englands zwischen dem Humber und dem Washbusen, geboren. Kaum 14 Jahre alt, im Oktober 1800, trat er in den britischen Seedienst. Es war damals eine glorreiche Zeit der englischen Marine; es galt den Kampf mit dem unbezwungenen Napoleon. Konnte man diesem die Herrschaft auf dem Festlande Europa's nicht streitig machen, die Herrschaft zur See sollte er nicht mit England theilen. Bald nahm auch Franklin an den ruhmvollen Thaten seines Volkes Theil. Unter Hyde Parker und dem „Helden von Abukir" Nelson erschien am 30. März 1801 eine englische Flotte vor Kopenhagen, um von Dänemark den Austritt aus dem von Paul, Kaiser von Rußland, gebildeten Neutralitätsbunde zu verlangen. Als dieses sich weigerte, dem Verlangen nachzukommen, richteten die Engländer am 2. April ihr zerstörendes Feuer gegen die dänischen Schiffe und Batterien und errangen trotz der heldenmüthigen Gegenwehr einen vollständigen Sieg. Auch Franklin hatte in diesem Kampfe mit gekämpft, — einem Kampfe, von dem selbst sein Admiral Nelson, der damals schon in 105 Gefechten gewesen war, gesteht, einem so „vernichtenden" habe er noch nie beigewohnt. Mitte Februar 1804 nahm Franklin Antheil an einem Seegefecht, das ein englisches Geschwader in der Straße von Malakka einer Anzahl französischer Kriegsschiffe lieferte. Letztere hatten die auf der Heimkehr begriffenen reichen Kauffahrteischiffe der Ostindischen Kompagnie angegriffen, wurden aber von den Engländern blutig zurückgewiesen. Ein Jahr später rang der neunzehnjährige Jüngling unter derselben Anführung am Kap Trafalgar gegen die vereinigte spanisch=französische Flotte; er wirkte hier mit in einer Schlacht, die zwar seinem Admiral das Leben kostete, aber mit einer furcht= baren Niederlage der Franzosen endigte. Neunzehn französische Linienschiffe wur= den in einem fünfstündigen Kampfe, vier andere nach demselben genommen, und England erlangte durch die Beute und die neue Befestigung der Seeherrschaft reichlichen Ersatz für die Millionen, mit denen es zum dritten Male einen Krieg auf dem Festlande gegen den französischen Kaiser unterhielt. Im Jahre 1807 diente Franklin auf dem Theil der englischen Flotte, welcher die portugiesische Königs= familie nach Brasilien begleitete, und zwei Jahre darauf nahm er an der Blokade von Vliessingen Theil, welche mit der Einnahme dieser Festung durch Kapitulation endigte. In allen den erwähnten Kämpfen, Schlachten und Gefechten hatte er sich durch Muth und Unerschrockenheit ausgezeichnet und stets ehrenvoll die Stelle ausgefüllt, die ihm angewiesen worden war. Dieselben Eigenschaften bewährte er bei der Expedition gegen New=Orleans im englisch=amerikanischen Kriege 1813.

Der Dienst der Kriegsflotte, die Gefahren der Seeschlachten waren es nicht allein, mit welchen er sich vertraut machte und bei denen er seinen Muth stählte, auch die Beschwerden und Mühseligkeiten von Entdeckungsfahrten, nach den Ländern der kalten Zone gerichtet, lernte er frühzeitig kennen. Schon 1803 hatte er sich an der Entdeckungsreise betheiligt, die unter Kapitän Flinders nach der Südsee abging, und er hatte an den Korallenriffen der Catobank die Gefahren eines Schiffbruches zu bestehen. Seine eigentliche arktische Laufbahn begann er im Jahre 1818, als unter Kapitän Buchan eine Expedition nach Spitzbergen gesendet und ihm die Führung des zweiten Schiffes übertragen wurde. Die Unternehmung hatte die Absicht, wo möglich bis an den Nordpol vorzudringen und die Mysterien desselben aufzu= klären. Aber nordwestlich von Spitzbergen stieß sie auf dieselben Schranken, die sich bisher allen derartigen Versuchen entgegengestellt hatten. Ungeheure Massen von Treibeis und große Eisfelder rückten gegen die Schiffe an und drohten mehr als einmal dieselben zu verderben. Ein fürchterlicher Sturm erhöhte noch die ge= fährliche Lage der Fahrzeuge, die sich zuletzt nur durch das unerhörte Wagniß retten konnten, daß sie sich in die Hauptmasse des Eises einbohrten und dieses

1*

dadurch in eine schützende Brustwehr gegen die Stöße der auf- und niederwogenden Eisblöcke verwandelten. Buchan beschloß die Rückkehr und die übrigen höher gestellten Offiziere stimmten ihm bei, nur Franklin zeigte sich immer noch von Zuversicht erfüllt. Er machte den Vorschlag, mit nur einem einzigen Schiffe weiter dem Nordpol zuzusteuern, mußte aber, als der Oberbefehlshaber darauf nicht einging, sein Schiff ebenfalls heimwärts wenden. Wir verdanken Kapitän Beechey eine meisterhafte Beschreibung der Reise. Mit Bewunderung spricht er von der Standhaftigkeit, dem Muthe und dem „festen ruhigen Tone", mit welchem Franklin die Befehle ertheilte, als der Sturm zu dem erwähnten Wagstück zwang. Stets trat seine außerordentliche Klarheit, Besonnenheit, Entschiedenheit und Beharrlichkeit, sowie seine Alles gewinnende Leutseligkeit hervor, und die britische Admiralität wußte, daß, wenn sie einst eines Mannes von solchen Geistesgaben bedürfe, sie ihn nirgends anders zu suchen habe, als in Franklin. Schon im nächsten Jahre 1819 fand sich Gelegenheit, Franklin ein Feld der Thätigkeit anzuweisen, für welches er wie geschaffen und mit allen erforderlichen Eigenschaften vollständig ausgerüstet war. England suchte nämlich sein Uebergewicht zur See in jeder Beziehung zu befestigen. Hierzu gehörte auch, daß es die Lösung einer Frage übernahm, die für alle seefahrenden Nationen zur Ehrensache geworden und noch von der Zeit der spanischen Seeherrschaft bis auf die Gegenwart vererbt worden war, die Frage nämlich: Ist eine ununterbrochene Wasserverbindung zwischen dem Großen und dem Atlantischen Ocean im Norden Amerika's vorhanden und wie weit ist eine solche schiffbar? Gleichzeitig mußte es ja auch im Interesse Englands liegen, über die Beschaffenheit des nördlichsten Amerika möglichst eingehend aufgeklärt zu werden, da jene Länder theils zu den Gebieten der Hudsonsbaigesellschaft gehörten, theils diese unmittelbar begrenzten. Vielleicht konnten durch eine erweiterte Kenntniß derselben dem Handel neue Produkte oder Absatzwege zugewiesen, für den Transport neue Straßen aufgefunden werden.

Zu diesem doppelten Zwecke veranstaltete die britische Admiralität großartige Reiseunternehmungen zu Wasser und zu Lande und gab diesen Ordre, an bestimmten Punkten wo irgend möglich sich die Hand zu reichen. So wurde im Jahre 1819 Kapitän Parry mit zwei Schiffen ausgesendet, um die vielbesprochene nordwestliche Durchfahrt aufzusuchen. Er sollte sich den Nordküsten des Festlandes von Amerika so nahe als nur möglich halten und in den Gegenden des Mackenzie oder des Kupferminenflusses einer zweiten Expedition die Hand reichen, die zu Lande von den Hudsonsbailändern aus nach den Mündungen dieser Flüsse vordringen würde. Zum Oberbefehlshaber dieser zweiten Expedition ernannten die Lords den britischen Admiral Franklin.

Die Stromschnellen des Langen Falles in Kanada.

I.
Franklin's erste Reise im polaren Amerika.

Franklin's Reise nach der Hudsonsbai. — Cumberlandhouse. — Krih=Indianer. — Pelz=
kompagnie. — Fort Tschipewyan. — Winterreisen. — Indianerstämme. — Fort Provi=
dence. — Häuptling Akaitcho. — Fort Enterprise. — Rennthierjagden. — Reise auf dem
Kupferminenfluß. — Eskimo's. — Meeresfahrt. — Rückkehr auf dem Hoodsfluß. — Tripe
de Roche. — Hungersnoth. — Mord und Kannibalismus. — Indianerhülfe.

Franklin war zum ersten Mal mit der alleinigen Führung einer selbstän=
digen größern Unternehmung betraut. Am 23. Mai 1819 segelte er am
Bord des „Prinzen von Wales" von England ab. Widrige Winde und die un=
ruhige See erlaubten eine nur sehr langsame Fahrt, so daß man erst am 7. August
an dem Eingange in die Hudsonsstraße bei der Insel Resolution anlangte.
Ganz ungewöhnlich war die Masse des Treibeises und der Eisberge, welche in
jenem Jahre durch die Davisstraße dem Atlantischen Meere zuströmten. Wieder=
holt kam das Schiff in große Gefahr; doch gelangte es zuletzt glücklich durch die

Hudsonsstraße und Hudsonsbai und am 30. August nach der Yorkfaktorei, der Hauptniederlage der Hudsonsbaigesellschaft. Dieselbe liegt westlich von dem Kap Tatnam auf einer ebenen marschigen Halbinsel, begrenzt durch die Flüsse Hayes und Nelson. Hier berieth sich Franklin mit verschiedenen Männern, die durch ihren langen Aufenthalt in den nördlichen Gegenden Amerika's mit den verschiedenen Arten des Reisens, den Schwierigkeiten desselben und den Mitteln, diese zu überwinden, gründlich bekannt waren. Ihren Vorschlägen folgend beschloß er, den Weg über Fort Cumberlandhouse nach dem Großen Sklavensee einzuschlagen. Seine Reisegefährten waren Dr. Richardson, Chirurg der englischen Marine, ferner die beiden Admiralitätskadetten Back und Hood und der englische Matrose Hepburn.

Die Reisenden schifften sich im September auf dem Hayesflusse ein und kamen bald durch bewaldete, bald über grasbewachsene Flächen, die aber stets den Eindruck des Oeden machten, da nichts die Spur vom Dasein eines Menschen verrieth und nur selten die lautlose Stille vielleicht durch das Kichern der aschgrauen Krähe unterbrochen wurde. Die Fahrt ging im allgemeinen nur langsam von statten. Man hatte 10 Ströme und 9 Seen zu passiren und mußte, um von einem Flusse zum andern zu gelangen, oft meilenweit das Boot und Gepäck tragen. Die Flüsse waren reich an Stromschnellen und Wasserfällen und gestatteten nur selten eine längere ununterbrochene Fahrt. Der Ruder konnte man sich fast nie mit Vortheil bedienen, meist mußte die Schiffsmannschaft das Boot vom Ufer aus an einem Seile stromaufwärts ziehen. Aber die Uferränder waren weich und schlüpfrig oder bestanden aus so steilen Klippen, daß kaum Fuß zu fassen war. Hier hielt ein umgestürzter Baumstamm, da fast undurchdringlicher Wald das Fortkommen an den Flußufern auf. So kam es, daß man oft nur 1—2 Meilen den Tag zurücklegen konnte. Die Richtung des Weges war eine südwestliche gewesen; am 8. Oktober hatte man die Nordseite des Winipegsees erreicht, dessen Wasser von der Menge weißen Thones, der in demselben aufgelöst ist, ein schmutziges Ansehn hat. Die Indianer unterlassen nicht, diese trübe Farbe dem Abenteuer eines bösen Geistes zuzuschreiben. Einst, so erzählen sie, gelang es einem alten listigen Weibe, den bösen Geist Wisakutschacht einzufangen. Sie rief sogleich alle Weiber ihres Stammes zusammen, um ihn für die Plagen, mit welchem er stets die Menschen quält, derb zu züchtigen. Ueber und über mit Blut und Schmutz bedeckt, warf sich Wisakutschacht, als es ihm endlich gelang zu entfliehen, in die klaren Fluten des nahen großen Sees. Doch all das Wasser reichte nicht hin, um ihn wieder rein zu waschen; es wurde vielmehr selbst trübe und erhielt seit dieser Zeit den Namen Winipeg, d. h. trübes Gewässer. In den Winipegsee mündet der Saskatschewanfluß, der sich unter dem 85. Grad der Länge (westlich von Ferro) zu dem Fichteninselsee erweitert. Hier hat die Hudsonsbaigesellschaft die Station Cumberlandhouse gegründet, wo die Reisenden am 23. Oktober ankamen und einen Theil des Winters zubrachten, um ihre Vorbereitungen zu dem fernern schwierigen Abschnitt der Reise zu vollenden.

Obgleich Cumberlandhouse unter dem 54. Grad n. Br., also mit Lübeck und Curhaven in Deutschland ziemlich unter gleichem Parallelkreise liegt, so hat es doch mit dem Nordkap in Europa eine gleiche mittlere Jahreswärme, nämlich 0 R. Im Winter zeigt das Thermometer nicht selten 40 — 43° R.; der Sommer dagegen ist heiß zu nennen, da während desselben hier dieselbe Temperatur wie in Paris und Brüssel zu finden ist. In der Umgegend leben namentlich die **Krih=Indianer**, auch **Knistino's** genannt. Sie gehören zu der Familie der **Algon=kin=Lenape**, welche die Strecken südlich vom **Missinipi** oder **Churchill=fluß** (spr. Tschörtschill) bewohnt. Wiederholt kam Franklin mit ihnen zusammen. Ihr ganzer Stamm litt damals entsetzlich in Folge der geringen Ergiebigkeit der Jagd und Fischerei. Im Herbst trat der Keuchhusten epidemisch unter ihnen auf, etwas später die Masern. Viele starben und die Ueberlebenden waren theils so geschwächt, daß sie der Jagd und Fischerei nicht mit dem gehörigen Erfolge obliegen konnten, theils waren sie so von ihren abergläubischen Meinungen befangen, daß sie lieber die Krankheit auszutrommeln suchten und beschworen, als daß sie die Leidenden gepflegt und für bessere Nahrung derselben gesorgt hätten. Die Zahl der Beschwörer und Zauberer ist nicht unbedeutend unter ihnen. Dadurch, daß dieselben glühende Kohlen verzehren und verschiedene andere Gaukeleien anstellen, suchen sie ihre Stammesgenossen von der Wirksamkeit ihrer Wunderkräfte zu überzeugen. In Cumberlandhouse machte sich einst einer derselben, welcher weit und breit in großem Ansehn stand, anheischig, sich in einem Beschwörungs=hause mit Hülfe von zwei bis drei dienstbaren Geistern von jeden Banden zu befreien, die ihm um Hände und Füße gelegt werden würden. Das Haus wurde alsbald errichtet; die Konstruktion war höchst einfach, da man nur vier Weiden in die Erde steckte, so daß sie ein Viereck bildeten, und ihre Spitze in einer Höhe von 6 — 8 Fuß an einem Ringe befestigte. Das ganze Gebäude hatte nur 2 Fuß im Durchmesser. Der Beschwörer wurde nun geknebelt und ihm von einem englischen Matrosen ein 9 — 12 Ellen langes Tau um den Körper, die Füße und Arme gewunden. So setzte man ihn in das Beschwörungshaus, das man mit dem Felle eines amerikanischen Elenthiers bedeckte. Erwartungsvoll standen eine Menge Indianer umher. Ein und eine halbe Stunde waren bereits vergangen, ohne daß man etwas anderes von Zeit zu Zeit gehört hätte, als eine Art Hymne in höchst einförmigem Tone. Schon wollten sich die Engländer entfernen, da erfolgte unerwartet ein heftiges Schütteln des ganzen Gebäudes. Die Indianer riefen: „Der Geist kommt, er kommt!" und waren fest überzeugt, daß alsbald der Zauberer frei und ledig seiner Fesseln erscheinen werde. Allein es ergab sich, daß derselbe auch nicht **einen** Knoten gelöst, aber, weil er vor Kälte zitterte und bebte, an die Seiten des Hauses mit seinem Körper gestoßen hatte. Nach einer halben Stunde gestand er mit Beschämung die Unmöglichkeit sich zu befreien ein und wurde seiner Banden entledigt. Er hatte nicht bedacht, daß ein erfahrener englischer Seemann die Knoten fester zu schürzen verstehe, als seine Stammes=genossen. Die erste Gelegenheit, die sich ihm bot, benutzte er, sich vom Fort wegzuschleichen.

Die religiösen Begriffe der Krihs sind sehr dunkel und mangelhaft. Wie bei mehreren Völkern findet sich auch bei ihnen die Sage von einer allgemeinen Ueberschwemmung, durch welche die früheren Geschlechter untergingen. Dieselbe wurde durch die Fische verursacht, welche mit dem Halbgott Wisakutschacht in Streit gerathen waren und diesen ertränken wollten. Doch ihr Widersacher baute sich ein Floß und nahm darauf seine Familie und alle Arten von Vögeln und Säugethieren. Nachdem er einige Zeit umhergefahren war, ertheilte er mehreren Wasservögeln den Befehl, bis auf den Grund zu tauchen und etwas Erde zu holen. Allein diese ertranken sämmtlich. Nun führte eine Bisamratte den erhaltenen Auftrag aus und brachte im Munde etwas Schlamm zu Tage. Diesen nahm Wisakutschacht und baute daraus eine Wohnung, ähnlich der jener Ratten, und setzte sie auf das Wasser. Der kleine kegelförmige Schlammhügel wurde allmälig an seinem Fuße größer und größer und bildete eine weitausgedehnte Fläche, die an den Strahlen der Sonne zu festem Erdreich erhärtete. Obgleich jener Halbgott auch noch in der geschaffenen Welt großen Einfluß hat, so bezeugen die Indianer ihm doch nur geringe Achtung. Sie bringen ihm keine Opfer und werden deshalb, wie sie glauben, unaufhörlich von ihm gequält.

Eine Art Verehrung erweisen sie nur dem Götzen Keputschikawn, den sie zuweilen in menschlicher Gestalt, gewöhnlich aber durch ein paar Weidenbüsche, die sie an den Kronen zusammenbinden, darstellen. Jeder Gegenstand, der irgend einen Werth für den Indianer hat, kann ihm geopfert werden. Im Ganzen macht man aber auch nicht viel Umstände mit ihm; in die feierlichsten Gebete fließen zuweilen Drohungen und Vorwürfe ein, weil die frühern Bitten von dem Götzen nicht erhört worden waren. Die Opfer werden in einem Schwitzhause dargebracht, das aus geflochtenen Weiden in der Form eines Backofens errichtet wird und für 10—12 Personen Platz bietet. Am obern Ende des Hauses, der Thür gegenüber, wird gewöhnlich das Götzenbild aufgestellt und ihm die dargebrachten Gaben, die in einem Schnupftuche oder Spiegel, einer Pfanne, einem Stück Band, in Tabak und andern Dingen bestehen können, um den Hals gehangen. Der Opferer ist zugleich der Priester und beginnt in der Regel damit, daß er in einer Anrede dem Götzen den hohen Werth der dargebrachten Geschenke auseinandersetzt und ihn auffordert, sich dankbar zu erweisen. Hierauf stimmt er einen Hymnus an, den die in dem Hause Versammelten mitsingen. Der Inhalt desselben sagt meist nichts anderes, als: „Ich will mit dem Gott wandern, ich will mit dem Thiere gehn!" Tabak und Berberisblätter werden dann in einen Kalumet, eine Art Tabakspfeife, geschüttet, über den heißen Steinen entzündet und das Mundstück der Pfeife wird mit vieler Förmlichkeit dem Götzen vor's Gesicht gehalten. Nachdem die Pfeife zum zweiten Mal über den heißen Steinen gedreht und der Erde dargeboten ist, wird sie nach den vier Himmelsgegenden hingehalten. Und nun erst erlaubt sich der Priester ein paar Züge daraus zu thun und sie dem Nachbar zur Linken und dann den übrigen, die im Kreise sitzen, zu übergeben. Anreden, die gewöhnlich unbescheiden werden, und Hymnen wechseln noch verschiedenemal. Die Hitze macht man durch Aufgießen von Wasser auf die glühenden Steine noch unerträglicher, bis man zuletzt die Hütte abträgt und die vom Schweiß

Medizintanz der Indianer.

triefenden Götzendiener der Luft bloßstellt. Diese erneuern nochmals ihre Bitten und rennen dann nach dem nächsten Flusse, in dem sie baden.

Das Jenseits stellen sich die Krihs als eine weite Ebene vor, die Wild im Ueberfluß und viele neue Zelte für die Jagenden bietet. Der Weg dahin ist schwierig; ein schmaler, schlüpfriger Baumstamm, der über einen reißenden Fluß voll stinkenden und trüben Wassers gelegt ist, muß überschritten werden. Nur die, welche ein gutes Leben auf Erden geführt haben, gelangen hinüber und werden von ihren früher verstorbenen Freunden feierlichst begrüßt; die Bösen aber, die ihre Hände mit dem Blute ihrer Landsleute befleckt haben, fallen in die trüben Wogen oder werden von den glücklichen Bewohnern der Ebene hineingestoßen.

Die Krihs zeichnen sich durch manche gute Eigenschaften vor vielen ihrer Nachbarn vortheilhaft aus. Sie achten fremdes Eigenthum, sind zum Frieden geneigt, üben Gastfreundschaft und zeigen eine große Liebe zu ihren Kindern. Eines Tages kam ein armer Indianer mit seinem einzigen todten Kinde im Arme und seinem halbverhungerten Weibe in die Gebäude des Forts. Er hatte getrennt von den übrigen gejagt und wurde, als schon die Lebensmittel zu mangeln anfingen, vom Fieber ergriffen. Die Noth steigerte sich dadurch auf das Aeußerste; wochenlang war die Familie ohne nahrhafte Speisen. Der Mann hatte gehofft, in Cumberlandhouse unterstützt zu werden und hatte sich daher mit den Seinen aufgemacht, um dieses zu erreichen. Doch als er hier ankam, war so eben sein Kind in seinen Armen verschieden. Man bot den Eltern Nahrung an; aber — vergebens. Mit sprechender Geberde wiesen sie jeden Bissen zurück. Nur Klagen über den erlittenen Verlust kamen aus ihrem Munde, und der Schmerz war so groß, daß er selbst die Qualen des mahnenden Hungers zum Schweigen brachte.

Es läßt sich nicht läugnen, daß die Noth, in welche die Indianer bei geringer Ergiebigkeit der Jagd und Fischerei versetzt werden, meist selbstverschuldet ist. In jedem Jahre giebt es Monate, in welchen der Ertrag so reichlich ausfällt, daß derselbe, theilweise aufgespart, hinreichende Nahrung in den Zeiten des Mangels bieten würde. Aber der Indianer ist wenig vorsorglich; hat er Nahrung im Ueberfluß, so geht er verschwenderisch damit um und sammelt nicht für die Jahreszeit des Mangels. Diese Sorglosigkeit, ferner sein Aberglaube, sein unablässiges Prahlen und seine Trunksucht sind die größten Schattenseiten seines Charakters. Das letztere Laster ist leider erst dadurch heimisch geworden, daß sie in Berührung mit Europäern kamen. Als Franklin jene Gebiete bereiste, zeigte sich ihm dasselbe wiederholt in seiner ganzen Häßlichkeit. Damals verkehrten mit allen Indianern in dem Hudsonsbai-Territorium nicht blos die Beamten der Hudsonsbaikompagnie, sondern auch noch die einer zweiten Gesellschaft, der Nordwestkompagnie, die im Jahre 1800 gegründet worden war. Beide Gesellschaften, die ihre Stationen und Gebäude gewöhnlich nahe bei einander hatten, suchten einander zu überbieten, und jede wendete alle Mittel an, um die Indianer zur Ablieferung von Pelzwerk in ihre Niederlagen zu bewegen. Durch nichts waren aber diese Eingeborenen leichter zu gewinnen, als durch Branntwein, Gewehre und Schießbedarf, und alles dreies wurde auch in reichlichem Maße von beiden Kom=

Folgen des Branntweins. Schneeschuhe.

pagnien gegeben. Doch diese Konkurrenz führte zuletzt nicht blos zum gänzlichen Ruin des Pelzhandels, sondern auch zum Untergange der Indianer. Bis zu Ende des 18. Jahrhunderts hatte sich das ursprünglich angelegte Kapital der Hudsons= baigesellschaft zu 60 — 70% verzinst, mit Anfang dieses Jahrhunderts sank aber die Dividende vom Jahre 1800 — 1808 auf 4%, in den nächsten sechs Jahren auf Null und später mußten die Aktieninhaber 100% auf ihr Kapital einschießen. In Folge dieser Erfahrungen vereinigten sich 1821 beide Gesellschaften und be= schlossen zugleich, den Branntwein aus dem Handel mit den Indianern gänzlich zu verbannen. Seitdem dieses fürchterliche physische und moralische Gift für die rothe Rasse nicht mehr verabreicht wird, hat sich die Zahl der Indianer in diesen Gebieten wieder um ein Geringes vermehrt.

Die Eifersucht beider Gesellschaften griff glücklicherweise im allgemeinen nicht störend in die Forschungsreise Franklin's ein. Er wurde von beiden Kom= pagnien auf das bereitwilligste unterstützt und verkehrte mit beiden in der freund= schaftlichsten Weise. Noch mitten im rauhen Winter dieser nordischen Gegend, am 18. Januar 1820, bei einer Kälte von 30 bis 36° R. unter dem Gefrierpunkte, trat er, begleitet von Back und Hep= burn, seine Reise nach dem Fort Tschipewyan am Athabaskasee an. Dr. Richardson und Hood blieben in Cumberlandhouse zurück, um im Früh= jahre Gelegenheit zu haben, die Um= gegend zu erforschen. Die Entfernung von hier bis zum Fort Tschipewyan be=

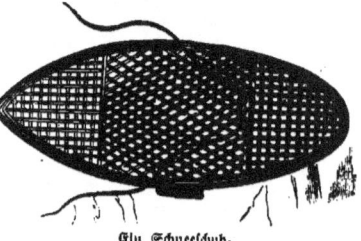

Ein Schneeschuh.

trägt, die verschiedenen Umwege mit eingerechnet, gegen 215 deutsche Meilen, und Franklin brauchte über 2 Monate, ehe er an diesem seinem nächsten Reiseziele an= langte. Die Ausrüstungen waren jetzt ganz anderer Art, als im vorigen Jahre; jetzt bedurfte man der Schneeschuhe und der Schlitten und Hunde. So sehr auch die Europäer den Indianern an Kunstfleiß überlegen sein mögen, an den Schneeschuhen haben sie auch nicht eine einzige Verbesserung anzubringen vermocht. Dieselben werden aus zwei leichten hölzernen Stäben gefertigt, welche an ihren Enden ver= einigt und in der Mitte durch Querhölzer auseinander gebogen sind. Beim Trocknen am Feuer giebt man den Seitenstäben eine solche Richtung, daß das Vordertheil des Schuhes gleich einem Boote gekrümmt ist, während das Hintertheil in einer scharfen Kante verläuft. Der Zwischenraum zwischen den Stäben ist außer den Querhölzern mit einem feinen Netzwerk von Riemen ausgefüllt, das da, wo der Fuß ein= gesetzt wird, am stärksten ist. Hier gehen zugleich Riemen in die Höhe, um den Schuh am Fuße befestigen zu können. Die Befestigung geschieht nur lose an der Ferse, so daß sich diese nach jedem Schritte erheben und das Hintertheil des Schuhes nach sich ziehen kann. Fest liegen dagegen die Riemen über den Zehen an, obgleich auch hier zwischen dem Hauptquerholz und dem nächsten nach vorn eine kleine Lücke gelassen ist, damit sich die Zehen beim Aufheben der Ferse ein wenig niederbiegen können und an der Spitze so wenig als möglich eine Reibung erleiden. Es kommt auch in der That nur dann vor, daß die Zehen wund gerieben werden, wenn sich Jemand dieser Schuhe zum ersten Mal bedient. In diesem Falle ist freilich der Schmerz fast unerträglich und gleichzeitig tritt die größte Ermüdung der Füße ein, die stets ein Gewicht von 2 Pfund nach sich ziehen müssen. Gewöhnlich jedoch hält dieser Zustand nicht allzulange an. Die Länge der Schneeschuhe beträgt 4—6 Fuß und die Breite 1 1/2 — 1 3/4 Fuß, je nach der Größe dessen, der dieselben tragen soll.

Die zwei Schlitten, welche Franklin mitnahm und die von Hunden gezogen wurden, dienten blos dazu, die für die Reise nöthigen Lebensmittel fortzuschaffen. Gewöhnlich bespannt man einen Schlitten mit 3 Hunden und ladet gegen 300 Pfund auf. Dieses Gewicht nimmt jedoch mit jedem folgenden Tage ab, da man täglich Nahrungsmittel verbraucht. Die Hunde jener Gegenden gehören zu den gefräßigsten Thieren und nöthigen die Führer, die Lebensmittel, wenn sie abgeladen sind, sehr hoch aufzuhängen. Dem Matrosen Hepburn stahlen sie eines Abends einen Theil seines Proviants fast unter dem Kopfe weg, obgleich sie schon ihr Futter in reichlichem Maße bekommen hatten. Ein anderes Mal hatten sie eine große Kiste Thee, in deren Mitte nur ein wenig Fleisch sich befand, vollständig zerbissen, das Fleisch herausgesucht und den Thee umhergestreut. Bei hartgefrornem Schnee und bei guter Bahn legt man mit solchem Fuhrwerk ungefähr vier deutsche Meilen den Tag zurück; ist der Schnee locker, so geht die Reise viel langsamer. Die Behandlung, welche die Hunde von den Führern erfahren, ist gewöhnlich hart. Obgleich sie fast allein das schnelle Reisen in diesem kalten Klima ermöglichen, obgleich sie ihre Herren des Nachts erwärmen, indem sie sich an deren Seite oder zu deren Füßen legen, so wird doch, wenn sie ziehen müssen, unbarmherzig auf sie losgeschlagen, und unter unaufhörlichem Fluchen werden sie angetrieben.

Die meisten Nächte brachten die Reisenden unter freiem Himmel zu. Kam man an den Lagerplatz, so räumte man den Schnee bis auf den Grund weg, streute Fichtenäste über den Platz und bereitete darauf das Nachtlager. In der Mitte des Platzes zündete man hier, wo man meist noch Holz in Menge fand, ein Feuer an, um wenigstens mit den Füßen warm zu liegen.

Die Reise ging anfangs in südwestlicher Richtung, den Fluß Saskatschewan entlang, bis zum Posten Carlstonshouse, und erst am 8. Februar schlug Franklin eine nordwestliche Richtung nach dem Athabaskasee ein. Schon am zweiten Tage traf er mit einem Manne zusammen, dessen Leben gewiß zu dem Abenteuerlichsten gehört. Es war der Pelzhändler Isbester, der im Winter fast kein anderes Geschäft trieb, als daß er die Wohnungen der Indianer auskundschaftete und diesen ihr Pelzwerk abkaufte. Jetzt suchte er eben die Indianergesellschaft auf, die seit dem Oktober nichts von sich hatte hören lassen. Ueber ihren Aufenthalt wußte er weiter nichts, als daß sie versprochen hatte, in einem bestimmten Distrikt zu jagen, gewiß eine sehr unzuverlässige Angabe,

Der Pelzhändler Isbester. 13

wenn man bedenkt, daß die Indianer oft einen gewählten Jagddistrikt aus Mangel an Wild aufgeben müssen. Trotzdem aber war er guten Muthes. In 6 — 7 Tagen hoffte er die Gesuchten sicherlich zu treffen und auf längere Zeit hatte er sich auch nicht mit Lebensmitteln versehen. Es schreckte ihn nicht, daß im Falle des Mißlingens seines Unternehmens er unglaublich vom Hunger zu leiden haben würde. „Nur vor wenig Wochen", erzählte er, „habe ich vier Tage mit meinen Hunden fasten müssen. Die Indianer, die ich suchte, hatten ihren Wohnort verändert, und durch den frischgefallenen Schnee war jede Spur, wohin sie

Winterreise mit Hundeschlitten.

sich gewendet haben konnten, verwischt. Ich suchte daher aufs Gerathewohl; der Nahrungsmittel wurden täglich weniger und endlich hatte ich nichts zu leben mehr. Vier Tage lang ertrug ich mit meinen Hunden den Hunger; dann aber sollte es einem dieser Thiere ans Leben gehen; aber welchem? Als ich dies noch überlegte, fand ich glücklicherweise einen betretenen Pfad und kam auf demselben zu den Indianern, wo ich Lebensmittel erhielt!" Am folgenden Tage verließ Isbester die Gesellschaft.

Ein ähnliches Leben voller Gefahren, Strapazen und Entbehrungen führen noch die meisten Diener der Pelzhandelskompagnie; ja alle Beamten der Gesellschaft sind ähnlichen traurigen Vorkommnissen ausgesetzt. Die meisten derselben

sind von Geburt Hochschotten oder Bewohner der Orkney=Inseln, die von der
Kompagnie als junge Leute auf eine bestimmte Anzahl von Jahren engagirt und
gewöhnlich zuerst nach einem der Handelsposten in Kanada geschickt werden, damit
sie sich auf ihren Dienst vorbereiten. Doch verlassen sie, auch wenn ihre Dienstzeit
vorüber ist, meist nie wieder das Land, das ihnen durch die überstandenen Be=
schwerden nur um so theurer zu werden scheint.

Franklin verkehrte auf dieser Reise mehrmals mit den Steinindianern,
die mit den Kriß ein Freundschaftsbündniß geschlossen hatten, und mit ihnen
zu ein und derselben Sprachfamilie gehören. Sie heißen auch Assiniboins
oder Assimipoytuk. Ihre Gesichtszüge sind freundlich und angenehm, ihre
Augen lebhaft und ausdrucksvoll; der Wuchs ist in der Regel gut, die Farbe
hellkupfrig. Dickes, pechschwarzes Haar fällt über die Ohren herab und bildet mit
dem, mit einer Art Mergel weißgefärbten Büffelmantel einen angenehmen Kon=
trast. Die meisten waren damals noch mit Bogen und Pfeilen bewaffnet, nur
einige besaßen eine Flinte. Von den Europäern tauschen sie namentlich außer Ta=
bak, Messern, Munition und Branntwein auch Knöpfe ein, welche sie in Schnüren
im Haar tragen. Bei einem tüchtigen Jäger hängen nicht selten 2 bis 3 Dußend zu
beiden Seiten der Stirn herab. An dem Ende derselben befinden sich bisweilen
kleine Glöckchen, deren Geklingel den Träger sehr zu ergößen scheint. Besonders
sind diese Steinindianer als Pferdediebe berüchtigt. Diese Thiere betrachten sie als
gemeinsames Eigenthum, das der große Geist allen Menschen zum Nußen geschaffen
habe, und dessen man sich bemächtigen dürfe, wie des Wildes. Bei ihren Dieb=
stählen gehen sie mit der größten Schlauheit und Kühnheit zu Werke. Von Carl=
tonhouse hatte eine Anzahl wenige Jahre vorher die Pferde sogar unmittelbar vor
den Thoren weggetrieben, obgleich man ein starkes, wohlgezieltes Feuer nach den
Dieben richtete und mehrere tödtete. Reisende, die sie überfallen, ziehen sie ge=
wöhnlich bis auf die Haut aus oder ermorden sie; und obgleich sie in ihren Hütten
gegen Fremde gastfreundschaftlich sind, so schicken sie doch, gleich mancher arabischen
Stämmen, andere der Ihrigen aus, die Fremden zu überfallen, wenn diese ihre
Reise fortsetzen.

Im Fort Tschipewyan verweilte Franklin nach seinem Eintreffen am
2. März gegen 4 Monate. Er erwartete die Ankunft Dr. Richardson's und Hood's,
zog Erkundigungen über die nördlich gelegenen Landschaften ein und bereitete sich
zur Weiterreise vor. Der Frühling trat ziemlich rasch ein; schnell sproßten die
Bäume und wuchsen die Saaten. Die große Ebene Nordamerika's, welche sich
nördlich vom 49° n. B. und östlich von den nach Nordwesten streichenden Felsen=
gebirgen oder Rocky Mountains ausbreitet, ist das Land malerischer Seen
und mächtiger wilder Wasserfälle. Von dem Obern zieht sich in nordwestlicher
Richtung eine Reihe großer und kleiner Wasserbassins, die fast alle mit einander
in Verbindung stehen und nicht nur für die Oberflächenbeschaffenheit dieses
großen Landes höchst charakteristisch sind, sondern auch die Verkehrsverhältnisse
wesentlich bestimmen. Die bedeutendsten sind der Winipeg=, Deer=, Wollaston=,
Athabaska=, Große Sklaven= und Bärensee. Der erste nimmt einen Raum ein,

welcher der Größe der Markgrafschaft Mähren gleichkommt, und der Große Sklavensee bedeckt eine eben so bedeutende Fläche als das Königreich der Niederlande. Dieser eigenthümlichen Anordnung und Verzweigung der Binnengewässer ist es hauptsächlich zuzuschreiben, daß in dieser nordischen Wildniß von der Größe Europa's, die durch klimatische Verhältnisse den Zugang so sehr erschwert, eine Anzahl von Handelsposten angelegt werden konnten, die alle mit einander in Verbindung stehen. Merkwürdig ist es, daß jene Seenreihe sich da hinzieht, wo sich zwei verschiedene geognostische Distrikte berühren. Im Osten von derselben besteht der Boden aus Urgestein, Granit, Gneuß, Glimmerschiefer, und es bilden diese Felsarten namentlich im Norden ein Plateau von sehr unebener Oberfläche; westlich dagegen erscheinen geschichtete Gebirgsarten, Sand= und Kalkstein. Eben so verschieden sind die Vegetationsverhältnisse: östlich breiten sich Wälder aus, die freilich weder den großartigen Charakter, noch den Umfang der südamerikanischen Urwälder haben, westlich dagegen Prärien. Dieselben erstrecken sich nur bis in die Breite des Großen Sklavensees (62°). Die baumleeren Flächen, welche weiter nördlich liegen und die Gestade des Eismeeres umgürten, haben den Namen Barron grounds oder tho barrens (Tundra's) erhalten. Es giebt nichts Traurigeres und Oederes, als diese ungeheuren Strecken mit ihren Morästen oder ihrem dürren Flechtenboden, mit ihren niedrigen Sträuchern oder zwergartigen Bäumen. Die Indianer, welche diese Barrens und jene Wälder und Prärien bewohnen, gehören alle zu der großen Familie der **Athabaska's** oder **Gallitin's**; doch zerfallen sie in eine Menge von Stämmen. Da giebt es **Tschipewyer** oder **Saw=isaw=dinneh**, d. h. Männer der aufgehenden Sonne; ferner **Kupferindianer**, die sich **Tantsawhot=dinneh** oder Birkenrindenmänner nennen; **Thlingtscha=dinneh** oder **Hundsrippenindianer**; **Edschawtawhot=dinneh** oder **Starkbogenmänner**; **Biber=, Dickwald=, Berg=, Schaf=, Haseindianer** und **Schieler** oder **Loucheur**, welche letztere jedoch nur aus Mißverständniß ihren Namen erhalten haben; denn sie nennen sich **Dhigothen=dinneh**, d. h. Männer, welche die Pfeile der Feinde vermeiden, indem sie mit jedem Auge nach einer andern Seite sehen. Mit dem Fort Tschipewyan verkehren vorzugsweise die drei zuerst erwähnten Stämme.

Das Wort **Kupferindianer** soll darauf hindeuten, daß in früherer Zeit ein Reichthum an Kupfer sich in den nördlichen Gegenden vorfand. „Einst", erzählte ein alter Tschipewyer mit Namen Kaninchenkopf, „kam eine Abtheilung der Eskimo's, die ursprünglich weiter nördlich jenseits des Meeres wohnten, zu unserm Volke herüber, raubten eine Frau und führten sie als Sklavin in ihr Land. Diese ertrug ihr Unglück mit großer Fassung, doch konnte keine Länge der Zeit die Sehnsucht nach ihrer Heimat unterdrücken. Nach vieljährigem Aufenthalte gelang es ihr endlich zu entfliehen. Doch wohin sollte sie sich wenden, nachdem sie ihrem Herrn entkommen war? Sie wanderte mehrere Tage umher, bald hierhin bald dorthin, fand jedoch zuletzt einen betretenen Pfad, der sie zum Meere führte. Beim Anblicke des Oceans schwand ihr alle Hoffnung, je ihr ersehntes Heimatsland wieder zu erreichen. Trostlos setzte sie sich am Gestade nieder und weinte. Da kam ein Wolf, leckte ihr die Thränen vom Auge und ging ins Wasser. Sie sah zu ihrer Freude, daß das Wasser sehr seicht war, und war augenblicklich entschlossen, durch das Meer zu wandern. Nichts weiter hatte sie in ihren Händen als zwei Stäbe, um sich auf dieselben zu stützen. Zwei Tage war sie bereits durchs Wasser geschritten, da bemerkte sie am dritten mit Schrecken, daß dasselbe tiefer wurde. Doch sie beharrte fest bei der Ausführung ihres Entschlusses und wollte lieber sterben als umkehren. Mit dem glücklichsten Erfolge wurde ihre Ausdauer belohnt; denn am fünften Tage betrat sie die Küste ihres Vaterlandes. Aber weit noch war der Weg zu den Ihrigen und der Winter vor der Thüre. Sie verfertigte sich daher eine Waffe, um Wild zu tödten und sich für den Winter mit Nahrungsmitteln versorgen zu können. Es gelang ihr, so viel Rennthiere zu erlegen, daß sie ein halbes Jahr von deren Fleisch leben konnte. Als der Schnee in großen Mengen gefallen war, baute sie sich eine Schneehütte, wie die Eskimo's zu errichten pflegen. Bei der Wiederkehr des Frühlings kroch sie aus ihrer Hütte hervor und sah in der Ferne einen Berg, der einen leuchtenden flimmernden Schein um sich verbreitete. Sie ging darauf zu und bemerkte, daß der ganze Berg aus Kupfer bestand. Von dem Metall nahm sie so viel mit, als sie tragen konnte, und suchte dann die Ihrigen auf. Das Glück wollte, daß sie nach einiger Zeit mit ihren eigenen Verwandten zusammentraf; diese kannten den Werth des Kupfers und brannten vor Begierde, den Berg zu sehen. Der ganze Stamm brach dahin auf, doch war die Freude, als man dahin gelangt, eine so unmäßige und ausgelassene, daß die Führerin betrübt sich von den Ihren wandte und auf den Gipfel des Berges sich begab. Kaum war sie oben angelangt, so that sich die Erde auf und verschlang sie und den Berg zugleich. Seit dieser Zeit findet man das Kupfer nur in kleinen Stücken auf der Oberfläche."

Die nördlicher wohnenden Hundsrippenindianer leiten ihren Ursprung von einem Hunde ab. Ungefähr fünf Jahre vor der Ankunft Franklin's wußte ein Schwärmer ihnen mit der größten Eindringlichkeit vorzustellen, daß es sündhaft sei, die ihnen verwandten Thiere noch länger für sich arbeiten zu lassen. Einmüthig beschlossen daher alle, ihre Hunde — nicht etwa in Freiheit zu setzen, sondern sie zu tödten. Seitdem mußten sie ihre Schlitten selbst ziehen, eine Beschwerde, die hauptsächlich den Weibern oblag.

Nachdem Franklin in Fort Tschipewyan die günstige Jahreszeit abgewartet hatte und Dr. Richardson und Hood von Cumberlandhouse eingetroffen waren, brach man am 18. Juli 1820 auf, um so schnell als möglich das nördliche Eismeer in der Gegend der Mündung des Kupferminenflusses zu erreichen. Zu der Reisegesellschaft gehörten außer den schon genannten Herren noch zwei Dolmetscher und siebzehn kanadische Reisediener, die Franklin theils hier, theils schon früher gewonnen hatte. Die Aufgabe der letzteren war es besonders, in drei Rindenkanoes das Gepäck und die Lebensmittel fortzuschaffen. Leider konnte das Fort die Expedition weder mit Proviant, noch Schießbedarf, noch Branntwein unterstützen, und die Ausrüstung war daher in dieser Hinsicht auf die Vorräthe beschränkt, die

Franklin-Expeditionen.

man früher selbst aus den südlichern Gegenden mitgebracht hatte. Doch hatte man die Hoffnung, am Großen Sklavensee mit Indianern zusammenzutreffen und von ihnen Proviant zu kaufen. Das vorzüglichste Nahrungsmittel für die Reisenden bildet in diesen Gegenden der sogenannte Pemmikan. Derselbe ist getrocknetes und von den Indianern auf einem Felle mit Steinen klargestoßenes Fleisch des Buffalo oder amerikanischen Bison, das mit geschmolzenem Fett vermischt und in die Haut des Thieres eingeschlagen wird. 50 Pfund Fleisch und 40 Pfund Fett geben einen Sack Pemmikan und zwei solcher Säcke machen die ordnungsmäßige Tracht eines Dieners bei Uebergängen über Trageplätze aus.

Die Rindenkanoes, die das gewöhnliche Transportmittel sind, werden zwar an scharfen Steinen leicht beschädigt, haben aber den Vortheil, daß sie von geringem Gewicht und elastisch sind, wenig tief im Wasser gehen und daß ihre Ausbesserung kurze Zeit in Anspruch nimmt. Ihre Außenseite besteht aus dicker und zäher Birkenrinde, welche in einzelne ziemlich gleiche Stücke geschnitten ist. Die letzteren werden mit Fäden, die man durch wiederholtes Spalten aus der Wurzel der Fichte gewinnt, zusammengenäht und die Nähte mit Fichtenharz überzogen, um sie wasserdicht und glatt zu machen. Der Bord ist von Fichten- oder Cedernholz, ungefähr drei Zoll breit, und an seiner untern Seite sind Rippen von Tannenholz eingefügt, welche die Gestalt von halbkreisförmigen Bogen haben. Festigkeit erhält das ganze Fahrzeug namentlich dadurch, daß zwischen den Rippen und der Rinde eine Bekleidung von Latten sich befindet, welche zugleich die äußere Bedeckung vor Beschädigung von innen schützt. Die Länge dieser Kanoes beträgt zwischen Vorder- und Hintertheil 35 Fuß, die größte Breite in der Mitte 5 Fuß. Nach den beiden Enden zu werden dieselben immer schmaler und zugleich gegen 1 Fuß höher, als in der Mitte. Sie tragen ein Gewicht von 30—40 Centnern außer der Besatzung und gehen vollständig beladen nicht tiefer als anderthalb Fuß im Wasser. Ueber Untiefen und Trageplätze können sie leicht geschafft werden, da sie leer nur zwischen 300—400 Pfund wiegen. Mit außerordentlicher Geschwindigkeit rudern die Indianer und Kanadier dieselben in ruhigem Wasser und selbst, wenn die Schifffahrt große Schwierigkeiten bietet, legen sie mit ihnen durchschnittlich Tagereisen von 12—15 deutschen Meilen zurück.

Die Reise ging den Sklavenfluß abwärts und bald erreichte die Gesellschaft den Großen Sklavensee und das auf der Nordwestseite desselben liegende Fort Providence, das die Nordwestkompagnie errichtet hatte. Die größte Plage waren auf dieser Tour die ungeheuren Schwärme von Moskitos, welche sich während des Sommers besonders südlich von jenem See einstellen. Sie gleichen im allgemeinen an Gestalt den afrikanischen und europäischen; hinsichtlich der Farbe ist die größere Art braun, die kleinere schwarz. Ihr Rüssel ist so lang und spitzig, daß das Thier damit selbst die Haut eines Büffels durchbohren kann. Die Wunden schwellen zwar nicht, sind aber sehr schmerzhaft. Um den Stichen dieser Plagegeister zu entgehen, fliehen die Büffel während des Sommers in die südlicheren Ebenen und die Rennthiere nach den Küsten des Polarmeers.

Am 30. Juli traf im Fort Providence Franklin mit dem Häuptling der

Kupferindianer Akaitscho, d. h. Großfuß, zusammen. Da dem erstern sehr viel daran gelegen war, diesen Mann zu gewinnen, um durch ihn Lebensmittel zu erlangen, so bot er alles auf, einen dauernden und günstigen Eindruck hervorzurufen. Er und seine Begleiter legten deshalb ihre Uniformen an und hingen sich Medaillen um den Hals. Akaitscho kam zu Schiffe. Als er landete, nahm er die wichtigste Miene an und ging mit abgemessenem und würdevollem Schritt nach dem Fort, ohne weder zur Rechten noch zur Linken zu blicken. In der großen Halle der Gebäude wurde er Franklin und seinen Begleitern vorgestellt. Nachdem er seine Pfeife geraucht, etwas Branntwein und Wasser getrunken und das Glas jedem der Seinen, die sich unterdeß auf dem Fußboden niedergelassen, gereicht hatte, hielt er eine lange Rede, auf die er sich schon seit mehreren Tagen vorbereitet hatte. „Ich freue mich", sprach er unter anderem, „so große Häuptlinge in meinem Lande zu sehen und bin bereit, dieselben bis ans Ende der Reise zu begleiten. Mein Volk ist zwar arm, doch gegen die Weißen, die ihm so viel Wohlthaten erwiesen, freundlich gesinnt. Daß ein großer Medizinhäuptling unter euch ist, haben wir schon erfahren. Wir hatten gehofft, er werde die Todten wieder in das Leben zurückrufen, und beklagen um so tiefer, daß dies ihm nicht möglich ist; denn es ist uns nun zu Muthe, als wären uns unsere Freunde zum zweiten Male entrissen worden." Zum Schlusse fragte er, welches der eigentliche Zweck der Expedition sei. Franklin antwortete: „Der größte Häuptling der Welt, der auch über die Handelsgesellschaften in diesem Lande zu gebieten hat, und dem das Glück aller Völker am Herzen liegt, schickt uns zu seinen Kindern im Norden, die, wie er gehört hat, großen Mangel an Kaufmannsgütern leiden. Er trug uns auf, einen Weg zu Wasser ausfindig zu machen, um dann Güter auf großen Schiffen und in gewaltiger Menge dahin befördern zu können. Wir sind indeß nicht gekommen, um selbst Handel zu treiben, sondern blos um zum Besten aller Völker und auch deines Volkes Entdeckungen zu machen; gern nehmen wir den Beistand deines Stammes an, der uns führen und Nahrung verschaffen und alle seine Dienste vollständig belohnt erhalten soll."

Nachdem sich Akaitscho nochmals verbindlich gemacht hatte, Franklin zu begleiten, wurde ihm eine Medaille umgehangen und er und die Seinen mit Tuch, Tabak, Messern, Dolchen, Flinten und Branntwein beschenkt. Schon nach wenigen Tagen ging die Reise erwartungsvoll nach Gegenden weiter, die noch nie der Fuß eines Europäers betreten hatte. Am 20. August befand man sich unter dem $64\frac{1}{2}°$ n. B. und $96°$ w. L. von Ferro, wo Franklin das Winterquartier und Vorrathsniederlagen errichten mußte, da sich Akaitscho trotz seines früheren Versprechens hartnäckig weigerte, in diesem Jahre weiter zu ziehn, weil nach allen Anzeichen der Winter sehr früh eintreten werde. Franklin nannte die Blockhäuser, die er baute, „Fort Enterprise", und ahnte nicht, daß dieselben die Stätte des namenlosesten Elends und Jammers werden sollten. Der ganze Sommer des Jahres 1820 war somit vergangen, ohne daß das Reiseziel erreicht worden war. Man hatte nicht mehr, als 138 deutsche Meilen zurückgelegt. Zwar machten Back und Hood und später Franklin und Richardson einen kurzen Ausflug nach den südlichen Theilen des Kupferminenflusses, doch hatten diese Reisen keinen andern Erfolg, als daß man sich der Nähe dieses Stromes vergewisserte.

Bis zum 14. Juli des folgenden Jahres mußte man im Fort Enterprise verweilen. Die wichtigste nächste Sorge war die Verproviantirung desselben. Die Indianer waren auf ihren Jagdzügen ziemlich glücklich, und die kanadischen Reisediener konnten kaum die Menge des Wildes herbeischaffen, die jene erlegten. Rennthiere sah man in großen Zahlen, oft in Herden von mehreren hundert Stücken beisammen. Eigenthümlich ist die Art der Jagd, wie sie namentlich bei den Hundsrippenindianern gebräuchlich ist. Die Jäger gehen paarweise und der vorderste trägt in der einen Hand ein Rennthiergehörn, an welchem noch zum Theil die Haut des Kopfes sitzt, in der andern hält er ein kleines Bündel Zweige. Gegen dieses reibt er von Zeit zu Zeit das Geweih und ahmt dabei die dem Thiere eigenthümlichen Bewegungen nach. Sein Begleiter tritt genau in die Fußstapfen des Vordermanns, unter dessen Armen die Mündungen der Flinten, welche der zweite in horizontaler Lage hält, hervorstehen. Beide Jäger tragen an der Stirn eine Binde von weißem Pelz, und der vorderste hat eine solche gleichfalls um jedes Handgelenk, da vor der weißen Farbe die Rennthiere am wenigsten zurückschrecken. Nur nach und nach nähern sie sich dem Rudel und erheben dabei die Beine sehr langsam, setzen sie aber ruckweise nieder, wie es das Rennwild zu thun pflegt. Sobald ein Stück aus der Herde auf diese ungewöhnliche Erscheinung aufmerksam wird, steht man still, und ahmt die Bewegungen der Thiere nach. So ist es den Jägern möglich, sich mitten unter die Herde zu begeben und nach Bequemlichkeit die besten Stücke auszusuchen. Ist das geschehen, so schiebt der Hintermann das Gewehr seines Kameraden vorwärts, das Geweih fällt zur Erde und beide Jäger feuern fast in demselben Augenblick. Das Rudel wird flüchtig; die Jäger setzen ihm nach, laden während des Laufens und feuern zum zweiten Mal, sobald die geängsteten Thiere Halt machen. Dadurch geräth das Wild in immer größere Verwirrung, läuft hin und her, und oft gelingt es, einen großen Theil des Rudels innerhalb eines Umkreises von ein paar hundert Schritten zu erlegen.

Im Vorrathshause war nach und nach das Fleisch von 100 Rennthieren, ferner 1000 Pfund Talg und eine nicht unbedeutende Menge getrockneter Fische eingelegt worden; auch hatte man außerdem 80 Stück Wild in verschiedenen Entfernungen im Schnee verwahrt und mit Steinen bedeckt, um sie zur gelegenen Zeit herbeizuschaffen. Dagegen war aber die Munition und fast gänzlich verschossen, der Tabak und der Branntwein ausgegangen und die Werkzeuge so abgenutzt, daß sie fast unbrauchbar waren. Deshalb begab sich Back nach Fort Providence und, als er hier keine Vorräthe fand, nach Fort Tschippewyan zurück, um die fehlenden Gegenstände durch andere zu ersetzen. Der Winter war seit Januar im ganzen milder, als gewöhnlich; wenigstens wußten sich die Indianer nie solcher milden Witterung in diesen Monaten zu entsinnen. Die Zeit verbrachte man mit Ausarbeitung der Tagebücher, mit Lesen von Journalen und Zeitungen, die man aus Europa erhalten hatte. Erfuhr man auch alle politischen Ereignisse ein halb Jahr später, so waren sie doch von nicht geringerem Interesse und man politisirte mit demselben Eifer, als ob man mitten in den Weltbegebenheiten stünde. Hood zeichnete Abbildungen von Vögeln, Fischen, Pflanzen, und er und Richardson machten sich mit der geognostischen Beschaffenheit der Gegend bekannt.

Während des Winters kamen noch zwei Eskimo an, von denen der eine englisch sprach. Sie stammten aus den nordwestlich von der Hudsonsbai gelegenen Ländern und sollten den Verkehr der Expedition mit den Bewohnern an den Küsten des nördlichen Eismeers vermitteln. Der Name des einen war Tattannöuck, d. h. Bauch, und der des andern Hoöutoerock, d. h. Ohr. Im Fort Churchill hatte man ihnen die Namen Augustus und Junius gegeben. Beide waren nicht zu bewegen, in den Blockhäusern zu wohnen; sie bauten sich vielmehr bald nach ihrer Ankunft ihre Schneehütten.

An der Küste des nördlichen Eismeers.

Am 14. Juni 1821 war alles so weit vorbereitet, daß man die Reise nach dem nördlichen Polarmeere antreten konnte. Akaitscho und mehrere seines Stammes begleiteten Franklin bis zum Distrikt der Eskimo, d. h. bis ungefähr 10 Meilen von der Küste des Eismeeres. Glücklich erreichte man am 18. Juli die Mündung des Kupferminenflusses, nachdem man 83 deutsche Meilen zurückgelegt und auf einer Strecke von 29 Meilen die Rindenkanoes und das Gepäck über Schnee und Eis gezogen hatte. Die Schiffahrt auf dem Kupferminenflusse war mit großen Schwierigkeiten verbunden gewesen und hatte die Reise so verzögert. Ein Ausflug, den man nach dem Kupferminenberge unternahm, bot nicht viel Neues; auch von dem großen Reichthum an Kupfer bemerkte Franklin wenig; einzelne gediegene Stücke dieses Metalls waren die ganze Ausbeute. Das Gelingen der ferneren Unternehmung hing hauptsächlich mit davon ab, ob man mit Eskimos zusammentreffen werde und mit ihnen einen freundschaftlichen Verkehr eröffnen könne. Denn nur auf diese Weise konnte man hoffen, Nahrungsmittel in hinreichender Menge zu erlangen. Leider wurde man nur einiger Familien ansichtig, und diese zeigten sich trotz der Freundschaftsversicherungen der Dolmetscher so mißtrauisch, daß sie mit Zurücklassung eines großen Theils ihrer Habe die Flucht ergriffen. Nur ein alter Mann, der den übrigen nicht folgen konnte, blieb zurück. Er hatte nichts anders, als gewissen Tod erwartet. Franklin beschenkte ihn reichlich; doch vermieden auch ferner die Eskimo jeden Verkehr.

Bis zur Küste des Polarmeers hatte ein Commis der Nordwestkompagnie, Wentzel, der bei den Kupferindianern in großem Ansehn stand und deren Sprache redete, die Expedition begleitet. Jetzt kehrte derselbe mit vier Kanadiern zurück und erhielt den Auftrag, im Fort Enterprise ein Magazin von Lebensmitteln durch die Indianer anlegen und daselbst einen Brief zurück zu lassen, der Nachrichten über den Aufenthalt der Indianer während der Monate September und Oktober enthielt. Auf diese Weise glaubte Franklin unter allen Umständen der Hungersnoth entgehen zu können.

Die weiteren Erforschungen der Expedition, die jetzt nur noch in 20 Personen bestand, erstreckten sich auf die von der Mündung des Kupferminenflusses östlich gelegene Meeresküste. In denselben zerbrechlichen Birkenkanoes, in welchen man den Fluß herabgefahren war, überließ man sich den wogenden Wellen des Meeres und segelte wiederholt zwischen treibenden Eismassen hin, deren scharfe Kanten den leichten Fahrzeugen jeden Augenblick den Untergang drohten. Nicht weniger als 42 Tage dauerte diese abenteuerliche Fahrt. Zuerst segelte Franklin durch den Krönungsbusen nach Osten, untersuchte dann den Sund, in welchen sich der **Hoodsfluß** ergießt, ferner **Bathurst-Einfahrt** und den **Melvillesund**. Hier nöthigten ihn der schlechte Zustand der Boote, der geringe Vorrath an Nahrung und die weitvorgerückte Jahreszeit zur Umkehr. Die nördlichste Spitze, die er an der Melvillebai erreichte, nannte er **Point Turnagain**, d. h. Wiederumkehrspitze (68° n. Br., 92° westl. von Ferro). Man hatte in gerader Linie nur einige 40 deutsche Meilen zurückgelegt und war von der unter dem 70. Grad westl. L. liegenden Repulsebai, die man zu erreichen gehofft, noch über 130 Meilen entfernt. Die Durchsuchung der vielen tief in das Land einschneidenden Buchten, die durchaus nicht in der Absicht Franklin's lag, hatte zuviel der kostbaren Zeit in Anspruch genommen. Am 18. August trat man die Rückkehr an. Da man am Hoodsflusse Wild zu finden hoffte, so segelte man zunächst dahin zurück. Von hier aus betrug die Entfernung bis zum Fort Enterprise nur ungefähr 40 deutsche Meilen und es war gegründete Aussicht vorhanden, dasselbe noch vor Einbruch des Winters zu erreichen. Doch erfüllte sich diese Hoffnung nicht.

Schneestürme. Tripe de Roche.

Am 25. August lief man in den Hoodsfluß ein. Um so schnell als möglich vorwärts zu kommen, ließ man hier alles irgend entbehrliche Gepäck zurück. Nur Munition, Netze, Beile, Eismeißel, astronomische Instrumente, etwas Tuch und drei Kessel nahm man auf die weitere Wanderung mit. Aus den beiden größern Kanoes fertigte man zwei kleinere, leichtere, um auf ihnen über die Flüsse und Seen, an die man kommen würde, setzen zu können. Trotz der größten Beschränkung hatte aber doch noch jeder Diener gegen 90 Pfund zu tragen. Die Gegend, die man nun betrat, war zwar eben, aber äußerst unfruchtbar, und nur selten zeigte sich eine Spur von Wild. Schon Anfang September traten so furchtbare Schneestürme ein, daß die Reisenden genöthigt waren, Tage lang in den Zelten zu bleiben. Die Temperatur sank auf — 23° R.; Holz war nirgends aufzutreiben und ohne Feuer mußten die Wanderer auf dem hartgefrornen Boden liegen. Der letzte Pemmikan war schon am 1. September vertheilt worden, und in einigen Bouillontafeln und etwas Pfeilwurz bestand der ganze Rest der Vorräthe. Man mußte daher aufbrechen trotz des Sturmes und Schneewetters. Mehrmals wurden die Träger der Kanoes durch den Sturm zu Boden geworfen und dabei das eine Fahrzeug so beschädigt, daß es nicht mehr zu gebrauchen war. Man benutzte die Rinde und das Gerippe desselben um ein Feuer anzuzünden, an dem man die letzten Vorräthe zu einem Mahle bereitete. Der Weg ging durch lockern tiefen Schnee, später durch halbgefrorne Sümpfe und Flüßchen, und gar oft mußte die ganze Mannschaft bis an die Kniee im Wasser waten und in

Nabelflechten (Gyrophora).

den durchnäßten Kleidern, die alsbald vor Kälte erstarrten, weiter marschiren.

Nach vierzehn Tagen gelangte man in eine mehr bergige Gegend, wo der Boden mit großen Steinen bedeckt war. So sehr sich auch hier die Beschwerden des Fortkommens mehrten, so boten doch die Felsen eine Hülfe in der Noth. Sie waren mit einer nährenden Flechte, welche die Kanadier Tripe de Roche (Felsendarm) nennen und die zu der Gattung der Nabelflechte (Gyrophora) gehört, bekleidet. Alle Gyrophoren zeichnen sich durch einen häutig knorpeligen, blattartigen, einblättrigen Stock aus, der im Mittelpunkte angewachsen, nabelig verdickt, übrigens aber frei und niedrig gedrückt ist. Die Fruchtbehälter sind erhaben, warzenförmig. Der Geschmack der Tripe de Roche ist freilich ein widriger, die Nahrung keineswegs gesund, doch errettete die Pflanze die Reisenden vom Hungertode.

Am 14. September kamen sie an einen etwa 300 Ellen breiten Abfluß des

Rumsees. Das Bett war felsig und uneben und das Wasser floß mit großer Schnelligkeit dahin. „Nachdem wir eine Stelle ausfindig gemacht hatten", erzählt Franklin, „wo die Oberfläche des Wassers glatt war, wurde das Kanoe oberhalb einer Stromschnelle ins Wasser gelassen, und St. Germain, Salomon, Belanger und ich bestiegen dasselbe, um überzufahren. Anfangs ging es gut; doch mitten im Strome ließ sich das schwerbeladene Fahrzeug wegen eines frischen Windes nur schwer regieren. Es kam nahe an die Stromschnelle; Belanger wollte die Gefahr abwenden, verlor beim Rudern das Gleichgewicht und das Kanoe schlug um. Glücklicherweise konnten wir uns an demselben so lange festhalten, bis wir an einen Felsen getrieben wurden, wo uns das Wasser nur bis an den Gürtel reichte. Hier faßten wir trotz der starken Strömung festen Fuß und machten das Kanoe wieder flott. Belanger hielt hierauf dasselbe fest, während St. Germain mich hineinhob und sich dann selbst sehr behende hineinschwang. Wie sollten wir aber unsern dritten Gefährten retten? Es war unmöglich ihn einzunehmen; denn das Fahrzeug würde, sobald er den Fuß von dem Felsen, auf dem er stand, entfernt hätte, den Strom hinabgetrieben worden sein. Wir mußten ihn also jetzt in dieser gefährlichen Lage zurücklassen. Noch waren wir keine 60 Fuß weit geschifft, als das Boot an einen verborgenen Felsen stieß und untersank. Die Stelle war glücklicherweise untief. Wir schöpften das Boot zum zweiten Mal aus und erreichten nach vielen Mühen endlich das entgegengesetzte Ufer. Aber nun galt es, Belanger aus seiner mißlichen Lage zu retten. Er stand mitten in der Stromschnelle bis an den Gürtel im eiskalten Wasser und sein mit nassen Kleidern bedeckter Oberkörper war einem starken Winde ausgesetzt. St. Germain versuchte auf dem Rückwege ihn einzunehmen; doch er wurde mit seinem Kanoe die Stromschnelle hinabgetrieben und war, als er landete, vor Frost und Erschöpfung zu fernern Anstrengungen untauglich. Jetzt unternahm es Adam, dem bedrängten Belanger zu Hülfe zu kommen, fand es aber unmöglich. Hierauf versuchten wir, ihm ein aus Tragbändern zusammengesetzte Leine zukommen zu lassen; doch auch dies schlug fehl, da die Strömung dieselbe mit solcher Heftigkeit faßte, daß sie zerriß. Als zuletzt Belanger's Kräfte beinahe erschöpft schienen, erreichte ihn das Kanoe, das man an eine dünne zu unsern Netzen gehörige Schnur gebunden hatte. An dieser hielt er sich fest und wurde, allerdings fast besinnungslos, durch die Stromschnelle gezogen. Dr. Richardson ließ ihn sogleich entkleiden und in wollene Tücher wickeln. Zwei Kanadier legten sich zu ihm, um ihn zu erwärmen; doch währte es einige Stunden, ehe das volle Leben in ihn zurückkehrte."

So gefahrvoll auch die Ueberfahrt der übrigen war, so ging sie doch am andern Tage glücklich von statten. Aber auf der Weiterreise kam man nur sehr langsam vorwärts. Hunger, Kälte und andere Beschwerden hatten die meisten so entkräftet, daß sie nur kleinen Tagemärschen gewachsen waren. Acht Tage lang schon war außer zwei Rebhühnern keine andere Nahrung über die Lippen gekommen als Felsenbarm, isländisches Moos und etwas versengtes Leder von abgenütztem Schuhwerk und Riemenzeug. Die Flechten hatte man mit Mühe unter dem Schnee hervorgescharrt und mußte sie oft, da es an Feuerung fehlte, verzehren, ohne daß man ihren herben bittern Geschmack durch Kochen und Abbrühen etwas mildern konnte. Man wird daher die Freude begreifen, welche die Reisenden empfanden, als sie eine Herde Wild in der Ferne sahen und es ihnen gelang, fünf Schmalthiere zu erlegen. Mit wahrem Heißhunger aßen sie selbst den Magen und die Eingeweide dieser Thiere. Die Häute nahmen sie mit, um an den folgenden Tagen davon zu leben. Doch die Noth sollte bald wieder von neuem und in noch schrecklicherem Grade beginnen.

Am 26. September kamen die Reisenden am Kupferminenflusse an. Wie sollte man aber diesen 400 Fuß breiten Strom überschreiten ohne Boot? Die Träger hatten das letzte Boot, das man besaß, eigenmächtig weggeworfen, um ihre Bürde sich zu erleichtern. Ueberhaupt waren die Diener so niedergeschlagen, daß Furcht vor Strafe und Hoffnung auf Belohnung keine Macht mehr über sie hatte und daß sie sich verschiedener Fahrlässigkeiten und des Ungehorsams wiederholt schuldig machten. Acht Tage lang zog man am Ufer des Flusses hin und her und sann auf Pläne, hinüber zu gelangen. Man band ein Floß aus Weidenbündeln zusammen; dasselbe erwies sich jedoch, da das Material grün war, als zu schwer, um zwei Mann zu tragen, und überdies fehlte es auch an Rudern, dasselbe zu lenken. Dr. Richardson erbot sich, den Strom, dessen Temperatur jedoch nur $+2\frac{2}{3}°$ R. war, mit einer Leine zu durchschwimmen und das Floß hinüber zu ziehen. Allein schon der Anfang des Unternehmens wurde durch ein Unglück bezeichnet. Als nämlich der kühne Mann im Begriff war, ins Wasser zu gehen, trat er auf einen Dolch und verwundete sich den Fuß bis auf den Knochen. Doch ließ er sich dadurch nicht abschrecken. Bald aber wurden ihm beim Schwimmen die Arme steif und er verlor die Kraft, dieselben zu bewegen. Er beharrte jedoch trotzdem bei seinem Vorsatze und schwamm auf dem Rücken fast bis an das entgegengesetzte Ufer. Da schwand ihm die Kraft auch aus den Beinen und zur Bestürzung aller sank er unter. Fast leblos wurde er an der Leine nach dem Ufer zurückgezogen und hier an einem großen Weidenfeuer erwärmt.

Unglücklicherweise lag jetzt der Schnee am Flußufer so hoch, daß man nicht einmal hinreichend Tripe de Roche zu sammeln vermochte, und die ganze Mannschaft kam so von Kräften, daß sie sich kaum auf den Beinen halten konnte. Man denke sich daher den Jubel, mit dem man die Entdeckung Richardson's begrüßte, als er eines Tages unter dem Schnee Haut und Knochen eines von Wölfen verzehrten Rennthieres fand. Die Knochen brannte und die Haut kochte man mit dem Leder einiger Schuhe zu einem Breie. Dies trostlose Gericht ward zu einem Festmahl für die Unglücklichen! Noch immer befand man sich rathlos am Ufer des Flusses. Endlich machte St. Germain den Vorschlag, aus dem Wachstuch, in welches das Bettzeug auf der Reise gepackt wurde, ein Kanoe zu fertigen. Aus Weidenruthen flocht man das Gerippe des Bootes, überzog dieses dann mit jener Leinwand und verstrich die Nähte mit Fichtenharz. Den 4. October war das Werk vollendet; man brachte es nach dem Lager und alle standen in ängstlicher Erwartung am Ufer, als St. Germain sich einschiffte. Das kühne Wagstück gelang und alle kamen mit Hülfe dieses Fahrzeugs glücklich über den Strom. Höchst günstig wirkte die gelungene Ueberfahrt auf die Stimmung der Diener. Ihre Niederge=

schlagenheit wich; sie drückten den Offizieren herzlich die Hände und meinten, das Schlimmste sei nun überstanden, da man in wenigen Tagen, so matt man auch sei, Fort Enterprise erreichen werde.

Die kräftigsten der Gesellschaft waren noch Back, der Dolmetscher St. Germain und die kanadischen Diener Salomon, Belanger und Beauparlant. Diese wurden sogleich mit Instruktionen nach dem Fort abgefertigt, um von da Nahrungsmittel für die nachschleichenden Unglücklichen herbeizuschaffen und die Indianer von der Noth derselben in Kenntniß zu setzen. Man hoffte, daß der früher zurückgesendete Commis Wentzel seinen erhaltenen Auftrag, Vorräthe daselbst niederzulegen, ausgeführt und eine schriftliche Nachricht zurückgelassen haben würde, aus der man ersähe, wo die Indianer jagten. Die übrigen setzten sich um 8 Uhr des andern Tages, halb erstarrt vor Kälte in ihren durchnäßten Kleidern in Bewegung. Nahrung hatten sie schon seit 20 Stunden nicht zu sich genommen, da nicht einmal Tripe de Roche auf dem diesseitigen Flußufer zu finden gewesen war. Erst gegen Mittag waren sie so glücklich, etwas von dieser Pflanze zu sammeln. Der Schnee lag tief und man rückte nur sehr langsam vorwärts. Hood war ganz entkräftet; es gelang es ihm noch, sich mit der Hülfe Richardson's langsam dem Zuge nachzuschleppen. Franklin befand sich beim Vortrab und ließ von Zeit zu Zeit anhalten, um den Zurückgebliebenen das Nachkommen zu ermöglichen. Nachdem man 1 1/2 deutsche Meile weit mehr geschlichen, als gegangen war, fanden sich alle so entkräftet, daß sie das Nachtlager aufschlagen mußten. Wie sollte aber die Ruhe Stärkung bringen, da es an kräftiger Nahrung fehlte? Schon am nächsten Tage konnten zwei kanadische Reisediener der übrigen Gesellschaft nicht mehr folgen. Dr. Richardson ging trotz seines geschwollenen Fußes zurück, um den unglücklichen Gefährten beizustehen. Er fand jedoch, da der Sturm die Spur verweht hatte, nur den einen und zwar in einem so geschwächten Zustande, daß es ihm unmöglich war, denselben nur einen einzigen Schritt weiter zu bringen. Mit dieser traurigen Nachricht kehrte er zu den übrigen zurück. Jean Baptiste Belanger machte sich auf, dem Unglücklichen beizustehen, doch vergebens; er konnte ihn nicht auf die Beine bringen. Die übrigen erklärten alle, sie seien zu schwach, um ihren Gefährten zum Feuer und den Halteplatz zu tragen, und so mußte man denselben seinem Schicksale überlassen.

Abermals sah man die Nothwendigkeit ein, den Trägern ihre Bürde auf die eine oder andere Weise zu erleichtern. Aber wie sollte das geschehen, wenn man sich nicht der nothwendigsten Gegenstände berauben wollte? Da machte Hood und Dr. Richardson den Vorschlag, sie wollten, da sie unmöglich gleichen Schritt mit den übrigen halten könnten, auf dem nächsten Halteplatze, wo Holz und Tripe de Roche für 10 Tage sich vorfinde, zurückbleiben und für die Aufbewahrung irgend welcher noch entbehrlichen Effekten sorgen. Leiden ketten die Menschen meist fester an einander als Freuden; die gegenseitige Theilnahme und Aufopferung ist ein stärkeres Band, als der gemeinschaftliche Genuß von dem, was nur angenehme Gefühle erweckt. Mit um so schwererem Herzen faßte daher Franklin den Entschluß, seine Freunde in der Noth allein zu lassen. Doch war dies der einzige Weg, den größten Theil der Mannschaft zu retten. An einem der nächsten Tage kam man ein ziemlich ausgedehntes Weidendickicht, neben welchem auf dem nackten Felsen Tripe de Roche in Menge zu finden war. Hier schlug man das eine Zelt fester, als gewöhnlich auf, sammelte einiges Holz und trennte sich von Hood und Richardson, sowie von Hepburn, welcher letztere sich freiwillig zum Dableiben erboten hatte.

Obgleich Franklin mit seinen Begleitern, die jetzt nur noch ihre Kleider, ein einziges Zelt, etwas Munition und die Tagebücher der Offiziere zu tragen hatten, am nächsten Tage nur eine deutsche Meile zurücklegte, so erklärten doch Abends zwei Kanadier, Jean Baptiste Belanger und Michel, sie könnten die Reise nicht weiter fortsetzen, und bäten um die Erlaubniß zu den zurückgebliebenen Gefährten zurückkehren zu dürfen. Am nächsten Morgen wiederholten sie dieselbe Bitte. Franklin wies sie auf die Nähe des Fort Enterprise hin. Doch auch dieser letzte Hoffnungsschimmer machte keinen Eindruck auf sie, so daß Franklin ihnen den Rückweg gestattete. Zugleich trug er ihnen auf, Richardson und Hood von der Nähe eines Fichtenhains in Kenntniß zu setzen, der bessern Schutz, als jenes Weidengebüsch bieten würde. Auch am nächsten Tage sahen sich wiederum zwei andere Diener, Perrault und Fontano, genöthigt, von der Fortsetzung der Reise abzustehen und umzukehren. Schwindel überfiel sie und verschiedene andere Anzeichen bekundeten ihre gänzliche Kraftlosigkeit. Sie erholten sich zwar etwas, als sie ein wenig Thee und gebranntes Leder genossen hatten; doch waren sie dadurch eben nur so weit gekräftigt, daß sie den Lagerplatz im Fichtenhain zu erreichen hoffen konnten. Fontano war von Geburt ein Italiener; er hatte seine letzten Kräfte angestrengt, um Franklin folgen zu können, da dieser ihm versprochen hatte, ihn nicht blos, wenn er die Reise überlebe, mit nach England zu nehmen, sondern auch die Mittel zu verschaffen, in seine Heimat zurückzukehren. Noch in der Abschiedsstunde sprach er mit Franklin von seinem Vater, und ließ sich das früher gegebene Versprechen wiederholen.

Jetzt war die Reisegesellschaft auf fünf Personen zusammengeschmolzen: Franklin, Adam, Peltier, Benoit und Samandré. Der Eskimo Augustus war vorausgeeilt und ihn hoffte man in der Nähe des Fort Enterprise zu treffen. Bald kam man in genau bekannte Gegenden, was den Muth der bedrängten Reisenden nicht wenig hob. Wiederholt bemerkte man ganze Rudel von Rennthieren; doch nie gelang es, auch nur ein einziges Stück zu erlegen. Adam, der beste Schütze unter den fünf, war zu schwach, dem Wild nachzugehen und die Flinte fest und ohne Zittern zu halten. Tripe de Roche und altes Schuhwerk blieb daher auch jetzt die einzige Nahrung der Hungernden und vor Kälte halb Erstarrten. Fort Enterprise war von jenem Fichtenhain nur 4½ deutsche Meilen entlegen. Doch welche Bedeutung hatte für die Entkräfteten diese Entfernung! Drei Tage brauchte man, um die kurze Strecke zurückzulegen.

Endlich — es war den 11. Oktober — sah man das ersehnte Ziel vor sich liegen. Hoffnung und Furcht wechselten in den Gemüthern; keiner wußte, ob Erlösung oder neue Qualen seiner warteten. Stumm schritt man den Gebäuden des Forts zu. Aber — o Gott — wer beschreibt den furchtbaren Schrecken der Enttäuschung, als man eine völlig öde Behausung, keine Niederlage von Lebensmitteln, keine Nachricht über den Aufenthalt der Indianer fand. Nur ein Billet von Back entdeckte man, aus dem hervorging, daß dieser 2 Tage früher hier eingetroffen und aufgebrochen sei, um die Indianer zu suchen oder, im Fall diese zu weit entfernt seien, das Fort Providence zu erreichen. Jetzt schien den Männern, die so kühn allen Beschwerden und Gefahren getrotzt, der letzte Muth zu brechen.

Allmälig kehrte die ruhige Ueberlegung zurück. Man entsann sich, daß man im Frühjahre beim Fortzuge einige Rennthierhäute weggeworfen und ein Fäßchen Salz zurückgelassen hatte. Beides suchte man hervor, ebenso die Knochen aus dem Aschenhaufen. Da die letzteren eine so ätzende Speise gaben, daß davon Lippen und Gaumen wund wurden, so kochte man sie mit Tripe de Roche und machte sie dadurch eßbarer. Von den früheren Zimmern wurde eins zur Wohnung, so gut es ging, eingerichtet. Die Fenster, die bisher Scheiben aus Pergament besaßen, versetzte man mit Bretern. Der Fußboden der übrigen Zimmer mußte als Brennholz dienen und so fand man wenigstens einigen Schutz gegen den Sturm und die Kälte, die durchschnittlich den tiefen Stand von — 21 bis 23 R. erreichte. Als Franklin am andern Morgen aufstand, war ihm der Körper, namentlich Hände und Füße, so geschwollen, daß er nur wenige Schritte gehen konnte. Adam konnte ohne fremden Beistand sich nicht einmal erheben, und die übrigen waren nur um ein Weniges kräftiger. Glücklicherweise traf den Tag vorher der Eskimo Augustus ein, der auf dem Wege, den er gewählt, einiges Wild gefunden und daher bei weitem nicht so viel gelitten hatte. Durch ihn hoffte man auch jetzt mit frischem Fleisch versorgt zu werden.

Von dem vorausgeschickten Back erhielt man am 13. Oktober höchst betrübende Nachricht. Er hatte keine Spur von Indianern gesehen und erbat sich weitere Verhaltungsbefehle von Franklin aus. Der Bote, Salomon Belanger, kam halberfroren und fast sprachlos an. Er hatte das Unglück gehabt, in eine Stromschnelle zu fallen, und seine Kleider waren ganz mit Eis überzogen. Erfreulich war es, mit anzusehen, wie alle, selbst die Schwächsten, ihn liebreich pflegten. Man frottirte ihn, kleidete ihn um, flößte ihm warme Suppe ein, so daß er sich bald soweit erholte, daß er die an ihn gerichteten Fragen beantworten konnte. Franklin beschloß, selbst nach Fort Providence zu gehen und mit Back am Rennthiersee zusammenzutreffen, und fertigte nach fünf Tagen den wieder etwas gekräftigten Belanger mit dahin lautenden Instruktionen ab. Zwei Tage später machte sich Franklin mit Benoit und Augustus auf den Weg. Peltier und Samandré waren freiwillig geneigt, bei dem immer noch sehr schwachen Adam zurückzubleiben. Alle drei zeigten beim Abschied viel Fassung und Ergebung. Franklin vermochte, obgleich er alle seine Kräfte aufbot, am ersten Tage nicht mehr, als in 6 Stunden eine deutsche Meile zurückzulegen; am nächsten Tage hatte er das Unglück, zwischen zwei Steine zu fallen und seine Schneeschuhe zu zerbrechen. Nun war es ihm noch weniger möglich, mit den beiden Dienern gleichen Schritt zu halten, und er beschloß deshalb, umzukehren und seine beiden Gefährten allein nach dem Rennthiersee reisen zu lassen. Schriftlich empfahl er Back, sobald als möglich Lebensmittel nach Fort Enterprise zu schicken.

Als Franklin nach letzterem zurückkam, fand er Samandré äußerst kraft- und muthlos. Auf Peltier lag daher sämmtliche Arbeit: Holzholen, Aufbringen der Lebensmittel, Feueranzünden, Kochen u. s. w., und er vermochte nicht, so viel Speise zu bereiten, daß man täglich zwei Mahlzeiten halten konnte. Es war daher ein Glück, daß Franklin wieder hier eintraf. Er machte jetzt den Koch, Peltier stieß Knochen und so konnte man wieder täglich des Morgens und des Abends ein freilich nur kraftloses Mahl anrichten. Adam und Samandré wollten das Lager nicht verlassen; sie schienen entschlossen zu sein zu sterben; denn sie verweigerten es Nahrung zu sich zu nehmen. Erst nach vielen Bitten brachte man sie dahin. Bis jetzt hatten die Reisenden ihr Dasein vorzugsweise mit Tripe de Roche gefristet; allein nun war die Kälte so tief eingedrungen, daß dasselbe selbst unter dem Schnee hart gefroren war und kaum noch vom Boden getrennt werden konnte. Sie fühlten, wie ihre Kräfte von Tag zu Tag abnahmen und ihnen jede Anstrengung qualvoller wurde. Schon das bloße Aufstehen, wenn sie gesessen hatten, machte ihnen große Mühe und oft mußten sie sich einander auf die Beine helfen.

Als sie am 29. Oktober Abends um das Feuer her saßen und über die zu erwartende Hülfe sprachen, vernahmen sie unerwartet ein Geräusch im Nebenzimmer. „Indianer!" rief Peltier freudig; doch sah er sich gleich darauf schmerzlich enttäuscht, da Dr. Richardson und Hepburn, jeder mit seinem Bündel, hereintraten. „Ihr kommt allein", fragte Franklin besorgt, „wo ist unser Freund Hood und wo sind die übrigen?" „Hood und Michel sind todt, Perrault und Fontano haben weder das Zelt erreicht, noch etwas von sich hören lassen," lautete die hohl- und dumpfklingende Antwort Richardson's. Man brach von dem Gespräch ab, um die düstere Stimmung, in welche die Mittheilung die Kranken versetzte, nicht zu erhöhen; doch auch das übrige, was man sich zu erzählen und zu fragen hatte, war wenig geeignet, ermuthigend zu wirken. „Erschrocken bin ich, als ich euch sah; wie abgemagert sind eure Gesichter und wie jämmerlich euer Aussehen. Gebt wenigstens eurer Stimme etwas mehr Metall und Klang; sie erinnert zu sehr an die Todtengruft," sagte Richardson und bemerkte nicht, daß er selbst aus nicht viel mehr als Haut und Knochen bestand und daß der Ton seiner Stimme nur wenig Leben verrieth. Mit Freude wurden erst alle erfüllt, als Hepburn ein Rebhuhn hervorbrachte, das er unterwegs geschossen hatte. Richardson rupfte die Schwung- und Schwanzfedern aus, hielt es ein paar Minuten über das Feuer und theilte es in 6 Portionen, die von den meisten gierig verschlungen wurden. Es war der erste Bissen Fleisch seit 31 Tagen!

Holen wir das Wichtigste von dem nach, was die eben Angekommenen seit der Zeit erlebt hatten, als sie sich von Franklin trennten! In dieser Abtheilung der Reisegesellschaft hatte der Mord in seiner scheußlichsten Gestalt gewüthet. Wir wissen bereits, daß Michel und Jean Baptiste Belanger zu Richardson, Hood und Hepburn zurückkehrten, da sie erklärten, nicht weiter gehen zu können. Nur Michel gelangte jedoch daselbst an und veranlaßte die Gesellschaft, den Fichtenhain aufzusuchen. In Bezug auf Belanger äußerte er, dieser sei nicht im Stande gewesen, ihm zu folgen, und werde sich wol verirrt haben. Er brachte zugleich einen

Hasen und ein Rebhuhn mit, die er am Morgen erlegt hatte. Man pries ihn als das Werkzeug, durch das Gott sie alle erhalten wolle. Hood nahm ihn bereitwillig unter seinen Büffelmantel, um ihn gegen die Kälte zu schützen. Am folgenden Tage schaffte man die Munition und andere schwere Gegenstände nach dem Fich=tenhain, kehrte jedoch des Abends nach dem Zelte zurück; nur Michel bat, die Nacht unter freiem Himmel an dem neuen Lagerplatze zubringen zu dürfen. Als man Tags darauf hier anlangte, fand man ihn nicht vor. Spät am Abend kam er an und erklärte, er habe Rennthiere gejagt, doch leider keins getroffen, dagegen einen von Rennthieren todtgestoßenen Wolf aufgefunden. Man schenkte seinen Worten unbedingten Glauben, bemerkte jedoch bald darauf, daß das mitgebrachte Fleisch Menschenfleisch sei.

Das Benehmen Michel's, das schon vorher zu manchem Argwohne Veranlas=sung gegeben hatte, wurde jetzt immer auffälliger. Er ging wiederholt auf die Jagd, schlug jedoch stets jede Begleitung aus; nie brachte er die Nacht im Zelte, sondern stets im Freien zu; übrigens wurde er von Tag zu Tag kräftiger. Oft kehrte er, wenn er angeblich zu jagen ausgegangen war, sehr bald zurück und machte Aus=flüchte der sonderbarsten Art, wenn man ihn nach seinen Streifzügen fragte. Später verweigerte er geradezu, der Jagd obzuliegen und Holz zu spalten, und drohte, alle zu verlassen und sich nach Fort Enterprise zu begeben. Als ihm Hood das Grau=same seiner Handlungsweise vorstellte, äußerte er unter anderm: „Was soll das Jagen helfen, es giebt ja kein Wild. Ihr ständet euch am besten, wenn ihr mich umbrächtet und mich verzehrtet." Am 20. Oktober redete man Michel wieder ver=geblich zu, auf die Jagd zu gehen. Richardson verließ daher das Zelt, um etwas Tripe de Roche zu sammeln, und Hepburn war bemüht, in der Nähe einen Baum zu fällen. Hood saß vor dem Zelte am Feuer, nur Michel war bei ihm. Kaum hatte sich Richardson zehn Minuten entfernt, als er einen Schuß fallen hörte, und bald darauf von Hepburn mit großer Bestürzung gerufen wurde. Er kehrte eilends nach dem Zelte zurück; hier sah er seinen Freund Hood — todt am Feuer liegen; die Stirn war ihm von einer Kugel durchbohrt. Im ersten Augenblicke glaubte er, der unglückliche Hood habe in einem Anfall von Verzweiflung sich selbst das Leben genommen, allein bald erschien ihm das Benehmen Michel's so ungewöhnlich, daß er sich veranlaßt fand, die Wunde genauer zu untersuchen. Da bemerkte er zu seinem Entsetzen, daß die Kugel durch den Hinterkopf eingedrungen war. Das Gewehr, das dabei lag, gehörte zu der längsten Sorte, und daß Hood dasselbe abgedrückt habe, war bei der genommenen Richtung der Kugel geradezu unmöglich. Es blieb daher keine andere Annahme übrig, als daß Michel ihn erschossen habe. Dieser darüber befragt, läugnete zwar die That vollständig; doch wurde sein Ver=halten seit dieser Zeit höchst beunruhigend für seine Gefährten.

Am 23. Oktober brachen alle drei nach dem Fort Enterprise auf. „Michel murmelte", erzählte Dr. Richardson, „immer vor sich hin, äußerte, er wollte nicht nach dem Fort gehen und suchte mich zu bereden, südlich nach den Wäldern zu reisen, wo er uns den ganzen Winter werde ernähren können. Dies Beneh=men beunruhigte mich und ich drang in ihn, er solle uns verlassen und allein nach Süden gehen. Dadurch wurde er jedoch nur noch bösartiger und er deutete dunkel darauf hin, daß er sich am folgenden Tage von allem Zwang befreien werde. Namentlich sprach er Drohungen gegen Hepburn aus, den er offen beschuldigte, Nachtheiliges von ihm geredet zu haben. Auch nahm er einen so anmaßenden Ton gegen mich an, daß ich vollständig zu der Ueberzeugung gelangte, er betrachte uns als gänzlich in seine Gewalt gegeben. In Flüchen machte er seinem glühenden Hasse gegen die Weißen oder, wie er sie nach Art der Reisediener nannte, die Franzosen Luft, von denen er einige anklagte, sie hätten seinen Onkel und noch zwei von seinen Verwandten getödtet und verzehrt. Kurz als ich alle Züge seines Benehmens zusammenhielt, wurde es mir zur vollen Gewißheit, daß er uns bei der ersten Gelegenheit hinopfern würde. Im Laufe des Tages aber hatte er mehrere Male bemerkt, daß wir auf demselben Wege zögen, den Franklin eingeschlagen habe, und daß er sich allein zurechtfinden könnte, wenn er nach Abend zureise. Jedenfalls stand daher sein Entschluß fest, uns so bald als möglich aus dem Wege zu räumen. Hepburn und ich waren nicht kräftig genug, selbst einem offenen Angriff zu widerstehen. Uebrigens war er außer seiner Flinte noch mit zwei Pistolen, einem indianischen Bajonett und Messer bewaffnet. Als wir Nachmittags an einen Felsen gelangten, an welchem etwas Tripe de Roche wuchs, machte er unter dem Vorwande, diese Flechte zu suchen, Halt und meinte, er werde uns bald einholen. Jetzt waren Hepburn und ich zum ersten Male seit Hood's Tode allein, was Michel bis zu diesem Augenblicke sorgfältig zu verhindern gesucht hatte. Hepburn theilte mir noch andere wesentliche Umstände mit, die er in Michel's Benehmen bemerkt hatte und die mit meinen Beobachtungen vollständig übereinstimmten. Ich wurde dadurch nur in der Meinung bekräftigt, daß wir unser Leben einzig und allein durch Aufopferung dieses Menschen retten könnten. Sobald Michel daher wieder bei uns eingetroffen war, schoß ich ihm eine Pistolenkugel durch den Kopf." Die eigne Sicherheit gebot die gewaltsame Tödtung dieses Menschen. Es stellte sich jetzt heraus, daß er kein Tripe de Roche gesammelt, sondern nur sein Gewehr in Stand gesetzt hatte, um wahrscheinlich während des Bereitung des Lagerplatzes seine Mitreisenden zu überfallen. Der Hunger hatte anfangs ihn zu wilder Verzweiflung und diese ihn dann zum Kannibalismus fortgerissen. Dem Stamme nach war er Irokese; bei den südlichen Indianerstämmen hatte er sich lange aufgehalten und viel von deren Denkart angenommen. Konnte auch sein früheres Betragen nicht getadelt werden, so zeigte sich doch jetzt, daß seine Grundsätze in der Noth nicht Stich hielten. Jedenfalls hatte er auch Belanger und Perrault getödtet und sich von ihren Leichen genährt.

Sechs Tage hatten Richardson und Hepburn gebraucht, ehe sie Fort Enterprise erreichten. Die Gesellschaft vermehrte sich durch sie wiederum auf sechs Personen. Die Lage derselben wurde immer verzweifelter. Samandré und Peltier schwanden täglich mehr dahin; sie vermochten sich kaum noch zu erheben und konnten nur halb leise sprechen. Den 1. November erlöste der Tod beide von ihren Leiden. Die Leichen wurden in den entgegengesetzten Theil des Hauses gebracht; sie zu begraben oder bis zum nächsten Flusse zu schaffen, dazu reichten die vereinten Kräfte der übrigen vier nicht hin. Gewaltig schlug der Tod der beiden Leidensgenossen die Ueberlebenden nieder. Sie wußten nicht, wie lange sie noch der Hülfe warten mußten, sahen aber alle ein, daß sie länger, als ein oder zwei Wochen ihre traurige Lage nicht würden ertragen können. Richardson und Hepburn waren die einzigen, die noch im Stande waren, Holz in den Gebäuden auszuhauen und herbeizutragen; doch nahmen ihre Kräfte zusehends ab. Am 6. November brauchte der letztere eine halbe Stunde, um ein einziges Scheit Holz zu spalten, und der erstere ebenso viel Zeit, um es in das Haus zu bringen, obgleich die Entfernung nur 40 Schritt betrug. Franklin vermochte nicht das Geringste zu thun. Schon den 3. November hatte man die letzten Knochen zu Mehl gestoßen, und in einigen Häuten bestand der ganze Vorrath an Lebensmitteln. Merkwürdig war, daß die Pein des Hungers jetzt bei allen nachließ; sie konnten stundenlang schlafen und hatten meist angenehme Träume. Doch nun fingen die Geisteskräfte an abzunehmen. Jeder hielt den andern für geistesschwächer und des Rathes und Beistandes bedürftiger, als sich selbst. Die kleinlichsten Umstände versetzten alle oft in die ärgerlichste Unruhe. Empfahl z. B. der eine dem andern einen wärmern und bequemern Platz zum Sitzen und dieser war taub gegen den gutgemeinten Rath, weil ihm das Aufstehen zu viel Mühe verursachte, so machte jener sogleich seinem Zorne in heftigen Aeußerungen Luft, bat dieselben zwar wieder ab, erlaubte sie sich aber nach einigen Minuten von neuem. Bei einer ähnlichen Begebenheit fand Hepburn sein eignes Benehmen so sonderbar, daß er in die Worte ausbrach: „Mein Himmel, wenn wir einmal nach England zurückkommen, soll es mich wundern, ob wir unsern gesunden Verstand wieder erlangen."

Endlich, es war den 7. November, schlug die Stunde der Erlösung. Als Richardson und Hepburn an diesem Tage mit Holzspalten beschäftigt waren, hörten sie einen Schuß und entdeckten sogleich ganz in der Nähe drei Kupferindianer. Back hatte diesen Indianerstamm nach langem Suchen endlich glücklich erreicht und Akaitscho veranlaßt, drei Männer mit getrocknetem Rennthierfleisch abzuschicken. Diese traten alsbald ein und brachten die so lang ersehnten kräftigen Lebensmittel. Welche Freude bei den abgehungerten Gestalten! Franklin, Richardson und Hepburn verschlangen trotzdem, daß sie wußten, wie nachtheilig ein hastiges Essen nach so langem Fasten sei, rasch und unvorsichtig die dargebotene Nahrung hinunter und sie konnten sich später dieses Handelns gegen besseres Wissen nur aus ihrer großen Geistes- und Willensschwäche erklären. Adam, der nicht selbst zulangen konnte, wurde von den Indianern weit verständiger behandelt. Sie gaben ihm nur wenig Nahrung, aber um so öfter. Stündlich und fast zusehends nahmen ihre Kräfte zu. Ein Indianer kehrte bald nach seiner Ankunft zu Akaitscho zurück, die beiden andern, Krummfuß und Ratte, blieben zur Pflege der Leidenden im Fort, bis diese zur Weiterreise stark genug seien. Jetzt brannte stets ein großes Feuer im Zimmer, da die Indianer mit Leichtigkeit Holz in Menge herbeizuschaffen vermochten, und in den Reisenden stellte sich seit langer Zeit zum ersten Mal das Gefühl der Behaglichkeit ein. Ja sie kamen, als sie in Folge der kräftigen Nahrung die Kälte weniger fühlten, auf den Gedanken, die Witterung sei milder geworden. Bis zum 13. November hatten die Indianer wieder Nachricht von Akaitscho erwartet. Als diese nicht eintraf, befürchteten sie, ihrem zurückkehrenden Gefährten sei ein Unglück zugestoßen, und sie verließen deshalb das Fort, nachdem sie Franklin und jedem seiner Begleiter eine Hand voll Fleisch übergeben hatten — freilich wenig bei dem neubelebten Appetit. Man speiste daher am nächsten Tage wieder Rennthierhaut. Glücklicherweise sollte diese neue Noth nur kurze Zeit währen. Schon Tags darauf langte Krummfuß, Thuihorre und

Ein Indianerlager.

der Geck nebst den Weibern der beiden letzten mit frischem Proviant an und es fehlte seitdem nie wieder an Lebensmitteln. Sechs und dreißig Tage hatte Franklin nun in dem Fort, dieser Hütte des Elends, Jammers und Wehs, zugebracht. Den 16. November brachen alle nach dem Lager Akaitscho's auf. Mit großer Theilnahme behandelten auf der Reise die Indianer die Geschwächten; sie gaben denselben ihre Schneeschuhe und gingen ohne solche, sie wanderten dicht neben ihren Pfleglingen, um sie aufheben zu können, wenn sie fielen. Nachdem man $3/4$ Meile den ersten Tag marschirt war, mußte man Halt machen, da Richardson vor Ent=

kräftung nicht weiter zu gehen vermochte. Die Indianer bereiteten den Lagerplatz und zeigten eine Menschenliebe, die selbst den civilisirten Nationen zum Muster dienen könnte. Nach zehn Tagen traf man im Lager Akaitscho's ein. Alle im Zelte versammelten Indianer bezeugten ihr Mitleid dadurch, daß sie eine Viertelstunde in tiefem Schweigen verharrten und erst nach dem Essen ein Gespräch einleiteten. Akaitscho bewies die größte Aufmerksamkeit und Gastfreundschaft. Er kochte sogar selbst für die Reisenden, was er für sich nicht einmal that. Während des Tages besuchten sämmtliche Mitglieder der Horde die Fremden, um ihre Theilnahme zu erkennen zu geben. Auch ein großer Theil der Indianerfamilien war in tiefe Trauer versetzt wegen des Verlustes dreier Anverwandten, die im August beim Umschlagen eines Kanoes umgekommen waren. Back war schon nach dem Fort Providence vorausgereist. Aus seinen Briefen ersah man mit Betrübniß, daß die im Frühjahr für die Indianer bestellten Waaren noch nicht angekommen seien. Als Akaitscho dies erfuhr, wurde er keineswegs in seinen wohlwollenden Gesinnungen wankend, sondern fuhr fort, die Reisenden freundlichst zu unterstützen.

Jetzt klärte sich nun auch auf, woher es kam, daß das Fort Enterprise mit Nahrungsmitteln nicht versorgt worden war. Der Commis der Nordwestkompagnie Wentzel trug keineswegs die Schuld davon, wie man auf den ersten Blick anzunehmen geneigt sein möchte. Derselbe hatte auf seiner Rückreise vom Polarmeere elf Tage lang selbst keine andere Nahrung gehabt, als Tripe de Roche, und die Indianer litten, als er mit ihnen zusammentraf, ebenfalls großen Mangel an Lebensmitteln, da sie vom Fort Providence keinen Schutzbedarf erhalten konnten, weil derselbe hier noch nicht eingetroffen war. Als sie sich später mit Munition versehen hatten, ereignete sich das oben erwähnte Unglück, daß drei ihrer besten Jäger ertranken, wodurch der ganze Stamm in solche Thatlosigkeit versetzt wurde, daß er kaum für sich, viel weniger für andere für das Nothwendigste sorgte.

Am 11. Dezember erreichte Franklin das Fort Providence und befand sich zum ersten Male in diesem so kalten Winter in einer gut eingerichteten Wohnung. Vier Tage darauf trennte er sich für immer von den Indianern, nachdem er sie noch mit einem Fäßchen Grog und mit einigem Tabak beschenkt hatte. Für ihre geleisteten Dienste und die überlassenen Nahrungsmittel ließ er ihnen eine entsprechende Summe in die Bücher der Pelzhandelsgesellschaft eintragen, welche letztere die Belohnung im folgenden Frühjahr auszahlen sollte. Der Dolmetscher Adam erhielt seine Entlassung und blieb bei den Indianern zurück. Franklin begab sich mit Richardson und Hepburn nach dem nur wenige Tagereisen entfernten Fort auf der Elennthierinsel, wo er mit Back zusammentraf. Dieser hatte ebenfalls mit schrecklicher Hungersnoth zu kämpfen gehabt, doch nur einen Mann, Beauparlant, verloren. Die Gesellschaft verlebte den übrigen Theil des Winters in jenem Fort und erholte sich in dieser Zeit vollständig. Am 26. Mai 1822 brach sie nach Fort Tschippewyan und Noowayhouse auf. Hier entließ Franklin die Kanadier. Er selbst reiste mit Richardson und Hepburn über Fort York nach England zurück.

II.
Franklin's zweite Reise im polaren Amerika.

Ueber New-York nach Cumberlandhouse. — Fort Franklin am Bärensee. — Erste Fahrt auf dem Mackenzie-Flusse. — Die Schielsindianer. — Garry-Insel. — Rückkehr nach Fort Franklin. — Erster Winter daselbst. — Zweite Doppelexpedition auf dem Mackenzie. — Franklin's und Back's westliche Fahrt im Eismeer. — Verkehr mit räuberischen und mit friedlichen Eskimo's. — Sitten der westlichen Eskimo's. — Fahrt im Küstenwasser. — Umkehr. — Richardson's Fahrt über Kap Bathurst nach dem Kupferminenfluß. — Zweiter Winter. — Indianer-Sagen.

Welch unerschütterlicher Muth, welche Thatkraft, welche Seelengröße gehören dazu, nach solchen trüben Erfahrungen, nach solchen Leiden und Drangsalen, nach einer solchen Schreckenszeit vor einer zweiten Reise in jene unwirthsamen Polargegenden nicht zurückzuschrecken! Kaum sind drei Jahre verflossen, so finden wir Franklin ungebeugt von den Gefahren und der Noth des ersten Unternehmens bereit, sich aus dem Kreise eines glücklichen Familienlebens loszureißen und dem Rufe der Wissenschaft, der Ehre und Pflicht folgend, im Begriff, abermals sich in die schauerlichen Einöden des polaren Amerika's zu wagen.

Bald nach seiner ersten Rückkehr hatte er sich mit der Tochter des Architekten Porden vermählt, und kurz vor seiner jetzigen Abreise wurde ihm eine Tochter geboren, das einzige von Franklin hinterlassene Kind*). Aber seine Gemahlin lag seitdem hoffnungslos darnieder und starb auch schon am zweiten Tage nach der Abfahrt. Trotz ihrer Krankheit, fast schon mit dem Tode ringend, hatte sie, großdenkend wie ihr Gatte, heimlich eine Flagge gestickt und übergab sie dem Abreisenden mit der Bitte, dieselbe bei seiner glücklichen Ankunft im Polarmeere zu entfalten.

Den 16. Februar 1825 schiffte sich Franklin mit den alten Reisegefährten Dr. Richardson, Back und den neueintretenden Mitgliedern: Admiralitätskadett Kendall und Naturforscher Drummond zu Liverpool ein. Die Expedition war diesmal viel besser vorbereitet und ausgerüstet. Schon das Jahr vorher gingen die Befehle ab, Nahrungsmittel für dieselben anzusammeln und andere nothwendige Bedürfnisse aufzubringen. Auch für brauchbarere Instrumente und für festere Kanoes zur Fahrt auf dem Polarmeere, wo die Rindenkanoes jeden Augenblick vom Eise zerschnitten werden konnten, hatte man gesorgt. Die Boote waren diesmal aus festem Mahagoni und leichtem Eschenholze gebaut und mit dem bekannten Mackintoshzeug überzogen.

Die Aufgabe, welche die Königliche Regierung Franklin gestellt hatte, war folgende: Er sollte im Frühjahr 1826 den Mackenziefluß bis an die Mündung stromabwärts fahren und von hier aus an der Küste Amerika's theils nach Osten bis zur Mündung des Kupferminenflusses, theils nach Westen bis zum Eiskap (144° westl. von Ferro) vordringen. Die Expedition stand wieder nicht vereinzelt da, sondern war mit drei andern in Verbindung gesetzt, nämlich mit den gleichzeitigen Unternehmungen Parry's, Lyon's und Beechey's. Die ersten beiden sollten zu Schiff bis zur Wiederumkehrspitze (Point turn again), welche Franklin auf der ersten Reise erreichte, segeln, der letztere aber Franklin von der Behringsstraße aus nach dem Eiskap entgegenkommen.

Franklin's Fahrt im Jahre 1825 ging ungewöhnlich rasch von statten; er begab sich über New-York nach dem Niagarafall und durch die malerisch schönen Gebiete der fünf großen kanadischen Seen, aus deren Umgebung das nebenstehende Bild uns eins der dort so zahlreichen Naturschauspiele in dem Wasserfalle von Montmorency darstellt. Von hier aus fuhr er nordwestlich über den Winipegsee nach Cumberlandhouse, wo er schon am 15. Juni eintraf. Der weitere Weg bis zum Großen Sklavensee war derselbe, den er früher einschlug. Diesem Wasserbassin entströmt auf der Westseite der Mackenziefluß. Auf dem letzteren fuhr man bis dahin, wo er den Abfluß des nordwestlich gelegenen Bärensees aufnimmt. Unterwegs traf man mehrmals mit Kupferindianern zusammen, die sich früher als so wahre Freunde in der Noth erwiesen hatten. Sie freuten sich, die ihnen schon bekannten Weißen wieder zu sehen und wurden reichlich beschenkt. Viele von denen jedoch, deren Verdienste man noch treu im Gedächtniß bewahrte, waren nicht mehr am Leben; ein Ueberfall der

---

*) Sie ist mit dem Geistlichen John Philipp Gell vermählt, der früher Vorsteher des Christ's College zu Hobart Town, später Pfarrer in einer Vorstadt von London war und jetzt die Stelle eines zweiten Bischofs von Neu-Seeland bekleidet.

Wiedersehen der Kupferindianer. 37

Hundsrippenindianer im Frühjahre hatte ihren gewaltsamen Tod herbeigeführt. Zur Begleitung der Expedition war die dadurch so sehr zusammengeschmolzene Horde nicht zu bewegen. „Unsere Herzen", sprach Akaitscho, „werden mit Euch sein; allein wir wollen nicht wieder an jene Orte gehen, wo die Gebeine unserer

Der Fall des Montmorency in Kanada.

ermordeten Brüder liegen. Unser Groll würde durch den Anblick ihrer Gräber geweckt werden und wir durch die Erinnerung an die Art und Weise, wie sie starben, in Versuchung gerathen, den Krieg von neuem zu beginnen. Mögen die Hundsrippenindianer, welche an den Ufern des Bärensees leben, wenn gleich sie unsere Feinde sind, die Expedition mit Fleisch versorgen."

Auf der Westseite des Mackenzieflusses standen weit und breit die Wälder in Brand und der hochaufsteigende Rauch beschränkte die Aussicht nach dem Felsengebirge sehr. Franklin konnte nicht in Erfahrung bringen, ob diese ausgedehnten Waldbrände in der Fahrlässigkeit der Indianer, die ihre Feuer nicht auszulöschen pflegen, ihren Grund hätten, oder ob sie von denselben absichtlich verursacht seien.

Es war bestimmt, daß die ganze Expeditionsmannschaft den nächsten Winter am Großen Bärensee zubringen sollte, wo bereits seit dem Frühjahr der Bau eines Forts, zu Ehren ihres Führers „Fort Franklin" genannt, begonnen hatte. Schon am 7. August befand sich Franklin nur vier Tagereisen von diesem Orte entfernt. Da in den nächsten 4 bis 5 Wochen noch kein Frost zu befürchten war, so beschloß er, noch in diesem Jahre mit Kendall bis an die Seeküste vorzudringen, um womöglich von den Schielindianern und den Eskimo's Nachrichten über den Stand der Eismassen während des Frühlings und Herbstes einzuziehen. Die Leitung des noch zu vollendenden Ausbaues des Forts übertrug er dem Lieutenant Back, während Dr. Riajardson sich alsbald an den nördlichen Theil des Bärensees begab.

Als Franklin den Mackerziefluß stromabwärts fuhr, bemerkte er wiederholt, daß Indianer von Zeit zu Zeit sich etwas fettigen Schlamm vom Ufer holten, um denselben zum Vergnügen zu kauen. In Hungerjahren, hörte er, verzehren sie auch denselben, wie die Otomaken in Südamerika. Franklin fühlte sich versucht, dieses wohlfeile Nahrungsmittel zu kosten; er fand den Geschmack zwar nicht unangenehm milchig, doch zog er es vor, diese billige Gabe der Natur zunächst blos zum Anstreichen der Wände im Fort verwenden zu lassen.

Großes Aufsehn erregte auf der ganzen Fahrt bei den Indianern das Boot, weil dasselbe mit Segeln versehen war und an den Seiten verschiedene Malereien trug. Den Indianern waren bis jetzt nur Rindenkanoes zu Gesicht gekommen, doch erkannten sie bald die Zweckmäßigkeit der Einrichtung des Schiffes. Bei den sogenannten „untern Schielindianern", einem sehr gutmüthigen Volksstamme, zog außerdem der Eskimo Augustus, der wieder als Dolmetscher an der Expedition theilnahm, die Aufmerksamkeit aller auf sich. Die Uniformen Franklin's und Kendall's, ja sogar die ausgetheilten Geschenke beachteten sie kaum; aber jenen Eskimo liebkosten sie, tanzten und spielten um ihn her und bezeugten auf alle Weise ihre Freude, ihn bei sich zu sehen. Dieser fand sich sehr gut in seine Rolle; er nahm jeden Ausbruch des Beifalls, jeden Händedruck mit freundlicher Herablassung auf, ließ sich aber durchaus nicht in der Bereitung des Frühstücks stören, welchem Geschäft er sich stets mit großer Vorliebe unterzog. Als Franklin im Begriff war, sich wieder einzuschiffen, bat ihn ein alter Indianer inständig, so lange zu warten, bis sein kranker Sohn angekommen sei. Dieser erschien alsbald und litt, wie es schien, am Fieber. Franklin gab ihm in Ermangelung jeder Arznei ein paar Tassen warmen Thees, mit Branntwein vermischt, was auch den Kranken wieder hergestellt haben soll; wenigstens befand derselbe sich nach einigen Tagen wieder wohl.

Die untern **Schielindianer** gleichen hinsichtlich ihres Aeußern und ihrer Sitten den Eskimo an der Mündung des Mackenzie; nur sind ihre Augen mehr hervortretend und weiter geöffnet. Die Nasenscheidewand pflegen sie sich zu durchstechen, um durch dieselbe, wie die Eskimo, Knochen oder kleine Schnuren von Muscheln stecken zu können. Ihre Sommertracht besteht in einer ledernen Jacke, welche sich nach vorn und hinten in eine Spitze verlängert. Die an die Schuhe genähten Beinkleider sind aus demselben Stoff gefertigt. Alle äußeren Ränder der Kleider sind zerschlitzt und mit rother oder gelber Erde gefärbt, so daß es aussieht, als wären sie mit farbigen Franzen besetzt. Als Schmuck jedoch, der am höchsten geschätzt wird, gelten Glasperlen, die namentlich an Schnüren um den Hals getragen werden. Viele Jahre lang tauschten sie gegen Pelzwerk nichts anderes als Glasperlen ein. Die Frauen unterscheiden sich in ihrer Kleidung von den Männern nur dadurch, daß sie eine große Haube tragen, die weit genug ist, um zugleich ein Kind mit aufnehmen zu können.

Man näherte sich nun den Orten, in welchen Eskimo leben. Zwischen ihnen und den Indianern hatte früher stete Feindschaft bestanden; vor wenigen Monaten war jedoch Friede geschlossen worden. Trotzdem aber vermieden beide Völker jedes Zusammentreffen in größeren Schaaren. Der erste Gegenstand, den man in der Ferne bemerkte, war ein runder Berg. Man hielt ihn für denjenigen, an welchem 1795 **Livingstone** mit seinen Leuten am Tage vor seiner Ermordung durch die Eskimo sein Lager aufgeschlagen hatte; — gewiß ein übles Vorzeichen für jeden Abergläubischen. Doch Franklin segelte rüstig vorwärts. Er sah zwar eine Menge von den Eskimo erbaute Hütten, nirgends aber Spuren, daß dieselben in der letzten Zeit bewohnt gewesen wären. Mitte August erreichte er die hohe See. Der salzige Geschmack des Wassers, das öftere Erscheinen von Seehunden, schwarzen und weißen Walfischen, die in den Wellen spielten, war der sicherste Beweis, daß man sich wirklich im arktischen Eismeere und nicht mehr in einer erweiterten Flußmündung befand. Franklin steuerte in nördlicher Richtung bis zur Garry-Insel und ließ hier die seidene Flagge aufziehen, die ihm beim Scheiden seine Gemahlin übergeben hatte. In ruhiger Majestät breitete sich vor ihm der klare Wasserspiegel aus; nur einige Inseln und dunkle Umrisse des Felsengebirges zeigten sich in der Ferne seinen Blicken. Alles dies stimmte ihn freudigernst, der Anblick jener britischen Flagge aber erfüllte ihn mit inniger Wehmuth. Er gedachte seiner kranken Gattin, der Seinen in der Heimat und hatte alle Mühe, seinen Kummer zu bekämpfen, um nicht die Freude seiner Mannschaft zu stören, die die wehende britische Fahne auf dieser entlegenen Insel des Polarmeers mit Jubel begrüßten. Etwas Branntwein, den man für diese Gelegenheit aufgespart, erhöhte noch die allgemeine Freude. Man trank das Wohl des britischen Herrschers und des Führers. Auch Franklin und Kendall hatten ein wenig Rum für sich zur Feier zurückbehalten. Allein diesmal sollte ihnen der Genuß buchstäblich verbittert und versalzen werden. Baptist hatte in der freudigen Aufregung, in die ihn der Anblick des Meeres versetzte, anstatt süßen Wassers Seewasser in die Gläser gegossen und man bemerkte dieses Versehen erst, als schon die Mischung mit Rum geschehen war. Sämmtlicher Grog war gänzlich ungenießbar und konnte nur zu einem Spendopfer verwendet werden.

Ein heftiger Sturm verhinderte Franklin weiter westlich zu segeln. Er kehrte um und fuhr den Mackenzie bis zur Mündung des Abflusses, der aus dem Bärensee kommt, stromaufwärts. Auch jetzt gelang es ihm nicht, mit den Eskimo Verbindungen anzuknüpfen, da alle Hütten leer standen. Einige Geschenke, als Kessel, Messer, Aerte, Feilen, Eismeißel, Glasperlen, blaue und rothe Tuchstückchen, ließ er für dieselben an verschiedenen Orten an hohen Feldstangen aufhängen, um im nächsten Jahre desto leichter ihr Zutrauen zu gewinnen, wenn sie während des Winters die verlassenen Wohnungen besuchen sollten. Die Bergfahrt auf dem Flusse war bisweilen mit großen Schwierigkeiten verbunden, die noch der jetzt eintretende Frost bedeutend steigerte. Doch traf Franklin am 5. September wohlbehalten mit allen seinen Gefährten in dem nach ihm benannten Fort am Bärensee ein.

Da auch Dr. Richardson von seinem Ausflug nach dem nördlichen Theile des Bärensees zurückgekehrt war, so befanden sich nun alle an der nächsten Expedition theilnehmende Personen beisammen. Die Zahl derselben belief sich, obgleich man die meisten kanadischen Reisediener, die namentlich zum Transport des Gepäcks und der Lebensmittel hierher mitgekommen waren, zurückgeschickt hatte, immer noch auf 50 Männer aus allerlei Volk: Engländer, Schotten, Kanadier, Tschippewäer, Hundsrippenindianer und Eskimo. Kanadier hatte man nur neun zurückbehalten, da 19 britische Matrosen und Reisediener die Expedition begleiteten. Man verminderte die ganze Gesellschaft bis auf 30, indem man in einer Entfernung von 1 bis 2 Meilen noch zwei Häuser am Bärensee erbaute und den übrigen Theil der Mannschaft dahin verlegte, damit er daselbst Fischerei während des Winters betreibe. Gegen Ende des Sommers und zu Anfange des Herbstes fing man in den ausgestellten Netzen täglich 300 bis 800 Fische. Rennthierwild lieferten die indianischen Jäger. Die Bewohner des Forts beschäftigten sich während des Winters ebenfalls zum Theil mit Jagd und Fischerei, zum Theil mit dem Fällen und Spalten von Brennholz. Die Offiziere stellten thermometrische, magnetische und meteorologische Beobachtungen an und führten die aufgenommenen Skizzen aus. Auch unterrichteten dieselben die englischen Matrosen und Reisediener wöchentlich dreimal von 7 bis 9 Uhr im Lesen, Schreiben und Rechnen und Dr. Richardson hielt für die übrigen Offiziere Vorträge über Geologie. So war jeder während der langen Winterzeit nützlich beschäftigt und der Feind alles Wohlbefindens, die Langeweile, glücklich verscheucht.

Am 23. September wurde das letzte Gebäude vollendet, die Flaggenstange aufgesteckt und die hier zu Lande übliche Festlichkeit veranstaltet. Man begrüßte zunächst die Flaggenstange. Sämmtliche Mannschaft außer den Offizieren stellte sich, umgeben von den anwesenden Indianern und deren Frauen und Kindern, reihenweise auf und schickte eine Deputation an ihre Vorgesetzten, um diese zur Festfeier einzuladen. Als dieselben erschienen, gab man ihnen ihre mit blauen Bändern geschmückten Gewehre und forderte sie auf, nach einem Geldstücke zu schießen, das an der Flaggenstange befestigt war. Hierauf wurden zwei Salven gegeben und alle zogen unter Hurrahgeschrei und den Klängen eines Marsches nach dem großen Vorsaale des Forts, wo auf die Gesundheit Sr. Majestät des Königs von England und auf den glücklichen Fortgang der Expedition ein Glas geleert wurde. Abends begann der Tanz nach den Tönen einer Violine und zweier Dudelsäcke und dauerte bis an den hellen Morgen ununterbrochen fort.

Die Hauptnahrung bestand in Fischen, von welchen jeder Mann täglich 7 Stück erhielt. Nur einmal mußte die Ration für einige Tage auf 2 bis 3 Heringslachse für den Mann herabgesetzt werden. Das Rennthierfleisch, das die Indianer geliefert hatten, sparte man größtentheils für die Expedition im nächsten Sommer auf. Oft kamen auch mitten im Winter Indianer an, die Fleisch gegen andere Artikel vertauschten, oder, weil sie krank waren, um ärztliche Behandlung baten, so daß stets ein lebhafter Verkehr stattfand. Freilich bot dieser zahlreiche Besuch nicht selten Unannehmlichkeiten der mannichfachsten Art. Besonders waren es die Hundsrippenindianer, die mehrmals die ausgestellten Fischnetze plünderten und stahlen. Anfangs näherten sie sich mit großem Mißtrauen, weil sie gehört hatten, die an der Expedition theilnehmenden Hochschotten seien Montagnards, ein Wort, mit dem sie selbst zuweilen von den Pelzhändlern bezeichnet werden. Sie fühlten sich sogar höchlichst beleidigt, daß man ganz fremde Männer als zu ihrem Stamme gehörig betrachten wolle. Doch bald klärte sich das Mißverständniß auf und sie beruhigten sich bei der Erklärung, Montagnards bedeute nichts anderes als Bergbewohner.

Große Freude belebte die im kalten Norden stehenden Gebäude am 25 Dezember, dem ersten Weihnachtsfeiertage. Während der Sturm tobte und das Thermometer auf — 30° R. zeigte, brannte auch hier in diesem sonst so einsamen Winkel der Erde am heiligen Abend ein Weihnachtsbaum, den der Zimmermann Matthews mit ausgeschnittenen Papieren und geschnitztem Spielzeug aufgeputzt hatte. Wie staunten die Kinder der indianischen Jäger beim Anblick des Lichterglanzes und all der übrigen herrlichen Sachen! Unbegreiflich aber erschien es ihnen, sowie ihren Vätern und Müttern, als die Engländer Rosinen aus brennendem Branntwein aßen. Am ersten Feiertage wurde das Beste hergegeben, was die Vorräthe boten, und am Abend folgte ein glänzender Ball. Gegen 60 Personen nahmen mit Einschluß der Indianer, welche die Zuschauer bildeten, daran Theil. Welches Gemisch von Sprachen in diesem kleinen Kreise! Hier hörte man englische, gälische und französische Laute, dort indianische und eskimoische; englische Lieder wechselten mit gälischen und französischen. Ueberall herrschte die vollkommenste Eintracht und die ungetrübteste Freude.

Nachdem die Mannschaft bis zum Juni des nächsten Jahres (1826) im Fort Franklin verweilt hatte, trat sie die eigentliche Expedition an. Am 24. Juni segelte sie nach dem Mackenziefluß ab. Schon vorher erhielt Franklin die frohe Nachricht, daß die Eskimo die im vorigen Jahre zurückgelassenen Geschenke gefunden hätten und sich freuten, die weißen Männer in ihrem Lande zu sehen. Nach zehn Tagen kamen die Schiffe an die Stelle des Mackenzie, wo sich derselbe in mehrere Arme spaltet. Hier theilte sich die Expedition in zwei Abtheilungen. Die eine unter Franklin steuerte in den westlichen Arm, um womöglich bis an das Eiskap nach der Kotzebue-Einfahrt vorzudringen, wo sie das englische Schiff Blossom unter dem Kapitän Beechey zu finden hoffte; die andere unter Dr. Richardson wendete sich in den östlichen Arm und sollte die Meeresküste bis zur Mündung des Kupferminenflusses aufnehmen. Jede Abtheilung hatte zwei gutgebaute feste Schiffe und Nahrungsmittel für 80 Tage. Franklin wurde von dem Lieutenant Back, dem Eskimo August und 14 Mann begleitet, Dr. Richardson von Kendall und 11 Mann.

Die Gegend, in die man nun kam, nahm ein immer öderes Ansehn an. Unter 68° 36' n. Br. traf man die letzten Tannenbäume. Nur verkrüppelte Zwergbäume bemerkte man seit dieser Zeit hin und wieder. Als Franklin am 7. Juli die hohe See beinahe erreicht hatte, erblickte er zum ersten Mal auf einer östlichen Insel Eskimo vor ihren Zelten in großer Anzahl. Er ordnete sogleich auf seinem Schiff, dem „Löwen", alles an, um den friedlichen Verkehr mit denselben eröffnen zu können. Die zu Geschenken und zum Handel bestimmten Gegenstände wurden ausgepackt, die übrigen Artikel sorgfältig verborgen, doch auch die Waffen in Stand gesetzt, um von ihnen, wenn auch nur im äußersten Nothfalle Gebrauch zu machen. Franklin war entschlossen, bloß von August begleitet, sich zu den Eskimo zu begeben, und beauftragte jetzt den Lieutenant Back, die Schiffe in die Nähe des Ufers zu bringen, und die Mannschaft bereit zu halten, ihm zu Hülfe zu kommen, falls die Eingebornen feindliche Absichten zeigen sollten.

Mit ausgespannten Segeln und flatternden Wimpeln steuerte man den Zelten zu. Eine halbe Stunde vom Ufer aber war das Wasser so seicht, daß die Boote den Grund berührten. In Folge dessen gab Franklin seinen ursprünglichen Plan auf und ließ durch Rufen und Zeichen den Eskimo zu verstehen geben, daß sie sich nähern möchten. Sogleich stießen drei Männer in ihren Kajaks, d. h. in Booten, die nur eine Person tragen und deren sich nur Männer bedienen, vom Ufer, bald aber folgten andere so geschwind, daß das ganze Raum bis zu den britischen Schiffen von Eingebornen wimmelte. Mit großer Schnelligkeit ruderten sie in ihren, unsern Weberschiffen ähnlichen, 9 Ellen langen und 1½ Fuß breiten Fahrzeugen herbei. Auch Umiaks, d. h. größere Boote, die für Weiber und Kinder bestimmt sind und für 6 bis 7 Personen Platz bieten, kamen nach und nach an. In den drei vordersten Kajaks saßen ältliche Männer, die wahrscheinlich gewählt waren, die Verbindung mit den Fremden anzuknüpfen. Sie näherten sich mit vieler Vorsicht, und hielten in einer Entfernung an, wo sie die Worte des Dolmetschers August verstehen konnten. Dieser lud sie nochmals ein, setzte ihnen den Zweck des Besuches auseinander und wies darauf hin, daß Geschenke für sie in Bereitschaft lägen. Als sie erfuhren, daß die Fremden nur eine nordwestliche Durchfahrt suchten, um, wenn dies erreicht sei, mit großen Handelsschiffen und vielen Gütern wieder zu ihnen zu kommen, hoben sie entzückt die Hände in die Höhe und erfüllten die Luft mit einem wahrhaft betäubenden Freudengeschrei.

Nachdem Franklin einige Geschenke ausgetheilt hatte, boten die drei ältlichen

Leute bereitwillig die Zierrathen, welche sie in den Backen trugen, ferner ihre Waffen und Messer zum Tausche an. Bald wagten sich auch die übrigen, ungefähr 250 bis 300, näher heran und wollten an dem Handel Antheil nehmen. Der Lärm und das Geschrei wurden so groß, daß Franklin beschloß, sie zu verlassen. Aber als er seine Schiffe wendete, stieß er alsbald auf den Grund, da inzwischen die Ebbe sehr schnell eingetreten war.

Bisjetzt hatten die Eskimo auf keine Weise eine feindliche Absicht gezeigt. Bald aber trat ein Zwischenfall ein, der sehr bedenkliche Folgen herbeiführte. Durch ein Ruder des „Löwen" wurde ein Kajak umgeworfen und der darin sitzende Mann kam in Gefahr zu ertrinken, da er mit dem Kopfe in den Schlamm

Ein Eskimo im Kajak.

tief eingesunken war. Man half ihm sogleich heraus, nahm ihn in das Schiff auf, damit sein Boot vom Wasser gereinigt werden könnte und bedeckte ihn mit einem Mantel, um ihn vor der Kälte zu schützen. So unangenehm ihm auch anfangs seine Lage war und so ungeberdig er sich stellte, so wurde er doch bald ausgesöhnt, als er einige Geschenke erhielt. Zum Unglück unserer Reisenden bemerkte er nun aber, daß in dem „Löwen" noch viele Gegenstände enthalten seien, die er von seinem Kajak aus nicht hatte sehen können. Dies reizte seine Habsucht; als man ihm nicht alles gab, was er forderte, munterte er seine Stammesgenossen auf, das Schiff zu besteigen und zu berauben. Sogleich versuchten mehrere junge Männer über den Bord zu springen; man wehrte sie ab; das Andrängen wurde immer heftiger und kaum noch konnte die Mannschaft widerstehen. Da machten

44　　　　　Franklin's zweite Reise im polaren Amerika.

zwei Häuptlinge das Anerbieten: man solle sie in die Schiffe a
Falle würden sie die übrigen zurückhalten. Eine Zeit lang h
die Mannschaft benutzte diesen Stillstand, um die Schiffe fl
dem einen, der „Zuversicht", gelang dies, der „Löwe" ab
weshalb Lieutenant Back mit jenem zurückkehrte und beide Sc
befestigte. Unterdessen hatte jener Eskimo, dessen Kajak
war, eine Pistole gestohlen. Als er sich entdeckt sah, ergrif
und nahm noch den Mantel mit sich, mit welchem man ihn z
Dem trat die Neigung zu stehlen auch bei den andern hervor
genommenen Häuptlinge, noch die aufgestellte Mannschaft k
ständig wehren. In großen Massen wateten
da das Wasser durch die Ebbe so untief ge
einem Manne kaum bis an die Knie reicht
Schiffe herum und zeigten sich in der Entdec
den, die sie erreichen konnten, ungemein
Von der Besteigung der Boote wurden sie
abgehalten.

Franklin ließ jetzt durch August den s
„Löwen" saßen, wissen, daß das große G
wirrung ihm sehr lästig falle und keinesw
werde, ihn zur Herausgabe von mehr Güter
sie dagegen sich zurückzögen, so werde er spät
artikeln wieder kommen. Sie nahmen schei
mit großer Freude auf, verkündeten diese
sprangen unter dem lebhaften Rufe: Teyma,
schaft, aus dem Schiffe und begaben sich m
dem Ufer. Allein bald waren alle wieder b
ihren Forderungen weit stürmischer. Der
dazu gedient zu haben, einen vollständigen
rathen. Die stärksten der Eingeborenen spr

Ein Eskimo-Messer.
jaks, lösten die „Zuversicht" vom „Löwen"
Ufer zu. Gleichzeitig überstiegen zwei den Bord des letztern,
den Armen und zwangen ihn, ruhig zu sitzen. Als er sie me
kam noch ein dritter herbei, stellte sich vor ihn hin und verh
oder den Dolch zu erheben. Bald waren beide Schiffe am Ufe
zogen ihre Messer, machten sich bis an die Hüfte bloß und beg
daß sie Teyma schrieen, eine förmliche Plünderung. Die „Zuv
die Reihe. Eine Menge sprangen über Bord, nahmen was sie e
reichten es den in einer Reihe aufgestellten Weibern zu, welch
heit brachten. Lieutenant Back, welcher auf der „Zuversicht"
Angriff kräftig, doch mit Schonung, abzuwehren und en
manche Gegenstände wieder; doch der Kampf war ein zu ung
Feinde zu groß, so daß manches verloren ging. Ein Eskimo

Freche Plünderung der Eskimo. Handgemenge. Flucht.

heit, dem einen Kanadier sein Messer zu entreißen und ihm die Knöpfe von seiner Jacke abzuschneiden; drei andere ergriffen den Lieutenant Back selbst, erhoben ihre Messer, verlangten, was ihre Aufmerksamkeit auf sich zog, und forderten ganz besonders stürmisch seine Westenknöpfe, auf denen ein Anker abgedrückt war. Es stand zu befürchten, daß die Eskimo immer lecker und unverschämter in ihren Forderungen und ohne Blutvergießen nicht zum Zurückweichen gebracht werden würden, da sie jede Schonung für Schwäche und sich bei ihrer großen Anzahl für überlegen hielten. Gleichwol mußte man jetzt auf alle Weise das Aeußerste zu vermeiden suchen, da die Schiffe vor dem Eintreten der Flut nicht von der Stelle gebracht werden konnten. Ein Glück war es daher für die Expedition, daß einige neu hinzukommende Eskimo die Ansicht ihrer Stammesgenossen nicht theilten. Besonders nahm sich ein junger Häuptling des Lieutenant Back an und befreite ihn von denen, die ihn angriffen; auch die übrigen Eingeborenen, die sich auf der „Zuversicht" befanden, vertrieb er und forderte sie auf, die geraubten Gegenstände zurückzustellen.

Mit um so größerer Hast stürzten nun alle Plünderer nach dem „Löwen", wo Franklin befehligte. Nur eine kurze Zeit vermochte die Mannschaft dieselben durch Flintenkolbenstöße zurückzuhalten; bald kam es zum Handgemenge, das den nicht dabei Betheiligten Gelegenheit bot, mehreres zu entwenden. Die Eskimo zogen ihre Messer, schwangen ihre Dolche und verwundeten einen Matrosen, so daß dieser schon die Flinte erhob und abdrücken wollte. Da sendete Back jenen jungen Häuptling zu Hülfe, und dieser verjagte einen Theil der Seinen aus dem Schiffe. Aber auf dem Hintertheil dauerte das Handgemenge fort und drohte einen blutigen Charakter anzunehmen. Plötzlich jedoch ergriffen alle Eskimo eiligst die Flucht und verbargen sich hinter dem am Ufer befindlichen Treibholz oder hinter ihren Booten. Der Mannschaft der „Zuversicht" war es gelungen, ihr Schiff flott zu bringen, und Back hielt deshalb den Zeitpunkt für günstig, energischer aufzutreten. Sein Commandowort: „Legt an!" brachte unter den Eskimo, als sie sämmtliche Gewehre auf sich gerichtet sahen, einen panischen Schrecken hervor. Das Fahrwasser war jetzt tief genug, daß sich beide Schiffe vom Ufer gegen 200 Schritt entfernen konnten. Als die Eskimo sich von ihrem Schrecken erholt hatten und Anstalten zur Verfolgung trafen, ließ ihnen Franklin durch August bedeuten, daß jeder niedergeschossen werden würde, der sich auf Schußweite nähere.

Fünf Stunden mußte Franklin noch an der letzten Stelle mit seinen Schiffen halten, ehe er weiter segeln konnte. Eine große Anzahl Eingeborner stand am Ufer und lud August ein, zu ihnen zu kommen. Dieser, beherzt und kühn, bat um Erlaubniß und begab sich alsbald zu seinen Stammesverwandten, um ihnen Vorwürfe über ihr Betragen zu machen. Das Gespräch, das man von den Schiffen aus beobachten konnte, wurde bald sehr lebhaft. „Ihr habt euch schlecht betragen," schrie August, „ganz anders, als es sich für Eskimo gehört. Einige haben sogar mich, euren Landsmann, bestohlen; denn der Mantel, den ihr entwendet habt, war mein. Doch davon will ich nicht weiter reden; es thut mir nur leid, daß ihr die weißen Männer, die blos gekommen waren, um mit euch friedlich und freundschaftlich zu verkehren, durch eure Gewaltthätigkeiten wahrscheinlich für immer von euch gestoßen habt. Mein Stamm war einst so arm und unglücklich, wie ihr; da kamen die weißen Männer nach Churchill, wo meine Heimat ist, und gaben uns alles, was wir brauchten. Seht mich doch nur an, wie ich gekleidet bin! Hat Jemand von euch einen solchen Mantel mit solchen blanken Knöpfen? und was sind eure Glasperlen gegen meine Medaillen? Alles, was ihr nöthig habt, eure Angelhaken, eure Kessel, eure Messer, eure Dolche, eure Kleider fertigen die weißen Männer viel besser, als ihr es könnt. Gebt zurück, was ihr gestohlen habt, und sie werden euch wieder besuchen; denn sie lieben die Eskimo und wollen mit ihnen ebenso in Freundschaft leben, wie mit den Indianern. Glaubt nur nicht, daß sie sich vor euch fürchten. Daß sie so gemäßigt gegen euch waren, verdankt ihr nur ihrer Gutmüthigkeit, keineswegs ihrer Schwäche. Sie besaßen die Macht, euch furchtbar zu strafen und viele von euch zu tödten; denn sie haben alle Flinten, mit denen sie euch in der Nähe und aus der Ferne niederschießen können. Auch mir haben sie eine Flinte geschenkt und ich würde, wenn ein weißer Mann gefallen wäre, sofort seinen Tod an euch gerächt haben." Diese Strafpredigt blieb nicht ohne gute Wirkung. Die Eskimo ließen Franklin durch August versichern, daß nie wieder etwas Aehnliches vorfallen sollte, da sie sehnlichst wünschten, auch zu solchen Vortheilen, wie ihre Brüder am Churchill, zu gelangen. Franklin verlangte zur Prüfung der Aufrichtigkeit ihrer Gesinnung einige gestohlne Gegenstände zurück. Diese wurden auch in der That bald von einer benachbarten Insel herbeigeschafft, so daß außer einem Ballen mit wollenen Decken und dem Bugsprietsegel nichts Werthvolles fehlte. Die entwendeten Artikel waren größtentheils entbehrlich und würden, wenn sich die Eskimo ruhig verhalten hätten, allmälig unter sie vertheilt worden sein.

Mit Einbruch der Nacht begaben sich die Eskimo in ihre Zelte und Franklin segelte einige Stunden später, als die Flut eingetreten war, 1½ Meile stromabwärts. Ein Sturm nöthigte ihn dann, die Schiffe auszuladen und an das Land zu ziehen. Die ganze Mannschaft war von der angestrengten Arbeit und der Aufregung sehr ermüdet und schlief bis 11 Uhr des andern Morgens. Als sie eben angefangen hatten, das Takelwerk und die Segel zu repariren, von welchen durch die Eskimo einzelne Theile abgeschnitten worden waren, bemerkte Back in der Entfernung eine große Anzahl Kajaks und Umiaks, die mit großer Schnelligkeit gerudert wurden. Sogleich belud man die Schiffe und brachte sie in tiefes Wasser, wo man hoffen konnte, die Eingeborenen, und seien es ihrer auch noch so viele, in Respekt zu halten und die Wiederholung ähnlicher Scenen, wie die am gestrigen Tage, zu verhindern. Bald waren einige Kajaks so nahe, daß man die Worte der darin Sitzenden verstehen konnte. Der voran Fahrende hielt einen Kessel in die Höhe und rief mit lauter Stimme, er wolle denselben zurückgeben, und das nicht weit von ihm entfernte Umiak enthalte alle gestohlenen Gegenstände. Franklin hielt es jedoch nicht für rathsam, um der wenigen Artikel willen eine so große Anzahl Eingeborener herankommen zu lassen. „Behaltet, was ihr habt", sagte man ihnen, „und entfernt euch." Sie ruderten aber trotzdem herbei und kehrten erst um, als man eine Kugel vor das vorderste Boot abfeuerte.

Wie Franklin später bei der Rückkehr erfuhr, hatten jetzt die Eskimo wirklich die Absicht gehabt, die ganze Mannschaft zu ermorden und sich der Schiffsladung zu bemächtigen. Der zurückgebrachte Kessel sollte gleichsam als Lockspeise dienen, um die Schiffe so lange aufzuhalten, bis sie vollständig von den Eingeborenen umringt seien und der Angriff beginnen könnte. Am Tage vorher war man über das Verfahren gegen die Weißen nicht einig geworden. Die einen hatten auch jetzt schon für den Tod gestimmt, andere dagegen wollten ihren Stammesgenossen August, noch andere die ganze Mannschaft gerettet wissen. Die letzteren versprachen sich aus einem wiederholten Verkehr mit den Weißen größere Vortheile, als aus der Beraubung der beiden Schiffe. Am andern Morgen hielten alle Mitglieder des Stammes, als sie die Schiffe nur wenige Stunden von sich entfernt entdeckten, von neuem Rath. Der Anblick der gestohlenen Gegenstände erhitzte ihre Gemüther so sehr, daß sie ihr gegebenes Versprechen vollständig vergaßen und den Tod Aller beschlossen. Auch August verdiene keine Schonung, da er den Weißen so ergeben sei, daß er aufgehört habe, ein Eskimo zu sein. Unbewußt war daher Franklin mit den Seinen einer großen Gefahr ent

Eskimo.

gangen, als er durch Abfeuern einer Flinte ihre Annäherung energisch zurückwies.

Als Franklin Tags darauf das Polarmeer erreichte, war dasselbe noch fest gefroren. Er bestieg eine Anhöhe in der Nähe und bemerkte, soweit er sehen konnte, nichts als fest zusammenhängende, höchst unregelmäßig aufgethürmte Eismassen. Bald aber kamen dieselben in Bewegung, sie wogten auf und nieder, schoben sich über und unter einander, donnerähnliches Getöse wechselte mit dem dumpfen Brausen der See; kurz das großartige Schauspiel eines Eisganges im Polarmeer bot sich seinen Blicken dar. Die Schiffe wurden an das Land gezogen und man gab sich der frohen Hoffnung hin, bald die hohe See befahren zu können.

Um 8 Uhr Morgens begaben sich alle mit Ausnahme der ausgestellten Wachen zur Ruhe. Lange sollte jedoch der Schlaf nicht währen. Schon nach einer halben Stunde weckten die Wachen die Müden durch das Geschrei: „Eskimo!" Eine

Gesellschaft derselben war zufällig auf den Lagerplatz unserer Reisenden gestoßen und eben in Begriff, die aus den Zelten Heraustretenden mit Pfeilschüssen zu begrüßen, als August's Stimme Einhalt that. „Die weißen Männer", sagte er, „sind nicht gekommen, euch zu verdrängen oder zu tödten, sondern um mit euch Handel zu treiben und das Meer zu untersuchen, damit sie euch oft und mit großen Schiffen und viel Waaren besuchen können." Franklin und Back gaben jedem ein Geschenk, erhielten dafür einige Pfeile und es folgte eine freundschaftliche Unterredung. August malte seinen Brüdern ihr zukünftiges Loos so glänzend, daß sie vor Freuden Luftsprünge der manchfaltigsten Art machten, und den dringenden Wunsch aussprachen, ihre Verwandten aus dem eine Stunde entfernten Lager herbeiholen zu dürfen.

Franklin ertheilte die Erlaubniß hierzu, gebrauchte aber zugleich, um ein ungestümes Andringen zu verhindern, die Vorsichtsmaßregel, daß er vor ihrem Weggange ungefähr 200 Schritte von den Zelten eine Linie absteckte und bestimmte, daß kein Eskimo dieselbe überschreiten sollte. Auf dieser Grenzlinie würden Geschenke verabfolgt und Tauschhandel getrieben werden. August begleitete die Gesellschaft nach ihrem Lager und setzte ihr die furchtbar zerstörend wirkende Kraft der Feuergewehre auseinander. Nach einigen Stunden kehrte er mit 20 Männern und 2 ältlichen Frauen zurück. Alle blieben auf der Grenzlinie stehen und waren unbewaffnet. Glasperlen, Angeln, Ahlen, Beile, Feilen, Feuerstähle, unächte Bijouteriewaaren wurden ihnen zu Geschenken gemacht und erregten ihre Bewunderung. Das größte Erstaunen aber zeigten sie, als August sich vollständig herausgeputzt und alle seine Zierrathen und Medaillen angethan hatte. Eine volle halbe Stunde lang richtete sich ihre Aufmerksamkeit auf nichts anderes, als diesen Schmuck; selbst die Geschenke, die sie erhalten hatten, vergaßen sie darüber. „Ja", sagte ein alter Mann, als er die Medaillen befühlte, „die müssen von einem großen weisen Volke gemacht sein, das so ist, wie du es uns beschrieben hast; und diese Ankerknöpfe! Wer von uns vermöchte solche aus dem harten Metall auszuschneiden? Wir fertigen auch aus den Thierfellen mancherlei, aber wer von uns könnte daraus so weiche und schöne Kleider arbeiten?" Nach vielen vergeblichen Bemühungen gelang es endlich, eine Antwort auf die Frage zu erhalten, wann das Eis vom Ufer abgehen werde? „Sobald ein Landwind sich erhebt", sprach einer der Angesehensten unter ihnen, „und dann bleibt es in der hohen See, bis die Sterne wieder erscheinen." Am Abend verließen Alle unsere Reisenden, doch schon am nächsten Morgen fanden sie sich, begleitet von ihren Frauen und Kindern, wieder ein. Auch diese wurden jetzt mit Glasperlen, Näh= und Stricknadeln, Ohrringen, Fingerhüten und verschiedenen Schmucksachen beschenkt. Sie putzten sich sogleich damit heraus, während die Männer tanzten und dabei ihre empfangenen Geschenke zur Schau trugen. Der eine hatte eine große Stockfischangel, der andere eine Ahle durch die Nasenscheidewand gestochen, ein dritter schüttelte an seiner Glasperlenschnur und ein vierter zeigte mit großer Selbstgefälligkeit sein Messer und Beil.

Unter den Herbeigekommenen befanden sich verhältnißmäßig viel ältliche

Leute, die aber alle noch sehr kräftig und rüstig zu sein schienen. Nur an einem Uebel hatten sie zu leiden; ihre Augen waren entzündet. Was ihr Aussehen betrifft, so standen bei ihnen die Backenknochen weniger hervor, als bei Augst und den östlicher wohnenden Eskimo, aber die kleinen Augen und die breite Nase, die charakteristischen Kennzeichen des ganzen Volksstammes, theilten sie mit diesen. Das Haar der Männer hing lang herab, nur bei einigen war auf dem Wirbel eine Stelle kahl geschoren. Die Frauen hatten dasselbe in drei Zöpfe geflochten, von denen zwei zu beiden Seiten herabfielen und am Ende mit Perlenschnuren verlängert waren; der dritte Zopf war um den Kopf gewunden und mit Schnuren von weißen oder blauen Glasperlen oder weißem Wildleder aufgebunden.

Fahrt im nördlichen Eismeer.

So einfach die Sitten und die Lebensweise dieser Naturmenschen sind, so tritt doch bei ihnen auf mancherlei Weise die Liebe zum Putz hervor. Sämmtliche trugen z. B. in der Nasenscheidewand Knochen oder Muscheln und durch die Unterlippe waren auf beiden Seiten Löcher gebohrt, in welchen runde Stückchen Elfenbein mit einer großen Glasperle in der Mitte hingen. Auf diese Zierrathen legten sie einen so hohen Werth, daß sie sich niemals zum Verkauf derselben entschlossen. Diejenigen, welche nicht reich genug waren, um sich Elfenbein oder Glasperlen zu kaufen, verwendeten statt dessen Steine und Stückchen Knochen. Das Durchstechen der Lippen erfolgt im 15. Lebensjahre. Die Frauen waren sämmtlich tättowirt und zwar mit sechs blauen Linien, die senkrecht von der Unterlippe bis zum Kinn sich zogen. Sehr fühlten sich einige Mädchen in ihrer Eitelkeit geschmeichelt, als der Leutnant Back sie porträtirte und ihr Bildniß, wie sie sagten, für schön genug hielt, um mit nach der Heimat der weißen Männer genommen zu werden. Die Waffen zur Jagd, Bogen und Pfeile, waren nicht nur sehr praktisch eingerichtet, sondern auch sehr nett und zierlich gearbeitet.

Als man ihnen von den verrätherischen Angriffen ihrer Brüder an der Mündung des Mackenzieflusses erzählte, erklärten sie, daß ihnen deren Betragen sehr mißfalle. „Auch mit uns", setzten sie hinzu, „streiten jene gewöhnlich, wenn wir mit ihnen zusammenkommen; sie suchen uns zu bestehlen und uns Schaden zuzufügen. Gewöhnlich wohnen sie am östlichen Ufer des Mackenzie. Wenn ihr wieder Eskimo seht, die quer über das Gesicht tättowirt sind, so traut ihnen nicht; sie gehören zu jenem Stamme. Auf uns könnt ihr euch verlassen und wir sind bereit, euch zu begleiten und zu vertheidigen, wenn ihr zurückkehren solltet. Später habt ihr nichts von jenen zu befürchten, da sie die Westseite des Flusses verlassen, sobald das Eis an der Meeresküste verschwunden ist." In der That zeigte sich dieser Stamm stets zuverlässig und ehrlich. Einer aus demselben brachte sogar, als Franklin den jetzigen Lagerplatz verlassen hatte, einen Sack Pemmikan und einige andere Artikel nach, die aus Versehn liegen geblieben waren.

Die Winterhäuser dieser Eskimo sind von Treibholz erbaut und zwar so, daß die Wurzeln der Bäume nach oben gerichtet sind und die Decke bilden helfen. Dieselben enthalten meist nur ein bis drei Gemächer und einen Keller, der als Vorrathskammer dient. Gewöhnlich haben sie zwei Oeffnungen, durch die man in das Innere gelangen kann, die eine nach Norden und die andere nach Süden; doch sind beide so niedrig, daß man nur einkriechen kann. Außerdem besitzen sie keine andere Oeffnung, als ein Loch in der Decke zum Entweichen des Rauches. Dasselbe kann nach Belieben gleich den Thüren mit einem Schneeklumpen zugesetzt werden. Wenn diese Wohnungen ganz mit Schnee bedeckt sind und eine Lampe oder ein Feuer darin brennt, so sind sie sehr warm, doch nach unsern Begriffen keineswegs behaglich.

Da diese Eskimo nicht blos von der Jagd, sondern auch von dem Fischfang leben, so kennen sie viele Arten von Thieren, die im nahen Polarmeere und im Mackenzie vorkommen, sehr genau. Als man ihnen Zeichnungen von Walfischen, von Seehunden vorlegte, erkannten sie diese Thiere sofort; das Walroß dagegen war ihnen ganz fremd, woraus Franklin schloß, daß sich dasselbe in diesem Meerestheile nicht aufhält.

Unsere Reisenden verkehrten mit diesem Eskimostamme drei Tage lang; dann erhob sich ein starker Landwind und schob die Eismassen vom Ufer hinweg. Sogleich schiffte man sich ein, kam jedoch nicht weiter als eine halbe Meile. Auch in ihrem ferneren Fortgange wurde die Expedition oft durch Eis, das mit der Küste zusammenhing, verhindert. Tagelang war man zum Warten verurtheilt und in vielen Fällen konnte man dann die Reise nur einige Meilen weit fortsetzen. Da die Gegend nur wenig Interessantes bot und der Verkehr mit den Eskimo, je weiter man nach Westen kam, desto seltener stattfand, so gehörten die Stunden, in welchen man an der Küste des Aufgehens des Eises harrte, zu den langweiligsten. Wenn die astronomischen Beobachtungen angestellt, die Küste aufgenommen und die wenigen sich vorfindenden Pflanzen und Steine gesammelt waren, gab es in der That nichts mehr zu thun. Zum Spielen und Lesen war man nicht aufgelegt, da alle Gedanken sich auf die starre unbewegliche Eisdecke des Meeres richteten. Das Spazierengehen machte der sumpfige Boden, in den man bis an die Knöchel einsank, meist unmöglich. Dazu kam noch, daß im Juni die Sonne mehrere Wochen lang nicht unterging und so nicht einmal die Abwechselung von Tag und Nacht eine Veränderung in das einförmige Leben brachte. Der Theil der Mannschaft, der keine Uhr besaß, befand sich in jenen Wochen oft in der größten Verwirrung über die Zeit. Nur die Mitternachtsstunde konnte man ungefähr bestimmen, wenn die Sonne nicht durch Wolken verdeckt war. Am 30. Juli ging die Sonne bereits wieder Abends 11 Uhr unter und es erfüllte die nun schnell eintretende Abnahme der Tage Franklin mit großer Besorgniß. Er war noch nicht weit westlich vom Mackenzie gelangt; konnte er hoffen, daß seine fernere Reise schneller von statten gehen und er noch in diesem Sommer die Kotzebue-Einfahrt erreichen werde, wo er mit Kapitän Beechey zusammentreffen wollte? In seiner Instruktion war ausdrücklich bestimmt, daß er zwischen dem 15. und 20. August die Rückkehr nach Fort Franklin antreten solle, wenn es ihm unmöglich sei, bis zu Anfang des Herbstes zur Behringsstraße vorzudringen. Zwar wurde er in den ersten vierzehn Tagen des August seltener von Eismassen aufgehalten, doch hatte er in der Mitte dieses Monats immer erst die Hälfte des Weges bis zu jener Straße zurückgelegt. Es kostete ihn einen harten Kampf, ehe er sich jetzt zur Rückreise entschließen konnte. Aber ein weiteres Vorrücken mußte tollkühn erscheinen und hätte die gesammte Mannschaft in große Gefahren gebracht. Ein Theil derselben litt jetzt schon nicht unbedeutend in Folge des wiederholten Watens im eiskalten Wasser beim Ziehen der Schiffe an das Land und in das Meer. Uebrigens hatte man nur noch Lebensmittel auf vier Wochen und konnte auf keine Jagdbeute rechnen, da sich die Rennthiere und anderes Wild schon nach dem Süden zurückzogen. So wurde die Umkehr durch die Umstände abgenöthigt und spätere Erfahrungen stellten zur Genüge heraus, daß Franklin wohl gethan hatte, als er dieselbe beschloß. Von Kapitän Beechey war ihm eine Barke entgegengeschickt worden und diese war auch so weit an der Küste östlich gesegelt, daß die Entfernung von dem jetzigen Aufenthalte unseres Reisenden nur 7 Grad, also ungefähr 36 Meilen, betrug; dieselbe hatte aber am 25. August schon das Hauptgeschwader wieder erreicht. Franklin würde also mit derselben nie zusammengestoßen sein, da sie ihre Rückkehr eher antrat, als er an dem äußersten westlichen Punkte seiner Reise ankam. Im Ganzen hatte er die Nordküste Amerika's in einer Ausdehnung von ziemlich 12 Grad, d. h. von gegen 60 Meilen erforscht und aufgenommen. Das Riff, an dem er sich für die Rückreise entschied, nannte er das Umkehrriff und er bestimmte dessen geographische Lage zu $131^0 \; 12 \; 2/5'$ w. L. von Ferro und $70^0 \; 26'$ n. B.

Die Rückfahrt nach Fort Franklin bot wenig Schwierigkeiten. Ein Ueberfall der Bergindianer, die sich durch die Reisenden in ihrem Handel mit den Eskimo beeinträchtigt glaubten, wurde durch die Gutmüthigkeit und freundschaftliche Gesinnung der letztern vereitelt. Zwei Eskimo, die man früher beschenkt hatte, kamen athemlos zu den Zelten Franklin's, die an der Küste aufgeschlagen waren, gelaufen und theilten die drohende Gefahr mit. Gelänge es, erzählten sie, jenen Indianern nicht, die Expedition zu Lande zu überraschen, so wollten diese die Schiffe über die Untiefen des Mackenzie wegziehen helfen und dabei dieselben so beschädigen, daß sie gänzlich untauglich würden. Franklin befahl sogleich, das Lager abzubrechen und die Boote in das Wasser zu bringen. Zum Glück erreichte man den Mackenzie eher, als jene hinterlistigen Feinde, und durch einen Sturm wurde das Wasser an der Mündung so angestaut, daß alle Untiefen ohne Schwierigkeit befahren werden konnten. Am 21. September langte Franklin in dem nach ihm benannten Fort mit seiner ganzen Mannschaft an. Dr. Richardson, den er hier wieder fand, war schon vor drei Wochen zurückgekehrt.

Der letztere hatte seine Aufgabe, die Küste bis zur Mündung des Kupferminenflusses zu erforschen, in dem verhältnißmäßig kurzen Zeitraum von 5 Wochen glücklich gelöst. Die Entfernung beträgt in gerader Linie ungefähr 20°, d. h. gegen 112 deutsche Meilen, und auf dieser ganzen Strecke hatte er die Küste mit Ausnahme des Eskimo-Sees aufgenommen. Von Eismassen war er nur in der zweiten Hälfte des Weges einigemal aufgehalten worden. Eskimo hatte auch er nur an der Mündung des Mackenzie und der zunächst gelegenen Küste angetroffen und es schien, als hätte sich dieser ganze Stamm aus seinen weit ausgedehnten Gebieten für den Sommer an jenen Fluß zurückgezogen. Richardson's Verkehr mit diesen Männern des Nordens blieb stets ein friedlicher. Feindselige Unternehmungen, die sie mehrmals beabsichtigten, gaben sie jedesmal bei dem Zuruf nuwûrluk, d. h. Handel, auf. Sie zeigten sich übrigens intelligent und gefällig, doch ebenfalls diebisch. Den Zweck des Steuerruders, welche Vorrichtung ihnen noch ganz unbekannt war, erkannten sie sofort; ebenso die vortreffliche Bauart der Schiffe. Als sich Franklin seines Taschenfernrohrs bediente, sahen sie den Nutzen desselben sogleich ein und nannten es iti-yawgah, d. h. Fernauge. Da ihre größern Böte, die mehr als eine Person zu tragen vermögen, nur von Weibern und Kindern bestiegen und gerudert werden, so hielten sie es für selbstverständlich, daß die ganze Mannschaft in den englischen Schiffen aus Frauen bestehe, und sie fragten daher höchst naiv den Dolmetscher Uligbuck, ob denn alle weißen Frauen Bärte trügen. Höchst eigenthümlich ist die Art und Weise, wie sie ihre Streitigkeiten zu schlichten pflegen. Dieselbe liefert zugleich einen Beweis von der Kaltblütigkeit ihrer Natur. Beide Gegner treten vor einander hin und einer um den andern hält dem Kopf etwas vor, um sich einen Schlag mit der Faust versetzen zu lassen. Diese wechselseitige Kopfklopferei setzen sie so lange fort, bis einer von beiden vor Schwäche niederstürzt. Dabei halten sie es für eine große Feigheit, dem Schlage irgendwie auszuweichen.

Der nördlichste Punkt, welchen Richardson erreichte, war Kap Bathurst (110° w. L. von Ferro). Von da aus nahm die Küste bis zum Kupferminenflusse eine südöstliche Richtung an und erhob sich meist steil vom Meere aus. Sie bestand in einer großen Ausdehnung aus bituminösem Thonschiefer, der an vielen Stellen in Brand gerathen war. Der traurige Eindruck, den die ganze Gegend machte, wurde durch diese brennenden Uferwände noch erhöht. Sie erfüllten weithin die Luft mit heißem, schwefelhaltigen Rauch, der stark gegen die kalten Seewinde abstach. Die zurückgebliebenen Schlacken, der Alaun, der sich gebildet hatte, sowie der zusammengebackene Thon gaben solchen Stellen das Aussehen, als ob mit blinder Zerstörungswuth eine aus Ziegelsteinen aufgeführte blühende Stadt in einen Schutt und Trümmerhaufen verwandelt worden sei.

Am 8. August kamen die Reisenden am Kupferminenflusse an. Sie befuhren denselben nur wenige Meilen stro_ ar ts; dann zogen sie b:: Boote ans Land und ließen sie nebst allem, dessen ....nn: sehr nothwendig b...arfte, zurück, um die Fußwanderung nach dem Bärensee anzutreten. Der Gegenstände, deren man sich entledigen mußte, waren noch so viele, daß eine große Anzahl Eskimo viele Jahre damit ausreichen konnte. Gewiß wird die Freude der letzteren groß gewesen sein, wenn sie unerwartet die Menge von Angeln, Angelschnuren, Beilen, Messern, Feilen, Feuerstählen, Kesseln, Kämmen, Ahlen, Nadeln, Tuchstücken, Bändern und Glasperlen aufgefunden haben. Daß dieser Volksstamm die Gegend alljährlich besuchte, davon zeugten die in der Nähe errichteten Wohnungen.

Nach einer achttägigen Wanderung, die ohne Unfälle von statten ging, breitete sich der Bärensee vor den Blicken der Reisenden aus. Ein Boot, das man zu ihrer Ueberfahrt von Fort Franklin abgesendet hatte, nahm sie auf und brachte sie in das Winterquartier zurück. Nach der Ankunft Franklin's war die Zahl der Bewohner dieselbe, wie im vorigen Jahre. Das Fort war gut verproviantirt und alle verlebten noch einen Winter in dieser kalten unwirthlichen Gegend. Die Zeit verbrachte man in ähnlicher Weise wie früher. Selbst eine Kälte von $-37\,^{5}/_{12}^{\circ}$ R., bei welcher Quecksilber fest gefror, daß man es als Kugel aus einer Pistole abschießen konnte, vermochte die jetzt schon an Beschwerden und niedrige Temperaturgrade gewöhnten Männer nicht von ihren täglichen Geschäften abzuziehen.

Oft verkehrte man auch in diesem Winter mit Indianern. Sie hatten durch die Jahre lang fortgesetzten freundschaftlichen Beziehungen mehr Zutrauen gewonnen; und daher gelang es, jetzt über Dinge von ihnen Aufschluß zu erhalten, über welche sie früher nur wenig berichtet hatten. Von besonderer Wichtigkeit war es für Franklin, ihre religiösen Ansichten kennen zu lernen, und er bot alles auf, darüber genauer unterrichtet zu werden. Läßt sich auch nicht leugnen, daß diese auf so niederer Kulturstufe stehenden Völker oft sehr unklare, unzusammenhängende und verworrene Begriffe von ihrem religiösen Glauben hatten, so war es auf der andern Seite doch nicht ohne Interesse, von ihnen Sagen zu hören, die an andere, namentlich asiatische anklingen. Alle jene Indianer glauben an einen großen Geist, der sie und die Welt geschaffen habe. Nach der Meinung der Hundsrippenindianer wohnt er in dem Lande der weißen Männer, die von ihm besonders bevorzugt werden. Hier läßt er seine Sonne ewig mild und warm scheinen; denn die Winde, die daher wehen, sind niemals kalt. Der erste Mensch, den er erschuf, hieß T s ch a p e w i ß. Dieser fand auf der Erde einen Ueberfluß von Nahrungsmitteln und gab seinen Kindern zwei Arten von Früchten, weiße und schwarze, verbot ihnen aber von den letztern zu essen. Noch fehlte die Sonne auf der Erde. Tschapewih trat daher eine große Reise an, um diese in die Welt herein zu bringen. Während seiner Abwesenheit waren seine Kinder gehorsam und aßen nur von der weißen Frucht. Als er aber zum zweiten Mal die Seinen verließ, um den Mond zur Erleuchtung der Nacht herbei zu holen, übertraten sie sein Gebot und genossen von der schwarzen Frucht, nachdem die weiße gänzlich aufgezehrt war. „Krankheit und Tod über euch und eure Nachkommen", sprach Tschapewih im Unwillen bei seiner Rückkehr, „das sei die Strafe eurer Sünde; und das Land, wo ihr wohnt, sei verflucht, daß es nur schlechte Früchte hervorbringe!" Er selbst sah noch lange die nun hereinbrechende Noth der Seinigen mit an; denn er wurde sehr alt, und konnte nicht eher sterben, als bis einer aus dem Stamme auf seine eigne Bitte ihm einen Biberzahn in den Kopf schlug.

Einer seiner Nachkommen, der denselben Namen trug, wohnte mit seiner Familie an einer Straße zwischen zwei Meeren. Hier hatte er sich ein Wehr gebaut, um Fische zu fangen. Dieselben kamen bald in solcher Menge herbei, daß die Straße verstopft wurde und das Wasser die Erde überflutete. Der jüngere Tschapewih baute daher ein Kanoe, bestieg es mit seiner Familie und nahm alle Arten von vierfüßigen Thieren und Vögeln in dasselbe auf. Der Wind trieb dasselbe wochenlang auf der unabsehbaren Flut hin und her, und nirgends verkündete ein Anzeichen eine Abnahme des Wassers. Da suchte sich Tschapewih selbst zu helfen. Aus ein wenig Schlamm, das wußte er, konnte er eine neue Erde bilden. Aber woher sollte er jenen erlangen? Er schickte einen Biber aus, daß dieser auf den Meeresgrund tauche und Erdreich ihm bringe. Aber der Biber mußte sein Unternehmen mit dem Tode bezahlen. Nun erhielt eine Bisamratte denselben Auftrag. Sie blieb lange aus, kehrte aber endlich, wenn auch ganz ermattet, mit ein wenig Erde in den Pfoten zurück. Voller Freude liebkoste Tschapewih das Thier und gab ihm das Beste, was er hatte, zur Nahrung. Die Erde aber nahm er, formte sie zwischen den Fingern und legte sie aufs Wasser, wo sie an Größe täglich zunahm und allmälig eine Insel im großen weiten Ocean bildete. Ein Wolf war das erste Thier, welches er auf diesen neuentstandenen Boden setzte. Derselbe war jedoch zu schwer für die schwimmende Insel, so daß diese von seiner Last umzuschlagen drohte. Er erhielt daher den Befehl, immer an dem äußersten Rande mit der größten Geschwindigkeit umherzulaufen. So kam zwar das Land in ein stetes Schwanken, das Umschlagen aber wurde verhindert; nach einiger Zeit erst ward die Insel so groß und fest, daß sie alle am Bord des Kanoes befindlichen Thiere aufzunehmen und zu tragen vermochte. Zuletzt schiffte sich Tschapewih mit seiner Familie selbst aus. Als er an das Land trat, steckte er ein Stück Holz in die Erde, das mit erstaunlicher Geschwindigkeit zu einem Tannenbaum, dessen Gipfel den Himmel berührte, erwuchs. Ein Eichhörnchen kletterte an demselben hinan und wurde von seinem vormaligen Verpfleger verfolgt. Dieser konnte dasselbe aber nicht einholen, obgleich er die Jagd fortsetzte, bis er die Sterne erreichte. Er sah sie erglänzen in all ihrer Pracht, und fand einen schönen breiten Fußpfad, der mitten durch sie hinführte. Auf diesen legte er eine Schlinge, um das Eichhorn zu fangen, und begab sich dann auf die Erde zurück,

Indianische Sagen.   55

nicht ahnend, welches Unheil er angerichtet hatte. Jener Pfad war der, welcher
die Sonne alle Tage, während sie schien, durchwanderte. Um Mittag verfinsterte
sich plötzlich der Himmel und die Erde. „Was hast du im Himmel gethan, daß
wir des freundlichen Tageslichts entbehren?" frugen alle besorgt Tschapewih.
Dieser errieth sogleich die Ursache der Finsterniß, nämlich, daß sich in der Schlinge
anstatt des Eichhörnchens — die Sonne gefangen habe. Er dachte auf Mittel,
den angerichteten Schaden wieder gut zu machen. Mehreren Thieren ertheilte er
den Auftrag, den Tannenbaum zu erklettern und die Sonne zu erlösen. Doch sie
verbrannten alle durch die heftige Hitze zu Asche. Endlich erreichte ein Maulwurf

Die Bisamratte (Fiber zibethicus).

glücklich die breite Himmelsstraße. Dieser wühlte sich unter dem Wege am Him=
mel hin und durchfraß die Schlinge, die die Sonne gefesselt hielt. Als er aber
neugierig seine Schnauze ein wenig aus seinem finstern Gange hervorstreckte,
erblindete er von dem hellen Glanze, und seine Nase und Zähne nahmen das Aus=
sehn an, als seien sie verbrannt.

Im Laufe der nächsten Jahre vergrößerte sich die Insel bis zu der Ausdeh=
nung des jetzigen Festlandes von Amerika. Tschapewih zog nun Rinnen auf der
Oberfläche, vertiefte einige Stellen und bildete auf diese Weise Flüsse und Seen.
Jetzt wies er allen Säugethieren, Vögeln und Fischen ihre Wohnplätze an und
begabte jedes Thier mit besonderen Eigenschaften. Alle ermahnte er, stets auf

der Hut sein, da der Mensch ihnen überall nachstellen werde. Würden sie jedoch gefangen, so sollten sie sich damit trösten, daß sie bei ihrem Tode einem Samenkorn glichen, welches zu neuem Leben erwacht. So vortrefflich auch Tschapewih seine Anordnungen getroffen zu haben glaubte, so mußte er doch bald erfahren, daß Niemand durch dieselben vollständig zufriedengestellt war. Die Thiere wollten lieber lange ohne Verfolgung leben und dann wie ein Stein sein, der, wenn man ihn in einen See wirft, sich für immer den Blicken der Menschen entzieht. Seine Familie beklagte sich, daß sie, weil sie von der schwarzen Frucht gegessen habe, sterblich geworden sei. Doch Tschapewih änderte nichts in seinen Einrichtungen, nur einigen Menschen verlieh er die Gabe, bedeutungsvolle Träume zu träumen, Krankheiten zu heilen und so das menschliche Leben zu verlängern.

Lange lebten seine Nachkommen beisammen. Da geschah es, daß bei einem Spiele einige junge Leute zufällig erschlagen wurden. Dies verursachte Streit, der eine Zerstreuung des Menschengeschlechts zur Folge hatte. Ein Indianer schlug seine neue Wohnung an den Ufern eines Sees auf und nahm eine Hündin nebst ihren Jungen mit. Wenn er ausging, um zu fischen, band er jedesmal die Thiere sorgfältig in seiner Hütte an, damit sie sich nicht zerstreuten. Schon mehrmals war es ihm aufgefallen, daß er, wenn er sich seinem Zelte näherte, in demselben Stimmen gleich denen von Kindern vernahm. Um der Sache auf den Grund zu kommen, beschloß er die Thiere zu überraschen. Er stellte sich eines Tages, als wolle er auf die Jagd gehen, verbarg sich aber in der Nähe. Bald hörte er wieder menschliche Stimmen; schnell sprang er ins Zelt und sah zu seiner Freude einige schöne Kinder, die spielten und lachten, während abgestreifte Hundehäute neben ihnen lagen. Sogleich warf er die letzteren ins Feuer. Die Kinder behielten ihre Gestalt und wurden die Urväter der Hundsrippenindianer.

Nach einer andern Sage bestand die Erde ursprünglich aus einer weiten See, worin kein Wesen sich aufhielt außer einem gewaltigen Vogel, dessen Auge Feuer, dessen Blicke Blitze und dessen Flügelschlag Donner war. Als dieser in das Wasser hinabtauchte, erhob sich das feste Land und schwamm seitdem auf der Oberfläche. Nun rief jener allmächtige Vogel alle Thiere und die Menschen aus der Erde hervor; den letzteren gab er einen Pfeil mit dem Befehl, denselben sorgfältig zu bewahren. Die Tschippewäer aber waren so unklug, denselben zu verschleudern. Seitdem zürnt der Vogel und hat sich niemals wieder blicken lassen.

Wir kehren nun zu unsern Reisenden im Fort Franklin zurück. Dr. Richardson hatte dasselbe schon im Herbst 1826 verlassen und sich nach Cumberlandhouse begeben, um hier während des Winters naturhistorische Forschungen anzustellen. Franklin reiste ihm am 20. Februar des nächsten Jahres nach, während Back im Fort zurückblieb, bis die Flüsse eisfrei waren.

Von Cumberlandhouse kehrte Franklin und Dr. Richardson über Montreal und Newyork nach England zurück, wo beide am 26. September ankamen und ehrenvoll empfangen wurden. Kapitän Back traf 14 Tage später in Portsmouth ein.

Erebus und Terror.

III.
Franklin's letzte Reise ins Nordpolarmeer.

Roß. Back. Dease und Simpson. — Franklin als Gouverneur auf Vandiemensland. — Barrow. — Neue Polarexpedition. — Instruktionen. — Bemannung und Abfahrt der Schiffe. — Letzte Nachrichten von der Walfischinsel und aus der Melvillebai. — Muthmaßungen. — Vorbereitung zu Aufsuchungsexpeditionen.

Die nächsten achtzehn Jahre führten Franklin auf einen ganz andern Schauplatz der Thätigkeit. Zwar ruhten keineswegs die Unternehmungen, eine nordwestliche Durchfahrt zu entdecken, doch Franklin blieb denselben fern. John und James Roß fanden auf einer 4½ Jahre dauernden Reise den magnetischen Nordpol am 1. Juni 1831 auf und erforschten das Land **Boothia Felix**; Back führte mit unsäglichen Gefahren 1833 bis 1835 eine Stromfahrt auf dem **Großen Fischflusse**, der später nach ihm **Backfluß** benannt wurde, aus und stand im nächsten Jahre an der Spitze einer neuen Expedition nach der Repulsebai, um die Lücken auszufüllen, die noch zwischen der **Furry-** und **Heklastraße**, der

Prinz-Regents-Einfahrt und der Mündung des Backflusses bestanden; zwei Beamte der Hudsonsbai-Kompagnie, Warren Dease und Thomas Simpson, befuhren 1837 bis 1839 in Booten die ganze amerikanische Nordküste von dem 139⁰ bis zum 77⁰ w. L. von Ferro, also in einer direkten Entfernung von 62⁰ (ungefähr 350 deutsche Meilen): Franklin dagegen sehen wir theils als Befehlshaber eines Kriegsschiffes im Mittelmeere, theils als Gouverneur von Vandiemensland auf einem weit entfernten Felde wirksam. Mit reger Theilnahme folgte er allen jenen Unternehmungen, die den Kreis des geographischen Wissens in einem Gebiete erweiterten, dessen Erforschung er seit seiner ersten Reise für seinen eigentlichen Beruf hielt. Die Kolonialverwaltung mit ihren kleinlichen Quälereien und ihrer großen Verantwortlichkeit war kein Amt für ihn, und er wünschte derselben um so mehr enthoben zu werden, je weniger er sich trotz seiner treuen und gewissenhaften Führung die Anerkennung des damaligen für die Kolonien ernannten Staatssekretärs erwerben konnte. Seine alte Heiterkeit schwand sichtlich dahin und sein Leben verdüsterte sich. Mit Freuden bot er daher der Admiralität seine Kraft an, als diese 1844 eine abermalige Ausrüstung einer Expedition zur Entdeckung der nordwestlichen Durchfahrt beschlossen hatte. Im Kampfe mit den nordischen Elementen hoffte er seine frühere Geistesfrische wieder zu gewinnen und den peinlichen Druck abzuschütteln, der seit den Tagen von Vandiemensland auf ihm lastete.

Achtzehn Jahre hatte die Admiralität jede Entdeckungsfahrt in die nördliche kalte Zone auf eigne Kosten nicht nur unterlassen, sondern auch ähnliche Unternehmungen von Privaten weniger begünstigt. Es schien, als sollte der eisumgürtete Norden sich selbst überlassen und die Fragen in Bezug auf die nordwestliche Durchfahrt für alle Zeiten unbeantwortet bleiben. Vergebens hatte man in der Zeit von 1817 bis 1828 allen Scharfsinn aufgeboten, um die sich hinter Eiswälle verbergenden Geheimnisse zu enträthseln; die bewährtesten Führer hatten sich versucht, aber nie waren sie mit ihren Schiffen weit über den Lancastersund und die Hudsonsbai hinausgekommen; die Resultate aller jener trefflich ausgerüsteten kühnen Unternehmungen entsprachen nicht den Anstrengungen und Beschwerden, sowie den gebrachten Opfern. Daher erkaltete allmälig der Eifer, und die Admiralität zog den früher auf die Entdeckung der nordwestlichen Durchfahrt ausgesetzten Preis von 20,000 Pfund Sterling am 15. Juli 1828 förmlich zurück.

Aber noch lebte ein Mann, der sein ganzes Leben bemüht gewesen war, seiner Nation den Ruhm der vollständigen Erforschung des finstern eisigen Nordens zu verschaffen, John Barrow, Sekretär des britischen Admiralitätsamtes. Er war gründlich vertraut mit all den Entdeckungen, welche durch Thatkraft seines Volkes in den verschiedensten Theilen der Erde seit einer Reihe von Jahrhunderten gemacht worden waren; er hatte einen Cook, einen Flinders, einen Mungo Park, die sich durch ihre Unternehmungen Weltruf erworben, von Angesicht zu Angesicht gekannt und war seit 1817 die Seele der Entdeckungsfahrten in das nördliche Eismeer gewesen. Jetzt war sein Haar ergraut, er selbst, ein mehr als achtzigjähriger Greis, im Begriff aus seiner langjährigen verdienstvollen Amtsthätigkeit auszuscheiden. Konnte er diesen Schritt thun, ohne nochmals der Admiralität seinen durchs ganze Leben gepflegten Lieblingsgedanken dringend ans Herz zu legen? Als Kapitän James Roß von seiner vierjährigen Reise in das südliche Eismeer mit den Schiffen Erebus und Terror zurückgekehrt war, und seine Erlebnisse und Entdeckungen die Aufmerksamkeit der ganzen gebildeten Welt auf sich zogen, da erhob er sich nochmals in der Sitzung der Admiralität und erörterte mit Beredsamkeit und fast jugendlichem Feuer in umfassender Weise und herzlichbittendem Tone die Gründe, die für Ausrüstung einer neuen Expedition nach dem Norden sprachen. Er zeigte, wie wenig noch zur Erreichung des seit Jahrhunderten angestrebten Zieles fehle, wie gering die Entfernung sei, welche die bis jetzt schon bekannten Punkte von einander trennten; er wies darauf hin, wie in Folge der erlangten Kenntniß des Nordens die Gefahren mit jedem Jahre geringer geworden und die letzten Expeditionen ohne große Verluste zurückgekehrt seien; er wendete sich mit Begeisterung an den Patriotismus seines Volkes, das nach so vielen Versuchen nicht auf halbem Wege stehn bleiben und die Früchte seiner Mühen einem fremden Volke ernten lassen dürfe. Da flammten noch einmal die alten Hoffnungen auf, die um Rath gefragten Seehelden Franklin, Parry, James Roß und Sabine sprachen sich für das Unternehmen ebenfalls aus und die Admiralität beschloß, eine letzte entscheidende Expedition auszurüsten.

Kaum war der Beschluß bekannt, so drängten sich viele der Offiziere und Matrosen, um in die Listen der Expeditionsmannschaften eingeschrieben zu werden. Die Zahl der Bewerbungen war so groß, daß man die sorgfältigste Auswahl treffen konnte. Die Leiden der früheren Reisenden waren vergessen, dagegen glänzten im hellen Lichte die Abenteuer, die sie erlebt, die Erfahrungen, die sie gesammelt, die Kenntnisse, mit denen sie die Wissenschaft bereichert, und die Beförderungen und Auszeichnungen, die ihnen bei ihrer Rückkehr zu Theil geworden. Bildeten nicht die Reisebeschreibungen eines Cook, Parry, Franklin, Roß noch jetzt nach vielen Jahrzehnten die Lieblingslektüre von Jung und Alt, erregten sie nicht selbst die Aufmerksamkeit und Theilnahme derjenigen, denen die wissenschaftliche Bedeutung jener Reisen gleichgültig war? Faßte man übrigens die schon gewonnenen Resultate zusammen, so blieb ja nur noch von dem durch Parry erreichten Punkte bis zur Behringsstraße eine Entfernung von ungefähr 250 deutschen Meilen zu durchsegeln, eine Entfernung, die man mit Hülfe des Dampfes in kurzer Zeit zurückzulegen hoffte. Dazu kam noch, daß es die Erreichung eines Zieles galt, dem man seit Jahrhunderten so viel Kraft und Mühen gewidmet hatte, und daß mithin die Ehre um so größer war, zur endlichen glücklichen Durchführung eines so lang gehegten Planes mitgewirkt zu haben. Gewiß erklärt sich aus alle dem der Zudrang zu dem Unternehmen. Die Wenigen, die zu den Auserwählten gehörten, erzählten freudestrahlend ihren Kameraden ihr Glück. Eifrig und mit scharfem Auge studirten sie die besten Karten der nördlichen Gegenden, um sich mit dem Felde ihrer künftigen Thätigkeit vertraut zu machen.

Anfangs war Fitzjames zum Führer der Expedition bestimmt. Als aber Franklin erklärte, daß ihm, als dem ältesten Nordpolfahrer, diese Stellung gleichsam von Rechtswegen zukomme, konnte die Admiralität nicht zweifelhaft sein, wem sie die Leitung anvertrauen solle. Niemand hatte persönlich so viele Erfahrungen über das Reisen in jenen Gebieten als Franklin, und mit dem Reichthum seiner Erfahrungen verband er eine Kraft und Energie, eine Leutseligkeit und Humanität, die für das Unternehmen den günstigsten Erfolg versprach. Nur der Lord Haddington wünschte aus den wohlwollendsten Gründen, den edlen Seehelden zurückzuhalten. „Er hat", sprach er, „ehrenvoll bis an sein sechzigstes Jahr gedient; ich meine, er sollte nun sich auf seinen Lorbeeren Ruhe gönnen." Da entgegnete Parry: „Lassen wir ihn nicht mitgehen, so wird er vor Herzeleid in kurzem sterben." Und als der edle Lord persönlich Franklin sein Bedenken in vertraulicher Weise äußerte und lächelnd erklärte: „Wir haben den besten Grund von der Welt, Sie nicht theilnehmen zu lassen; denn in dem Berichte ist angegeben, daß Sie bereits sechzig Jahre alt sind," entgegnete Franklin rasch und ernsthaft: „Der Bericht ist falsch, ich bin erst neun und funfzig Jahre alt." Auf keine Weise vermochte Haddington ihn zu bewegen, von der Uebernahme des Oberbefehls abzustehen.

Die beiden Schiffe, die zur Fahrt ausgerüstet wurden, waren der Erebus und Terror, welche bereits auf der berühmten Fahrt des Kapitän James Roß nach den antarktischen Gegenden die besten Proben ihrer Brauchbarkeit und Dauerhaftigkeit bestanden hatten. Nach der bewährtesten Methode waren sie von neuem zu der graufigen Fahrt zwischen Eismassen und Eisbergen in Stand gesetzt worden. Beide waren Segelschiffe und Schraubendampfer zugleich. Zum ersten Mal sollte die Kraft des Dampfes den schwachen Menschen in seinem riesigen Kampfe mit den gewaltigen Eisblöcken unterstützen. Die Maschinen, jede von 20 Pferdekräften, waren so eingerichtet, daß sie aufgezogen und niedergelassen werden konnten. Dieselben sollten namentlich dann in Gebrauch genommen werden, wenn die Schiffe in engen, von Eismassen eingeschlossenen Kanälen bei widrigem Winde oder Windstillen segelten. Nur zu oft hatte man erfahren, daß die beste Zeit zum Vorwärtskommen verstrich, weil günstiger Wind und offenes Fahrwasser nur selten zu gleicher Zeit anzutreffen waren. Einen ununterbrochenen Gebrauch der Maschinen verbot die verhältnißmäßig geringe Menge von Kohlen, die man einnehmen konnte. Des Raumes bedurfte man nothwendiger zur Aufspeicherung von Nahrungsmitteln und anderen Bedürfnissen der verschiedensten Art. Die Ausstattung mit Vorräthen war mit der größten Freigebigkeit und Fürsorge auf drei Jahre erfolgt. Auch die physikalischen Instrumente und Apparate waren so vortrefflich, daß sie allen Ansprüchen genügten. Eine kleine, aber gut ausgewählte Bibliothek befand sich am Bord, um die Reisenden in der langen Winternacht der nordischen Zone zu erheitern und zu belehren. Kurz noch nie war ein Unternehmen so zweckmäßig ausgerüstet gewesen, als dieses, und selbst den erfahrensten arktischen Seemännern schien es jetzt unzweifelhaft, daß das lang erstrebte Ziel erreicht werden müsse.

In seiner Instruktion wurde Franklin die Aufgabe gestellt, so schnell als möglich nach dem Lancastersunde und der Barrowstraße bis zum Kap Waker vorzubringen und von hier aus in gerader Linie nach der Behringsstraße zu steuern, wenn die Lage und Ausdehnung des Eises und die jetzt noch unbekannten Inselbildungen dies gestatteten. Deshalb sollte er keine Zeit verlieren, die sich vorfindenden südlichen und nördlichen Busen und Ausgänge der Barrowstraße zu erforschen. Auch mahnte man ihn von den nach den frühern Erfahrungen unnützen Versuchen ab, von dem Kap Dundas im Süden der Melville=Insel in südwestlicher Richtung vorzudringen, da die Eismassen, welche von Parry daselbst beobachtet wurden, von großem Umfange und augenscheinlich in festem Zustande waren.

Kasarsoak, dänische Niederlassung in der Diskobucht.

Sollten unübersteigliche Hindernisse die Fahrt in dieser Richtung unmöglich machen, so wies man ihn an, durch den Wellingtonkanal zwischen Devon und Kornwallis nach dem im Norden gehofften offenen Polarmeer zu steuern. Sei es ihm hier möglich, nur bis zum 112° w. L. von Ferro zu gelangen, so glaube man, würden die größten Schwierigkeiten überwunden sein, da westlich von jenem Grade die in diesem Eismeere so merkwürdige Inselbildung aufhöre. Schnellen Laufes werde er dann die amerikanische Nordküste und die Behringsstraße erreichen können. Von hier sollte er sich nach den Sandwichsinseln begeben und sofort einen Offizier mit Berichten über seine Entdeckungsreise nach Panama abfertigen. Uebrigens gestattete man ihm in seinem Unternehmen freien Spielraum und stellte das meiste seiner Entscheidung anheim, da es ja die Erforschung von noch unbekannten Gegenden galt. Man überließ seiner Umsicht und Gewissenhaftigkeit die Sorge für die Gesundheit der Mannschaft, für die Erhaltung der Schiffe und für die Erzielung der größtmöglichsten wissenschaftlichen Resultate. Während seiner Fahrt im Eismeere sollte er Nachrichten über seine Reise dadurch nach England gelangen lassen, daß er öfter Flaschen oder kupferne Cylinder wohlverschlossen über Bord werfe, welche ein Blatt mit genauer Angabe der geographischen Lage seines Aufenthaltes und anderer wichtiger Umstände und die Aufforderung enthielten, das Gefundene der Admiralitätsamte in London zu übersenden.

Der 18. Mai 1845 sah beide Schiffe vollständig bemannt und ausgerüstet zu Greenhithe in der Themse. An Bord eines jeden Schiffes befanden sich 12 Offiziere und 57 Seeleute und Matrosen, zusammen 138 Mann außer dem Oberbefehlshaber. Der Kapitän des Terror war Franz Richard Crozier, der schon in den zwanziger Jahren an den arktischen Fahrten theilgenommen und dasselbe Schiff unter dem Oberbefehl von James Roß zum antarktischen Ocean geführt hatte. Fitzjames, der Kommodore des Erebus, hatte sich 1835 bis 1837 auf der Euphrat-Expedition ausgezeichnet und später in den chinesischen Gewässern geweilt. Unter den übrigen Offizieren galt jeder als besonders tüchtig in einem bestimmten wissenschaftlichen oder praktischen Kreise; der eine war ein gelehrter Naturforscher, der andere ein wissenschaftlich gebildeter Mann überhaupt, der dritte ein erfahrner Reisender. Der Eismeister des Terror Blenky hatte unter John Roß vier Jahre hinter einander auf der Victory im nordischen Eise überwintert, der des Erebus, Reid, viele Gefahren auf grönländischen Walfischfahrten erlebt; der Zahlmeister Osmar war mit Kapitän Beechey an der Behringsstraße gewesen und der Gehülfsarzt Goodsir als gelehrter Naturforscher bekannt. Alle Offiziere zusammen vereinigten in sich einen großen Reichthum des manchfaltigsten Wissens und der Erfahrung und waren mit Begeisterung von dem Plane erfüllt, dessen Ausführung ihnen anvertraut wurde. Hohe Hoffnungen bewegten ihre und der theilnehmenden Seeleute und Matrosen Brust, als sie am folgenden Tage, den 19. Mai, Greenhithe verließen. Unter Hurrahrufen lichtete man den Anker, Freude strahlte auf jedem Gesichte. „Glück zu! Nach der Behringsstraße!" erscholl es von den am Ufer Stehenden.

Einen Monat segelte Franklin in nordwestlicher Richtung durch den Atlantischen Ocean, dann fuhr er durch die Davisstraße in die Baffinsbai ein und landete zum ersten Mal an der Walfisch- und Disko-Insel unter dem 70⁰ der Breite, westlich von Grönland. Von hier schickte er am 12. Juli das Transportschiff, das ihn bis dahin begleitet hatte, mit Depeschen an die Admiralität und Briefen an verwandte oder befreundete Personen nach England zurück. Die Fahrt hatte die Offiziere und die Mannschaften mit einander näher bekannt gemacht und alle fühlten sich gleichmäßig durch die Bande der Liebe und der Pflicht zu einander hingezogen. Die Briefe athmen die freudigste Stimmung, von der alle ergriffen waren. Franklin erschien seinen Untergebenen wie verjüngt; sie erkannten in ihm den sorgenden, wohlerfahrenen, das Ziel energisch erstrebenden Führer.

Freudige Stimmung der Mannschaft. 63

Kap York in der Melvillebai.

Dieser schreibt an Admiral Corry, sie alle seien von gleichem Eifer in der Erfüllung ihrer Pflichten beseelt und er fühle sich glücklich, der Oberbefehlshaber einer solchen Mannschaft zu sein. Hinsichtlich des Unternehmens erwartet er den günstigsten Fortgang, da sich trotz des harten Winters im verflossenen Jahre die besten Aussichten zeigten, die Eismassen, welche den Eingang zum Lancastersunde versperren, baldigst durchbrechen zu können. — Franklin hatte sich wieder verheirathet. — Seinen Freund Sabine bittet er, seiner Gemahlin und Tochter tröstend zur Seite zu stehen, wenn er zu der bestimmten Zeit nicht zurückgekehrt sei. Er habe Vorräthe auf drei Jahre und werde, wenn er im ersten und zweiten Jahre das Ziel nicht erreiche, auch im dritten Jahre noch versuchen, vorzudringen, falls die Gesundheitsverhältnisse und andere wesentliche Umstände dies gestatteten. —

In übersprudelndem Humor fordert Fitzjames seine Freunde auf, die nächsten Briefe von ihm nur über Petersburg nach Petropawlosk in Kamtschatka zu senden, wenn er bis zum Juni des nächsten Jahres noch nicht in der Heimat eingetroffen sei; dort würden ihn dieselben sicherlich treffen. Sein Tagebuch enthält treffliche Charakteristiken der einzelnen Mitglieder und ist ein sprechendes Zeugniß von der ungetrübten, lebensvollen Heiterkeit, mit welcher alle unter einander verkehrten. Einen jeden schildert er nach seiner besondern Eigenthümlichkeit und manchem hat er irgend eine Schwäche abgelauscht, die seinem Witz als Zielscheibe dient. Für Franklin spricht er durchweg in den Ausdrücken der innigsten Hochachtung und Verehrung, der treusten Anhänglichkeit und Liebe. Nichts soll mich von ihm trennen, schwört er feierlichst, als der Tod. Er preist dessen sorgendes Walten, das sich gleichmäßig auf das Größte wie auf das Kleinste, auf den Höchsten wie auf den Niedrigsten erstrecke und auf alle anregend und begeisternd wirke; er hebt namentlich den gläubig frommen Sinn hervor, mit welchem dieser die Seinen an Sonn= und Festtagen zur gemeinschaftlichen Andacht versammle und Gebet und Predigt lese. Sein Wort komme vom Herzen und gehe zum Herzen. — Blenky schreibt seiner Frau: „Wir sind alle wohl und frohen Muthes und erwarten mit Zuversicht, unsere Aufgabe glücklich zu lösen. Sollte ich Ende des Jahres 1848 oder im Frühjahr 1849 noch nicht zurückgekehrt sein, so sei deswegen ohne Sorgen; denn dann ist es um so gewisser, daß wir die Nordwestpassage gefunden haben. Ja, wenn wir selbst sechs und sieben Jahre abwesend sind, so verliere die Hoffnung nicht, sondern vertraue der Vorsehung, die uns zurückbringen wird." Der Kapitän des zurückkehrenden Transportschiffes berichtet ebenfalls von der freudigen Stimmung und der Entschlossenheit der Mannschaft, ihr Ziel zu erreichen, wenn dies überhaupt erreichbar sei. Durch den langen Verkehr mit der Bemannung beider Schiffe hatte er die Ueberzeugung erlangt, daß noch nie eine so auserwählte Schaar zur Ausführung eines ähnlichen Unternehmens beisammen gewesen sei und daß die Durchfahrt entweder von ihr oder nie gefunden werden würde.

Nach der Abfahrt von der Walfischinsel segelten die Schiffe mit aller Eile weiter; die harten Kämpfe mit den kalten nordischen Stürmen, den hohen geisterhaften Eisbergen begannen und die klippenreiche Felsenküste Grönlands vermehrte noch die Gefahren. Das Transportschiff suchte so schnell als möglich nach England zurückzukommen und seine Mannschaft gedachte mit Besorgniß des jetzt schwerer beladenen Erebus und Terror. Doch glücklich hatten diese Fahrzeuge die ersten Kämpfe bestanden; denn noch am 22. Juli wurden beide Schiffe von dem Walfischfahrer Kapitän Martin in der 6 Grad nördlicher liegenden Melvillebai angetroffen. Damals waren deren Mannschaften damit beschäftigt, theils Geflügel zu erlegen, theils das erlegte einzusalzen. Franklin versicherte dem Kapitän Martin, daß er Lebensmittel auf fünf Jahre habe und daß er mit denselben wol auch sieben Jahre auskommen könne. Er lud ihn zur Mittagstafel ein; dieser mußte jedoch die freundliche Einladung ablehnen, da der Fahrwind für ihn günstig war. Vier Tage später, den 26. Juli, sah der Walfischfahrer Kapitän Dannet die Schiffe etwas westlich von der Melvillebai. Sie ankerten neben einander an einem niedrigen Eisberge und suchten nach einer Wasserstraße, die ihnen die Fahrt nach dem Lancastersunde ermögliche. Sieben Offiziere der Expedition, darunter Commodore Fitzjames, ruderten in einem Boote zu Dannett heran, sprachen mit ihm voll der freudigsten Hoffnung über ihr Unternehmen und luden ihn für den nächsten Tag zur Tafel ein. Auch dieser schlug die Einladung ab, da er den günstigen Fahrwind zur Heimfahrt benutzen wollte. Er berichtet bei seiner Rückkehr, daß das Wetter in den nächsten drei Wochen nach seiner Trennung außerordentlich günstig gewesen, so daß jedenfalls die Schiffe im Jahre 1845 weit vorgedrungen seien.

Erebus und Terror in der Melvillebai.

Zwei Jahre vergingen seitdem, ohne daß wieder eine Kunde von Franklin in England einlief. Es war natürlich, daß dieses Dunkel, welches über der Expedition schwebte, auf die verschiedenste Weise gedeutet wurde. Die einen erkannten darin ein gutes Zeichen, die andern wurden mit trüben Besorgnissen erfüllt. Im ersten Jahre nach der Abfahrt neigten sich jedoch die meisten Stimmen auf die Seite derer, die sich von dem ganzen Unternehmen den besten Erfolg versprachen. Mußte nicht Franklin, je mehr er sich seinem Ziele näherte, in immer unbekanntere Gegenden dringen, aus denen Nachrichten zu erlangen, von Tag zu Tag schwieriger wurde? Kein Walfischfahrer kam über die Barrowstraße hinaus, nirgends bestand ein Verkehr mit den Bewohnern jenes arktischen Inselarchipels, wie sollte man von den Fortschritten der Expedition unterrichtet werden? Das Auffinden von Flaschen oder Cylindern, die Franklin von Zeit zu Zeit in das Meer werfen sollte, war zu sehr dem Zufall unterworfen, und das ganze Verkehrsmittel zu unsicher, als daß man aus dem Mangel von Berichten, die auf diese Weise eingehen sollten, auf ein Scheitern des Unternehmens hätte schließen können. Zuversichtlich erwarteten daher im ersten Jahre die Meisten die nächsten Briefe der Expeditionsmannschaft nicht von den aus der Baffinsbai heimkehrenden Walfischfahrern, sondern vielmehr von der Post aus Westindien und Panama. Als aber auch im zweiten Jahre jede Nachricht ausblieb, steigerten sich die Besorgnisse, wenn man auch noch nicht dem schrecklichen Gedanken Raum gab, daß beide Schiffe mit der gesammten Mannschaft untergegangen seien und die ganze vortreffliche Ausrüstung nur dazu gedient habe, eine Anzahl der ausgezeichnetsten Männer dem sichern Tode entgegenzuführen. Gegen die Annahme eines solchen unglücklichen Ausganges sprachen die Erfahrungen der letzten drei Jahrzehnte. Waren nicht stets die Kühnen, wenn sie auch in noch so gefahrdrohenden Situationen gewesen und fast schon dem Untergange geweiht schienen, gerettet worden und glücklich nach der Heimat zurückgelangt? Mußte man dies nicht um so eher von der Franklin'schen Expedition annehmen, die besser als alle früheren ausgerüstet und mit allen Hülfs- und Schutzmitteln auf das reichlichste ausgestattet war? Selbst wenn der allerschlimmste Fall eingetreten sein sollte, daß beide Schiffe ungeachtet ihrer festen Bauart, durch welche sie schon dem antarktischen Eise Trotz geboten hatten, von Eisbergen zerdrückt worden wären, ließ sich doch nicht voraussetzen, daß dies einen allgemeinen Untergang der gesammten Reisenden zur Folge haben würde. Schon mancher Walfischfahrer hatte sein Fahrzeug zertrümmern sehen und sich glücklich auf Eisschollen oder Eisberge gerettet, bis ihm die Umstände die Fahrt in einem Boot gestatteten oder ein anderes Fahrzeug zu seiner Hülfe erschien. Sollte eine ähnliche Rettung unter 139 erfahrnen Seeleuten nicht einem einzigen gelungen sein, der bestimmten Bericht über den Verlauf der Expedition hätte bringen können? Und war zu befürchten, daß dieser Fall sich mit beiden Schiffen ereignet habe? Sollten ferner beide Schiffe etwa gar zu gleicher Zeit gestrandet oder vom Feuer ergriffen worden sein? Würde nicht Franklin die Rückkehr angetreten haben, wenn eines seiner Fahrzeuge von einem solchen Unfalle betroffen wäre, da die übriggebliebenen Lebensmittel nur kurze Zeit für die Mannschaft ausreichen konnten?

Der erste, der seine Befürchtungen schon zu einer Zeit aussprach, als die meisten noch guten Hoffnungen über den Ausgang des Unternehmens sich hingaben, war der Nestor der arktischen Seefahrer, John Roß. Am 28. September 1846 — also nur 16 Monate nach der Abfahrt Franklin's — drang er in die Admiralität, ihm eine Expedition zur Aufsuchung der Vermißten anzuvertrauen. Man ehrte sein menschenfreundliches Erbieten, wies aber sein Gesuch zurück, da man noch nicht irgend welchen schlimmen Befürchtungen Raum geben könne. Doch John Roß ließ nicht nach mit Bitten und Drängen. Am 27. Januar und am 9. Februar 1847 bestürmte er die Admiralität von neuem und berief sich dabei auf vertrauliche Aeußerungen Franklin's, nach welchen dieser wahrscheinlich von seinen erhaltenen Instruktionen abgewichen sei. Jetzt forderte die Admiralität von den bedeutendsten nordischen Seehelden, von Parry, Richardson, Sabine, James Roß, amtliche Gutachten ein, um darnach ihr ferneres Handeln zu richten. Sämmtliche bewährte Männer sprachen sich jedoch gegen John Roß aus und hielten es für unglaublich, daß der gerade und offene Franklin insgeheim auf Abweichen von seiner Instruktion gesonnen. Habe er Bedenken gegen die Ausführung der ertheilten Vorschriften gehegt, so würde er dieselben gewiß rückhaltslos sowol der Admiralität als andern Freunden gegenüber ausgesprochen haben. John Roß ließ sich aber dadurch nicht beruhigen; er theilte seine trüben Ahnungen und seine Pläne der Königlichen Gesellschaft der Wissenschaften und der geographischen Gesellschaft in London mit. So begannen neue Erörterungen und Berathungen und bald bemächtigten sich auch die öffentlichen Blätter des Gegenstandes und besprachen ihn nach den verschiedensten Seiten. Dadurch wurde die Theilnahme der Nation an dem Schicksale der Verschollenen immer lebendiger und die Admiralität sah sich endlich zu der Erklärung genöthigt, Rettungsexpeditionen ausrüsten zu wollen, wenn bis zu Ende des Jahres 1847 keine zuverlässigen Nachrichten eingegangen seien.

Das Jahr 1847 verging, ohne sichere Kunde zu bringen. Der letzte Walfischfahrer kehrte heim, ohne von Erebus und Terror eine Spur gefunden zu haben; Dr. Rae kehrte von einer kühnen Entdeckungsreise nach der Melvillehalbinsel und dem Boothiagolf zurück, ohne von den Eskimo irgend eine Nachricht über dagewesene weiße Männer gehört oder sonst wie Kenntniß von dem Aufenthalte der beiden Schiffe erhalten zu haben. Alle Walfischfahrer, von denen 1846 keiner durch den Lancastersund, und 1847 nur Harrison eine kurze Strecke in die Barrowstraße gelangt war, versicherten, daß beide Jahre für die Schiffahrt im Norden ungewöhnlich ungünstig gewesen seien. Die Ausrüstung von Rettungsexpeditionen begann, damit aber auch zugleich eine Schwierigkeit der verwickeltsten Art. Wo, in welchen Meeren, Straßen, Busen sollte man die Vermißten aufsuchen? Seiner Instruktion gemäß konnte Franklin von der Barrowstraße eine dreifache Richtung genommen haben, eine südliche nach der Peelstraße, eine westliche nach dem Melvillesunde und eine nördliche nach dem Wellingtonkanal. Die Auffindung von Berichten über die Expedition an hervorragenden Punkten unter Signalstangen war zu sehr dem Zufall unterworfen, als daß man darauf mit Gewißheit hätte rechnen können. Es war übrigens denkbar, daß Franklin in eine Straße eingelaufen sei, die allen später dahin Kommenden kein offnes Fahrwasser, sondern undurchdringliche Eiswälle zeigte und ihnen deshalb wol gar gänzlich verborgen blieb. Noch mehr steigerten sich die Schwierigkeiten der Rettungsaufgabe, als man erwog, daß Umstände der manchfaltigsten Art Franklin zu einer Abweichung von seiner Instruktion genöthigt haben konnten. Außerdem tauchten eine Anzahl Privatäußerungen desselben auf, nach welchen er der Reihe nach alle Sunde und Kanäle erforschen wollte, die einen Zugang zum vermutheten offnen Polarmeer verhießen, wenn in der ihm vorgeschriebenen Straße die Durchfahrt unmöglich sein sollte. Auch selbst vor der Durchsuchung des Walfisch-, Jones- und Smithsundes, welche so weit nach Norden führen, werde er nicht zurückschrecken. Noch weiter gehende Pläne hatte dagegen die jüngere Mannschaft gehabt. Fitzjames suchte die Durchfahrt nur in höheren Breiten und hoffte sogar geraden Weges den Nordpol zu überfahren und an der asiatischen Küste zu landen.

Bei diesem bunten Durcheinander der Meinungen bildete für die Admiralität die ertheilte Instruktion den einzigen sichern Stützpunkt für die Ausrüstung der nächsten Rettungsexpeditionen. Sie nahm an, daß jenseits des Kap Walker die Schiffe irgend wo angetroffen werden müßten, und darnach richtete sie ihre Nachforschungen. Die Aufgabe, die sie sich stellte, war eine dreifache. Zunächst galt es, Schiffe in den Lancastersund und die Barrowstraße abzusenden, um den Verschollenen auf ihrem wahrscheinlich eingeschlagenen Wege zu folgen; dann war es nothwendig, die Nordküste Amerika's oder die Gebiete zu erforschen, die Franklin und den Seinen wahrscheinlich zur Zuflucht gedient hätten, wenn ihr Schiffe wirklich untergegangen wären, und endlich mußten Schiffe von der Behringsstraße aus Franklin entgegengeschickt werden, damit sie ihn unterstützen könnten, wenn er wirklich sein Ziel erreiche. Drei verschiedene Expeditionen waren erforderlich, um diese dreifache Aufgabe zu lösen. Die zweite richtete ihren Lauf unmittelbar nach der Mündung des Mackenzieflusses, wohin auch von den beiden übrigen Streifpartien abgesendet werden sollten, um die erlangten Resultate auszutauschen und darnach die weiteren Forschungspläne zu bestimmen.

Wir sind jetzt in unserer Erzählung an einen Zeitpunkt gekommen, in dem das großartigste Rettungswerk, das je von einer Nation unternommen wurde, seinen Anfang nahm und mit einer Sorgfalt und Umsicht in das Leben trat, die Aller Hoffnungen für die Vermißten von neuem hob. Ewig werden diese Unternehmungen in der Geschichte als Denkmäler der Menschenliebe und Aufopferung glänzen; ewig werden sie laut zeugen, was Völker vermögen, wenn sie sich großherzig für die Erreichung eines erhabenen Zieles begeistern; ewig werden die Thatkraft und der Heldenmuth kühner Männer und die aufopfernde Treue und Liebe eines Weibes als helle Sterne leuchten über die finstere Grabesnacht der im Dienste des Vaterlandes und der Wissenschaft Verstorbenen.

Enterprise und Investigator.

IV.
Die erste dreifache Expedition zur Aufsuchung Franklin's.

1. James Roß' Expedition nach dem Lancastersund. Leopolds=Insel. North Som=
merset. Unfreiwillige Rückfahrt. Empfang in England. Der Nordstern. — 2. Richard=
son's Expedition nach dem Mackenziefluße. Rae. Küstenfahrt über Kap Bathurst.
Fort Confidence. Rae's Reise nach Kap Krusenstern. — 3. Moore und Pullen's
Expedition durch die Behringsstraße. Früheste Fahrten im Behringsmeer. Deschnew.
Behring. Tschirikow. Kranitzky. Cook. Kotzebue. Der Plover und Herald. Bootfahrt
nach dem Mackenzie. Pullen's Reise nach Wollastonland.

Es begannen nun die riesigen Anstrengungen, die Vermißten in den Einöden
des Polarmeeres aufzusuchen! Von jenen drei Expeditionen wendete man die
meiste Aufmerksamkeit und Sorgfalt auf diejenige, welche Franklin auf seinem
Wege nachfolgen sollte. Man konnte sich nicht verhehlen, daß sich für diese die
großen Schwierigkeiten, die ihr die Natur in den Weg legte, noch dadurch steiger=
ten, daß man immer noch keine Nachricht über die von Franklin eingeschlagene
Richtung erhalten hatte und somit der ganze Plan, auf den sich das Rettungs=
unternehmen stützte, ein höchst unsicherer blieb. Trotzdem hegte man von demsel=
ben die größten Erwartungen. An der Spitze stand ein Führer, der schon wieder=
holt mit glücklichem Erfolge den fürchterlichen Kampf mit den Gewalten der nörd=
lichen und südlichen kalten Zone bestanden, James Roß; die Offiziere, unter ihnen

M'Clure, M'Clintock, Barnard u. a., bildeten einen neuen jungen und thatkräftigen Stamm britischer Seehelden. Die Mannschaft zeichnete sich ebenso durch Entschlossenheit als durch Tüchtigkeit aus und die zur Fahrt ausgewählten Schiffe, „Enterprise" und „Investigator", waren an Festigkeit und Dauerhaftigkeit dem „Erebus" und „Terror" mindestens gleich, übertrafen dieselben aber an Größe. Da es jedoch der Expedition geradezu unmöglich sein mußte, das ganze ungeheure Gebiet im einzelnen genau zu durchsuchen, in welchem die Vermißten umherirren könnten, so bemühte sich die Admiralität zugleich, den Eifer der Privatnachforschungen anzuregen. Sie setzte Prämien aus für diejenigen, die sichere Spuren von Franklin im Lancastersunde oder weiter westlich auffänden, und bestimmte am 6. März 1848 die Höhe derselben auf 100 Guineen; später steigerte sie die Summe bedeutend, im Falle man ihr zuverlässige Nachrichten über den Aufenthalt der Schiffe überbringe. Gleichzeitig sicherte Lady Franklin demjenigen Walfischfahrer 1000 Pfund Sterling zu, der den Vermißten außerhalb der gewöhnlichen Walfischfanggebiete, z. B. in Prinz-Regents-Einfahrt, im Jones- oder Smithsund, zu Hülfe komme, und erließ einen dringenden öffentlichen Aufruf, Nachforschungen auch in denjenigen Busen und Buchten anzustellen, welche bei der von der Regierung ausgerüsteten Expedition unberücksichtigt bleiben mußten. Die Admiralität hatte nämlich nach wiederholten Berathungen festgesetzt, daß James Roß so schnell als möglich die Barrowstraße zu erreichen und erst von hier aus das eigentliche Rettungswerk, d. h. die genaue Durchsuchung der Busen, Straßen und Inseln beginnen sollte. Fänden sich im Norden und Süden dieser Straße, namentlich auch in dem Wellingtonkanal keine Spuren von Franklin, so wurde er angewiesen, mit dem Schiff Enterprise nach dem Winterhafen an der Melville-Insel oder nach dem Bankland zu steuern, während das zweite Schiff an den Küsten von North Sommerset oder südlich von Kap Walker zurückzubleiben und daselbst zu überwintern habe. Von jedem Schiffe sollten dann während des Herbstes und des nächsten Frühjahres Streifpartien abgesendet werden und zwar von dem ersten nach der Nordküste von Amerika von Kap Bathurst bis Kap Krusenstern oder Hearne, und von dem zweiten nach North Sommerset und Boothia. Auf diese Weise hoffte man zugleich den nördlichen Inselarchipel, namentlich das Wollaston- und Victorialand näher kennen zu lernen, der zweiten Expedition die Hand zu reichen und zuversichtlich an den Punkt zu gelangen, wo sich Franklin aufhalte. Im Frühjahr 1849 sollte dann ein beigegebenes Dampfboot nach dem Lancastersund zurückkehren und hier von Schiffen, die aus England abgesendet waren, neue Instruktionen erhalten.

Obgleich man die Ausrüstung der Schiffe mit aller möglichen Eile betrieb, so vermochte man doch dieselbe erst im Juni zu vollenden. Das Publikum, unbekannt mit den Ursachen der verspäteten Abfahrt wurde bereits ungeduldig und äußerte seine Unzufriedenheit in den lebhaftesten Ausdrücken. Wie sollen, sagte man, günstige Resultate von der Expedition erwartet werden, wenn es nicht gelingt, rechtzeitig die Eismassen in der Baffinsbai zu durchsegeln und in den Lancastersund vorzudringen? Als jedoch James Roß am 12. Juni 1848 die englischen

Küsten verlassen hatte und die einen Monat später über ihn eingelaufenen Nachrichten günstig lauteten, hob sich die gedrückte Stimmung wieder. Schon am 13. Juli waren die Schiffe bis Uppernivik, der nördlichsten dänischen Kolonie auf der Westseite Grönlands, angelangt und suchten nun auf dem kürzesten Wege den Lancastersund zu erreichen. Die Walfischfänger unterscheiden drei Straßen, die von der Ostseite auf die Westseite der Baffinsbai führen, eine südliche, mittlere und nördliche. Die erstere, die ungefähr unter dem 68. Grad der Breite liegt, ist jedoch vor der zweiten Hälfte des Sommers selten zu befahren; sie wird daher vorzugsweise auf der Heimreise gewählt; die zweite zwischen dem 70. und 74. Grad der Breite ist der Massenanhäufung des Eises wegen ebenfalls ziemlich unsicher und es kann niemand mit Bestimmtheit auf dieselbe rechnen; die dritte hingegen unter dem 75. Grad ist, obgleich sie in höheren Breiten sich befindet, gewöhnlich am zeitigsten von fest zusammengeschlossenem Eise frei und sie ist es daher, auf der die meisten Fahrten nach dem Lancastersund zwischen den treibenden Packeismassen hindurch ausgeführt werden. Auch James Roß sah sich genöthiget, an der Westküste von Grönland nach Nordwesten bis in die Gegend der Melvillebai zu steuern, um von hier aus die compakten, noch unbeweglichen Eismassen der mittleren Passage zu umfahren. Freilich ging damit ein guter Theil der kostbarsten Zeit verloren. Während Franklin wahrscheinlich schon Ende Juli auf dem mittleren Wege nach Westen gesegelt war, gelang es James Roß erst am 20. August bei einem starken Nordostwind mit vollen Segeln von der Melvillebai aus das Packeis auf einer glücklich getroffenen Stelle zu durchschneiden. Die Schiffe erlitten manche heftig erschütternden Stöße, doch bewährten sie ihre Festigkeit und blieben ohne erhebliche Beschädigungen.

James Roß steuerte nun nach Südwest nach der Ponsbai, weil er hier theils Eskimohorden, theils Walfischfahrer anzutreffen hoffte, die ihm vielleicht Nachrichten über Franklin geben könnten. In beiderlei Hinsicht wurde er jedoch bitter getäuscht. Die Küste war so unwirthsam, daß sie weder Menschen noch Thieren zum Aufenthalt zu dienen vermochte, und von den Walfischfahrern war es in diesem Jahre keinem einzigen möglich gewesen, durch die Eismassen auf die Westseite der Baffinsbai zu gelangen und so diejenigen Gebiete zu erreichen, die ihnen die ergiebigste Ausbeute gewähren. Auf alle mögliche Weisen suchte James Roß hier und auf der fernern Fahrt seine Anwesenheit weithin bemerkbar zu machen; alle halbe Stunden wurden Flintenschüsse abgefeuert, bei Nebelwetter ließ er Raketen steigen; doch wurde nie ein gegebenes Zeichen erwidert und vergebens erforschte er mit Fernröhren die entlegensten Punkte, um Signalstangen oder andere Anzeichen von dem Aufenthalte menschlicher Wesen zu entdecken. Alles, was man fand, war ein fast unleserliches Notizblatt, das 29 Jahre früher Parry an der Possessionsbai niedergelegt hatte.

Da die Jahreszeit bereits zu weit vorgeschritten war, als daß noch eine vollständige Lösung der von der Admiralität gestellten Aufgabe hätte erfolgen können, so faßte Kapitän Roß den Entschluß, auf der Leopolds-Insel zu überwintern und dahin die Gesuchten einzuladen. Auf die sinnreichste Art suchte man die Einladung zur Kenntniß der Vermißten zu bringen. Mit großen Buchstaben schrieb man den Ort des Zusammentreffens an hohe Felswände, unter hohe Signalstangen legte man Notizzettel nieder und Cylinder warf man ins Meer, hoffend, daß der eine oder der andere mit der in ihm enthaltenen Einladung von den Mannschaften Franklin's würde aufgefunden werden. Uebrigens war die Lage der Leopolds=Insel gleichsam an dem Kreuzungspunkte der Barrow= und Wellingtonstraße, des Lancastersundes und der Prinz=Regents=Einfahrt von der Art, daß man anneh= men konnte, die Gesuchten würden dieselbe berühren, wenn sie nach Verlust ihrer Schiffe sich nach der Possessions= oder Pondsbai zu retten suchten, um hier von Walfischfahrern aufgenommen zu werden. Wer beschreibt aber die peinliche Lage des Kapitän Roß, als es Anfangs September schien, als würde es ihm selbst un= möglich sein, jene Insel zu erreichen. Ausgenommen die Mannschaft Franklin's war so glücklich, eine von den zahlreich verbreiteten Einladungen zu Gesicht zu bekommen, mußte sie nicht dem entsetzlichsten Elende Preis gegeben werden, wenn sie an dem festgesetzten Orte weder Schiffe noch Vorräthe fand? Roß war nämlich bereits über die Leopolds=Insel hinaus nach der Wellingtonstraße gefahren, als unerwartet ein mächtiges Eisfeld das Meer zwischen ihm und jener Insel bedeckte und ihm den Rückweg abschnitt. Jetzt galt es, alles daran zu setzen, um nach dem bestimmten Ueberwinterungshafen wieder zurück zu gelangen. Heftige Stürme, trübes Nebelwetter vermehrten die zahlreichen Gefahren; mehrere Tage währte der fürchterliche Kampf, jede Stunde mußte man auf den Untergang des einen oder andern Schiffes gefaßt sein; doch endlich wurden seine und seiner Mannschaft Anstrengungen und Ausdauer mit Sieg gekrönt; man kam glücklich an dem ersehn= ten Ziele an.

Die Schiffe wurden alsbald in Sicherheit gebracht und alle Vorbereitungen für die nächste Zeit getroffen. Der Winter mit seiner kalten Einförmigkeit stellte sich ungewöhnlich früh ein. War nun auch die Expedition mit Vorräthen aller Art auf das reichlichste ausgestattet, war sie auch auf das beste mit allen Mitteln ver= sehn, den Winteraufenthalt zu erleichtern und weniger drückend zu machen, so konnte doch die Mannschaft sich einer gewissen Niedergeschlagenheit nicht erwehren, da sie sich gestehn mußte, daß von ihren hochgehenden Plänen bis jetzt nur wenige ausgeführt waren. Erst bei dem Nahen des Frühlings kehrte die frühere Freudigkeit und Zuversicht zurück. Da unternahm man mit Schlitten weite Streifzüge fast durch ganz North Sommerset. Alle Nachforschungen blieben jedoch erfolglos; nir= gends fand sich auch nur die geringste Spur der Vermißten, und Roß kam zu der Ueberzeugung, Franklin müsse weiter westlich vorgedrungen sein. Trotzdem un= terließ man kein Mittel unbenutzt, die gesuchte Mannschaft von der Anwesenheit einer Hülfsexpedition zu unterrichten. Man fing eine große Anzahl weißer Füchse, hing ihnen kupferne Halsbänder um, welche Nachrichten über eingegrabene Vor= räthe und den Aufenthalt der Schiffe enthielten und setzte sie dann wieder in Frei= heit. Da man glaubte, daß diese Thiere in weiter Ferne ihr Futter suchten, so meinte man um so mehr zu der Hoffnung berechtigt zu sein, daß eins derselben von der Franklin'schen Mannschaft erlegt werden würde. Auf der Leopolds=Insel ließ

Roß ein Haus erbauen und legte in demselben Nahrungsmittel auf 12 Monate, sowie Kleidungsstücke und Brennmaterial nieder.

Im folgenden Jahre 1849 wurden die beiden Schiffe „Enterprise" und „Investigator" von einer Reihe von Mißgeschicken betroffen, welche abzuwenden gänzlich außer der Macht der darauf befindlichen Mannschaft lag. Die Eismassen kamen so spät in Bewegung, daß erst am 28. August nach großen Anstrengungen die hohe See erreicht werden konnte. Kanäle hatte man durch das Eis hauen müssen, um einen Weg vom Hafen in das offene Fahrwasser zu gewinnen. Bis zum 1. September — also nur vier Tage — richtete James Roß seinen Lauf nach dem Wellingtonkanal. In gerader Richtung zu steuern, verhinderte ihn jedoch ein weitausgedehntes Eisfeld, und als er noch sich bemühte, eine Durchfahrt zu finden oder dasselbe zu umfahren, erhob sich unerwartet ein heftiger Wind und umgab die Schiffe mit großen Treibeismassen. Unglücklicherweise trat Frostwetter ein, das Treibeis schloß sich zu festen Massen zusammen und brachte die Schiffe zu

Schlittenpartie auf North Sommerset.

völligem Stillstande. Mit 13 Fuß langen Eissägen suchte man einen Kanal durch das Eis zu schneiden — vergebens! Die Sägen waren zu kurz im Verhältniß zur Dicke des Eises. Nach einigen Tagen bemerkte man, daß die mächtige Eisflarde, die die Schiffe umgab, sich in mäßige Bewegung nach dem Lancastersunde setzte. Sie trieb täglich ungefähr 2 — 3 Meilen östlich und die Schiffe mußten ihr unwiderstehlich folgen. So kam man ganz wider Willen in die Baffinsbai, wo das Eisfeld in südlicher Richtung weiter schwamm. Mit der gespanntesten Aufmerksamkeit und mit Bangigkeit hatte man alle Bewegungen desselben beobachtet, fürchtend, daß die Schiffe auf Untiefen scheitern möchten. In der Nähe der Pondsbai traten plötzlich eine Reihe riesiger Eisberge in den Weg und erfüllten die Mannschaft in den schwachen Fahrzeugen mit noch größerer Besorgniß. Doch das, was man fürchtete, wurde ein Mittel der Rettung. Das ganze Eisfeld, dessen Umfang Roß auf 12—13 deutsche Meilen schätzte, löste sich bei dem ersten Zusammenstoß mit dem nächsten Eisberge wie von einer unsichtbaren Macht getrieben in zahllose kleine Stücke auf, so daß die Schiffe mit vollen Segeln alsbald die offne See erreichen konnten. Fünf und zwanzig Tage war man eingeschlossen und der Spielball des Windes und Eises gewesen. Die Jahreszeit war so weit vorgerückt, daß man auf einen günstigen Erfolg nicht mehr hoffen konnte, denn der Weg zum Lancastersunde hatte sich bereits verstopft. Es blieb daher James Roß nichts anderes übrig, als entweder in der Baffinsbai zu überwintern oder nach England zurückzukehren. Er wählte aus Rücksicht auf seine Mannschaft das letztere und ahnte nicht, daß man hier in seinem Vaterlande ihn und die Seinen, die sich in Folge des Mißlingens ihrer Pläne und der erfahrenen Täuschungen und Unfälle an und für sich schon in trüber Stimmung befanden, mit Vorwürfen aller Art überhäufen würde.

Es vereinigten sich mehrere Umstände, die sein unerwartetes Erscheinen vor Scarborough in der Grafschaft York an der Ostküste Englands am 3. November 1849 seinen Mitbürgern so unwillkommen machten. Nach dem für die Jahre 1848—1849 festgesetzten Rettungssystem hatte man auf seine Expedition die größte Hoffnung gebaut; auf drei Jahre war dieselbe mit Lebensmitteln versehen, und jetzt im zweiten Jahre kehrte sie zurück, ohne das eigentliche Gebiet ihrer Aufgabe, die Melvillebai, erreicht, und ohne auch nur eine einzige zuverlässige Nachricht über Franklin eingezogen zu haben. Von Uppernivik aus hatte James Roß unter dem 12. Juli 1848 der Admiralität gemeldet, daß seine beiden Schiffe sich im Lancastersunde trennen sollten, um sowol die Nord- als Südküste dieser Straße untersuchen zu können, sowie daß im nächsten Jahre der „Investigator", nachdem er seine Vorräthe im Leopoldshafen niedergelegt habe, nach England zurückkehren werde, während mit dem Hauptschiffe allein unter seiner Führung die Nachforschungen bis 1850 fortgesetzt werden sollten. Die letzte Bestimmung erregte die Unzufriedenheit der Admiralität; sie glaubte nicht zugeben zu dürfen, daß James Roß mit nur einem Schiffe die Fahrt in den unbekanntesten Theil des Eismeers wage und sich und seine Gefährten auf diese Weise viel größeren Gefahren aussetze. Sie bemühte sich daher, die Rückkehr des „Investigator" zu verhindern, und sendete 1849 ein stark gebautes Bombenschiff, den „Nordstern", unter der Führung des Schiffsbaumeisters Saunders ab, um das heimkehrende Schiff auf den verlassenen Schauplatz seiner Thätigkeit zurückzuweisen und es mit neuen Vorräthen zu unterstützen. Auch ließ sie durch Walfischfahrer Cylinder mit Depeschen, welche für den „Investigator" Befehle der Wiedervereinigung mit dem Schiffe „Enterprise" enthielten, in der Baffinsbai niederlegen. Alles war darauf berechnet, daß beide Schiffe im Jahre 1849 das, was im Jahre vorher versäumt worden war, nachholen, sowie daß sie selbst 1850 ihre Nachforschungen an der Melvillebai fortsetzen sollten, wenn bis dahin ihre Aufgabe noch nicht gelöst sei. Diese Hoffnungen und Aussichten, der ganze Zweck der Ausrüstung des Nordstern, alle darauf gebauten Entwürfe waren mit einem Male vereitelt, als beide Schiffe so unerwartet in den heimischen Hafen einliefen. Kapitän Saunders hatte, ohne die beabsichtigte Begegnung bewerkstelligen zu können, in der Davisstraße und Baffinsbai gekreuzt; nach fruchtlosen Versuchen, sah er sich gezwungen, im Eismeer zu überwintern, von wo er erst im Jahre 1850 seine Rückreise nach England antreten konnte.

Nachtlager auf der Landreise.

Fast gleichzeitig mit James Roß — nur drei Tage später, am 6. November — traf auch Richardson, der die zweite Expedition nach der Nordküste des Festlandes von Amerika befehligt hatte, in seinem Vaterlande ein. Auch sein Unternehmen war als gänzlich mißlungen zu betrachten und die Berichte über dasselbe trugen noch mehr dazu bei, den Unmuth der englischen Nation über die unerwartete Heimkehr des Kapitän Roß zu steigern. Dieser mußte die härtesten Urtheile über sich ergehen lassen, Urtheile, die gewiß an Ungerechtigkeit grenzten, wenn man ihm sogar vorwarf, er habe sein Ziel nicht mit der gehörigen Energie verfolgt.

Franklin war nun 4½ Jahr abwesend und immer noch blieb die Nachricht des Walfischjägers Dannett die letzte, die man von seiner Expedition erlangt hatte.

Das Unternehmen, an dessen Spitze Dr. Richardson stand, war, obgleich man nicht so große Erwartungen von demselben hegte, als von dem in die Barrowstraße abgesendeten, doch nicht minder vortrefflich ausgerüstet worden. Den Führer desselben kennen wir schon aus der ersten und zweiten Reise Franklin's im nordischen Amerika. Gewiß war er der geeignetste Mann, den die Admiralität für dasselbe gewinnen konnte. Aus eigner Anschauung und Erfahrung kannte er einen großen Theil der zu erforschenden Gebiete auf das genaueste; durch die Bande der Freundschaft war er mit Franklin auf das innigste verbunden und das lebhafteste Interesse beseelte ihn für die ganze Angelegenheit. Schon längst hatte er sich nicht blos die Schwierigkeiten einer solchen Unternehmung vergegenwärtigt, sondern er war auch auf Mittel bedacht, dieselben erfolgreich zu überwinden. Er wußte, wie vortheilhaft es sei, die Theilnahme der Hudsonsbaigesellschaft zu gewinnen, und wandte sich deshalb alsbald an diese, sie um ihre Unterstützung zu ersuchen. Bereitwillig ging das Direktorium auf die ausgesprochene Bitte ein, und der damals in London anwesende Gouverneur Simpson versprach den kräftigsten Beistand mit allen der Gesellschaft zu Gebote stehenden Mitteln. Aus seinen Erklärungen ersah zugleich Richardson, daß in den Jahren 1846 und 1847 die Büffeljagden am Saskatschewan einen sehr kärglichen Ertrag abgeworfen hatten, und daß deshalb hinsichtlich der Verproviantirung auf die

Gesellschaft nur wenig gerechnet werden könnte. Die nothwendigen Lebensmittel für die Reisenden, sowie für Franklin und dessen Gefährten, mußten deshalb in England aufgekauft und nach Amerika geschafft werden. Es kam daher darauf an, ein Nahrungsmittel ausfindig zu machen, das bei dem verhältnißmäßig kleinsten Umfange und Gewicht den reichlichsten Nährstoff enthalte. Als solches erkannte Richardson den Pemmikan, den er aber in einem bisher nicht gekannten Maße und in viel zweckmäßigerer Weise bereitete, als die Indianer Amerika's. Während diese die Streifen des Ochsenfleisches, nachdem sie von Fett und Knochen gereinigt sind, im Rauche eintrocknen und sie dann zwischen zwei Steinen über einer Büffelhaut zu Pulver reiben, bediente sich Richardson zum Verdampfen der Flüssigkeit und zum Ausdörren der großen Malzdarre zu Clarence Yard und ließ die trockenen Stücke in einer Mühle mahlen. Um die Nahrhaftigkeit und Schmackhaftigkeit zu erhöhen, wurde nicht blos das beste Fleisch auf dem Markte in London gekauft, sondern es wurde auch das erhaltene Fleischmehl außer mit geschmolzenem Speck mit den besten Zante-Korinthen und zerriebenem Zucker vermischt. Die ganze Masse wurde zu je 85 Pfund in 198 zinnerne Büchsen eingestampft und durch einen Uebergruß von Schmalz sowie durch hermetischen Verschluß der zinnernen Gefäße vor jeder Verderbniß gesichert. Sie wog mithin ohne die Verpackung 16,830 Pfund und mit derselben, da jede Büchse 3 Pfund schwer war, 17,424 Pfund. Das Gewicht des Ochsenfleisches war durch das Ausdörren um mehr als das Vierfache verringert worden. Die gekauften 35,650 Pfund ergaben nämlich, nachdem sie getrocknet waren, nur etwa 8000 Pfund. Die Kosten der Zubereitung beliefen sich auf 9310 Thlr.; es kam daher das Pfund Pemmikan gegen 16 1/2 Ngr. zu stehen. Die Expedition wurde außerdem mit 8 Centner Mehl, 88 Pfund Thee, 2 Centner Chokolade, 4 1/2 Centner Speck und Schinken und 6 Centner Schiffszwieback ausgestattet, sowie mit Kleidungsstücken und Schießbedarf reichlich versehen. Gewiß, man muß gestehen, daß die Ausrüstung nach allen Seiten hin vortrefflich zu nennen war. Namentlich gewann man durch jene Zubereitung des Pemmikan ein Nahrungsmittel, das nicht blos wohlschmeckend und um das Vierfache nahrhafter war, als ein gleiches Gewicht des besten Ochsenfleisches, sondern auch für lange Jahre Dauerhaftigkeit versprach.

Zur Theilnahme an der Expedition meldeten sich Männer aus den verschiedensten Ständen. Richardson war jedoch entschlossen, außer den Dienern nur einen Begleiter mitzunehmen, weil für eine größere Reisegesellschaft der Transport der Lebensmittel mit viel mehr Schwierigkeiten verbunden war. In seiner Wahl konnte er nicht zweifelhaft sein, nachdem John Rae, Handelsaufseher der Hudsonsbaigesellschaft, der erst kürzlich von einer glücklichen Entdeckungsreise in die nordöstlichen Küstenstriche des Festlandes von Nordamerika zurückgekehrt war, seine Dienste angeboten hatte. Als Diener begleiteten ihn 5 Matrosen und 15 Schanzarbeiter. Die Zahl der ersteren beschränkte er deswegen auf so wenige Personen, weil nach früheren Erfahrungen sich herausgestellt hatte, daß die Seeleute zu Fußwanderungen viel weniger brauchbar seien, namentlich wenn sie noch Gepäck zu tragen haben. Schon am 15. Juni 1847 segelte diese Mannschaft mit den Vorräthen, den Böten zur Fluß- und Küstenschiffahrt und andern Bedürfnissen auf zwei Fahrzeugen der Hudsonsbaigesellschaft nach der York-Faktorei in der Hudsonsbai von England ab, während Dr. Richardson und Rae erst im nächsten Jahre nachfolgen sollten, um während des Winters noch mit James Roß und den übrigen Mitgliedern der Rettungsexpedition verkehren zu können.

So vortrefflich alle Vorbereitungen getroffen waren und so glücklich sich auch anfangs alles zu der Expedition anließ, so trat doch bald bei dem weiteren Fortgange manchfaches Mißgeschick ein. Der Eisgang in der Hudsonsbai erfolgte ziemlich spät und die Transportschiffe konnten erst nach vielen Verzögerungen die York-Faktorei erreichen. Der Wasserstand in den Flüssen zeigte sich in Folge des trockenen Sommers ungewöhnlich niedrig und es war deshalb nicht einmal möglich, alle aus England mitgebrachten Vorräthe nach Cumberlandhouse, wo die Mannschaft überwintern sollte, fortzuschaffen. Sogar einen Theil der Lebensmittel mußte man in der York-Faktorei zurücklassen, obgleich man in dieser Beziehung auf eine Unterstützung der Hudsonsbaikompagnie nicht rechnen konnte. Uebrigens war die vorherrschende Stimmung der Bewohner der Hudsonsbailänder der Expedition entschieden abgeneigt; nur die höheren Beamten bewiesen sich theilnahmsvoll, ihre Untergebenen fürchteten die Beschwerden des Aufenthaltes an den kalten öden Küsten des Eismeeres und die meisten waren selbst gegen verhältnißmäßig sehr hohen Lohn zur Mitreise nicht zu bewegen. Erst nach vielen Mühen gelang es, sechzehn in Diensten der Hudsonsbaigesellschaft stehende Voyageurs für das Unternehmen zu gewinnen.

Am 25. März 1848 verließen Dr. Richardson und Rae die englische Küste. Sie reisten über New-York und die fünf kanadischen Seen nach Cumberlandhouse und legten diesen weiten Weg von gegen 1500 Meilen in dem verhältnißmäßig kurzen Zeitraume von 80 Tagen zurück, so daß sie schon am 13. Juni an dem zuletzt genannten Orte ankamen. Die Transportmannschaft hatte bereits seit 14 Tagen ihren Winteraufenthalt verlassen und war unter der Führung des Handelsaufsehers Bell mit den Vorräthen nach dem Mackenziefluß aufgebrochen. Dr. Richardson und Rae holten sie jedoch bald ein, da das Fortschaffen des Gepäcks und der Boote über den Tragplatz am Methy-See viel Zeit raubte. Bisher hatte die Hudsonsbaigesellschaft für diese Stelle vierzig Pferde unterhalten. Dieselben waren aber im Frühjahre an einer Seuche sämmtlich gefallen, so daß jetzt alles, was man transportiren wollte, auf den Schultern der Männer getragen werden mußte. Am Athabaskasee trennten sich Richardson und Rae mit einem Theil der Mannschaft, um so schnell als möglich das Mackenzie-Delta zu erreichen und von hier aus der Lösung der eigentlichen Aufgabe, der Erforschung der östlich gelegenen Küste, sich zuzuwenden. Sie langten an der Mündung des Mackenzie am 31. Juli an, und fuhren dann, nachdem sie der Verabredung gemäß an der Trennungsspitze Pemmikanvorräthe und eine Flasche mit Nachrichten über ihre ferneren Pläne vergraben hatten, in das Eismeer hinaus. Die ganze Küste war von vielen Eskimostämmen belebt, mit welchen die Reisenden in freundlichen Verkehr traten. Um ihnen die vergrabenen Vorräthe zu verbergen, zündete man über der Stelle derselben ein Feuer an und ließ die Asche liegen. Eine Signalstange, die man dann daselbst errichtete, sollte den etwa dahin kommenden Engländern den Aufbewahrungsort bezeichnen. Richardson zog die sorgfältigsten Erkundigungen von den Eskimo darüber ein, ob weiße Männer mit großen Schiffen in jenen Gegenden gewesen seien, er suchte auf alle Weise die Theilnahme dieser Wilden für Franklin und die Seinen zu erwecken und den Zweck seiner Reise ihnen klar zu machen; doch die Eskimo versicherten überall, weiße Männer seien ihnen in den letzten Jahren nie zu Gesicht gekommen und so große Schiffe, wie die beschriebenen, hätten nie das Meer an ihren Küsten befahren. Bis zum Kap Bathurst ging die Fahrt rasch und leicht, von da an aber begann der Kampf mit dem Treibeis, der, je weiter man nach Osten kam, desto hartnäckiger wurde. In der Delphin- und Union-Straße, welche Wollaston- land von dem Kon- tinente Amerika's trennt, drängten sich Treibeis, Pack- eisblöcke und Eis- flarden mit solcher furchtbaren Ge- walt, daß an eine Fortsetzung der Schiffahrt nicht zu denken war; noch viel weniger war es möglich, die gegen-

Der Aufstieg aufs Land.

überliegende Inselküste mit einem Boote zu erreichen. Schmerzlich wandten sich die Blicke nach derselben, denn die Vermuthung lag nicht fern, daß auf diesem nahen und doch unerreichbaren Insellande Franklin seine Zuflucht gesucht haben könnte. Mußte man ihn nicht dem äußersten Elende überlassen, obgleich man nur wenige Meilen von ihm getrennt war? Die Boote hatte man an das Land gezogen und sie wurden auf den Schultern der Männer sammt allen Vorräthen weiter getragen, da man sich immer noch der Hoffnung hingab, jenseits des Kap Krusenstern offnes Fahrwasser zu finden. Unter unsäglichen Beschwerden war man endlich bis hierher gelangt; mit der Art hatte man sich nicht selten einen Weg bahnen müssen und es war vorgekommen, daß man nach dreistündiger

Dr. Richardson's Bootfahrt im Polarmeer.

harter Arbeit nicht mehr als 100 Schritt zurückgelegt hatte. In der Nähe des zuletzt genannten Kap bestieg Dr. Richardson eine Anhöhe, um nach einer fahrbaren Wasserstraße auszuschauen. Soweit aber auch sein Auge reichte, er erblickte nichts, als eine wildtosende, eistreibende See; auch die letzte Hoffnung erwies sich somit trügerisch. Aus diesem Grunde und weil die Mannschaft von den anstrengenden Strapazen sehr erschöpft war, ließ Richardson hier das eine Boot mit seiner ganzen Ladung in einer Felsschlucht zurück und setzte dann seine Wanderung nach dem Kupferminenflusse fort. Zu Anfang des Monats September erreichte er die Mündung desselben und es blieb ihm nun bei der vorgeschrittenen Jahreszeit keine andere Wahl, als das am Bärensee errichtete Winterhaus aufzusuchen. In der trübsten Stimmung nach so vielen bittern Enttäuschungen, die er erfahren, ertheilte er die nöthigen Befehle zur Rückkehr. Sechs Gefäße mit Pemmikan, die Pulvervorräthe eines Bootes wurden unter einem Kalksteinfelsen für künftige Besucher eingegraben, die Zelte, einige Kochgeschirre und andere Geräthe, sowie die bis hierher mit so vielem Kraftaufwande geschafften Boote den umherstreifenden Eskimo überlassen und die zur Fortsetzung der Reise nothwendigen Gegenstände in tragbare Bündel zu je 60 bis 70 Pfund zusammengepackt.

Am 3. September traten die 18 Männer ihren beschwerlichen Rückweg unter heftigem Schneegestöber an; nach 12 Tagen erreichten sie glücklich das Fort Confidence am Bärensee, das während des Sommers von der übrigen Mannschaft unter der Leitung des Handelsaufsehers Bell erbaut worden war. Mit schwerem Herzen schrieb Dr. Richardson in den ersten Tagen nach seiner Ankunft seinen Reisebericht und sandte ihn alsbald in sein Vaterland. Er selbst verließ mit allen seinen europäischen Gefährten seinen Winteraufenthalt am 7. Mai des folgenden Jahres 1849 und landete am 6. November zu Edinburgh.

Rae versuchte während dieser Zeit nochmals die Küsten von Wollaston und Victoria, welche man damals noch für zwei getrennte Inseln hielt, zu erreichen. Aber auch dieser Versuch scheiterte vollständig an den wilden Eismassen in der Delphins- und Union-Straße. Am 30. Juli kam er an dem Kap Krusenstern an, drei Wochen harrte er hier, um die Ueberfahrt zu ermöglichen. Schon war er des einen Tages beinahe 2 Meilen weit in das Polarmeer hinausgefahren und hoffte glücklich nach der entgegengesetzten Küste zu gelangen. Da zwang ihn eine im wilden Strudel dahintreibende Packeisströmung zur Umkehr. An der Mündung des Kupferminenflusses fand er die im vorigen Jahre niedergelegten Pemmikan- und Pulvervorräthe unversehrt, die Boote dagegen waren von den Eskimo fast gänzlich zertrümmert worden, indem sie gesucht hatten, das daran befindliche Eisen abzureißen.

Das Endergebniß dieser zweiten Expedition war daher ein eben so niederdrückendes, als das der ersten. Man hatte höchstens erkundet, daß die Küste des nordamerikanischen Festlandes von dem Mackenzie bis zum Kupferminenfluß von Franklin und seinen Gefährten noch nicht betreten worden sei, und hatte höchstens den Trost, daß die an verschiedenen Punkten eingegrabenen Vorräthe den Vermißten im Falle ihres spätern Eintreffens einige Hülfe bringen könnten.

Der Herald und Plover im Behringsmeer.

Da man sich in England von der ersten und zweiten Expedition weit günstigere Resultate versprach, so hatte man verhältnißmäßig weniger Aufmerksamkeit auf die dritte nach der Behringsstraße abgesandte gewendet. Zu allen Zeiten ist jener Meerestheil von Europäern weniger besucht worden, und selbst als Amerika in seiner östlichen Umgrenzung schon längst bekannt war und kühne Seefahrer die Hudsonsstraße und Baffinsbai durchforscht hatten, blieb es immer noch ein Problem, ob Asien und Amerika zusammenhingen oder durch einen Meeresarm von einander getrennt seien. Dazu kam noch, daß die ersten Fahrten, welche durch die Behringsstraße von den Russen ausgeführt wurden, unter den übrigen europäischen Nationen fast gänzlich unbekannt blieben. Vergleicht man Karten von Nordamerika aus den beiden vorhergehenden Jahrhunderten mit den jetzigen, so zeigen sie im Nordwesten die sonderbarsten, unter einander abweichendsten Umrisse, wenn auch aus den meisten sich ergiebt, daß man an dem Dasein einer Nordwestpassage nicht zweifelte.

Der erste, der, soweit schriftliche Nachrichten vorhanden, die Behringsstraße durchfuhr, war der Kosake Deschnew. Er stammte von Jermak ab, welcher unter der Regierung Iwan's II. (1533—1584) die weiten nördlichen Gebiete Asiens entdeckte und dem russischen Scepter unterwarf, und gehörte zu der Zahl kühner Abenteurer, die auf leicht zerbrechlichen Fahrzeugen, ohne sonderliche Kenntniß der mathematischen Nautik, ohne viel Hülfs= und Schutzmittel sich den Meere anvertrauten und durch Fahrten in noch unbekannte Meerestheile ihr Glück zu begründen suchten. Schon im Jahre 1648 umsegelte er die nordöstlichste Spitze von Asien und steuerte an der Ostküste dieses Erdtheils bis zum Busen und Flusse Anadir (zwischen 63 und 64° n. Br.). Als später von den Russen auch die Halbinsel Kamtschatka erobert war, wurden andere kühne Männer dieses Volkes, namentlich Kaufleute, durch den einträglichen Pelzhandel nach dem Inselarchipel gelockt, der sich unter dem Namen der Aleuten von Kamtschatka aus nach der westlichen Halbinsel Amerika's Aljaska hinzieht. Es wagten sich dieselben allmälig immer weiter und weiter und sie scheuten sich nicht, drei- bis vierhundert Meilen weit ein von unaufhörlichen Stürmen zerwühltes Meer zu durchfahren und dann einer kalten rauhen Küste zu folgen, um mit Lebensgefahr das reiche Pelzwerk jener Gebiete von den Eingeborenen zu erhandeln. Die wiederholten Fahrten zogen endlich die Aufmerksamkeit der russischen Regierung auf sich. Sie sendete Seeoffiziere ab, um die Lage gewisser Küstenpunkte an dem Eismeer und dem nördlichen Theile des Großen Oceans genau zu bestimmen. Es war Peter der Große, der noch auf seinem Sterbebette dem Dänen Behring diesen Auftrag ertheilte. Der letztere reiste zu Lande von Petersburg durch Rußland und Sibirien nach Nischnei Kamtschatkoi Ostrog an der Ostseite Kamtschatka's, konnte aber von hier aus erst drei Jahre später, 1728, seine Entdeckungsfahrt beginnen. Er segelte längs der asiatischen Küste durch die nach ihm benannte Meeresstraße bis zum Kap Serdze Kamen in 67° 18' n. Br. und stellte zum ersten Mal wissenschaftlich fest, daß die beiden großen Landmassen Asien und Amerika nicht zusammenhängen. Die amerikanische Küste hatte er weder gesehen noch berührt und man wußte jetzt nur aus der Vergleichung seiner Nachrichten mit den Entdeckungen Gwosdew's, welcher 1730 die Westküste Amerika's zwischen dem 65 und 66° der Breite durchforschte, daß beide Kontinente einander sehr nahe kommen müßten. Die Kaiserin Anna sendete Behring zum zweiten Male ab, um nun, nachdem man die Einfahrt ins Eismeer kannte, auch die so oft vergeblich gesuchte nordwestliche Durchfahrt aufzufinden. Mit seinen ehemaligen Gefährten Spangenberg und Tschirikow trat er 1733 seine zweite Reise an. Da aber die russische Regierung von den Schwierigkeiten keine Ahnung hatte, so war die ganze Ausrüstung so mangelhaft, daß erst fünf Jahre später ein Schiff unter dem Kapitän Spangenberg auf Untersuchung der kurilischen Inseln ausgesendet werden konnte. Die Schiffe nämlich, auf denen man die gefährliche Fahrt wagen wollte, mußten an der Ostküste Asiens erst gebaut werden. Hier verzögerte aber das unwirthbare Klima, der gänzliche Mangel an Bauholz, die Schwierigkeit des Transports von Holzstämmen, den Bau ungemein, und nur dem Muthe und der kräftigen Ausdauer der Offiziere war es zuzuschreiben, daß das ganze Unternehmen überhaupt noch zur Ausführung kam. Im Jahre 1739 kehrte Spangenberg von den Kurilen zurück; aber auch jetzt war der Bau des zweiten Schiffes noch nicht so weit vorgeschritten, daß man hätte absegeln können. Erst im Juni 1741 verließ Behring mit Tschirikow, der das zweite Schiff befehligte, Kamtschatka, um seine größere Entdeckungsfahrt anzutreten. Er suchte aber die nordwestliche Durchfahrt nicht im Eismeer, sondern südlicher, umfuhr die Halbinsel Aljaska und steuerte an der amerikanischen Küste östlich bis zur Behringsbai (59° 18' n. Br., 122° w. L. von Ferro). Auf der Rückreise wurde er vom Skorbut in so gefährlicher Weise ergriffen, daß er die Führung des Schiffes dem Leutnant Waxel anvertrauen mußte. Auch ein großer Theil der übrigen Mannschaft litt bedeutend an derselben Krankheit, und um das Maß der Leiden voll zu machen, scheiterte das Schiff in der Nähe der Küste von Kamtschatka. Zwar war man nahe genug, um das Ufer der

Behringsinsel zu erreichen, doch war man auch von allen Hülfsmitteln entblößt und das zu einer Zeit, als der Winter vor der Thür stand. Zu der peinigenden Kälte gesellte sich bald der quälende Hunger, und Behring selbst, sowie fast alle seine Gefährten fanden den Tod in diesem unwirthsamen Insellande. Jener war zuletzt so schwach, daß er sich nicht im Geringsten mehr bewegen konnte. Er ließ sich von seinen Gefährten in eine Höhle legen, um einigermaßen Schutz gegen den Sturm zu haben. Aber hier rieselte ununterbrochen Sand auf ihn herab; trotzdem bat er die Seinen, ihn ruhen zu lassen. Nur wenige Stunden vergingen und er war lebendig begraben.

Das zweite Schiff unter dem Befehl des Kapitän Tschirikow hatte sich während der Reise von Behring getrennt und kam, nachdem es bis zum 56⁰ der Breite an Amerika's Westküste vorgedrungen war, glücklich nach Kamtschatka.

Keineswegs war auf diesen Reisen die ganze Küstenstrecke genau aufgenommen worden; es waren immer nur einzelne wenige Punkte, die man ihrer Lage nach festgestellt hatte und diese waren zuweilen sogar durch eine Entfernung von 100 Meilen von einander getrennt. Immer war daher die Möglichkeit vorhanden, daß zwischen denselben eine zweite Durchfahrt nach dem Eismeere bestehe, der bekannte nordwestliche Theil Amerika's mithin eine Insel bilde. Die unruhige Periode der russischen Geschichte, die wiederholten Thronrevolutionen und endlich der siebenjährige Krieg verhinderten die russische Regierung, in dieser Hinsicht genauere Erörterungen anstellen zu lassen. Erst im Jahre 1768 ertheilte Kaiserin Katharina II. dem Kapitän Kranitzyn den Auftrag, die durch die Pelzhändler und durch Behring bekannten Inselgruppen aufzunehmen und bis ans Festland von Amerika zu verfolgen. Derselbe, sowie Pragin und Saikof, welche 1772 Privatunternehmungen in jenen Gegenden leiteten, stellten die Lage, Größe und Zahl der sich bogenförmig von Aljaska nach Kalifornien hinziehenden Aleuten im Allgemeinen fest, wenn auch ihre Bestimmungen nicht dieselbe Genauigkeit zeigen, wie von Cook. Ein großartiges russisches Geschwader sollte 1788 die Entdeckungen um die Nordküste von Amerika eine Reise um die Welt aus... Schon waren die Befehlshaber und Gelehrten, die daran Theil nehmen sollten, ernannt, auch Georg Forster hatte bereits eine Aufforderung erhalten, sich anzuschließen; da brach der Krieg mit der Pforte aus und drängte das Unternehmen für immer in den Hintergrund.

Unterdessen hatte Cook, der größte Seeheld des achtzehnten Jahrhunderts, auch diese nördlich gelegenen Gebiete besucht. Zweimal war von ihm die Erde bereits umsegelt worden, bis zum 71⁰ der Breite war er in das südliche Eismeer vorgedrungen, jetzt auf seiner dritten Reise 1776 bis 1779 wollte er von der Behringsstraße aus durch das nördliche Eismeer den Atlantischen Ocean zu erreichen suchen. Von der aleutischen Insel Unalaschka steuerte er nach der Bristolbai und von da durch die Behringsstraße in das Eismeer. Die Fahrt wurde täglich schwieriger und auch ihm war es nicht möglich, weiter zu gelangen, als bis zum 70⁰ 29' n. Br. Die Spitze des Festlandes von Amerika, welche er hier erblickte, nannte er das Eiskap; denn das Eis war es, welches der Fortsetzung seiner Reise eine unüberwindliche Schranke setzte. Nach vielen fruchtlosen Bemühungen, die Eismassen zu durchbrechen, entschloß er sich Ende des Augustmonats 1778 zur Rückkehr. Da er das Meer an der Westküste Amerika's größtentheils seicht fand, so hatte er nicht einmal die Umrisse des Erdtheils vollständig aufzunehmen und die einzelnen Busen zu untersuchen vermocht. Er wollte im nächsten Jahre nachholen, was er jetzt hatte unterlassen müssen, und den Versuch erneuern, über das Eiskap hinaus die Küste Amerika's zu verfolgen. Doch seinem Leben war nur eine kurze Frist vergönnt. Am 14. Februar 1779 wurde er auf den Sandwichinseln bei einem Gefecht, das durch die Diebereien der Einwohner veranlaßt worden war, getödtet.

Lange blieb der von ihm erreichte nördlichste Punkt, das Eiskap, derjenige, über den hinaus vorzudringen allen Schiffern versagt war. Kotzebue, der Sohn des bekannten Schriftstellers, gelangte als Befehlshaber der Expedition, die der russische Graf Romanzoff auf eigne Kosten ausrüstete, im Jahre 1816 nicht weiter, als bis zum 67 1/1" der Breite. Ihm verdanken wir namentlich die genauere Erforschung des nach ihm benannten Kotzebue-Sundes. Daß eine Barke des Kapitän Beechey 1826 bis zum Kap Barrow kam und Warren Dease und Thomas Simpson die ganze amerikanische Nordküste vom 139" bis zum 77" w. L. von Ferro in Booten befuhren, haben wir schon oben erwähnt.

Es zeigt dieser kurze Ueberblick der Reisen, die zu Schiffe nach der Behringsstraße und von da in das Eismeer unternommen, wie zu allen Zeiten diesen Fahrten im Vergleich zu den von Osten her nach dem Polarmeere ausgeführten nur eine geringe Wichtigkeit beigelegt wurde. Wir werden uns daher nicht wundern, wenn man auch unter den Rettungsexpeditionen Franklin's diejenigen mit den wenigsten Hoffnungen auf glücklichen Erfolg absendete, welche von Westen her sich dem arktischen Inselarchipel nähern sollten. Genau genommen war es nur Cook gewesen, der auf diesem Wege die nordwestliche Durchfahrt gesucht hatte. Aber wie so oft im Leben, so auch hier: wo man es am wenigsten erwartet, erfolgt der kostbarste Fund. Wir werden im Verlauf unserer Erzählung sehen, wie von der Behringsstraße aus die zuerst in Europa bekannt gewordene Lösung des Problems gelang, das seit Jahrhunderten die seefahrenden Nationen beschäftigte. Der 1848 abgeschickten Unternehmung glückte dies freilich noch nicht. Sie hatte nur die Aufgabe, den Vermißten bei ihrer möglichen Ankunft an der westlich von der Mackenziemündung gelegenen Nordküste Amerika's Aufnahme und Verpflegung zu sichern.

Es stand diese Expedition unter dem Befehle des Kapitän Moore, der am 31. Januar 1848 im Schiffe „Plover" England verließ. Derselbe sollte sich im Hafen von Panama mit dem Kapitän Kellett, der seit Jahren mit der Aufnahme der Vermessungen an den Küsten des centralen und südlichen Amerika beschäftigt war, vereinigen, sich von dessen Schiffe „Herald" zur Behringsstraße geleiten und mit Vorräthen für den Winter versehen lassen. Beide Schiffe verfehlten jedoch einander in Folge von Windstillen und der schlechten Segelkraft des Plover. Die englische Admiralität hatte gehofft, daß in den ersten Tagen des Juli Kapitän Moore werde die Behringsstraße durchsegeln können. Er befand sich aber in dieser

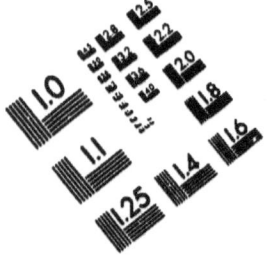
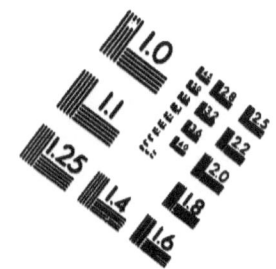

**IMAGE EVALUATION
TEST TARGET (MT-3)**

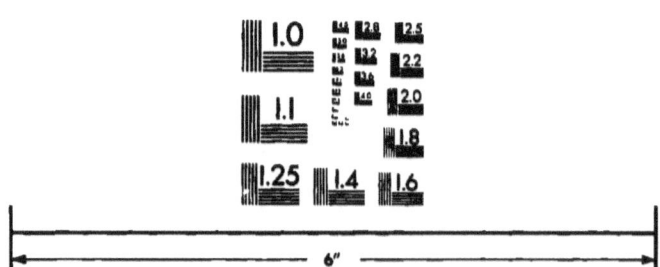

Photographic
Sciences
Corporation

23 WEST MAIN STREET
WEBSTER, N.Y. 14580
(716) 872-4503

Zeit erst an der südamerikanischen Küste von Peru und erhielt deshalb von dem Oberbefehlshaber des britischen Seegeschwaders im Stillen Meere die Weisung, sofort nach Petropawlosk in Kamtschatka zu steuern und unterwegs nur bei den Sandwichinseln anzulegen. Ebenso wurde Kapitän Kellett beordert, die Ankunft des Plover in Panama nicht abzuwarten, sondern sofort auszulaufen und sich nach Petropawlosk zu begeben. Als dieser jedoch hier anlangte, fand er den Plover nicht vor. Es setzte ihn dies in nicht geringe Verlegenheit; er zögerte acht Tage mit der Weiterfahrt und steuerte, als dann der Plover immer noch nicht angekommen war, nach dem Norton- und Kotzebue-Sunde. Aber überall blieben seine Forschungen fruchtlos. Da seine Aufgabe blos gewesen war, für die Stationirung des Plover Sorge zu tragen und der Zweck seiner Fahrt für dieses Jahr vereitelt war, so trat er am 29. September den Rückweg an und lief am 24. Oktober im Hafen von Mazatlan an der merikanischen Küste ein.

Der Kapitän Moore konnte trotz allen Bemühungen in diesem Jahre nicht weiter als bis zur Tschuktschen Halbinsel vordringen. Hier zwang ihn die Kälte, im Hafen von Anadyr neun Monate lang still zu liegen. Petropawlosk hatte er wegen ungünstiger Winde gar nicht berühren können. Im nächsten Jahre steuerte er nach dem Kotzebusunde und erhielt hier die erste Nachricht, daß im vorhergehenden Herbste Kapitän Kellett vergebens nach ihm gesucht habe. Er rüstete alsbald die Booterpedition nach der Mackenziemündung aus; allein kaum hatten die dazu bestimmten Boote ihn verlassen, als der Herald unter Kapitän Kellett erschien und nun die vergeblich erstrebte Vereinigung endlich erreicht war. Die Boote wurden sogleich zurückgerufen, da jetzt nach der Ankunft des Herald die Ausrüstung wesentlich vervollständigt werden konnte.

Dem Befehlshaber Moore stand jetzt eine über alle Erwartung reichliche Menge von Lebensmitteln zu Gebote. Es war seiner Mannschaft nicht blos gelungen, ein vom Kapitän Beechey 1826 an einem Felsen der Chamisso-Insel eingegrabenes großes Faß Mehl aufzufinden, sondern er erhielt auch die Hülfe eines Mannes, der mit seltener Hochherzigkeit zu den größten Opfern bereit war. Robert Schedden, ein ehemaliger Steuermann der britischen Marine, welcher mit seiner Yacht „Nancy Dawson" auf einer Reise um die Welt begriffen war, hatte zu Hongkong die Ausrüstung von Rettungsunternehmungen für Franklin erfahren und war davon mit solcher Gewalt ergriffen worden, daß sogleich sein Entschluß fest stand, sich mit seinem Schiffe dem Rettungswerke anzuschließen. Im Kotzebusunde vereinigte er sich mit der Booterpedition und begleitete dieselbe bis zum Kap Barrow. Hier aber zeigte sich sein schwaches Fahrzeug unfähig, die gefahrvolle Fahrt durch das Eismeer weiter fortzusetzen. Zur Rückkehr gezwungen, überließ er mit der größten Uneigennützigkeit den größten Theil seiner reichen Vorräthe sowol dem Befehlshaber der Booterpedition als dem Kapitän Moore und Kellett. Leider trug dieser edelgesinnte Mann bereits den Keim einer tödtlichen Krankheit in sich. Das tropische Klima, dem er sich zuwendete, scheint seinen Tod nur noch mehr beschleunigt zu haben. Er starb am 17. November 1849 im Hafen zu Mazatlan.

Die Bootexpedition hatte am 25. Juli den Kotzebuesund verlassen. Sie stand unter dem Befehl des Leutnant Pullen, der seine schwierige Aufgabe in der glänzendsten Weise vollendete. Er segelte mit 4 Booten und 25 Mann ab, nahm Lebensmittel auf 70 Tage, sowie 20 Pemmikanfäßchen mit, welche letzteren an verschiedenen Punkten der Küste für die vermißte Mannschaft eingegraben werden sollten. Als Robert Schedden am Kap Barrow umkehren mußte, sendete auch er die beiden größern Boote zurück und behielt nur die beiden kleinern Walfisch=kähne, die sich zur Fahrt am besten eigneten. Die Mannschaft bestand nun bloß noch außer ihm in zwei Steuermännern und elf Matrosen; Lebensmittel hatte man auf 90 Tage. Die kleinen Boote waren so schwer beladen, daß häufig die

„Nancy Dawson's" Abschied vom „Herald" und „Plover".

Wellen über Bord schlugen; ja das eine Mal war die Gefahr des Sinkens so groß, daß man sich auf keine andere Weise retten konnte, als daß man 300 Pfund Mehl und 200 Pfund Kartoffeln ins Meer warf. Die Fahrt bis zur Mündung des Mackenzieflusses dauerte 32 Tage. Stets hielt sich Pullen der Küste so nahe als mög=lich, theils um mit den Eingeborenen in Verkehr zu treten, theils um jedes Zeichen, das von der vermißten Mannschaft errichtet worden, erblicken zu können. Nichts deutete jedoch darauf hin, daß irgend einer der unglücklichen Gefährten Franklin's seinen Fuß an diese Küste gesetzt habe. Den Winter brachte die Mannschaft der Bootexpedition in Fort Simpson zu. Als dieselbe im nächsten Jahre bereits auf der Heimreise nach England begriffen war, erhielt Pullen am großen Sklavensee eine Botschaft der Admiralität, welche ihm einestheils seine ehrenvolle Beförde=

rung zum Commander anzeigte, andererseits aber ihm auch den Auftrag ertheilte, nochmals an die Küsten des Eismeers vorzudringen und eine Bootfahrt nach Wollastonland und Banksland zu versuchen. Diese Expedition im Jahre 1850 blieb leider gänzlich erfolglos. So mild die Witterung während der Fahrt auf dem Mackenzieflusse war, so kalt wurde sie an den Küsten des Eismeers. Zur Zeit des höchsten Sommers sahen sie sich mit einem Male mitten in die unheimlichste Winterlandschaft versetzt. Im Kampfe mit trübem Nebelwetter, kalten Stürmen und schnell daherwogenden Eismassen gelangte Pullen nicht weiter als bis zum Kap Bathurst. Von einer Ueberfahrt nach dem Bankslande mußte er gänzlich abstehen und zuletzt sich glücklich preisen, als er ohne erheblichen Verlust am Mackenzie-Delta wieder anlangte. Drei Jahre hatte er in dem rauhen Norden verlebt, als er bitter getäuscht über die Yorkfaktorei nach seinem Vaterlande sich zurückbegab.

Von dem Plover und Herald war die Zeit des Sommers 1849 zu einer Entdeckungsfahrt in den nördlich von der Behringsstraße liegenden Theil des Eismeers benutzt worden. Trotz aller Mühen war es aber nicht möglich, weiter als bis zum $72^0\ 51'$ vorzudringen. Sie erblickten vor sich ein bisher unbekanntes, weit ausgedehntes Land, vermochten dasselbe aber nicht zu erreichen, obgleich offne Wasserstraßen dahin führten, weil — das Meer zu seicht war. Es scheint das Eismeer in diesem Theile einen wesentlich andern Charakter zu haben, als in der Gegend von Spitzbergen, dem Smithsund und dem Wellingtonkanal. Während hier Edward Parry 1827 bis $82^0\ 40'$, Kapitän Martin und Dr. Withworth 1837 und Dr. Kane 1854 bis $82^0\ 30'$ nach Norden kamen, war nördlich von der Behringsstraße die von Moore und Kellett erreichte Höhe damals die weiteste, zu der man gelangt war. Packeismassen erschwerten zwar auch bedeutend das Vordringen, nie aber Eisberge, die entweder wegen der geringen Tiefe des Wassers nicht so weit nach Süden getragen werden oder wegen der geringen Höhe des noch unbekannten Landes sich nicht bilden können. Jedenfalls ist aber auch hier eine weit ausgedehnte Landbildung vorhanden, die das Meer in ein nördliches und südliches Bassin scheidet, von welchen jenes wol noch für lange dem menschlichen Forscherauge unerreichbar bleiben wird.

Ueberblicken wir nochmals kurz die so großartig und hoffnungsvoll ausgerüsteten Expeditionen der Jahre 1848 und 1849, so machen sie hinsichtlich der erzielten Erfolge einen sehr niederschlagenden Eindruck. Ueber das Schicksal der Gesuchten hatten sie nichts erkundet, als daß das Festland Amerika's von der Behringsstraße bis zum Kupferminenflusse von ihnen noch nicht betreten worden sei; aber den Weg, den sie etwa eingeschlagen, hatte man nicht weiter ausfindig machen können, als bis zur Barrowstraße; weder der Wellingtonkanal noch der Melvillesund war durchforscht.

Franklin's erstes Winterquartier auf der Beechey-Insel.

V.
Das Aufsuchungsgeschwader von 1850 und 1851.

Goodsir. William Penny. Austin. Die Vereinigten Staaten und Rußland. Lady Franklin. Erste Grinnell-Expedition. Forsyth. John Roß. Eskimonachrichten. Der Nordstern. Lentnant de Haven. Spuren am Kap Riley, am Kap Spencer. Franklin's erstes Winterlager auf der Beechey-Insel. Winterunternehmungen des Aufsuchungsgeschwaders. Schicksal der Amerikaner. Schlittenfahrten der Engländer. Mißhelligkeiten. Rückkehr.

Das Fehlschlagen aller dieser Untersuchungen weckte die lebhaftesten Besorgnisse für Franklin. Alle Hoffnungen waren mit einem Schlage vernichtet und rathlose Verzagtheit hatte bei Vielen Platz gegriffen. Alle erkannten augenscheinlich die Ohnmacht und Unzulänglichkeit der menschlichen Macht gegenüber dem furchtbaren Walten der Natur. Als nun von Zeit zu Zeit trügerische Gerüchte auftauchten, die von neuem die Hoffnung belebten, so wurde, da man nur zu bald deren Unwahrheit erfuhr, der Zustand immer unheimlicher. Besonders waren es einige Walfischfahrer, die in den letzten Jahren aus dem Munde der Eskimo allerlei räthselhafte Nachrichten gehört haben wollten, nach welchen die vermißten Schiffe bald in der Prinz=Regents=Einfahrt, bald im Wellingtonkanal, bald jenseits der Melvillebai anwesend sein sollten. Um das Thatsächliche dieser Gerüchte zu ergründen, unternahm der Arzt Robert Anthruster Goodsir, der Bruder eines der Vermißten, im Jahre 1849 gemeinschaftlich mit dem Walfischfahrer William Penny eine Fahrt in die Baffinsbai und den Lancastersund. Aber obgleich die Reise glücklich von statten ging, so war der einzige Erfolg derselben doch blos der, daß man zu der Ueberzeugung gelangte, in der Aufnahme der trüglichen Berichte der Eskimo nicht vorsichtig genug sein zu können. Oft rief schon die unvollständige Kenntniß der Sprache dieses Volkes die größten Mißverständnisse hervor. Die Erzählung Goodsir's von seinen im arktischen Meere bestandenen Gefahren trug nur noch mehr dazu bei, die Hoffnungslosigkeit aller gehegten Aussichten zu vergrößern.

Mitten in diesen niederschlagenden Erfahrungen, mitten in dieser düstern unheimlichen Stimmung ist es erhebend zu sehen, wie eine Behörde in dem festen Bewußtsein ihrer Pflicht sich über alle Widerwärtigkeiten zur männlichsten Thatkraft emporschwingt. Die englische Admiralität hatte keinen Augenblick geschwankt, ob das bisherige Mißlingen zum Aufgeben oder zur Fortsetzung der Rettungsunternehmungen führen dürfe. So lange nach den wahrscheinlichsten Berechnungen auch nur ein kleiner Theil der Mannschaft des „Erebus" und „Terror" noch am Leben sein konnte, so lange fühlte sie sich auch gedrungen, das Aeußerste aufzubieten, um den Hülfsbedürftigen Rettung zu bringen. Und hatte nicht Franklin selbst erklärt, daß er Lebensmittel auf fünf Jahre habe, und war nicht eine Ergänzung der Vorräthe selbst im hohen Norden möglich? Es war bekannt, daß Rennthierherden alljährlich das Wollaston= und Victorialand besuchen, daß zahlreiche Seevögel sich in jenen Gegenden aufhalten; sollte niemals die Jagd der vermißten Mannschaft ergiebig gewesen sein? Und wenn auch ein großer Theil derselben tödtlichen Krankheiten erlegen wäre, konnte man voraussetzen, daß alle davon ergriffen wurden? Dies brachte der Admiralität die Ueberzeugung, daß noch keineswegs der äußerste Zeitpunkt zur Rettung der Unglücklichen vorüber sei. Aber die größte Eile that noth. Kann man sich ein ergreifenderes Bild denken, als die Lage der Vermißten, die vor fünf Jahren mit der freudigsten Zuversicht die Heimat verließen, und nun vielleicht bis auf wenige zusammengeschmolzen, aller Mittel zur Rückkehr beraubt, krank und gebrechlich in den traurigen Einöden der nordischen Zone der Hülfe aus dem Vaterlande sehnsuchtsvoll entgegenharren? Ohne Zögerung ging daher die Admiralität ans Werk, theils durch Ausschreiben von Belohnungen einen allgemeinen Wetteifer für das Aufsuchen der Vermißten hervorzurufen, theils durch Ausrüsten neuer Expeditionen in viel großartigerem Maßstabe den Hülfsbedürftigen unmittelbaren Beistand zu gewähren. Schon im März 1849 erließ sie eine Bekanntmachung, durch welche die Summe von 20,000 Pfund Sterling oder 100,000 Dollars Jedem — welchem Volke und Lande er auch angehöre — zugesichert wurde, der die Mitglieder der Franklin'schen Unternehmung zu retten vermöge. Gleichzeitig erhöhte Lady Franklin den von ihr ausgesetzten Preis auf die bedeutende Summe von 3000 Pfund. Da aber, wie sich bald herausstellte, von den Walfischfahrern trotz dieser Belohnungen wenig für die Rettung zu hoffen stand, weil sie von den Schiffseigenthümern viel zu sehr abhingen und sie diesen für das Leben und die Gesundheit der Mannschaften, sowie für die ihnen anvertrauten Schiffe verantwortlich waren, so blieb auch jetzt das Meiste und Wichtigste der britischen Marine überlassen. Und diese bewährte ihren alten Ruf. Nicht einzelne Schiffe bloß, ganze Flotten standen im Frühjahr 1850 segelfertig da, als gelte es einen kühnen Feldzug gegen einen mächtigen Landesfeind.

Vor Allem kam es jetzt darauf an, einen neuen Plan für das großartige Rettungswerk zu entwerfen. Das Jahr 1845 war den eingezogenen Erkundigungen zu Folge der Schiffahrt ungewöhnlich günstig gewesen. Es ließ sich daher annehmen, daß Franklin in demselben weit nach Westen vorgedrungen sei, jedenfalls weiter, als James Roß ihm auf seinem Wege gefolgt war. Parry, Richardson, Beechey, Sabine sprachen sich fast einstimmig dahin aus, daß die Melville-Insel oder Banksland oder eine andere Insel in der Nähe des Melvillesundes der wahrscheinliche Leidensschauplatz der Vermißten sei. Es erklärte sich aus dieser Annahme zugleich, daß alle Nachforschungen von James Roß in der Baffinsbai und dem Lancastersunde erfolglos bleiben mußten, da diese Straßen jedenfalls von Franklin sehr schnell durchsegelt worden waren. Die nächste Aufgabe, welche die Admiralität den auszusendenden Expeditionen stellte, war deshalb, den Melvillesund zu erreichen und von da aus Schlittenfahrten nach allen Himmelsgegenden des weit ausgedehnten Archipels zu unternehmen. Da jedoch verschiedene Umstände Franklin gezwungen haben konnten, durch den Jonessund zu steuern, so wurde auch dieser Theil in den Kreis der Durchsuchung mit aufgenommen. Ein so weit gehender Plan, die Erforschung eines so ausgedehnten und verschlungenen Gebietes forderte bedeutende Mittel und Kräfte. Doch vor keinem Opfer scheute die Nation und die Regierung zurück, beide zeigten sich gleich hochherzig, als es galt, den Hülflosen beizustehen und Menschenleben zu retten.

Am 5. Februar 1850 erhob sich Sir Harry Inglis im Hause der Gemeinen und beantragte, daß alle Berichte und Mittheilungen, die sich auf die bisherigen Rettungsexpeditionen bezögen, vollständig vorgelegt würden, um, wie er ausdrücklich bemerkte, dem Unterhause Gelegenheit zu geben, seine Theilnahme an dem Geschick Franklin's und dessen muthvollen Gefährten ausdrücken zu können. „Es bringen, setzte er hinzu, diese Männer, wenn Gott sie noch am Leben erhalten hat, nunmehr den fünften Winter unter Jammer und Elend in der arktischen Zone zu. Für Förderung der Nationalehre und im Interesse der Wissenschaft zogen sie aus; kann ein Volk denn seine eignen Kinder einem so traurigen Geschick überlassen? Unsere Ehre, die Pflichten der allgemeinen Menschenliebe und Humanität erheischen die umfassendsten Nachforschungen in der allernächsten Zeit. Hunderte von Personen, deren Gatten und Brüder der Mannschaft des Erebus und Terror angehören, schweben zwischen Furcht und Hoffnung; müssen wir nicht das Aeußerste thun, um ihre Leiden zu mindern? Wird nicht allgemein die Hingebung der Lady Franklin und ihre unermüdete Aufopferung bewundert; wie lange soll sie noch vergebens zu den größten Anstrengungen auffordern? Seit dem Anfang des Jahres 1848 kennt sie keine andere Aufgabe ihres Lebens, als für die Verschollenen thätig zu sein. Sie wandert hinaus an die Küsten und Hafenplätze und forscht in den Hütten der nordischen Walfischfahrer nach ihrem Gatten und seinen Gefährten; sie ist eine Trösterin und Stütze für alle die Hinterlassenen; sie opfert ihr eignes Vermögen, ihr Hab und Gut; mit beredter Sprache, die aus tiefempfindendem Herzen stammt, treibt sie zu energischem Handeln; soll die Nation hinter ihr zurückbleiben?" — Mit allseitiger Befriedigung wurde hierauf die Erklärung des Lords Sir Baring aufgenommen, der die Pläne der Admiralität für das Jahr 1850 auseinander setzte. Besonders hob derselbe hervor, daß der Zweck der Expeditionen einzig und allein die Rettung der Vermißten, nicht irgend welche wissenschaftliche Forschungen sein sollten, sowie daß die Kosten, die dadurch erwüchsen — auch wenn sie noch so bedeutend wären —, dabei nicht in Anschlag gebracht werden dürften.

Nicht weniger als zehn wohlbemannte und vortrefflich mit allen Hülfsmitteln ausgestattete Schiffe sendete die Admiralität im Jahre 1850 nach dem nördlichen Eismeere ab. Der Ankauf derselben und ihre Ausrüstung kostete über eine Million Thaler. Da nun gleichzeitig Private und Privatgesellschaften fünf andere Schiffe stellten, so waren in diesem Jahre außer der schon erwähnten Booterpedition Pullen's und außerdem noch nicht zurückgekehrten „Nordstern" im Ganzen die Mannschaft von fun f zehn Schiffen für die Aufsuchung der Vermißten thätig. Die Kraft des Dampfes sollte die nahenden Retter wie im Fluge durch die sich im Eise öffnenden Fahrstraßen führen, beträchtliche Massen von Schießpulver sollten Wege durch die starren Eismassen sprengen; Kanonendonner und andere weithin dringende Töne sollten den Vermißten die nahe Hülfe verkünden und tausend andere Mittel hatte der menschliche Scharfsinn ersonnen, um die Auffindung zu beschleunigen und den Aufenthalt zu erleichtern. Namentlich verdient die Erfindung des Mr. Shepherd Erwähnung, der eine Wagenladung kleiner Luftballons angefertigt hatte, die mit vielen Hundert buntfarbiger Papierstreifen gefüllt und dann in die Höhe gesandt werden konnten. Eine kleine Handpresse und Lettern befanden sich am Bord, um die Papierstreifen mit Nachrichten über den Aufenthalt der rettenden Schiffe und über die niedergelegten Vorräthe bedrucken zu können. Waren die Ballons in einer bestimmten Höhe angelangt, so wurde ihre äußerste Hülle durch einen Selbstzünder gelöst und die dünnen, 5 Zoll langen und 2 Zoll breiten Papierstreifen zerstreuten sich, vom Spiel der Winde getrieben, weithin über die Gegend. Die in London mit diesem Apparat angestellten Versuche entsprachen vollständig den gehegten Erwartungen. Selbst in den entferntesten Grafschaften wurden Papierstreifen, die man mit den Ballons entsendet hatte, auf Feldern aufgefunden und von da nach der Hauptstadt eingeschickt. Auch eine Art von Telegraphen hatte man ersonnen, der den verschiedenen Streifpartien einen gegenseitigen Verkehr ermöglichen sollte.

Unter denjenigen Männern, welche Pläne zur Rettung Franklin's bei der

Admiralität einreichten und sich um Theilnahme an den Expeditionen bewarben, zog besonders ein Mann die allgemeine Aufmerksamkeit in hohem Grade auf sich. Seine genaue Kenntniß der Baffinsbai und der angrenzenden Meerestheile, sein gesunder, das Richtige schnell treffender Blick hatte selbst die erfahrenen arktischen Seehelden wiederholt in Staunen gesetzt. Dabei war er von offnem, biederem Charakter und zeigte das lebhafteste Interesse für die Angelegenheit Franklin's. Dieser Mann war der Walfischfahrer-Kapitän William Penny aus Aberdeen. Unter seinen Genossen stand er als erfahrener, kühner und stets glücklicher Schiffer in hohem Ansehn; gern hörten sie seinen Rath und vertrauensvoll folgten sie seinen Bahnen. Er hatte die fernsten Orte, die dem Walfischfang eine reiche Beute im Polarmeer verhießen, besucht und doch niemals Schaden, viel weniger Schiffbruch erlitten. Im Frühjahr war er der erste, der in See ging, im Herbste der letzte, der heimkehrte. Seit 30 Jahren hatte er bereits das arktische Meer durchstreift; schon als zwölfjähriger Knabe hatte er seinen Vater auf den Walfischfang begleitet. Ihm übertrug jetzt die Admiralität die Führung der ersten nach der Baffinsbai bestimmten Expedition, um, wie sie sagte, „die Kraft der britischen Marine mit der Erfahrung und dem Scharfblick eines Wälfischfahrers zu vereinen". Im Allgemeinen befolgte jetzt diese Behörde den Grundsatz, den Führern der Unternehmungen die größtmöglichste Freiheit zu gestatten. Sie beauftragte deshalb nicht blos Penny selbst mit dem Ankaufe der Schiffe, sondern erklärte auch, daß sie es nicht für rathsam erachte, ihm im Einzelnen eingehende Verhaltungsbefehle über den einzuschlagenden Weg zu ertheilen. Es waren zwei starke, kürzlich erst fertig gewordene Klipper, von welchen der eine 200, der andere 100 Tonnen hielt, die Penny zu seiner Fahrt auswählte. Er gab denselben die bedeutungsvollen Namen „Lady Franklin" und „Sophia", den ersteren zur Erinnerung an die schwergeprüfte Gattin Franklin's, den letzteren zum Andenken an dessen Nichte, Miß Sophia Cracroft, die sich als treue Leidensgenossin der Lady Franklin von allen Seiten Liebe und Verehrung erworben hatte. Auf die Ausrüstung der Schiffe verwendete er die größte Sorgfalt, Lebensmittel führte er auf drei Jahre für seine 46 Mann an Bord. Um jede Verzögerung der Abfahrt zu vermeiden, trieb er nicht blos alle Arbeiter zur Eile an, sondern legte auch selbst Hand ans Werk. Am 13. April 1850 stach er von Aberdeen aus in See, um nach dem von ihm selbst entworfenen Plane zunächst den Jonesfund zu durchforschen und von diesem nach der Wellingtonstraße zu gelangen.

Die zweite großartige Expedition dieses Jahres, deren Mannschaften größtentheils der britischen Marine angehörten, und die ebenfalls für die Barrowstraße bestimmt war, wurde besonders auf Empfehlung Parry's der Führung des Kapitän Austin übergeben. Sie bestand aus den beiden Segelschiffen „Resolute" und „Assistance" und den beiden Schraubendampfern „Pioneer" und „Intrepid". Die Ausrüstung dieser vier Schiffe kostete nicht weniger als 114,513 Pfund Sterling (also gegen 800,000 Thaler). Bei der Penny'schen Expedition betrugen die Gesammtkosten nur 15,170 Pfund Sterling (etwas über 100,000 Thaler); man wird es daher schon aus diesen Zahlen begreiflich finden, daß man auf das Austin'sche Unternehmen die größten und zuversichtlichsten Hoffnungen setzte. Uebrigens hatte dieses zwei Dampfer von je 60 Pferdekraft, von denen man sich die außerordentlichsten Erfolge versprach. Sie würden, meinte man, oft die Hemmnisse des Eises beseitigen und bei Windstillen die Schiffe rasch vorwärts ziehen können. Die Mannschaft auf den vier Fahrzeugen zählte 180 Seeleute und Matrosen. Am 5. Mai 1850 lichtete das Geschwader zu Woolwich die Anker, begleitet von den Segenswünschen der Nation. Seine Aufgabe war vorzugsweise, in den nächsten drei Jahren den Melvillesund zu durchsuchen und durch Schlittenexpeditionen die Nachforschungen über den ganzen dortigen weit sich erstreckenden Inselarchipel auszudehnen.

Aber auch von Westen her suchte die Admiralität diesen Punkt zu erreichen. Sie nahm den Plan des großen Cook wieder auf, was um so bewunderungswürdiger erscheinen muß, da man seit der Zeit dieses Seehelden nur niederschlagende Erfahrungen über die Schiffahrt in jenen Meerestheilen gemacht hatte. Parry und James Roß waren es besonders, die zu diesem Unternehmen aufforderten und die beiden Schiffe „Enterprise" und „Investigator", die sich auf der letzten Fahrt in die Barrowstraße so außerordentlich bewährt hatten, zu dieser Expedition vorschlugen. Kapitän Collinson wurde zum Befehlshaber ernannt und Commodore Mac Clure als Führer des „Investigator" ihm untergeben. Der „Plover" unter Commander Moore sollte als Stationsschiff in der Nähe der Behringsstraße verbleiben und der „Herald" unter Kapitän Kellett alljährlich die Expedition von den Sandwichsinseln aus verproviantiren. Schon am 20. Januar 1850 verließen Collinson und Mac Clure die englischen Küsten, um wo möglich bis zum 1. August die Behringsstraße zu erreichen. Auch dieses Unternehmen war auf drei Jahre berechnet.

Die großartigen Ausrüstungen und Anstrengungen der Admiralität fanden nicht blos bei der englischen Nation und der ganzen gebildeten Welt den lebhaftesten Anklang, sondern sie trieben auch das den Briten stammverwandte Volk in den Vereinigten Staaten von Nordamerika zur thätigen Theilnahme an dem Werke der Rettung an. Man machte hier namentlich geltend, daß Franklin schon durch seine ersten Reisen im arktischen Amerika sich große Verdienste um die Erforschung dieses Welttheils erworben habe, sowie daß die Früchte seiner letzten Unternehmung nicht ausschließlich England, sondern ganz besonders auch Amerika und der wissenschaftlichen Welt überhaupt zu gute gekommen sein würden. Als daher 1849 sich Lady Franklin vertrauensvoll an den Präsidenten der Vereinigten Staaten, Taylor, um Ausrüstung einer Rettungsexpedition wandte, erhielt sie die freundlichsten Zusicherungen. Sie hatte drei Jahre früher einen Theil dieses Landes besucht und überall die rührendsten Beweise der Theilnahme empfangen, mit welcher man die damals von ihrem Gatten unternommene Aufsuchung einer nordwestlichen Durchfahrt verfolgte. Jetzt erinnerte sie sich dessen und schilderte in wahrhaft ergreifender Weise ihre tiefen Besorgnisse und trüben Ahnungen. Nachdem sie einen kurzen Ueberblick über den Gang der bisherigen Rettungsexpeditionen gegeben, deren Erfolglosigkeit gezeigt und die Schwierigkeiten aller Nachsuchungen auf einem so ausgedehnten und verwickelten Gebiete nachgewiesen hat, fährt sie in ihrem Schreiben an den Präsidenten fort: „Um so mehr bin ich der Hoffnung, daß Sie es einer großen und stammverwandten Nation für würdig erachten, die Angelegenheit der Humanität, für welche ich Ihre Theilnahme erbitte, im nationalen Geiste aufzunehmen und zu der Ihrigen zu machen. Ich gedenke voller Rührung des Beispiels der kaiserlich russischen Regierung, welche, in Folge einer vom russischen Gesandten eingereichten Denkschrift, in diesem Sommer von der Behringsstraße her Nachforschungen nach den verlorenen Schiffen anstellen lassen wird. Welch ein erhabenes Schauspiel für die Welt, wenn drei Völker, welche die mächtigsten der Erde sind, ihre Bemühungen zu dem in der That christlichen Werke vereinigten, ihre dem Elend preisgegebenen Brüder zu retten! Ich bin weit entfernt, über die Art und Weise, in welcher die wohlwollenden Aufopferungen am zweckmäßigsten geschehen könnten, irgend welche Vorschläge zu machen. Das kann ich jedoch nicht unerwähnt lassen: sollten die Ahnungen meines Herzens, die auszusprechen ich nicht wage, sich erfüllen und in dem nahe bevorstehenden Wetteifer die Amerikaner das Glück haben, meinem Volke den Ruhm der Entdeckung der Nordwestpassage zu entreißen und unsere kühnen Seefahrer aus einer jammervollen Lage, bei deren Gedanken schon das Herz erstarrt, zu erretten, — dann würde ich zwar beklagen, daß meinen braven Landsleuten der Lohn so vieler Mühen und Aufopferungen nicht zu Theil geworden ist, ich würde aber auch von der innigsten Freude bewegt werden, daß wir Amerika die Wiederherstellung unseres Glückes zu verdanken haben. Unter dem Einflusse der schweren Prüfung, von welcher ich und Hunderte mit mir niedergebeugt werden, habe ich nur zu stark der ängstlich erregten Stimmung einer Gattin und Tochter Ausdruck gegeben; doch hoffe ich zuversichtlich, Sie werden mit der persönlichen Aufregung meines Gemüthes es entschuldigen, daß ich so sonder Furcht auf Ihre hochherzige Gesinnung gebaut habe und der Huldigung verzeihen, welche ich Ihrer hohen Stellung und der Nation darbringe, die Sie zu dieser erhabenen Stelle ernannt hat." — Von Seiten des Präsidenten und der Executivgewalt wurde Alles aufgeboten, um noch im Jahre 1849 eine Expedition nach dem Polarmeere abzuschicken, und es gestaltete sich Alles so glücklich, daß man die rascheste Ausführung hoffen konnte. Bald aber traten unvorhergesehene Schwierigkeiten in Menge ein. Die Wahl der Schiffe, die beste Art der Ausrüstung und Bemannung und viele andere zu berücksichtigende Umstände riefen mancherlei Berathungen und Vorschläge, die erst zu prüfen waren, hervor, so daß damit die beste Zeit des Jahres verstrich. Lady Franklin wandte sich deshalb noch einmal in einem Aufrufe an das amerikanische Volk, und die erschütternde Schilderung, welche sie von der Lage der Unglücklichen in den ewig starren, schreckensvollen Wildnissen entwarf, brachte den tiefsten Eindruck hervor. Der Präsident Taylor beeilte sich, eine Botschaft bei beiden Häusern des Kongresses einzubringen, in welcher er die Ausrüstung einer Rettungsexpedition auf das dringendste empfahl. So wenig nun auch diese gesetzgebenden Körperschaften einem solchen Unternehmen entgegen waren, so drohte doch der verfassungsmäßige Geschäftsgang das Werk für dieses Jahr abermals zu gefährden;

denn binnen zweier Monate kam man über bloße Worte nicht hinaus. Da erhob sich ein reicher Kaufmann von New-York, Henry Grinnell, zu dem hochherzigen Entschlusse, für sein Vaterland einzutreten und die Ehre desselben durch Ausrüstung einer Expedition auf eigne Kosten zu retten. Zwei Brigantinen,

Advance und Rescue im Hafen.

„Advance" und „Rescue", die er mit einem großen Theile seines Vermögens angekauft und mit bewunderungswürdiger Freigebigkeit ausgerüstet hatte, stellte er dem Kongreß zur Verfügung und bat nur, daß die Bemannung mit Offizieren und Seeleuten aus der amerikanischen Staatsmarine erfolge und daß beide Schiffe den Charakter von Staatsschiffen erhielten. Jetzt endlich schritt der Kongreß von Worten zur That. Er nahm das Anerbieten Grinnell's an und gewährte dessen Bitte. Die Ausrüstung wurde rasch vollendet und die Bürger wetteiferten unter einander, dazu beizutragen; selbst die Damen suchten durch Zubereitung und Ablieferung von allerlei Speisen der Expeditionsmannschaft den Aufenthalt in dem nordischen Klima zu erleichtern. Die Führung der Schiffe wurde dem Leutnant de Haven übergeben. Die interessanteste Persönlichkeit unter dessen 32 Gefährten war unstreitig der später so berühmt gewordene Elisha Kent Kane. Was der größtentheils jungen Mannschaft an Erfahrung über die Schiffahrt im Norden abging, hoffte sie durch ihren Muth und ihre Unerschrockenheit zu ersetzen. Das Ziel der Expedition war die Erreichung des offenen Polarmeers nördlich vom Wellingtonkanal.

So schwammen nun zwölf mächtige, auf das trefflichste und reichlichste ausgestattete Schiffe dem Kampfe mit den düstern Gewalten der nordischen Natur entgegen. Alle waren zur Erforschung jener verschlungenen Inselwelt nördlich von der Barrowstraße und dem Melvillesunde und des Banksandes bestimmt. Lady Franklin vermochte sich jedoch nicht an den Gedanken zu gewöhnen, daß nun mit einemmale alle Nachsuchungen in niederen Breiten, namentlich in dem Peelsund und in Boothia aufgegeben werden sollten. So wenig auch die bisherigen Ermittelungen für den Aufenthalt der Vermißten in diesen Gegenden zu sprechen schienen, so sagte ihr doch ein dunkles Vorgefühl, daß nichts natürlicher sei, als daß ihr Gatte seine Zuflucht zu den im Jahre 1825 von Parry daselbst vergrabenen Vorräthen des Schiffes „Fury" genommen, sowie daß er von da aus gesucht haben werde, die ihm schon bekannten Küsten des nordischen Amerika zu erreichen. Wie richtig ihre Vermuthung war, wird sich im Verlauf unserer Erzählung zeigen, und es ist nur zu beklagen, daß man auf ihre Vorschläge so wenig Gewicht legte. Ihr selbst ließ es keine Ruhe, als bis sie mit Aufopferung aller ihr zu Gebote stehenden Geldmittel ein Schiff für diesen Zweck abgesendet hatte. Sie steuerte über 20,000 Thlr. bei, ihre Freunde brachten gegen 6000 Thlr. auf und mit dieser Summe kaufte sie den Klipper „Prince Albert", rüstete ihn aus, übergab ihn zur Führung dem Commander Forsyth, welcher am 5. Juni mit 18 Gefährten den übrigen Schiffen nacheilte.

Dieses Schiff war zwar das letzte, welches 1850 nach dem nordischen Schauplatze aufbrach. Wir müssen aber noch eines andern Unternehmens gedenken, das in dasselbe Jahr fällt. Der 74jährige John Roß, der Nestor der arktischen Seefahrer, hatte wiederholt seine Dienste der Admiralität angeboten; er reichte förmliche Rettungspläne und bis ins Einzelne gehende Kostenberechnungen ein; suchte nachzuweisen, daß das bisherige Fehlschlagen der Unternehmungen dem Mißachten seines Rathes zuzuschreiben, sowie daß er der geeignetste und befähigtste Mann zur Leitung einer Expedition sei. Doch Alles dies blieb ohne Erfolg. Man erkannte die ehrenwerthe Gesinnung an, aus der diese rastlose, aufopfernde Thätigkeit für Franklin floß, konnte sich aber eines gewissen Mißtrauens gegen die Ausführung seiner Anträge um so weniger erwehren, als noch seit dem Jahre 1818 eine ungünstige Meinung gegen ihn vorherrschte und einzelne Widersprüche und Unklarheiten in seinen jetzigen Behauptungen hervortraten. Als er endlich zu der Ueberzeugung kam, daß er bei der Admiralität vergeblich auf die Erfüllung seiner Wünsche warte, wendete er sich mit seinen Anträgen und Plänen an die Hudsonsbaigesellschaft, die es als Ehrenpflicht ansah, auch eine thätige Rolle bei dem Rettungswerke zu übernehmen. Hier fand er sogleich den erwünschten Anklang. Die Gesellschaft setzte eine Summe für diesen Zweck aus. Durch Privatsammlungen erhöhte Roß dieselbe so weit, daß er zwei kleine Fahrzeuge, „Felix" und „Mary", ausrüsten konnte, mit welchen er frei von jeder lästigen Verantwortlichkeit nach eignem Ermessen das Polarmeer durchforschen wollte. Es war am 23. Mai, als er von Schottland aus in See stach.

Wen erfüllte diese lange Reihe heldenmüthiger und großartiger Unternehmungen nicht gleichzeitig mit Hoffnung und mit Bewunderung? Keine kleinliche

Rücksicht und Engherzigkeit kommt auf, Nationen werden zum edelsten Wetteifer angeregt, Private und Regierungen zu den freiwilligsten Spenden getrieben und Hunderte von Männern ziehen aus, die eigene Gefahr nicht achtend, um einem Werke der Humanität und Menschenliebe ihre Kraft zu widmen. Wir folgen ihnen jetzt auf ihren mühevollen Pfaden und werden bald eine Anzahl auf einer kleinen Insel vereint sehen, wo sie das verlassene Winterlager Franklin's entdecken und die ersten Spuren der Vermißten auffinden.

Das Jahr 1850 war der Schiffahrt in der Baffinsbai ungewöhnlich ungünstig. Selbst an der grönländischen Küste, wo fast alljährlich schon Ende Mai und Anfang Juni sich eine fahrbare Wasserstraße von der Walfischinsel nach der Melvillebai durch Zurücktreten der Eismassen bildet, war in diesem Jahre die Schifffahrt vielen Hindernissen und Hemmungen unterworfen. Der erste, der hier ankam, war Penny. Schon in den ersten Tagen des Mai erreichte er die Walfischinsel. Von hier aus brauchte er aber einen vollen Monat, um nach dem ungefähr 30 Meilen entfernten Upernivik zu gelangen; und auch in den beiden folgenden Monaten kam er so langsam vorwärts, daß er sowol von dem Geschwader Austin's, als von den Schiffen des Kapitän Roß und Commander Forsyth eingeholt wurde. Oft wurden die Fahrzeuge von frischen Eisbildungen umgeben oder durch heftige Stürme und dichte Nebel zum Stillstande gezwungen. Anfang August finden wir sämmtliche britische Schiffe, die nach der Baffinsbai abgingen, in den Eislabyrinthen der Melvillebai, und sie harren sehnsüchtig dem Augenblicke entgegen, wo sich ihnen eine Straße durch die wildwogenden Eismassen nach dem Lancastersunde öffnen werde. Auch dem Kapitän Austin war es trotz seiner Dampfschiffe nicht möglich, sich früher Bahn nach Westen zu brechen. Den größten Vortheil aus diesen widerwärtigen Verzögerungen hatte Penny gezogen. Er war zu Upernivik ans Land gestiegen, mit den dortigen Eskimo in Verkehr getreten und hatte von diesen manchen beherzigenswerthen Rath über den Schutz gegen Krankheiten und andere Gefahren des nordischen Klima's erhalten. Seine Absicht war gewesen, einige Eskimo zur Theilnahme an der Fahrt zu bewegen; in dieser Hinsicht scheiterten aber seine Bemühungen. Weder die Aussicht auf hohe Löhnung, noch das Versprechen, den Theilnehmern eine bequeme Unterkunft zu sichern, noch die Erregung ihres Mitgefühls, waren im Stande einige dieses Volkes zum zeitweiligen Verlassen ihrer Heimat zu vermögen. Dagegen war er so glücklich, einen Beamten des dortigen dänischen Gouvernements, Namens Petersen, der mit einer Eskimo-Frau verheirathet und in Folge dessen mit der Sprache, den Sitten und Gebräuchen dieses Volkes genau bekannt war, für die Mitreise zu gewinnen. Er hat der Expedition durch seine Kenntnisse und durch das tiefe Interesse, das er für die Rettungsangelegenheit zeigte, die wesentlichsten Dienste geleistet. Jetzt veranlaßte er Penny, eine Anzahl von Schlitten und starken Eskimohunden einzukaufen, um sich derselben im nächsten Frühjahr bei den Streifpartien bedienen zu können. Auch war er vertraut mit der

Art und Weise, wie die Eskimo die Seehunde zu fangen pflegten, und konnte, wenn es nothwendig werden sollte, die Mannschaften Penny's in dieser Geschicklichkeit unterrichten.

Wie entmuthigend und niederschlagend auch das lange unthätige Warten auf den Aufbruch des Eises war, es hatte wenigstens die gute Seite, daß sämmtliche Befehlshaber über ihre fernern Pläne sich nochmals verständigen und bestimmte Verabredungen treffen konnten. Die hervorragendste Stelle unter diesen Führern nahm unstreitig der 74jährige John Roß ein. Trotz seines Alters glich er seinem Aeußern nach einem Helden des Alterthums, und seine Gestalt war so imponirend, daß die Mannschaften der übrigen, selbst der amerikanischen Schiffe,

An Grönlands Küste.

ihn mit einer Art Ehrfurcht betrachteten. Er war von kräftigem Körperbau, terniger, stattlicher Figur, in seinen Augen strahlte das Feuer selbstbewußten Heldenmuthes, in dem markirten Gesichte zeugten Narben von seinen Kriegsthaten, und in fester gemessener Haltung schaute er stets ruhig und in dem Gefühl des endlichen Sieges von dem Verdeck seines kleinen Kommodore-Schiffes auf die wogende See. Denjenigen, die ihn auf seinem Schiffe besuchten, zeigte er bedeutungsvoll zwei Paar Brieftauben. Die Rückkehr des einen Paares nach England sollte die frohe Nachricht von der Auffindung Franklin's verkünden, die des andern dagegen das Festsitzen seiner Schiffe im Eise. Aber dieser Nestor unter den arktischen Seefahrern hatte auch seine Fehler, unter welchen der schlimmste seine Eitelkeit war, verbunden mit eigensinnigem Beharren bei der einmal ausgesprochenen

Meinung. Leider sollten auch diese auf seiner jetzigen Fahrt nur allzubald hervortreten. John Roß hatte zu Holsteenborg in Grönland an dem Ausgang der Davisstraße den Eskimo Adam Beck in Dienst genommen, der etwas dänisch verstand. Er hoffte diesen bei dem Verkehr mit den Völkern in den nördlichen Gebieten als Dolmetscher gut gebrauchen zu können, da er selbst der dänischen Sprache mächtig war. Beck war ein munterer, gewandter, schlauer Bursche, der durch sein launiges Wesen bald eine beliebte Person auf den Schiffen wurde. Vor allen Dingen suchte er sich das Zutrauen und die Liebe des alten Kapitän Roß zu erwerben; und dies gelang ihm so vortrefflich, daß dieser durch jeden Zweifel an den Fähigkeiten und dem Charakter seines Günstlings in leidenschaftliche Aufregung versetzt ward.

An dem Kap York wurde eins der Schiffe von Eingeborenen besucht. Alsbald holte man den neuen Dolmetscher herbei, um ihn mit seinen Stammesgenossen verkehren zu sehen. Er sprach lange mit denselben, zeigte aber während der ganzen Unterredung eine auffallende Sprödigkeit und Gemessenheit. Dabei wurde er nach und nach immer ernster und trauriger und schrieb unter Ausbrüchen heftigen Schmerzes wiederholt die Jahreszahl 1846 nieder. Je mehr Zeit verging, desto geheimnißvoller wurde sein Wesen. Die Matrosen, die nichts Schlimmes ahnten, verlachten ihn; doch schien dies seine Traurigkeit nur zu vermehren. Am Abend begab er sich in die Kajüte des „Prinz Albert", wo mehrere Offiziere seine bis dahin unverständlichen Worte mit Hülfe eines Eskimo-Wörterbuches zu enträthseln suchten, und zu ihrem Schrecken folgende Erzählung vernahmen, die er aus dem Munde seiner Stammesgenossen gehört haben wollte: Weiter nach Norden an der grönländischen Küste scheiterten 1846 zwei große Schiffe, deren Offiziere die Uniform der englischen Marine trugen. Der größte Theil der Mannschaft kam beim Schiffbruch um; die Geretteten fristeten eine Zeit lang kümmerlich ihr Leben unter einem Zelte, wurden aber zuletzt von einem wilden Eskimohaufen überfallen und sämmtlich getödtet. Ein naher Hügel birgt ihre Gebeine. Noch tröstete man sich bei dieser Unglücksbotschaft mit der Hoffnung, man habe seine Worte mißverstanden. Alsbald aber kam John Roß selbst herbei und diesem wiederholte er dieselbe Erzählung in dänischer Sprache. Sie brachte anfangs einen tiefen Eindruck hervor; alles war wie betäubt davon und unter den Mannschaften verbreiteten sich die schrecklichsten Geschichten von vernichteten Schiffen und erschlagenen Engländern. Es ließ sich nicht in Abrede stellen, daß möglicherweise Franklin die Durchfahrt auch seiner Instruktion zuwider in höheren Breiten gesucht haben könnte; die ganze Erzählung traf mit verschiedenen in England ausgesprochenen Befürchtungen und Gerüchten zusammen und wurde außerdem dadurch gestützt, daß man im Lancastersunde keine Spuren von der Anwesenheit der Vermißten entdeckt hatte. Nachdem jedoch der erste überwältigende Eindruck vorüber war und die ruhige Ueberlegung wieder Raum gewonnen hatte, machten sich von Stunde zu Stunde mehr Gründe für die Unwahrscheinlichkeit und Unglaubwürdigkeit der Erzählung geltend. Bei einer gemeinschaftlichen Berathung der Offiziere erklärten einzelne geradezu, daß die ganze Aussage jedenfalls auf Mißverständnissen beruhen müsse, andere nahmen an, daß gewisse Thatsachen zu Grunde lägen, die das Gerücht märchenhaft ausgesponnen habe. Nur John Roß suchte die Richtigkeit der Angaben aufrecht zu erhalten und zeigte sich aufs äußerste gereizt, als man den Verdacht aussprach, sein Dolmetscher habe die ganze Erzählung aus irgend einem selbstsüchtigen Grunde ersonnen. Wie sollte man es sich erklären, daß die gerettete Mannschaft der so trefflich ausgerüsteten Expedition von den nur vereinzelt wohnenden Eskimo so jämmerlich konnte aufgerieben werden? Wenn es gelang, ein Zelt an das Land zu bringen, warum sollte es dann unmöglich gewesen sein, Vorräthe und Waffen zu retten? und wodurch sollte der Zustand ein so hülfloser geworden sein, daß von den Männern nicht einer so viel Kraft besessen hätte, Upernivik zu erreichen? Besonders aber mußte es auffallen, daß kein einziger unter den Walfischfahrern von dem unglücklichen Ausgange sollte Nachricht erhalten haben, da doch viele derselben mit den Eskimo verkehren; noch mehr aber, daß der Dolmetscher Petersen, der wenige Tage vorher mit denselben Eskimo gesprochen, von derartigen Gerüchten nichts vernommen hatte. Gleichwol mußte der wirkliche Thatbestand erst aufgeklärt werden, ehe man an eine Weiterfahrt nach der Barrowstraße denken konnte. Jede Nachforschung im Westen mußte ja erfolglos bleiben, wenn hier die furchtbare Lösung des gesuchten Geheimnisses zu finden war.

Am schnellsten stand jedenfalls eine Ermittelung des wahren Sachverhaltes zu erwarten, wenn man den zweiten Dolmetscher Petersen zur Stelle schaffen konnte. Derselbe war mit den Penny'schen Schiffen bereits in nördlicher Richtung weiter gesegelt. Ein Dampfschiff eilte nach und holte Penny schon nach wenigen Stunden ein, so daß noch an demselben Tage eine förmliche Confrontation jener Eskimo mit Adam Beck und Petersen stattfinden konnte. Da gelangten denn alle Anwesenden mit Ausnahme des alten Roß zu der festen Ueberzeugung, daß die ganze Aussage Beck's nichts anderes als ein bloßes Lügengewebe sei, ersonnen zu dem Zwecke, seine Rückkehr in die Heimat zu ermöglichen und zu beschleunigen. Petersen verstand nicht bloß die Sprache der nördlichern Eskimo weit besser, als Beck, sondern die Eingeborenen wendeten sich auch an jenen mit einer weit größeren Zutraulichkeit. Der Inhalt ihrer Aussage war nur der gewesen, ein europäisches Schiff — man vermuthete sogleich richtig der „Nordstern" — habe etwas weiter nördlich überwintert, und in den beiden letzten Jahren seien viele Eskimo aus Nahrungsmangel und an Seuchen gestorben. Trotzdem drang auch jetzt John Roß, der seinen Günstling immer noch nicht ganz fallen lassen wollte, darauf, an Ort und Stelle zu prüfen, ob das erwähnte Schiff wirklich der Nordstern gewesen sei. Zwei Schiffe des Kapitän Austin segelten nach dem bezeichneten Hafenplatze, John Roß ließ es sich nicht nehmen, dieselben zu begleiten. Man untersuchte die dort verlassenen Hütten der Eskimo und fand die sichersten Beweise, daß in der That der Nordstern daselbst überwintert habe. Nun endlich erklärte auch Roß, daß die Franklin'schen Schiffe hier nicht untergegangen sein könnten. Gleichwol wußte bald darauf Adam Beck seinen leichtgläubigen Herrn wieder so für sich einzunehmen, daß dieser später die Wahrhaftigkeit der Aussagen seines Günstlings abermals behauptete und darüber in einen höchst unerquicklichen Streit mit Penny gerieth, in welchem die öffentliche Meinung allgemein zu Gunsten des letzteren entschied.

Es war besonders zu beklagen, daß diese so leichtsinnig ersonnenen und mit solcher Hartnäckigkeit vertheidigten Täuschungen Beck's in eine Zeit fielen, als die Gewässer eisfrei waren und die Fahrt nach dem Lancaster- und Jonessund gestatteten. Nicht weniger als fünf Tage hatte man durch unnütze Berathungen und erfolglose Nachforschungen geradezu verloren. Schon am 10. August öffneten sich die starren Eismassen, aber erst am 15. August steuerte man nach Westen. Acht Tage darauf finden wir sämmtliche Schiffe in der Barrowstraße; denn auch Penny hatte seinen mit so großer Vorliebe gehegten Plan, durch den J o n e s s u n d vorzudringen, des Eises wegen aufgeben müssen. Die Zahl der Schiffe war jetzt, da nun auch die amerikanische Expedition herbeigekommen war und der „Nordstern" hier kreuzte, um seine Vorräthe den schon längst heimgekehrten und bereits nach der B e h r i n g s s t r a ß e wieder abgegangenen Schiffen „Enterprise" und „Investigator" abzutreten, auf 12 gestiegen. Die Witterung war in jenen Tagen so trübe und der Nebel so dicht, daß der Schiffsmeister Saunders, der den „Nordstern" befehligte,

Untersuchung schwimmender Eisberge mit Steingeröll.

von 11 an ihm vorbeisegelnden Schiffen nur zwei, die beiden letzten von Penny geführten, zu Gesicht bekam. Er hörte nun Neuigkeiten über Neuigkeiten, erhielt anderweitige Befehle der Admiralität und begab sich auf den Heimweg, nachdem er zuvor seine Vorräthe auf der kleinen Insel W o l l a s t o n an der N a v y - B o a r d - Einfahrt niedergelegt hatte. Am gefahrvollsten war bis hierher die Reise für die amerikanischen Schiffe gewesen. Leutnant d e H a v e n hatte sich durch seine Kühnheit und Unerschrockenheit verleiten lassen, auf der früher erwähnten mittleren Straße nach dem Lancastersunde die Eismassen durchbrechen zu wollen. Seine Schiffe wurden jedoch durch neue Eisbildungen drei Wochen lang eingeschlossen und kamen in Gefahr von zusammenstoßenden Eisbergen erdrückt zu werden. Nur der rastlosen Thätigkeit seiner Mannschaft verdankte er die Rettung aus diesem Wagniß. Mit Hülfe der Eissägen und Taue gelang es ihm endlich nach vielen Mühen, die Melvillebai zu erreichen. Seine dabei noch unerfahrene junge Mannschaft hatte sich in diesen Kämpfen auf das vortrefflichste bewährt. Mitten in den größten Schrecknissen war nicht bloß ihr Muth und ihre Entschlossenheit sich gleich geblieben, sondern sie hatte sich auch ihr munteres Wesen und ihren guten Humor nicht nehmen laſſen. Rieſige Eisberge hatte ſie erſtiegen, die Größe derſelben ausgemeſſen, um das Gewicht beſtimmen zu können, und ſtets war ſie darauf bedacht geweſen, ihre Forſchungen ſo weit als irgend möglich auszudehnen.

Hinſichtlich der Erforſchung des Lancaſterſundes hatte man ſich über folgenden Plan geeinigt: Commander Forſyth ſollte den Südrand, Kapitän Ommanney, dem das Schiff „Aſſiſtance" mit dem Dampfſchiff „Intrepid" untergeben war, den Nordrand und Kapitän Auſtin mit den Schiffen „Reſolute" und „Pioneer" die Ponds- und Poſſeſſionsbai unterſuchen. Commander Forſyth war der erſte, der die Leopolds-Inſel erreichte, wo James Roß vor anderthalb Jahren ein Winterhaus erbaut und Lebensmittel für zwölf Monate zurückgelaſſen hatte. Den Zugang zum Hafen fand er durch Eis vollſtändig verſperrt. Er ſendete deshalb einige ſeiner Gefährten in einem Gutta-Percha-Boot ans Land, theils um Nachrichten über ſeine Fahrt niederzulegen, theils um ſich zu überzeugen, ob die Vorräthe noch vorhanden oder von Mitgliedern der Franklin'ſchen Expedition entdeckt worden ſeien. Sie öffneten mit zitternder Hand den Cylinder, der die Nachrichten von James Roß in ſich barg, und fanden freudig überraſcht darunter ein Blatt, das erſt in allerjüngſter Zeit hinzugekommen ſein konnte. Doch der Freude folgt bald der bittere Schmerz der Enttäuſchung. Das Blatt war vom Schiffsmeiſter Saunders beigefügt worden, der ſich vergebens bemüht hatte, hierher einen Theil ſeiner Vorräthe über das Eis ſchaffen zu laſſen. Das von James Roß erbaute Haus, ebenſo die Vorräthe befanden ſich noch in ganz vortrefflichem Zuſtande.

Von der Leopolds-Inſel richtete Forſyth ſeinen Lauf nach Süden in die Prinz-Regents-Einfahrt, um ſo dem ihm angewieſenen Schauplatze der Nachforſchung, Boothialand, näher zu kommen. Es bot dieſe Straße in ihrer Mitte einen ſchmalen eisfreien Kanal, auf dem er ſchnell vorzudringen hoffte. Aber ſchon am nächſten Tage ſtieß er auf feſte Packeismaſſen, die ihn zur Umkehr nöthigten. Er ſuchte hierauf durch den Peelſund Boothia zu erreichen; mußte aber auch dieſes aufgeben, da eine undurchdringliche Eisſchranke ſich von der Leopolds-Inſel bis zum Wellingtonkanal ausdehnte und den Eingang in dieſen Sund verſperrte. Am 25. Auguſt gelangte er in die Nähe des Kap Riley im Südweſten von North Devon (74° w. L. von Ferro und 74²/₃° n. Br.). Hier zog eine aufgepflanzte Flaggenſtange ſeine Aufmerkſamkeit auf ſich. Bald traf er mit der amerikaniſchen Expedition zuſammen und erfuhr von dem Führer derſelben, Leutnant de Haven, die überraſchende Nachricht, daß hier Spuren der Vermißten vom Kapitän Ommanney und bald darauf auch von ihm entdeckt worden ſeien. Eiligſt ſetzt er in einem Boote ans Land. Das Kap erhebt ſich terraſſenförmig bis zu einer Höhe von 800 Fuß. Am Fuße der düſtern Kalkſteinklippen fand er zunächſt unter der Flaggenſtange eine kurze Nachricht des Kapitän Ommanney, aus welcher er erſah, daß dieſer hier eine Menge verſchiedener Gegenſtände geſammelt hatte, die unſtreitig von Mannſchaften der britiſchen Marine daſelbſt zurückgelaſſen ſein mußten. Unweit davon bemerkte er fünf kreisförmige, von

Kalksteinwällen umgebene Räume, die ohne Zweifel von Menschenhänden erbaut waren und zur Aufrichtung und Befestigung von Zelten gedient hatten. Bei weiteren Nachsuchungen fand er verschiedene Ueberbleibsel von Gegenständen, welche die einstigen Bewohner jener Zelte zurückgelassen hatten: Läppchen von Segeltuch, ein Stück Schiffstau, Knochen, Holzsplitter u. s. w. Es bewiesen dieselben, daß nicht Eskimo, sondern civilisirte Menschen hier ihre Wohnung aufgeschlagen haben mußten, ja aus den in das Tau eingesponnenen rothen und gelben Fäden ging hervor, daß dieses für die britische Marine gearbeitet worden war. Zugleich erkannte man aus der Beschaffenheit dieser Ueberreste, daß dieselben aus den letzten Jahren stammen mußten. Da nun seit Parry kein europäisches Schiff bis in diese ferne todte Gegend gelangt war, so unterlag es kaum noch einem Zweifel, daß dieselbe einst von Franklin und seinen Gefährten belebt wurde und all die aufgefundenen Spuren auf ihn und seine Genossen zu deuten seien. Voll Freude über diese wichtige Entdeckung trat Forsyth ungesäumt die Rückkehr nach England an.

Kapitän Ommanney hatte sich von dem Vorgebirge Riley weiter gen Westen nach dem Kap Hotham der Insel Kornwallis begeben, um hier den Bestimmungen seines Oberbefehlshabers Austin zufolge mit dem britischen Marinegeschwader wieder zusammenzutreffen. Das amerikanische Schiff „Rescue" begleitete ihn auf dieser Fahrt und hatte mit den beiden britischen Fahrzeugen das Mißgeschick, vom Eise eingeschlossen zu werden. Zwei Wochen mußte Ommanney unthätig an einer Stelle verweilen; den Amerikanern gelang es schon früher, sich zu befreien und zu ihrem Hauptschiff „Advance", das noch immer in der Nähe des Vorgebirges Riley kreuzte, zurückzukehren. Unterdessen war auch Penny auf seinem Wege zum Wellingtonkanal in die Nähe des Vorgebirges gelangt, das so wichtige Aufschlüsse gegeben hatte. Als er vom Leutnant de Haven die überraschende Nachricht gehört, steuerte er sogleich nach Westen, um Kapitän Ommanney mitten im Eise aufzusuchen und bei ihm die aufgefundenen Gegenstände in Augenschein zunehmen. Er überzeugte sich, daß dieselben unstreitig auf Franklin hinwiesen, da sich darunter sogar Zinngefäße mit Etiketten von Goldner, dem die Lieferung 1844 für die Franklin'sche Expedition übertragen worden war, befanden. „Wie ein Bluthund will ich weiter suchen," rief er aus und segelte eilends nach der Ostseite des Wellingtonkanals zurück. Als Eismassen seinen Schiffen den Weg versperrten, setzte er einen Theil der Mannschaft am Kap Spencer im Südwesten der Insel North Devon ans Land, um dieselben weiter nördlich zu führen. Bald erkannte er deutlich Spuren von Schlitten aus den letzten Jahren. Sie führten längs der Kalksteinküste zu einer ungefähr $1^{1}/_{2}$ deutsche Meile entfernten Anhöhe. Auf dieser stand eine Hütte; ihre Seitenwände waren von Stein, ihr Boden mit kleinen Steinen gepflastert. Dabei befand sich eine Feuerstelle, bedeckt mit Asche und Kohlen und einigen zerbrochenen Kochgeschirren. Verschiedene Gegenstände lagen dicht dabei oder waren vom Winde zwischen die Felsen getrieben worden. Man entdeckte zerrissene Handschuhe, abgenutzte Stricke, Läppchen von Tuch und Baumwolle, Knochen, Federn von allerlei Geflügel, Stücke

Spuren der Franklin'schen Expedition auf der Beechey-Insel.

weißen beschriebenen Papiers und auch ein englisches Zeitungsblatt aus dem Jahre 1844 und ein Zinngefäß, das den Namen Mac Donald's trug, der auf dem „Terror" als Hülfsarzt angestellt gewesen war. Konnte nun Penny auch blos Vermuthungen über den Zweck der errichteten Hütte aussprechen, die Gewißheit mußten alle erlangen, daß dieselbe unzweifelhaft von der Franklin'schen Mannschaft erbaut und benutzt, sowie daß die aufgefundenen Gegenstände von dieser zurückgelassen worden seien.

Der Punkt, wo die Hütte stand, war vom Kap Riley nur $2^{1}/_{2}$ deutsche Meilen entfernt. Es lag die Vermuthung nahe, daß diese kurze Strecke noch manches in sich bergen werde, was zur Aufklärung über das Geschick Franklin's beitragen könnte. Penny sah es deshalb als seine nächste Aufgabe an, dieses Terrain planmäßig zu durchsuchen. Er steuerte daher südlich nach der kleinen Insel Beechey und hoffte hier noch die amerikanischen Schiffe vorzufinden und sie zur Theilnahme an seinen Nachforschungen zu vermögen.

Das kleine Eiland ist der Insel North Devon im Südwesten vorgelagert. Ein wilder zerrissener und zerklüfteter Gebirgszug, der als Fortsetzung der Gebirge auf der benachbarten größern Insel betrachtet werden kann, zieht sich an der Südseite von Osten nach Westen, wendet sich dann aber plötzlich in einem rechten Winkel nach Norden. Die Insel erhält dadurch die Gestalt eines rechtwinkligen Dreiecks, von dem zwei Seiten nach der Barrow- und Wellingtonstraße und die dritte nach North Devon zugekehrt ist. Die Küsten fallen nach Süden und Westen zu sehr steil ab, nach Nordosten hin dagegen sind sie sehr flach. Eine geräumige Bai trennt das Eiland von dem naheliegenden North Devon. Vor dieser Bai und zwar westlich von ihr kam Penny am Morgen des 27. August an. Er traf hier den Kapitän John Roß und Leutnant de Haven, die der Eismassen wegen an der Weiterfahrt gehindert worden waren, und berieth sich sogleich mit beiden über den Plan der zu beginnenden Nachsuchungen. Ein Theil seiner Mannschaft hatte die Schiffe verlassen, um auf der kleinen Insel die Forschungen des gestrigen Tages, die von solchem Glück begleitet gewesen waren, fortzusetzen. Nur kurze Zeit war vergangen, da kam einer dieser umherspähenden Männer in vollem Laufe zurück nach dem Gestade und aus seinem Munde erscholl der ergreifende Zuruf: „Gräber, Gräber, Kapitän Penny, Franklin's Winterquartier." In der lebhaftesten Bewegung sprangen die Befehlshaber, die noch berathend bei einander saßen, auf und eilten über das Eis den düstern Klippen zu. Sie überstiegen rasch den Kamm der Kalksteinhöhen und erreichten das flache Strandgebiet auf der Nordostseite. Aber welcher Schauplatz bot sich hier ihren Blicken? Mit einem Male sahen sie sich auf ein Gebiet versetzt, auf dem vor wenigen Jahren das regste und geräuschvollste Leben geherrscht haben mußte. Da waren nicht einzelne Schlittenspuren und Fußpfade, zahlreich durchkreuzten sich dieselben nach allen Richtungen. Goldner'sche Zinngefäße, von welchen man bisher nur wenige aufgefunden hatte, lagen hier zu Hunderten regelmäßig aufgeschichtet. Hier erkannte man an den umherliegenden Holzsplittern und Spänen deutlich den Arbeitsplatz der Zimmerleute, dort an dem Amboßblock, den Schmiedekohlen, den Eisenschlacken und dem

Hammerschlag die Stätten der Schmiede. Dicht am Ufer standen noch die Waschgefäße; es waren Schiffstonnen, die, wie es Brauch bei den Matrosen ist, in der Mitte durchsägt waren; und nahe dabei fand man die Ueberreste von Waschhäusern und Zelten. Etwas weiter nördlich zogen vier Fuß dicke und fünf Fuß hohe Steinwälle, welche augenscheinlich nur mit einem bedeutenden Aufwand von Arbeitskräften hatten errichtet werden können, die Aufmerksamkeit auf sich. Sie hatten, wie sich bei näherer Untersuchung ergab, einst das Winterhaus Franklin's gebildet. Im Innern war dasselbe durch Scheidewände in mehrere Abtheilungen getheilt, von denen die eine als Magazin, die andere als Tischlerwerkstatt gedient hatte. An einer gegen die Witterung besonders geschützten Stelle erkannte man deutlich aus der Lage der daselbst aufgeschichteten Steine, daß einst hier die astronomischen und meteorologischen Instrumente aufgestellt gewesen waren. Ja man fand endlich sogar ein kleines Gärtchen, zierlich mit Moos eingefaßt, in dem man antiskorbutische Kräuter gezogen hatte und in dem jetzt nach vier Jahren noch einige Anemonen und Mohnblumen blühten. Doch den überwältigendsten Eindruck bot der kleine Friedhof, der in seinem Schooße drei Gefährten Franklin's barg. An einem sinnig gewählten, nach Osten geneigten Abhange, der durch eine Schlucht einen Blick auf das Kap Riley gestattete, waren die drei Gräber in schmuckloser Einfachheit aus Steinplatten und eichenen Bretern errichtet. Die Ueberlebenden hatten keine Mühe gescheut, um dieselben auf eine lange Reihe von Jahren dem zerstörenden Einflusse der Natur zu entziehen und sie vor einer Entweihung durch wilde Thiere zu sichern. Zu Häupten eines jeden war eine Tafel befestigt, deren Inschrift den Namen und Todestag des daselbst Ruhenden berichtete. Die Inschriften waren in deutscher Uebersetzung folgende:

> Dem Andenken W. Braine's, Seemannes auf dem Königlichen Schiffe Erebus. Er starb am 3. April 1846, 32 Jahre alt. Erwählet euch heute, welchem ihr dienen wollt. Jos. 24, 15.

> Dem Andenken John Hartnell's, Unterbootsmannes auf dem Königlichen Schiffe Erebus. Er starb am 4. Januar 1846, 25 Jahre alt. Haggai 1, 5. So spricht der Herr Zebaoth: Schauet, wie es euch geht.

> Dem Andenken John Torrington's, welcher starb am 1. Januar im Jahre des Herrn 1846 an Bord des Königlichen Schiffes Terror, 20 Jahre alt.

Alle Befehlshaber und Mannschaften fühlten sich unwillkürlich bei dem Anblick dieser einfachen Denkmäler zur Andacht gestimmt; sie erkannten sowol in der sinnigen Anordnung des Ganzen als in der Wahl der Bibelstellen die fromme christliche Denkungsart Franklin's.

Die Grabschriften sind die zweite sichere, und zwar schriftliche Urkunde zur Geschichte der Franklin-Expeditionen. Es ergiebt sich aus ihnen, daß Franklin auf dem kleinen Beechey-Eiland sein erstes Winterlager aufgeschlagen hatte und damals sich noch im Besitze beider Schiffe befand. Penny, Roß und de Haven stimmten darin überein, daß die Bai zwischen der Insel und North Devon der sichere und schützende Hafen gewesen sei, in dem beide Fahrzeuge im Winter von 1845 zu 1846

Die Gräber auf der Lerchen-Insel.

vor Anker gelegen hätten; sie gaben deshalb derselben den Namen Erebus- und Terrorbai. Alle einzelnen Umstände deuteten übrigens darauf hin, daß damals die Mannschaft sich noch eines vollen Wohlseins erfreute und von einer verheerenden Seuche nicht heimgesucht wurde. Ueberall hatte die regste geordnetste Thätigkeit geherrscht; Jagdzüge waren unternommen worden, um die Vorräthe zu vermehren, Schlittenzüge, um das Land zu erkunden; Schießübungen hatte man angestellt, die wissenschaftlichen Beobachtungen nicht unterlassen, ja zur eignen Freude und Lust mit sichtlicher Vorliebe ein kleines Gärtchen gepflegt. Die aufgefundenen zahlreichen Zinnbüchsen bewiesen, daß man mit Vorräthen reichlich versehen war, die zurückgelassenen Kohlen, daß man Heizungsmaterial in Menge besessen hatte. Der Verlust von drei Mann war jedenfalls der einzige während eines Winteraufenthaltes und er mußte bei der Zahl von 138 Mann als gering gelten.

Noch stand man unmittelbar unter dem gewaltigen Eindrucke, den die gemachten Entdeckungen hervorriefen, als am folgenden Tage auch der Kapitän Austin mit seinen Schiffen von dem Lancastersunde her sich dem Kap Riley näherte. Von den Mannschaften eines von Penny ausgesendeten Bootes war er schon über die mit so glücklichem Erfolge gekrönten Nachforschungen unterrichtet worden. Seine Schiffe gingen ebenfalls nordwestlich von der Beechey-Insel neben denen der übrigen Expeditionen vor Anker, so daß jetzt hier Fahrzeuge aller Rettungsgeschwader versammelt waren. Austin gab deshalb dieser Bai den bezeichnenden Namen „Unionsbai". Auch seine Mannschaft betheiligte sich nun an den fernern Nachsuchungen, die besonders den Zweck hatten, schriftliche Benachrichtigungen von Franklin's Schicksalen und dessen Plänen aufzufinden. Zunächst wandte man seine Schritte nach den Steinhaufen, von welchen man mehrere auf der Insel schon bemerkt hatte. Am weitesten hin sichtbar war derjenige, welcher auf dem höchsten Gipfel des Gebirges im südlichen Theile der Insel errichtet worden war. Man legte von demselben Stein für Stein um, grub den Boden zwölf Fuß in der Runde auf, doch alles Suchen blieb vergebens. Ebenso erfolglos war das Abtragen der übrigen Steinhaufen. Nun forschte man weiter in jedem Theile der Insel, durchwühlte den Boden mit Spaten und Hacke, wo man nur irgend welche niedergelegten Nachrichten vermuthen konnte; man leerte jedes aufgefundene Zinngefäß, grub in den innern Räumen des Vorrathshauses, an den Werkstätten der verschiedenen Arbeiter, in dem Gärtchen nach, kurz Alles, außer den Gräbern, welche man aus Pietät unversehrt ließ, wurde in seiner Ruhe gestört; doch der Boden blieb stumm, nirgends eine Inschrift oder ein beschriebenes Blatt, das einen wichtigen Aufschluß gegeben hätte; nur die armseligen Ueberbleibsel, die das lange Verweilen der Franklin'schen Mannschaft auf der Insel bewiesen, mehrten sich von Stunde zu Stunde. An den folgenden Tagen verfolgte man auch die Schlittenspuren weiter, die auf der benachbarten Insel North Devon sich befanden. Aber auch dies führte zu keinem andern Resultate, als dem bereits gewonnenen. Je zuversichtlicher man auf das Auffinden schriftlicher Nachrichten gehofft hatte, desto niederschlagender war der Eindruck, den die gänzliche Erfolglosigkeit aller Nachforschungen hervorrief. Hatte Franklin in der That keine schriftliche Benachrichtigung zurückgelassen, weil vielleicht der Aufbruch des Eises so schnell geschah, daß man eilen mußte, das offne Fahrwasser zu erreichen; oder war eine solche vorhanden, die Signalstange aber vom Sturme in einen Abgrund getrieben oder von Bären verschleppt, so daß das hinterlassene Schriftstück für alle Zeiten den später Ankommenden verborgen blieb, — wer vermöchte das zu entscheiden?

Den Vermuthungen über den Weg, welchen von hier aus Franklin eingeschlagen habe, war nun wieder der freieste Spielraum gestattet. Unter den Befehlshabern herrschten darüber die verschiedensten Meinungen und in Folge dessen waren die Pläne, die sie für die ferneren Nachsuchungen in entlegeneren Gebieten entwarfen, von einander sehr abweichend. Für dieses Jahr freilich war kaum noch darauf zu rechnen, daß sie mit ihren Schiffen ferne Punkte würden erreichen können. Schon die Entdeckungen auf der Beechey=Insel hatte fast fortwährend dichter Nebel und Schneegestöber erschwert; jetzt stellten sich auch die andern sichern Vorboten des Winters ein. Die Zugvögel sah man in gedrängten Schaaren sich südlichen Gegenden zuwenden; die Stürme wurden immer furchtbarer und die frischen Eisbildungen stärker. Vom 3. bis 5. September waren sämmtliche englische Schiffe genöthigt, in der Unionsbai zu verweilen; erst dann klärte sich das Wetter auf, und alle Führer benutzten dies, um in den wenigen Tagen, an welchen man noch offenes Fahrwasser hoffen konnte, so weit als möglich vorzudringen. Kapitän Austin steuerte nach dem Kap Hotham, um mit den Schiffen des Kapitän Ommanney zusammenzutreffen, Kapitän Penny nach dem Wellingtonkanal. Den letzteren begleitete Kapitän John Roß mit dem Schiffe „Felix"; sein zweites Fahrzeug „Mary" ließ er als Reserveschiff in der Unionsbai zurück, nachdem es durch Beiträge von allen Schiffen reichlich mit Vorräthen ausgestattet war. Es sollte das letztere für jede der Mannschaften als Zuflucht dienen, wenn sie durch irgend ein unglückliches Ereigniß ihres Schiffes beraubt worden. Leutnant de Haven hatte nur zwei Tage an den Nachsuchungen auf dem Beechey=Eiland sich betheiligt; schon am 28. August war er nach dem Wellingtonkanal aufgebrochen. Er wollte alles aufbieten, um das im Norden befindliche offne Polarmeer zu erreichen; aber er mußte von seinem kühnen Beginnen abstehen und umkehren. Auf seiner Rückfahrt begegnete er Penny, der sich mit ihm nun nach dem Kap Hotham zu dem Geschwader Austin's begab. Dieser wäre beinahe auf dieselbe unfreiwillige Weise zur Heimkehr gezwungen worden, wie Kapitän James Roß das Jahr vorher. Seine Schiffe wurden unerwartet auf der Fahrt von einem Sturm betroffen, mit mächtigen Eisflarden umgeben und unaufhaltsam nach dem Lancastersunde zu getrieben. Drei Tage lang blieben sie in dieser mißlichen Lage; dann bemerkte man mitten im Eise einen schmalen Streifen, wo das Eis sich erst frisch gebildet und nur eine Dicke von sechs Zoll erreicht hatte. Gegen diese immerhin schon ansehnliche Eisdecke stürmte das Dampfschiff „Pioneer" an. Der Kampf war ein harter; doch die Kraft des Dampfes siegte. Das Schiff war fest genug, all die fürchterlichen Stöße auszuhalten, es zertrümmerte die Eisdecke, zog hinter sich das zweite Fahrzeug „Resolute" nach und gelangte glücklich unter dem Jubelruf der geretteten Mannschaft im freien Fahrwasser, und bald darauf am Kap Hotham an.

108 Das Aufsuchungsgeschwader von 1850 und 1851.

Auch Kapitän Ommanney hatte große Gefahren auf seinem Schiff „Assistance" zu bestehn gehabt. Es wurde dasselbe nicht blos das eine Mal von Eismassen auf die Seite gelegt, daß man jeden Augenblick seinen Umsturz befürchtete, sondern auch ein andermal so zwischen Eisblöcke gedrängt, daß man sich auf ein gänzliches Zertrümmern gefaßt machen mußte. Schon hatte man die nothwendigsten Bedürfnisse, Nahrung und Kleidung, in Bündel gepackt, die meisten Lebensmittel auf das Verdeck gebracht, als wie durch ein Wunder die drohenden Massen zurückwichen.

Die Assistance vom Eis auf die Seite gelegt.

So hatte nun abermals der Zwang der Umstände wider alles Erwarten sämmtliche Schiffe an einem Punkte und zwar zwischen dem Kap Hotham und der Griffith=Insel vereinigt. Da man erst am 15. August von der grönländischen Küste nach dem Lancastersunde vordringen konnte, so hatte man bis jetzt ungefähr vier Wochen dem Nachsuchungswerke gewidmet. Diese kurze Zeit war auch in diesem Jahre die einzige, welche Schifffahrt in dem Polarmeere gestattete. Jetzt — es war am 10. September — sah man sich genöthigt, nach den Hafenplätzen zur Ueberwinterung der Schiffe zu steuern und die Einrichtung der Winterquartiere und die Vorbereitung der nächsten Schlittenexpeditionen im Frühjahre zu berathen. Kapitän Austin fand mit seinen vier Schiffen in einer Bucht der Griffith=Insel Zuflucht und Schutz, Kapitän Penny und John Roß mit ihren drei Schiffen in der Assistancebai, ein wenig westlich vom Kap Hotham an der

Südseite der Insel Kornwallis. Die Amerikaner dagegen sahen sich durch verschiedene Gründe veranlaßt, den Rückweg anzutreten. Ihre Fahrt gehört zu den abenteuerlichsten, die je unternommen, und ihre Erlebnisse zu den furchtbarsten und schrecklichsten, welche die Geschichte der Polarfahrten aufweist.

Die Grinnell-Expedition war zwar auf drei Jahre ausgerüstet worden, die Instruktion des Leutnant de Haven enthielt jedoch den bestimmten Befehl, jede Ueberwinterung zu vermeiden, wenn es nicht gelungen sei, einen Standpunkt zu gewinnen, von dem aus im nächsten Frühjahr die Unternehmungen mit Erfolg fortgesetzt werden könnten. Nach dem bisherigen Gange der Expedition war die Aussicht für das folgende Jahr ziemlich ungünstig; wenigstens konnte man nicht hoffen, in demselben durch den Wellingtonkanal nach dem vermutheten offnen Polarmeere zu gelangen, dessen Erreichung die eigentliche Aufgabe de Haven's war. In der Eile, mit welcher die Vorbereitungen zum Unternehmen betrieben worden waren, hatte man übrigens Vieles übersehen, was die Ertragung der Beschwerden eines nordischen Winters erleichtern konnte. Die Amerikaner wurden das erst recht inne, als sie die in dieser Hinsicht vortreffliche Ausstattung der Engländer kennen lernten. Ihren Schiffen fehlten Heizungsapparate, ihre Kleidungsstücke waren nicht warm genug für die bevorstehende Kälte. Dazu kam noch, daß sie auch nicht hinreichend mit passenden Schlitten versehen waren, um im Frühjahre Streifpartien mit ausführen zu können. Sie wären mithin beinahe neun Monate zu einer gänzlichen Unthätigkeit verurtheilt gewesen, wenn sie den Winter in einem sichern Hafen zugebracht hätten. Ja selbst nach Ablauf dieser Zeit war es sehr fraglich, ob sie würden das offne Fahrwasser erreichen können, da nicht selten die Küsten viel länger mit dicken Eisschranken umzogen sind, welche zu durchbrechen sie nicht so wirksame Mittel besaßen, als die Engländer. Alle diese Erwägungen befestigten den Entschluß, den nordischen Schauplatz zu verlassen.

Die Rückkehr sollte am 10. September angetreten werden. Aber schon der Anfang wurde durch ein Mißgeschick bezeichnet, das die Abfahrt um drei Tage verzögerte. Beide Schiffe ankerten ruhig neben einander. Da wurde die Brigg „Rescue" durch einen plötzlichen Windstoß so unerwartet von ihrem Anker losgerissen und in das mit Treibeis angefüllte Meer hinausgeschleudert, daß zwei Männer, die zu ihr gehörten und dicht daneben in einem Boote waren, unmöglich ihr Schiff zu besteigen vermochten. Auf dem Hauptschiffe „Advance" sah man nur, wie die so schnell entführte Mannschaft die Segel anders richtete; dann verhüllte dichtes Schneegestöber jeden weitern Blick in die Ferne. Der Sturm hielt einen Tag an, und nun erst gelang es den Verschlagenen, allerdings mit etwas beschädigtem Fahrzeug, sich mit dem Hauptschiffe wieder zu vereinigen. Dieses nahm hierauf, um jeder abermaligen Trennung vorzubeugen, die „Rescue" in's Schlepptau und richtete seinen Lauf nach Osten. Glücklich wurde am nächsten Tage das Kap Hotham umfahren, und mit aufgespannten Segeln und bei günstigem Winde gelang es, das sich frisch bildende Eis zu durchschneiden. Bald aber trat Windstille und größere Kälte ein. Schnell schossen die kleinen Eisschollen zu einer mächtigen Flarde zusammen und binnen wenigen Stunden waren die Schiffe in jeder Bewegung gehemmt. Man versuchte nun die Küste zu erreichen, um hier ein Winterlager aufzuschlagen und von da aus im nächsten Frühjahr zu Lande den Wellingtonkanal zu erforschen. Aber alle Anstrengungen blieben vergebens, man war ein unlösbarer Gefangener des Eises, unbarmherzig dem Spiel der Winde und der Strömung überliefert. Und beide waren nicht so mitleidig, wie ein Jahr vorher; sie führten die Schiffe nicht gen Osten der Heimath entgegen, sondern unaufhaltsam nach Norden in den Wellingtonkanal. Allerdings kam man jetzt wider Willen in höhere Breiten, als sie je an dieser Stelle von einem Europäer erreicht

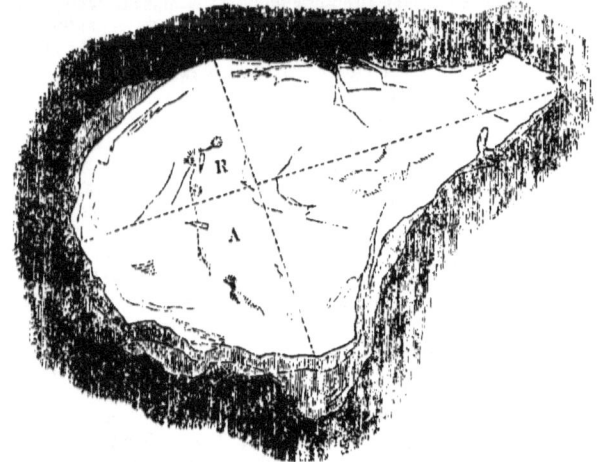

Die Advance (A) und Rescue (R) eingeschlossen in der schwimmenden Eisscholle am 31. Mai 1851.
Länge der Scholle 1¼ Meile. Breite ¾ Meile.

worden waren; aber genauere Untersuchungen anzustellen, erlaubte weder das Wetter noch die im November beginnende Finsterniß. Dr. Kane hatte anfangs im Sinne, mit einigen Gefährten nach der Assistancebai sich zu begeben, aber der „Tumult der Eisfelder" war ein so furchtbarer, daß er daran verzweifelte, das feste Land zu erreichen. Bis Ende November trieben die Schiffe im Wellingtonkanal auf und ab. Der Umfang und die Gestalt des umschließenden Eisfeldes war anfangs stetem Wechsel unterworfen. Neue hinzukommende Schollen schoben sich mehrmals dergestalt unter und über die alten, daß Berge von 20 bis 30 Fuß Höhe entstanden, oder sie zersprengten unter dem unheimlichsten Krachen die Massen, auf die sie stießen und bedrohten jeden Augenblick das Fahrzeug mit dem Untergange. Erst im November nahm das Eisfeld eine festere Gestalt an.

Einschluß im Eisfeld.   111

An dem nördlichsten Punkte, bis zu dem man gekommen war, bemerkte man die Biegung des Kanals nach Westen und ungefähr 10 Meilen weiter nördlich die undeutlichen Umrisse einer ausgedehnten Landbildung, der man den Namen Grinnell=Land gab. Je weiter man übrigens nach Norden gelangte, desto reicher entfaltete sich das animalische Leben und es schien diese Beobachtung die Vermuthung zu bestätigen, daß näher nach dem Nordpol ein milderes Klima herrsche.

Das Aufbrechen der Scholle (5. Juni 1851).
A. Advance, R. Rescue, zwischen beiden der ehemalige Pfad.

Während man bis dahin geglaubt, daß bei fortschreitender niederer Temperatur endlich ein vollständiger Stillstand der Eismassen eintreten werde, machte man jetzt die gegentheilige Erfahrung. Die Eisinsel mit den Schiffen setzte sich Ende November nach der Barrowstraße und dem Lancastersunde in Bewegung. Noch über sechs Monate sollten die willenlosen Abenteurer in ihrer eisigen Haft verbringen und unaufhaltsam weiter getrieben werden. Oft standen sie, ein Bündel mit den nothwendigsten Bedürfnissen in der Hand und den Schlitten zur Seite, des Augenblickes harrend, wo sie nach Zertrümmerung ihrer Schiffe auf Eisschollen eine verzweiflungsvolle Zuflucht suchen würden; oft wurde „ihr Eisfeld" durch antreibende Eisblöcke so furchtbar erschüttert und unter heftigem donnerartigen Getöse vielfach gespalten; ja das eine Mal ereignete es sich sogar, daß das Schiff „Assistance" zum Schwimmen kam und einige Stunden in einer schmalen Wasserstraße sich weiter bewegte, bis diese sich von neuem schloß. Mehrmals wurden die Schiffe so auf die Seite geworfen, daß man kaum noch den Umsturz glaubte verhindern zu können. Die empfindliche Kälte hatte die Einrichtung eines Heizungsapparates nöthig gemacht; derselbe war aber, da man nicht von Haus aus darauf bedacht gewesen war, so unvollkommen, daß man bei heftigen Stößen alle Vorsicht anwenden mußte, damit nicht das Schiff in Brand gerathe. Zu allen diesen Gefahren gesellte sich noch bei einigen der kleinen Mannschaft die Krankheit des Skorbuts; ja nach dem Verlauf mehrerer Monate fühlten sich alle körperlich geschwächt. Trotzdem verlor die tapfere Schaar, die bis auf einen Mann das Polarmeer nie gesehen, keinen Augenblick ihren Muth, ihre Thatkraft und Geistesgegenwart. Allmälig gewöhnte sie sich an den Wechsel des Auseinanderreißens und Wiederzusammengehens der Eismassen sowie an die andern Schreckniffe, die sie stündlich umgaben, und ohne Besorgniß und Angst lebte sie in der großartig furchtbaren Natur. Besonders als nach einer neunzigtägigen Winternacht die Sonne wieder über dem Horizonte erschien und die Tageslänge rasch zunahm, wuchs die Hoffnung mehr und mehr. Das einschließende Eisfeld war gleichsam zur zeitweiligen Heimat geworden; hier vergnügte man sich mit Schlittschuhlaufen und Ballspiel und auf ihm unternahm man stundenweite Spaziergänge. Das Weihnachts- und Neujahrsfest feierte man in der heitersten Weise und ein arktisches Theater sorgte dafür, Alle bei guter Laune zu erhalten. Kane eröffnete sogar einen Kursus naturwissenschaftlicher Vorträge und hatte die aufmerksamsten Zuhörer.

Mitte Januar 1851 bewegten sich die Schiffe mit ihrem Eiskerker in der Baffinsbai dem Süden zu und erst am 5. Juni wurden sie in der Davisstraße am Kap Walsingham erlöst. Durch den Einfluß der von Südosten kommenden wärmeren Meeresströmung ging das ganze unermeßliche Eisfeld ohne Gewalt und Geräusch und mit unglaublicher Schnelligkeit in Tausende von Trümmern auseinander. Fast erweckte es in den Geretteten eine gewisse Wehmuth, als sie mit einem Male von all den Plätzen getrennt wurden, an denen so manche liebe Erinnerungen hafteten, als sie die Trümmer ihrer Schlittschuhbahn, ihrer Spielräume, ihres Standortes für wissenschaftliche Beobachtungen an sich vorüber schwimmen sahen. Doch ihre Freiheit begrüßten sie nicht weniger mit großem Jubel.

Man wird es fast unglaublich finden, daß diese Männer, die eben kaum dem Opfertode entgangen und theilweise körperlich sehr leidend waren, jetzt nicht an die Heimkehr dachten, sondern an die Fortsetzung ihres vorjährigen Unternehmens. Offiziere und Mannschaft stimmten in dem Verlangen überein, die Fahrzeuge von neuem den arktischen Gefahren entgegenzuführen. Auf der Walfischinsel gedachte Leutnant de Haven seinen Gefährten eine kurze Erholung zu gönnen und dann von neuem dem Wellingtonkanal zuzusteuern. Der Gesundheitszustand der Mannschaft besserte sich, als man gelandet war, binnen wenigen Tagen sehr bedeutend, die vorbeisegelnden Walfischfahrer versorgten die Schiffe auf das freigebigste mit frischen Nahrungsmitteln; kurz alles schien anfangs einen glücklichen Erfolg zu versprechen. Doch das Unternehmen scheiterte daran, daß es nicht gelang, das Mitteleis der Baffinsbai zu durchbrechen. Als man die Durchfahrt erzwingen wollte, gerieth man abermals in Gefahr, vom Eise umschlossen zu werden und einen zweiten Winter im Eismeere zubringen zu müssen. Die Rettung gelang zwar, aber die Jahreszeit war auch wieder so weit vorgerückt, daß man unmöglich hoffen konnte, das zu erreichen, was man im vorigen Jahre vergeblich erstrebt hatte. Ohne Zögern trat man die Heimkehr an. Am 30. September 1851 liefen die beiden Schiffe im Hafen von New-York ein und wurden auf das freundlichste von den zahlreich Versammelten, namentlich von dem hochherzigen Grinnell begrüßt.

Winterquartier im Eismeer.

Während diese Männer in ihrer neun Monate langen Haft Prüfungen, Gefahren und Schrecknisse aller Art in hohem Maße erlebten, weilten die englischen Expeditionsmannschaften größtentheils ruhig und mit einer gewissen Behaglichkeit in ihren Winterquartieren. Im Oktober wurden sämmtliche sieben Schiffe eingehaust, d. h. zu Winterhäusern eingerichtet. Das Verdeck versah man mit einem Dach, bedeckte dies, sowie die Schiffsseiten 2 Fuß dick mit Schnee, ebnete die obere Fläche der Schneewälle und bestimmte sie zu Promenaden der Gesellschaft, wenn Sturm und Wetter auch den kleinsten Ausflug unmöglich machten. Ebenso schuf man das obere Verdeck zu einem Tummelplatze der Mannschaft um. Die Heizungs- und Beleuchtungsapparate, sowie die Kleidung bewiesen sich als vortrefflich. Oft statteten sich die Mannschaften der verschiedenen Schiffe gegenseitig Besuche ab. Um selbst in der Finsterniß und bei den heftigsten Schneestürmen den Weg von dem einen zum andern zu finden, hatte man Pfähle in das Eis als Wegweiser geschlagen. Große Heiterkeit erregte es jedesmal, wenn Kapitän Penny mit seinem Neufundländer Gespann das Austin'sche Geschwader besuchte.

Im stärksten Kontrast zu dem regen Leben, das in den Hafenplätzen herrschte, stand die öde einförmige Natur, wo alles in todter Erstarrung lag. Bären und Füchse waren die einzigen Thiere, die ihr auch jetzt noch getreu blieben. Das tiefe Schweigen wurde nur bei eintretender Flut durch weithinschallendes Krachen der Eismassen unterbrochen.

Franklin-Expeditionen. 8

Von Seiten der Offiziere geschah alles, um die Mannschaft bei guter Laune zu erhalten. Man begünstigte aufheiternde Lektüre, veranstaltete musikalische Aufführungen, gab Maskenbälle, eröffnete ein Theater, das sowol durch seine glänzenden Decorationen, als auch durch die originellen Kostüme und witzigen Anspielungen auf Einzelne der Mannschaft angenehm unterhielt, und man ließ alle Monate eine Zeitschrift erscheinen, zu welcher ein jeder Beiträge liefern konnte. Wochenlang war es eine Lieblingsarbeit vieler, aus dem harten weißen Schnee Skulpturarbeiten aller Art zu fertigen: Häuser, Statuen u. s. w., ja selbst ein Obelisk, eine Britannia und eine Sphinx erhoben sich in der Nähe des einen Schiffes. Alle Fest- und Gedenktage beging man in derselben Weise wie in der Heimat; namentlich veranstaltete man große Feierlichkeiten am 22. Oktober, dem Jahrestage der Seeschlacht von Trafalgar. Den 6. Oktober ließ John Roß das mitgebrachte Taubenpaar fliegen, welches das Eingefrorensein der Schiffe in England verkünden sollte. Man setzte die Thiere in ein Körbchen, befestigte dies an einen Luftballon, der nach 24 Stunden durch einen Zündfaden seiner Hülle entkleidet wurde und den beiden Gefangenen zugleich ihre Freiheit gab. Es wehte ein günstiger Nordwestwind, als der Ballon in die Höhe stieg. Die direkte Entfernung betrug gegen 750 deutsche Meilen. Konnte man erwarten, daß diese Thiere, bloß von ihrem Instinkt geleitet, die weite Strecke glücklich zurücklegen würden? Und doch geschah dies von einem derselben. Nach fünf Tagen erreichte die eine Botin die Heimat und fand sich auf dem Taubenschlage der Miß Dunlop zu Ayr in England zum Erstaunen aller Bewohner des Ortes ein.

Für die Vermißten konnte man in der langen Winternacht nur wenig thun. Man fing Füchse ein, hing ihnen zinnerne Halsbänder um, welche Nachrichten enthielten, und jagte sie unter Pfeifen und Schreien des Schiffsvolkes wieder in die Wildniß hinaus; die Offiziere sendeten die Shepherd'schen Ballons in die Höhe, welche bedruckte Papierstreifen in weite Ferne tragen sollten. Aber bei der Wiederkehr des Tageslichtes beschäftigte man sich ernstlich mit der Ausrüstung von Schlittenexpeditionen. Verschiedene Vorschläge, das Ziehen zu erleichtern, tauchten auf und wurden geprüft. Besonders wollte man sich die Kraft des Windes durch aufgespannte Segel und fliegende Drachen zu nutze machen und brachte deshalb Vorrichtungen an den Schlitten an. Kapitän Austin organisirte drei große Schlittenunternehmungen, von denen die eine unter Kapitän Ommanney mit 7 Schlitten und 52 Mann die südlich und südwestlich gelegenen Gegenden des Kap Walker erforschte, die andere unter Leutnant Aldrich mit 2 Schlitten und 16 Mann den noch unbekannten Kanal im Norden der Insel Byam Martin, und die dritte unter Leutnant M'Clintock mit 5 Schlitten und 36 Mann die Melville-Insel untersuchte. Penny richtete auch jetzt seine Aufmerksamkeit auf den Wellingtonkanal und drang auf beiden Seiten desselben nach Norden vor. Die Männer, die ausgesendet wurden, erkannten, daß für sie jetzt eine Zeit großer Anstrengungen und Entbehrungen kommen werde. Unter dem Bilde des Kampfes mit den arktischen Elementen stellten sie sich daher ihr Unternehmen am liebsten vor und dem entsprechend statteten sie äußerlich ihre Schlitten aus. Auf jedem derselben wehte eine eigne Flagge, welche die Mannschaft nicht ohne einen gewissen freudigen Stolz betrachtete. Hier flatterte das Wappen einer englischen Grafschaft, da das Malteserkreuz, da das St. Georgskreuz, da die Insignien irgend eines andern Ordens. An jedem Schlitten war ferner ein bedeutungsvoller Wahlspruch angebracht. Worte, wie: „Herr, regiere uns", „Nur nicht verzagt", „Treu und standhaft", „Harre aus bis zum Ende", „Bedenke das Ende", sollten den Muth und die freudige Begeisterung aufrecht erhalten, wenn unter den größten Mühseligkeiten und Beschwerden die Fortsetzung der Reise kaum noch möglich schien. Uebrigens hatte jeder Schlitten auch einen besondern Namen erhalten, der bedeutsam wiederklang in den Herzen der Kämpfenden.

Kajütenleben in der Polarnacht.

Trotzdem, daß man mit der größten Umsicht alles ausgeschieden hatte, was sich nur irgend als überflüssig herausstellte, ergab das nothwendige Gepäck, das man mitnehmen mußte, doch noch eine ziemlich bedeutende Last. Man brauchte Lebensmittel auf 70 bis 80 Tage, Kochgeschirre, Wäsche, Reservekleidungsstücke, Zelte, Werkzeuge für die Arbeiten im Schnee, Mackintoshdecken als Unterlagen der Schlafstätten, wollne Decken, ein Boot aus Gutta=Percha, Schießgewehre, Schreibzeug, Cylinder für die niederzulegenden Urkunden, Arzneien und hundert Kleinigkeiten, deren Benutzung dem civilisirten Menschen zur Gewohnheit geworden ist. Das Boot diente außer zum Uebersetzen über offene Kanäle und Flüsse zugleich als Decke des ganzen Gepäcks. Die Schlitten waren fest und stark gearbeitet; von ihrer Dauerhaftigkeit hing das Gelingen des ganzen Unternehmens, ja das Leben der Mannschaft ab. Das Gewicht eines jeden betrug 440 Pfund, das des übrigen Gepäcks gegen 800 Pfund, so daß auf jeden der sechs oder sieben Mann, welche den Schlitten zu ziehen hatten, eine Last von 200 Pfund kam. Man hoffte im Durchschnitt täglich 2½ deutsche Meilen zurückzulegen. Da es nun unerläßlich schien, die Nachforschungen bis auf eine Entfernung von 100 Meilen auszudehnen, so hätte man jeden Schlitten mit Lebensmitteln für ungefähr 80 Tage versehen müssen. Dies war unmöglich, wollte man nicht die Kräfte der Mannschaft über die Gebühr anstrengen. Schon bei einer Last von 200 Pfund, die man jedem Mann fortzuziehn zumuthete, reichte der Lebensmittelvorrath nicht länger als 50 Tage. Man bestimmte deshalb die Hälfte der ausgesendeten Schlitten zu Proviantschlitten, die nicht an der ganzen Expedition sich betheiligten, sondern dieselbe nur ungefähr 15 bis 16 Tage weit begleiten sollten. Von ihnen entnahm man während dieser Zeit alle Bedürfnisse. Vor ihrer Rückkehr nach den Schiffen wurde dann der größte Theil der Lebensmittel, mit welchen sie noch beladen waren, an einem bestimmten Orte vergraben. Die zweite Hälfte brauchte daher bei ihrer Rückkehr nur bis zu diesem Punkte mit ihren Vorräthen auszureichen.

Am 15. April setzten sich die drei Expeditionen in Bewegung. Gewöhnlich reiste man des Nachts, um den schädlichen Einwirkungen zu entgehen, welche die blendende Weiße des Schnees beim Sonnenschein verursacht. Als am letzten Tage des Aprils Kapitän Ommanney am hellen Tage aufbrach und seinen Weg der Sonne entgegen über die glänzend weiße Fläche fortsetzte, auf der das Auge vergebens nach einem Ruhepunkte suchte, klagten des Abends nicht allein alle seine Gefährten über Schmerz in dem Augapfel, sondern es waren am nächsten Morgen von 30 Mann nicht weniger als 17 vollständig blind. Man denke sich die entsetzliche Lage der Reisenden, von tiefer Finsterniß umhüllt in einer endlosen Schneewüste, viele Tagereisen weit von den Schiffen entfernt! Glücklicherweise verging das Uebel so schnell, als es gekommen war; schon am zweiten Tage vermochte man den Weg fortzusetzen. Obgleich man seit diesem Ereigniß stets die wärmere Tageszeit zur Ruhe benutzte, so war doch die Kälte oft noch so bedeutend, daß man vor Frost nicht schlafen konnte. Die dicksten wollenen Decken und Kleidungsstücke reichten nicht immer aus, die erforderliche Körperwärme zu erzeugen. Am beschwerlichsten war jedesmal die erste Stunde des Marsches, da während der Rastzeit das Schuhwerk zusammengelaufen und hart wie Eisen geworden war. Zu diesen Leiden kamen noch die Beschwerden des ungebahnten Weges, der wiederholten Stürme und Schneewetter. Erwägt man dies alles, so erscheint es fast unglaublich, daß dennoch durch die Ausdauer jener muthvollen Männer so weite Stre..n zurückgelegt und erforscht wurden.

e neuen geographischen Entdeckungen Ommanney's betrugen ihrer Länge nach über 125 deutsche Meilen. Er theilte am Kap Walker seine Mannschaft in drei Abtheilungen. Die eine durchsuchte den von uns schon mehrmals erwähnten Peelsund, der aber erst jetzt genauer bekannt und mit diesem Namen belegt wurde, die zweite und dritte wendete sich nach der Nordwestküste des Prinz von Wales-Landes. Die Ommanney- und Osbornbai tragen ihre

Namen von den Führern dieser beiden letzten Abtheilungen. Die merkwürdigsten Erscheinungen auf diesen Reisen bildeten jedenfalls die mehrmals aufgefundenen, schon seit Jahrhunderten verlassenen Eskimohütten. Sie beweisen, daß auch diese verödeten Landschaften einst von Menschen bewohnt wurden, die aber entweder dem Klima unterlagen oder sich in südlichere Gegenden begaben. Von der Anwesenheit Franklin's bemerkte man nirgends eine Spur, die Eismassen im Peelsund schienen sehr alt und es führte dies leider zu dem irrigen Glauben, daß jener unmöglich je diese Gebiete besucht haben könnte. Man hielt es in den nächsten Jahren für überflüssig, hier oder weiter südlich abermals Nachforschungen anzustellen. Und dennoch war Franklin gerade durch den Peelsund vorgedrungen.

Von den übrigen beiden Schlittenerpeditionen legte M'Clintock, der überhaupt schon bei der Ausrüstung durch seine weisen Rathschläge sich die größten Verdienste erworben hatte, die weiteste Strecke zurück. Er erkundete die Südküste der Melville-Insel bis zum Kap Dundas und durchwanderte im Ganzen 190 deutsche Meilen auf der Hin- und Rückreise. Seine neuen geographischen Entdeckungen waren allerdings gering, da Parry 31 Jahre früher zu Schiffe diese Küste erreicht hatte. So manche aufgefundene Gegenstände lieferten von dessen einstiger Anwesenheit den augenscheinlichsten Beweis; auf einen Aufenthalt Franklin's in diesen Gebieten deutete jedoch nichts hin. Die Thierwelt war hier so wenig scheu, daß sie seit vielen Jahren durch keinen Menschen in ihrer Lebensweise gestört sein konnte. Im Winterhafen näherte sich ein Hase mehrmals der Mannschaft, daß diese ihn fast hätte greifen können. Rennthiere und Bisamstiere, deren M'Clintock gegen 80 sah, flohen nie und ihre Erlegung wäre sehr leicht gewesen. Auch Leutnant Aldrich, der die dritte Expedition befehligte und an der Ostseite der Melville-Insel bis zum 76⁰ n. Br. vordrang, bemerkte auf seinem Wege mehrmals Rennthiere, und es erscheint somit die Annahme irrig, daß alle diese Thiere sich zur Winterszeit weiter südlich nach der Küste des amerikanischen Festlandes zurückzögen.

Am 4. Juli waren sämmtliche Schlittenerpeditionen nach den Schiffen zurückgekehrt. So groß auch die Beschwerden gewesen waren, so hatte man doch bloß den Verlust eines Mannes zu beklagen. Er gehörte zu den Gefährten M'Clintock's und erkrankte am achten Tage nach der Abreise in Folge von Frostbeulen so heftig, daß man ihn mit den Proviantschlitten zurückschicken mußte. Bei den Schiffen angelangt, starb er am folgenden Tage. Die Griffith-Insel ist sein einsames Grab geworden.

Die Ausrüstung der Penny'schen Schlittenerpeditionen zeigte sich in mehrfacher Beziehung mangelhaft. Schon nach sechs Tagen mußten dieselben wieder umkehren, da die Kochgeschirre fast unbrauchbar geworden waren, und es vergingen 14 Tage, ehe man von neuem aufbrechen konnte. Hätte Penny nicht seine Neufundländer Hunde gehabt, es würde ihm unmöglich gewesen sein, die mehrmaligen vergeblichen Hin- und Rückfahrten auszuführen. Mit Hülfe derselben durchfuhr er gewöhnlich in zwei Stunden eine Wegstrecke, die seine Mannschaft mit den Schlitten kaum in 10 Stunden zurücklegen konnte. Zwei seiner Streifpartien durchforschten die Ostseite des Wellingtonkanals bis 76½⁰ n. Br., eine dritte die Südseite von North Devon; er selbst drang auf der Westseite des Kanals bis zur Baillie=Hamilton=Insel (76⁰ n. Br.) vor. Schon unterwegs fiel ihm auf, daß das Eis im Norden morsch und brüchig sei, auf das seltsamste aber fühlte er sich überrascht, als er auf diesem Eiland eine offne Wasserstraße vor sich fand und alles darauf hindeutete, daß in höheren Breiten ein gesteigertes Naturleben sich entfalte. Von da kamen Massen frischen Treibholzes, hier nisteten Eider= und Königsenten, während die Walrosse, die sich gern in der Nähe des Eises aufhalten, südlich nach der Barrowstraße zuschwammen. Die offne Wasserstraße erstreckte sich, soweit er sehen konnte, und er hätte alles darum gegeben, wenn ihm jetzt ein Boot zur Verfügung gestanden. Sogleich eilte er nach der Assistancebai zurück, und bald war ein Boot mit Hülfe von John Roß hergerichtet. Als er aber nach einem Monate zum zweiten Male an dem Rande der eisfreien Gewässer ankam, hatte sich vieles wesentlich geändert. Ein heftiger Nordwestwind trieb unaufhörlich Treibeismassen in die noch offne Wasserstraße, Sturm= und Regenwetter trat ein und erschwerte sein Fortkommen so sehr, daß er bloß die Inseln bis zur Baring=Insel untersuchen konnte. Er war auf eine Fahrt von mehreren hundert Meilen nach Norden gefaßt gewesen, mußte jedoch jetzt zurückkehren, da das Aufgehen des Eises die Bemannung der Schiffe in der Assistancebai nothwendig machte. Aber er hatte die feste Ueberzeugung gewonnen, daß Franklin hier und nirgends anders die nordwestliche Durchfahrt gesucht haben werde, und wurde in diesem Glauben bestärkt durch das Auffinden zweifelhafter Anzeichen der Vermißten, eines angekohlten Tannensplitters und eines Stückes Ulmenholzes. Am 25. Juli erreichte er seine Schiffe wieder.

Der Verkehr mit dem Geschwader des Kapitän Austin war jetzt sehr bedeutend erschwert. Die Eismassen, die so lange einen Verbindungsweg gebildet hatten, waren theilweise überschwemmt, theilweise durchbrochen. Als Kapitän Ommanney am 21. Juli sich von der Assistancebai nach der Griffith=Insel begab, kam er mit seinen vier Begleitern in die größte Gefahr. Er hatte den ersten Theil des Weges in einem Boote zurückgelegt, dasselbe aber zurückgeschickt, als er glaubte, festes Eis vor sich zu haben, auf dem er bis zu seinen Schiffen gelangen könne. Bereits drei Stunden war er mit seinen Gefährten rüstig fortgewandert, als sie unerwartet eine breite eisfreie Wasserfläche vor sich sahen und zu ihrem Schrecken bemerkten, daß das ganze Eisfeld, auf dem sie sich befanden, unaufhaltsam nach Osten treibe. Schon hielten sie sich für rettungslos verloren; da gelang es ihnen, eine kleinere Eisscholle zu erreichen, auf der sie versuchten, über den Wasserarm zu fahren. Die Gewehre dienten als Ruder; äußerst vorsichtig mußte jede Bewegung erfolgen, da die Scholle sehr mürbe und ihrer Auflösung nahe war. Unter unsäglicher Mühe und Angst kam man endlich auf dem gegenüberliegenden festen Eise an und konnte ohne Hemmniß die übrige Wegstrecke vollenden.

In der Mitte des Monats August wurden die Schiffe von ihrer Haft befreit. Aber die nun beginnende Schiffahrtszeit des Sommers 1851 ist eine düstere Epoche in der Geschichte der arktischen Entdeckungsfahrten.

Penny mit seinem Schlittengespann.

Zwischen den Befehlshabern brachen Mißhelligkeiten der unseligsten Art aus, die jede größere Unternehmung für dieses Jahr vereitelten. Austin und seine Mannschaft war mißmuthig über die Erfolglosigkeit aller ihrer Nachforschungen; schon fing die Niedergeschlagenheit an nachtheilig auf den Gesundheitszustand der einzelnen einzuwirken, so daß man von einer abermaligen Ueberwinterung die traurigsten Folgen befürchten mußte. Penny dagegen war voll der freudigsten Hoffnung; er und die Seinen blickten mit einer gewissen Befriedigung und mit Selbstgefühl auf ihre Leistungen. Sie hatten nach ihrer Meinung den Ort gefunden, auf den alle weiteren Nachforschungen sich richten mußten; sie hatten einen großen Theil des Wellingtonkanals erkundet und durch die Entdeckung offenen Fahrwassers in höheren Breiten die ganze Frage der Rettung gleichsam auf einen neuen Standpunkt versetzt; sie hatten trotz der großen Anstrengungen im Frühjahr doch weit weniger körperlich gelitten, als die Austin'schen Mannschaften. Vor allem aber schauten Offiziere und Matrosen mit Stolz auf ihren Befehlshaber, der überall selbst voran der erste war und nicht, gleich Austin, daheim auf seinem Kommodoreschiffe blieb. Unter ihm scheuten sie die Beschwerden eines zweiten Winters keineswegs, um so mehr, da sich jetzt die Aussicht zeigte, das Rettungswerk zu einem glücklichen Ziele zu führen. Als nun nach der eröffneten Schifffahrt beide Befehlshaber nach langer Trennung in so verschiedenen Stimmungen zum erstenmal wieder zusammenkamen, gelangten sie über die ferneren zur Rettung Franklin's auszuführenden Pläne zu keinem bestimmten Entschluß. Austin ging auf die sanguinischen Entwürfe Penny's durchaus nicht ein und verweigerte die Bitte des letzteren, ihm ein Dampfschiff zur Durchsuchung des Wellingtonkanals und zur Fahrt auf dem eisfreien Polarmeer anzuvertrauen. Seine Bedenken und Einwendungen versetzten Penny, der überhaupt kein Freund langer Berathungen, sondern ein Mann der That war, in die äußerste Unruhe, die sich endlich zur größten Entrüstung steigerte, als er argwohnte, daß aus Mißtrauen gegen seine Mittheilungen, aus engherziger Befangenheit und wol gar aus Eifersucht auf seinen Ruhm ihm seine Bitte abgeschlagen werde. Austin fühlte sich beleidigt und wollte nun auf eigne Hand einen Theil der Penny'schen Pläne ins Werk setzen; wenigstens versuchte er durch den Jones- und Smithsund in das offne Polarmeer vorzudringen. Doch sein Unternehmen war erfolglos; er kehrte hierauf mit seinem Geschwader zur Heimat zurück, wo er im Oktober 1851 ankam. Auch Penny mußte sich zur Rückfahrt entschließen, da er ohne Dampfboot seinen Lieblingsplan nicht ausführen konnte. Er eilte auf dem Dampfschiff „Tartarus", das ihm in der Nähe der Orkney-Inseln in Sicht kam, seinen Schiffen voraus und traf schon im September in London ein. John Roß begrüßte gleichzeitig mit dem Austin'schen Geschwader die heimatliche Küste.

So waren nun alle Schiffe, welche man zur Barrowstraße gesendet, wieder angelangt. Sie hatten den Schauplatz des Kampfes verlassen, ohne die Vermißten aufgefunden zu haben; alles war davon auf das tiefste erschüttert. Penny erklärte, er sei nur gekommen, um die Admiralität um ein Dampfboot zu ersuchen, mit dem er von neuem nach dem Wellingtonkanal aufbrechen wolle. Die Mehrzahl des englischen Volkes sprach sich zu seinen Gunsten aus, mit Unwillen dagegen über Austin. Selbst Lady Franklin, die das Jahr vorher ihr Schiff „Prinz Albert" abermals ausgerüstet und unter dem Befehl des Leutnant Kennedy zur Durchforschung der Gebiete im Süden und Westen der Prinz-Regents-Einfahrt abgesendet hatte, war jetzt überzeugt, daß ihr Gatte seinen Weg durch den Wellingtonkanal eingeschlagen habe. Austin bot natürlich alles zu seiner Vertheidigung auf. Dadurch entbrannte ein heftiger Streit. Die Admiralität setzte, um den wahren Thatbestand zu ermitteln, eine Kommission nieder. Das Urtheil derselben fiel für Penny, der die Worte nicht immer scharf abzuwägen verstand, persönlich zwar ungünstig aus, doch seine Sache feierte einen glänzenden Triumph, denn die Kommission empfahl, das Austin'sche Geschwader abermals auszusenden und ihm die Erkundung des nördlichen Wellingtonkanals als Aufgabe zu stellen. Penny bat dringend, ihn an dieser Expedition theilnehmen zu lassen; diese Bitte verweigerte man ihm aber. Erst im November des nächsten Jahres wurde ihm, nachdem selbst im Parlamente sich Stimmen für ihn erhoben hatten, eine Anerkennung seiner Verdienste von Seiten der Admiralität ausgesprochen.

Auszug mit Proviantschlitten.

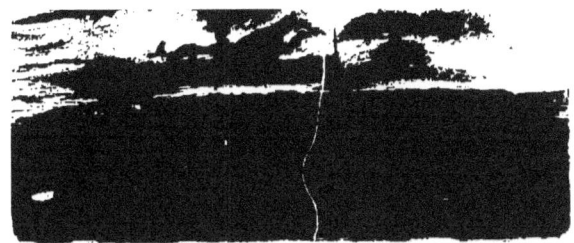

Der Investigator im Küstenwasser.

VI.
Aufsuchungen 1852 und die nordwestliche Durchfahrt.

Enterprise und Investigator. Fahrt nach der Behringsstraße. — Rae's Expedition nach Wollastonland und Victorialand. — Pim's sibirischer Plan. — Gerüchte über Franklin's Schiffe. — Assistance, Resolute, Pioneer und Intrepid. — Kennedy's Fahrt. — Forschungen auf North Sommerset und Prinz von Wales-Land. — Inglefield. — Kellett. — M'Clure's Auffindung der nordwestlichen Durchfahrt.

Bevor wir zur Geschichte dieser letzten großen Expedition in die Barrowstraße übergehen, müssen wir noch mit wenigen Worten der Unternehmung gedenken, welche gleichzeitig mit Austin und Penny von der Behringsstraße aus nach dem Melvillesunde vordringen sollte. Sie nimmt unstreitig unter allen Franklinexpeditionen durch die geographischen Entdeckungen, die sie machte, eine der hervorragendsten Stellen ein; ihr war es vorbehalten, die seit Jahrhunderten vergeblich verfolgte Aufgabe, eine nordwestliche Durchfahrt aufzufinden, einer endlichen Lösung entgegenzuführen. Als man 1852 sich von neuem für die Barrowstraße rüstete, war hinsichtlich ihres Verlaufs nur die Ankunft der Schiffe in der Behringsstraße und dem Eismeere bekannt. Wir werden jetzt auch nur diesen Theil ihrer Fahrt erzählen, da ihre ferneren Geschicke eng verknüpft sind mit den Erleb=

nissen der Mannschaften, die nach Austin und Penny den Archipel des Polarmeers von der Baffinsbai her durchforschten.

Wie schon erwähnt, waren die beiden bewährten Schiffe „Enterprise" und „Investigator" für die Expedition bestimmt. Collinson und M'Clure befehligten dieselben, während der „Plover" unter Commander Moore als Stationsschiff in der Nähe der Behringsstraße verbleiben und Kapitän Kellett mit dem „Herald" die Schiffe von den Sandwichsinseln verproviantiren sollte. Die Segelkraft der beiden ersten Fahrzeuge stand in großem Mißverhältniß zu einander. Schon auf der Fahrt durch den Atlantischen Ocean blieb der Investigator weit zurück, und sechs Tage nach dem Auslaufen aus dem englischen Hafen wurde er zum letzten Male von der Enterprise gesehen. Obgleich in den Instruktionen hinsichtlich des Vordringens jenseits der Behringsstraße dem Oberbefehlshaber Collinson völlig freie Hand gelassen war, so wurde er doch mit großem Nachdruck vor einer Trennung beider Fahrzeuge gewarnt. Vielleicht niemals ist ein Verhaltungsbefehl weniger beachtet worden als bei dieser Unternehmung. Zwar erwartete Collinson sein Begleitschiff in der Maghellansstraße, wo dasselbe, wie er wußte, von einem Dampfschiff ins Schlepptau genommen wurde und so seine Verspätung wieder einbringen konnte. Seit dieser Zeit aber gewann die Enterprise trotz der stürmischen Fahrt einen solchen Vorsprung, daß, als der Investigator an dem nächsten Vereinigungspunkte der Schiffe, in dem Hafen von Honolulu, ankam, das Hauptschiff bereits abgesegelt war und nie ein Zusammentreffen beider je wieder stattfand. Collinson hatte zwar hier auf sein Geleitschiff einige Tage gewartet; doch als er die nothwendigen Vorräthe eingenommen und alles zur Fahrt in das Eismeer hinreichend vorbereitet, war er ohne dasselbe der Behringsstraße zugesteuert. Aus den für M'Clure zurückgelassenen Befehlen ging hervor, wie wenig er noch überhaupt auf eine Wiedervereinigung beider in diesem Jahre rechne, und daß er entschlossen sei, allein mit dem Schiffe Enterprise die Fahrt nach dem Melvillesunde zu wagen. M'Clure sollte je nach den Umständen entweder nachzufolgen suchen, oder das Stationsschiff „Plover" in der Behringsstraße ablösen oder nach Valparaiso in Chili zurückkehren.

Man kann denken, wie schmerzlich der letztere von dieser Wendung der Dinge berührt wurde. Sein Entschluß stand sogleich fest, alles aufzubieten, um das Hauptschiff noch zu erreichen und an dem Rettungswerke Antheil nehmen zu können. Nichts war ihm widerwärtiger, als sich zur Thatlosigkeit in den nächsten Jahren verurtheilt zu sehen. Er wußte, daß Collinson den althergebrachten nautischen Vorschriften zufolge auf einem sehr bedeutenden Umwege der Behringsstraße zusegeln, daß dieser, um die gefahrvolle Schifffahrt in der Nähe der Aleuten zu vermeiden und den günstigen an den Küsten von Kamtschatka herrschenden Westwind zu benutzen, sich bis nach Petropawlowsk westlich wenden werde. Gelang es nun M'Clure, in gerader Richtung die Behringsstraße zu erreichen, so mußte er bei günstiger Fahrt, wenn nicht eher, so doch gleichzeitig mit dem Hauptschiff daselbst ankommen. Seiner kühnen Entschlossenheit war das Wagstück nicht zu groß, und die unvermeidliche Nothwendigkeit schien von ihm ein Werk zu fordern, das unter andern Umständen eine Tollkühnheit gewesen wäre. In beispiellos kurzer Fahrt — in nur 23 Tagen — legte er die ungeheure, ebenso unbekannte als gefahrvolle Strecke von gegen 700 Meilen bis zum Eingange in das Eismeer zurück. Ein günstiger Südwind, der sich mehrmals zum Orkane steigerte, trieb sein Schiff pfeilschnell auf den Wogen dahin. Als er in der Nähe des Kotzebuesundes das Stationsschiff „Plover" in Sicht bekam und über Collinson Erkundigungen einzog, erhielt er zur Antwort, daß die Enterprise hier nie erblickt worden sei. Ohne Rast eilte er weiter; jede Stunde Zeitverlust deuchte ihn Verrath an dem edlen Werke der Rettung. Auch er hatte gleich Collinson den Beschluß gefaßt, allein mit nur e i n e m Schiffe schnurgerade nach der Melville-Insel zu steuern und von da aus in allen Buchten und Baien nach den Vermißten zu suchen. An eine Rückkehr zur Behringsstraße dachte er nicht mehr, von der Baffinsbai aus wollte er sein Vaterland wieder erreichen. Seine Mannschaft war kräftig, eben so unternehmungskühn und bereit, der Welt auf mehrere Jahre Lebewohl zu sagen. Wenige Tage darauf am 31. Juli traf er mit dem Kapitän Kellett zusammen, von dem die Entscheidung über die Zulässigkeit des von ihm beschlossenen Unternehmens abhing. Der Augenblick war ernst und bedenklich. Welche Verantwortlichkeit lud dieser auf sich, wenn er dem Buchstaben der Instruktion entgegen eine Trennung der beiden nach demselben Ziele bestimmten Fahrzeuge gestattete und nun die Mannschaft des einen oder des andern in die äußerste Gefahr gerieth; und doch war die Rettung Franklin's vielleicht nur durch dieses kühne Wagstück und durch die äußerste Beschleunigung der Weiterfahrt möglich! Kellett prüfte genau alle Räumlichkeiten des Schiffes; alles war in dem vortrefflichsten Zustande; überall die musterhafteste Ordnung und die größte Sauberkeit. Besonders aber machte die enthusiastische Stimmung der ganzen Mannschaft einen so mächtigen Eindruck auf ihn, daß er nicht länger die Einwilligung zur Abfahrt verweigern konnte. Er ergänzte aus seinem Schiffe „Herald" die Vorräthe des Investigator und reichte M'Clure zum Abschied die Hand. Doch bald darauf wurde er von dem Gedanken an die Beschwerden und Kämpfe, denen die kühnen Männer in nur e i n e m zerbrechlichen Fahrzeuge entgegengingen, so übermannt, daß er ihnen, die schon mit vollen Segeln nach Norden steuerten, die Frage signalisiren ließ: „Wäre es nicht besser, die Weiterfahrt noch 48 Stunden zu verschieben?" Allein M'Clure antwortete mit den denkwürdigen Worten: „Wichtige Pflicht! Vorwärts ist die Losung auf meine eigne Verantwortlichkeit."

Abgesehen von den später zu erwähnenden großartigen Erfolgen nimmt diese Expedition noch besonders unsere Theilnahme deshalb in Anspruch, weil unter der Mannschaft ein D e u t s c h e r sich befand, der auf die ehrendste Weise zur Mitwirkung und Förderung ihrer Zwecke berufen wurde. Es ist dies Joh. Aug. Miertsching aus Herrnhut in Sachsen, Mitglied der Herrnhuter Brüdergemeinde und Missionär zu Okak in Labrador. Es war vorauszusehen, daß die Expedition an der Nordwest- und Nordküste Amerika's vielfach Gelegenheit haben würde, mit Eskimo zu verkehren. Um so wünschenswerther mußte es daher erscheinen, einen deren Sprache kundigen Mann unter den Theilnehmern zu zählen.

Wie oft waren nicht schon aus Mangel an tüchtigen Dolmetschern die widrigsten Mißverständnisse hervorgerufen und die unwahrscheinlichsten Gerüchte in Umlauf gesetzt worden? Die Admiralität wendete sich zunächst an die vereinigte mährische Brüdergemeinde zu London, welche Missionsstationen unter den Eskimo hatte, um durch ihre Vermittelung einen mit der Eskimosprache vertrauten Mann für das Unternehmen zu gewinnen. Leider weilte aber damals kein Missionär dieser Gemeinde, der dazu geeignet gewesen wäre, in London. In Folge dessen suchte man bei der Missionsverwaltung in Herrnhut um Aushülfe. Hier war damals jener Miertsching eben zu einem Besuche von seiner Missionsstation Okak angekommen. Sogleich wurde er von dem Vorstande der Kirche aufgefordert, sich dem Rettungswerke anzuschließen. Wurde ihm auch der Entschluß schwer, sich von seinem Berufe auf unbestimmte Zeit zu trennen, so folgte er doch ungesäumt der Aufforderung und trat die Abreise nach London an. Stets gedenken die bekannt gewordenen englischen Berichte mit Anerkennung seiner und es gelang ihm, sich in kurzer Zeit die Achtung und Liebe sowol der Offiziere als auch der Seeleute und Matrosen zu erwerben. In seinem ersten Briefe klagt er sehr über Heimweh. Der zweite Brief aus Honolulu berichtet unter andern folgendes über die Mannszucht auf englischen Schiffen: Die Mannschaft besteht aus lauter ächten Seeleuten, die die Macht des Gesetzes in Ordnung hält. Ein Versehen, sei es in Worten oder durch die That, wird dadurch bestraft, daß dem Schuldigen, nachdem er zwei Tage geschlossen, am dritten einige Dutzend Schläge auf den bloßen Rücken aufgezählt werden. Als ich einen so zerfleischten Rücken zum ersten Male sah, wurde mir ganz bange. Bald sollte er Gelegenheit haben, seine Kenntnisse im Verkehr mit Eskimo zu bewähren.

Wie rasch und glücklich M'Clure seine Fahrt von den Sandwichsinseln aus nach dem Eismeere vollendet hatte, geht namentlich auch daraus hervor, daß Collinson, der sechs Tage früher von Honolulu absegelte, vierzehn Tage später die Behringsstraße erreichte. Am 14. August kam dieser am Kap Lisburne an, wo er die beiden Schiffe „Herald" und „Plover" zu finden hoffte. Dieselben hatten sich aber unglücklicherweise an diesem Tage einige Meilen von der Küste entfernt und so traf Collinson das Mißgeschick, daß er aller Nachrichten über M'Clure entbehrte. In seinen ferneren Operationen offenbart sich ebenfalls eine außerordentliche Entschlossenheit und ein kühner Unternehmungsgeist. Die Schiffahrtszeit war ihm für dieses Jahr sehr knapp zugemessen, um so mehr suchte er dieselbe auszubeuten. Gleich M'Clure wollte auch er geraden Wegs nach dem Banksland steuern, und das Glück, das ihm bisher so ungünstig gewesen war, schien sich jetzt auf seine Seite zu wenden. Es gelang ihm, in einem offnen Wasserarme nach Norden bis zum 72⁰ 40' der Breite vorzudringen, welche Höhe in diesen Gebieten noch niemals von Europäern erreicht worden war. Aber hier hemmten undurchdringliche Packeismassen seinen Weg. Er wendete sich nun östlich, fand aber bald dieselben Schranken. Keineswegs gab er jedoch seine Hoffnung auf. Unter den 134" westl. von Ferro kehrte er zurück und suchte nun zunächst westlich eine Durchfahrt in noch höhere Breiten, die ihn dann nach dem Banksland führen sollte. In der Nähe des 145° der Länge drang er sogar bis zum 73° 19' der Breite vor; doch dann war ebenfalls jeder Weg nach Norden und Osten durch Eismassen versperrt. Es blieb ihm keine andere Wahl, wollte er nicht mit seinem Schiffe vollständig eingeschlossen werden und fern von einem schützenden Hafen überwintern. Am 31. August kam ihm die amerikanische Küste wieder in Sicht und er segelte nun nach dem Grantley=Hafen, wo er nach den Nachrichten, die eine au der Hoffnungsspitze (Hope Point) aufgefangene Flasche enthielt, auf sicheres Zusammentreffen mit Kellett und Moore rechnen konnte. Nach erfolgter Besprechung mit diesen Männern beschloß er in Hongkong zu überwintern, den Leutnant Barnard aber mit zwei andern Mitgliedern der Mannschaft in Michaelowski, dem Hauptorte der russischen Niederlassungen im Norton=Sunde, ans Land zu setzen, um durch diesen authentische Erkundigungen über die vielfach verbreiteten Gerüchte von gescheiterten Schiffen und erschlagenen oder weiter im Westen wohnenden Weißen einziehen zu lassen. Barnard begleitete den russischen Gouverneur auf einem Ausfluge weit ins Innere und hatte das Unglück, am 24. Februar 1851 in der Nähe von Darabin bei einem unerwarteten Ueberfalle durch Indianer schwer verwundet zu werden. Schon am nächsten Tage erfolgte sein Tod. Collinson erhielt die traurige Nachricht davon, als er im Juli darauf ihn auf seiner zweiten Fahrt nach dem Eismeere wieder aufnehmen wollte. Er hatte sich in Hongkong von neuem auf drei Jahre verproviantirt, um abermals den grausigen Kampf zur Rettung der seit sechs Jahren Verschollenen zu wagen.

Wir überlassen ihn und M'Clure jetzt ihrem einsamen Geschick in der traurigen Oede des Nordens und wenden uns nach England zurück, wohin Kapitän Kellett mit seinem Inspektionsschiff „Herald" in demselben Jahre zurückkehrte, da der Admiral des britischen Südseegeschwaders im Stillen Meere für die Zufuhr von Vorräthen durch andere Schiffe von Valparaiso aus sorgen ließ. Der „Plover" blieb als Stationsschiff in den nächsten Jahren unausgesetzt in den Gewässern nördlich von der Behringsstraße. Die Mannschaft wurde mehrmals gewechselt und ergänzt; auch der Kommodore Moore, da seine Gesundheit sehr gelitten hatte, 1852 durch Kommodore Maguire abgelöst. Als man in derselben Zeit in England an die Ausrüstung einer neuen Expedition dachte, fehlte über M'Clure seit zwei Jahren, über Collinson seit einem Jahre jede Nachricht. Man wußte nur, daß jeder einzeln mit freudiger Zuversicht und kühnem, entschlossenen Geiste von der Behringsstraße dem nordischen Kampfplatze zugeeilt war.

Sieben volle Jahre waren nunmehr seit dem unerklärlichen Verschwinden Franklin's verstrichen. Alle Rettungsversuche hatten sich als erfolglos erwiesen. Das ganze System der früheren Expeditionen, das man einst so bewundert und als unzweifelhaft zum Ziele führend gepriesen, war nunmehr völlig erschöpft. Von dem amerikanischen Festlande hatte man die ganze Nordküste von der Behringsstraße bis zum Kupferminenflusse schon 1849 und 1850 durchsucht und mit allen Hülfsmitteln zum Leben und Unterkommen versehen. Der Lancastersund, die Barrowstraße, der Wellingtonkanal, der Peelsund und die benachbarte weit ausgedehnte Inselwelt waren in den folgenden Jahren wiederholt der Schauplatz der emsigsten und sorgfältigsten Nachforschungen gewesen, und durch die sinnreichsten Erfindungen hatte der menschliche Scharfsinn versucht, Nachrichten über das ganze weite Gebiet zu verbreiten. Doch keine derselben schien die Vermißten erreicht zu haben; ihr gegenwärtiger Aufenthalt, gewiß einer der traurigsten, wenn sie noch lebten, blieb unbekannt. Die Auffindung der Stätte des ersten Winterlagers auf der kleinen bis dahin unbeachteten Insel unweit des Kap Riley und die Entdeckung einer offnen Stelle des Polarmeers waren die bedeutsamsten Resultate aller dieser Nachforschungen. Man wird es daher erklärlich finden, daß

Schlittenfahrt nach Wollastenland.

sich jetzt, nachdem alle Nachsuchungen im südlichen Theile jener Inselwelt vergeblich geblieben waren, aller Blicke nach Norden, nach jenem bisher immer mit Mißtrauen betrachteten offnen Meerestheile, wendeten. In dieser Meinung wurde man noch mehr bestärkt, als man die Nachricht erhielt, daß Rae im Frühjahr und Sommer 1851 die ganze Südküste des Wollastonlandes erkundet habe, ohne auch nur irgend ein Anzeichen aufzufinden, das auf die Anwesenheit der Vermißten schließen ließe. Seine früheren Bootexpeditionen 1848 und 1849 waren daran gescheitert, daß es ihm durch furchtbare Treibeismassen unmöglich gemacht wurde, über die Delphin- und Unionstraße zu setzen. Jetzt entschloß er sich daher, schon im Frühjahr aufzubrechen und die Straße zu überschreiten, während das Eis noch unbeweglich fest stand. Mit nur vier Mann machte er sich auf den Weg; ein von Hunden gezogener Schlitten trug die nöthigen Lebensmittel. In jeder Beziehung legte sowol er als seine Begleiter sich die äußerste Beschränkung auf. So führte er z. B. keine Zelte bei sich, sondern zog es vor, in Schneehütten zu übernachten und zu rasten. Die Lebensmittel sparte er, soweit dies ohne Nachtheil für die Gesundheit irgend thunlich war. Glücklicherweise traf er unterwegs viel Eidergänse und Rebhühner an, und die Hunde fingen sich Lemminge, die in großer Anzahl vorhanden waren, zur Nahrung. Den 25. April 1851 verließ er Fort Confidence, wo er sich während des vorhergehenden Winters aufgehalten und für seine Reise vorbereitet hatte. Nach sechs Tagen kam er an der Mündung des Kupferminenflusses an und fand die Beschaffenheit des Eises von der Art, daß er sogleich, ohne durch Suchen nach einem passenden Uebergange aufgehalten zu werden, seinen Weg in gerader Richtung nach dem Wollastonlande fortsetzen konnte. Nach abermals sechs Tagen betrat er dieses öde, tief mit Schnee bedeckte Land, wendete sich anfangs östlich, dann aber westlich bis zum 99° 20′ w. L. von Ferro.

Ein glücklicher Eskimo.

Bis zum 70° der Breite fand er verschiedene Ansiedlungen der Eskimo, bei denen er die sorgfältigsten Erkundigungen nach weißen Männern vergeblich einzog. Es war dieses Volk hier äußerst harmlos und gut geartet und es schienen demselben Seehunde und Seethiere einen hinlänglichen Unterhalt zu gewähren. Im Juli und August führte er noch eine glückliche Bootfahrt an den Küsten des Victorialandes aus, stellte den Zusammenhang dieses Landes mit dem Wollastonlande wissenschaftlich fest und nahm die ganze Südküste der großen Insel von 99° 20′ bis zum 84° 20′ auf. Die so verdienstvollen Arbeiten des unternehmenden Reisenden erwarben ihm die vollste Anerkennung der Geographischen Gesellschaft zu London, welche ihm die goldene Medaille für seine Leistungen zuerkannte.

Es ist zu beklagen, daß Rae seine Nachforschungen in der Victoriastraße nicht 20 bis 30 deutsche Meilen weiter nördlich ausdehnen konnte; er würde dann zweifelsohne das Geheimniß enthüllt haben, das über den Vermißten schwebte. Jetzt trugen seine Berichte nur dazu bei, die falsche Meinung zu bestätigen, Franklin habe gegen seine Instruktion, angelockt durch das offne Polarmeer, in viel höheren Breiten die nordwestliche Durchfahrt gesucht, die Eismassen aber, die dasselbe bis nördlich von der Behringsstraße oder noch weiter umgürten, nicht zu durchbrechen vermocht. Ja einzelne gingen in ihren Vermuthungen so weit, daß sie die Franklin'sche Mannschaft nach Ostsibirien oder auf das noch gänzlich unbekannte Inselland im Norden der Behringsstraße verschlagen glaubten. Leutnant Pim, im Juni 1851 mit Kapitän Kellett von der Behringsstraße zurückgekehrt, war es besonders, der auf diese Voraussetzung seinen Rettungsplan baute. Er wollte über Petersburg, Moskau, Tobolsk, Jakutzk jene noch unerforschte Inselwelt zu erreichen suchen, nachdem er die traurigen Wildnisse der Tschuktschen durchforscht und überall bei den am nördlichsten wohnenden Estimo nach Franklin's Schicksal sich erkundet hätte. Die Admiralität lehnte zwar jede Betheiligung an diesem Unternehmen ab, aber die Geographische Gesellschaft in London munterte zu demselben auf, im Falle die russische Regierung die Anstalten zur Ausführung selbst in die Hand nehme, und Private waren bereit, den Leutnant Pim mit Geld zu unterstützen. Lady Franklin erklärte, 500 Pfund Sterling beitragen zu wollen; der Premierminister Lord Russell bewilligte eine gleiche Summe, Lord Palmerston bestritt die Reisekosten bis Petersburg. Pim reiste wirklich am 20. November 1851 von London ab und traf nach wenigen Wochen in Petersburg ein. Hier wurde er zwar mit großer Aufmerksamkeit empfangen, ihm auch gestattet, Sibirien nach allen Richtungen zu durchreisen; doch eine thatsächliche Betheiligung bei der Ausrüstung und Leitung der Expedition lehnte die russische Regierung ab. Er sah sich deshalb genöthigt, seinen Plan aufzugeben und nach England zurückzukehren.

Je weiter man den Aufenthalt der Vermißten nach Norden verlegte, desto trüber waren die Bilder, welche man von deren Geschick entwarf. Welcher Noth, welchen Leiden mußte die gewiß durch Krankheit geschwächte Schaar ausgesetzt sein, wenn sie nicht bei einer furchtbaren Katastrophe spurlos unter den Eisblöcken jenes wilden Meeres vergraben worden war? Die grauenhaftesten Schilderungen, die man niederschrieb, fanden immer eine eifrige Leserwelt, erhitzen die Gemüther und waren meist der Boden, in dem die unwahrscheinlichsten Gerüchte über die Rettung einzelner von der Franklin'schen Mannschaft wurzelten. Bald wollte man in Kamtschatka und Sibirien, bald auf den Sandwichsinseln, bald in andern entlegenen Theilen der Erde Abtheilungen derselben gesehen, bald Flaschen und Ballons mit sicheren Nachrichten aufgefunden haben. Hier war es einem Gaukler gelungen, den geheimen Kräften der Natur eine Lösung des Räthsels abzulocken, dort hatte eine Hellseherin im magnetischen Schlafe oder Tisch- und Geisterklopfer in das furchtbare Dunkel Licht gebracht. Wir übergehen alle diese Gerüchte und angeblichen Enthüllungen und beschränken uns nur auf die Mittheilung einer merkwürdigen Erzählung, die im Frühjahr 1852 eine unbeschreibliche Bewegung hervorrief und lange Zeit mit solcher Bestimmtheit auftrat, daß selbst die Admiralität genauere Nachforschungen anzustellen sich veranlaßt sah. Sie erhielt am 20. März desselben Jahres von einem untern Schiffsbeamten die

Anzeige, daß ein Handelsschiffskapitän, der nicht genannt sein wolle, im April 1851 unweit Neufundland in einer Entfernung von $1^1/_4$ bis $1^1/_2$ deutscher Meile einen Eisberg erblickt habe, von dem zwei große dreimastige Schiffe ohne jede Bemannung und ohne Boote eingeschlossen gewesen seien. Jedenfalls wäre diese Nachricht auf die Fahrzeuge „Erebus" und „Terror" zu beziehen, die inmitten eines gewaltigen Eisfeldes von dem Polarmeere nach dem nördlichen Atlantischen Ocean getrieben und hier im Wasser versunken seien. So sonderbar auch die erstattete Anzeige klang, so setzte doch die Admiralität alles in Bewegung, um den wahren Thatbestand zu ermitteln. Es stellte sich bald heraus, daß jenes Eisfeld von der „Renovation" auf der Ueberfahrt von Limerick nach Quebek gesehen werden war. Der Kapitän des Schiffes, Coward, befand sich gegenwärtig in Venedig, der Steuermann dagegen in Limerick und ein mit besonderer Auszeichnung genannter Passagier weilte zu Prescott in Oberkanada. In allen drei Orten wurden die Augenzeugen vernommen; sie bestätigten, wennauch mit einzelnen Abweichungen, die obige Mittheilung und fügten hinzu, daß die Krankheit des Kapitäns und die Aengstlichkeit des Steuermanns verhindert habe, sich dem Eisberge zu nähern. Eine ähnliche Beobachtung wollten auch die Passagiere eines mecklenburgischen Auswandererschiffs einige Tage später, als das Eis seiner Auflösung nahe war, gemacht haben. Obgleich man die Unhaltbarkeit dieser Nachrichten auf das schlagendste dadurch nachwies, daß die mitgetheilte Beschreibung der gesehenen Schiffe nicht im Einklang mit der Beschaffenheit des „Erebus" und „Terror" gebracht werden konnte, so fanden sich doch viele Leichtgläubige, welche bis in die neueste Zeit an der Wahrheit jener Aussagen festhielten und erst durch die M'Clintock'schen Entdeckungen vom Gegentheil überzeugt wurden.

Die Admiralität ließ sich durch solche Gerüchte und Erzählungen auf keine Weise in ihren Plänen beirren. Sie hatte beschlossen, im Jahre 1852 noch eine große Rettungsexpedition auszusenden und ihr die Erforschung des Wellingtonkanals und des offnen Polarmeers, sowie die Unterstützung M'Clure's und Collinson's, deren Ankunft auf dem Banklande oder auf der Melville-Insel man vermuthete, zur Aufgabe zu stellen. Es wurde zu diesem Zwecke das ehemalige Austin'sche Geschwader, also die Segelschiffe „Assistance" und „Resolute" und die Schleppdampfer „Pioneer" und „Intrepid" ausgerüstet. Die kleine Beechey-Insel bestimmte man zur Basis der Unternehmung. Hier sollte ein Proviantdepot errichtet und der „Nordstern" unter der Leitung Pullen's als Stationsschiff während der ganzen Dauer der Nachsuchungen aufgestellt werden. Zum Oberbefehlshaber ward Kapitän Edward Belcher ernannt. Er erhielt die Weisung, mit den beiden Schiffen „Assistance" und „Pioneer" bis zum nördlichen Theile des Wellingtonkanals vorzudringen, während der Kapitän Kellett sich mit den beiden andern Fahrzeugen nach der Melville-Insel wenden und von hier aus durch Streifpartien Nachrichten nicht blos über Franklin, sondern auch über M'Clure und Collinson einziehen sollte. Am 21. April 1852 verließ das Geschwader die Themse; eine auserwählte, zum Theil in den Kämpfen auf dem nordischen Schauplatze schon bewährte Mannschaft befand sich am

Bord. Wir erwähnen nur Männer wie Mecham, M'Clintock, Osborn, Pim, M'Dougall.

Die ersten Nachrichten über den Verlauf dieser letzten großen Expedition nach der Barrowstraße überbrachte Leutnant Kennedy nach England. Wir erwähnten oben kurz, daß die hochherzige Lady Franklin auch im vorhergehenden Jahre die Opfer der Ausrüstung ihres Schiffes „Prinz Albert" nicht gescheut hatte. In ihrer wahrhaft heldenmüthigen Treue war sie bereit, all ihr Vermögen hinzugeben, wenn sie dadurch hoffen konnte, ihren Gatten oder dessen Mannschaft zu retten. Es war diese Expedition, an deren Spitze Kennedy stand, die einzige, welche im Jahre 1851 von den englischen Küsten dem Norden zusteuerte. Dieselbe zählte 18 Mitglieder, unter ihnen den 62jährigen Hepburn, der dreißig Jahre früher Franklin auf seiner ersten Reise nach den Küsten des Polarmeers unter allen Gefahren und in der größten Noth treu zur Seite gestanden hatte. Von Frankreich war der Leutnant Joseph René Bellot herübergekommen, um an dem Rettungswerke sich zu betheiligen. Einen Monat mußte Kennedy in der Baffinsbai kreuzen, ehe ihm die Durchbrechung des Mitteleises möglich war. Während dieser Zeit traf er mit dem amerikanischen Geschwader unter de Haven zusammen und es bildete sich bald unter den Offizieren der drei Fahrzeuge das freundschaftlichste Verhältniß. Für das erste Jahr der Reise mußte die Thätigkeit Kennedy's eine sehr beschränkte bleiben, da er erst am 10. September in der Nähe der Leopolds-Insel ankam. Es war ein großes Glück für ihn, daß einst James Roß auf diesem kleinen Eilande ein Vorrathshaus erbaut hatte, in dem sich noch Lebensmittel auf ein Jahr für die Vermißten in vortrefflich erhaltenem Zustande vorfanden. Er würde sonst unrettbar dem Hungertode anheimgefallen sein. In der Hoffnung, Nachrichten von Austin und Penny oder wol gar von einer Abtheilung der Vermißten vorzufinden, hatte er mit vier Begleitern ein Gutta-Percha-Boot bestiegen, um durch die vorgelagerten Eismassen einen Zugang zur Küste jener Insel aufzusuchen. Kaum hatte er das Land erreicht und eine hohe Klippe am Ufer erstiegen, als ein heftiger Orkan das Eis in Bewegung setzte und das Schiff so rasch forttrieb, daß es bald aus seinem und seiner Gefährten Gesichtskreis verschwand. Die Nacht brach ein, der Orkan tobte fort. Das ans Land gezogne Boot gewährte nur nothdürftig Schutz gegen Kälte und Sturm. Mit sehnsüchtigen Blicken wendeten sich am Morgen aller Augen nach der Stelle, wo das Schiff zum letzten Male gesehen worden war. Vergebens harrte man seiner Ankunft und so sahen sich die fünf Männer genöthigt, im Leopolds-Hafen in dem von Roß errichteten Hause Obdach und Nahrung zu suchen. Sechs bange Wochen mußten sie hier verweilen; denn erst nach dieser Zeit wurden sie von Bellot zu der übrigen Mannschaft, die mit dem Fahrzeuge in der Batty-Bai überwinterte, abgeholt. Die Durchforschung von North Sommerset und des Prinz von Wales-Landes hatte Lady Franklin ganz besonders dem Leutnant Kennedy anempfohlen. Noch während der langen Winternacht, als nur der Schein des Mondes und der Sterne und des Nordlichts Glanz die Bahn beleuchteten, trat er mit mehreren seiner Gefährten die Wanderung nach Fury-Beach an, um hier zu untersuchen, ob bei den Vorräthen, die vor

20 Jahren John Roß daselbst vergraben hatte, sich Spuren der Vermißten vorfänden. Die Lebensmittel waren noch unberührt und unverdorben und sie bildeten für die im Frühjahr zu unternehmenden größeren Schlittenpartien höchst willkommne Ergänzungsmittel der Ausstattung. Am 29. März traten Kennedy und Bellot mit sechs Männern ihre Landexpedition an, eine der weitesten, die je im Norden zur Ausführung gekommen ist. In 79 Tagen legten sie 275 deutsche Meilen zurück. Auf vier Schlitten, welche theils von Männern, theils von Hunden, deren man nur fünf hatte erlangen können, gezogen wurden, transportirte man den nothwendigsten Bedarf. Mit freudiger Zuversicht ertrug man jede Entbehrung und jede Beschwerde, um nur die Reise möglichst weit ausdehnen zu können. Man übernachtete gleich Rae in Schneehäusern, um nicht durch Zelte das Gepäck unnöthig zu erschweren und hatte mehrere Männer während des Winters in der Erbauung derselben förmlich eingeübt. Ganz North Sommerset wurde planmäßig durchsucht und dabei festgestellt, daß dasselbe eine Insel sei, die durch die Bellotstraße von Boothia getrennt werde; man überschritt ferner den Peelsund und zog an der Ostküste des Prinz von Wales-Landes nach Norden; doch nirgends entdeckte man auch nur das geringste Anzeichen von dem einstigen Aufenthalte der Vermißten; ja nicht einmal von der Anwesenheit Browne's, der nur ein Jahr früher theilweise dieselben Gebiete besucht hatte, fand man irgend eine Spur vor. Wer konnte ahnen, daß man sich der Stelle, wo der „Erebus" und „Terror" von der Franklin'schen Mannschaft verlassen wurde, bis auf 30 Meilen genähert hatte? Zurückgekehrt nach dem Hafen, gelang es Kennedy erst am 6. August, das Schiff, nachdem es 330 Tage eingefroren gewesen war, in die offne See zu führen. Er steuerte nach dem Kap Riley und der Beechey-Insel, wo er zu seiner Ueberraschung den Leutnant Pullen mit dem Stationsschiff „Nordstern" fand und von ihm die erfreuliche Kunde von der Ausrüstung einer neuen großen Expedition vernahm. Während er noch das Austin'sche Geschwader hier zu treffen hoffte und für viele Mitglieder desselben Briefe am Bord hatte, war jenes längst in die Heimat zurückgekehrt und nur an diejenigen konnte er die Briefe abgeben, welche nach ihrer Rückkunft jetzt abermals auf der Fahrt nach dem Polarmeer begriffen waren. Nach einem kurzen Verkehr mit Pullen segelte er durch den Lancastersund und die Baffinsbai nach seinem Vaterlande zurück; er erreichte dasselbe am 7. Oktober 1852. Seine Berichte schienen den letzten Zweifel zu heben, daß Franklin im Norden die Durchfahrt gesucht habe.

Die rastlos für die Rettung ihres Gatten thätige Lady Franklin fühlte sich daher um so mehr beruhigt, daß sowol dem Kapitän Belcher als auch dem Kapitän Inglefield, dem sie die Leitung einer neuen, größtentheils auf ihre Kosten ausgerüsteten Expedition anvertraut hatte, die Durchsuchung des nordischen Meeres in höheren Breiten aufgetragen war. Wer bewundert nicht die edelgesinnte hochherzige Frau, die mit unwandelbarer Zuversicht und Standhaftigkeit an ihren Hoffnungen auf Rettung der Unglücklichen festhielt und mit unermüdlichem Eifer alles aufbot, was die Erlösung der im Elende Schmachtenden herbeiführen konnte? Da die Admiralität durch das Belcher'sche Geschwader nur die

Gebiete nördlich vom Wellingtonkanal erforschen ließ, eine glückliche Fahrt Franklin aber bis nördlich von der Behringsstraße in kurzer Zeit gebracht haben konnte, so scheute sie kein Opfer, um auch nach diesen Gegenden eine Expedition abgehen zu lassen. Sie hatte, unterstützt von einer Anzahl Freunde, den Schraubendampfer „Isabel" angekauft und den Kapitän Beatson gewonnen, um denselben nach den Küsten Sibiriens und den Inseln jenseits der Behringsstraße zu führen. Es schien dieses Unternehmen das zu verwirklichen, was einst Leutnant Pim bei der russischen Regierung vergebens erstrebt hatte. Leider konnte aber die Ausrüstung des Schiffes im Frühjahr 1852 nicht zeitig genug vollendet werden, so daß die Expedition auf das nächste Jahr verschoben werden mußte. Um nun das Fahrzeug während des ganzen Sommers nicht unbenutzt im Hafen ruhen zu lassen, beschloß Lady Franklin, dasselbe unter dem Oberbefehlshaber Inglefield zur Erkundung des nördlichen Theils der Baffinsbai abzusenden. Erst am 10. Juli verließ dieser die englische Küste. Die geographische Wissenschaft hatte damals noch nicht festgestellt, ob der Whale-, Smith- und Jones-Sund große Busen Grönlands seien oder Zugänge zu dem offnen Polarmeer bildeten. Inglefield hat das Verdienst, das Vorhandensein zweier großer Eingangsthore nachgewiesen zu haben. Er drang im Smith-Sund bis zum Kap Alexander (78$^{1}/_{4}$" n. Br.) vor und erblickte als fernsten Punkt eine kleine Insel, welche er „Louis Napoleon" nannte. Die strenge Kälte, welche eintrat, nöthigte ihn zur Umkehr. Er besuchte hierauf noch am 7. September die Beechey-Insel und ließ sich zur Grabstätte der drei Gefährten Franklin's führen. Tiefer Schnee bedeckte die ganze Insel und die Gräber; nur unter großen Anstrengungen gelangte man zu den letztern. Inglefield konnte hier der Versuchung nicht widerstehen, einen der Särge öffnen zu lassen. Es war dies keineswegs etwa eine Verletzung der Pietät aus verwerflicher Neugier; es geschah aus dem gewichtigen Grund, zu erfahren, ob die daselbst ruhenden Männer in Folge von Skorbut und andern verzehrenden Krankheiten gestorben seien oder nicht. Die Gewißheit darüber war von um so größerer Bedeutung, da, im Falle man deutliche Kennzeichen jener Leiden an den Begrabenen erkannte, der Tod aller, die mit Franklin vor sieben Jahren ausgezogen waren, zu befürchten stand und mithin eine wesentliche Veranlassung, noch weitere Rettungsexpeditionen auszurüsten, wegfiel. Das eisenhart gefrorne Erdreich wurde mit großer Mühe aufgebrochen; der Leichnam — es war der William Hartnell's — hatte sich in der eisigen Kälte unversehrt erhalten und zeigte auch nicht die geringste Spur von Skorbut oder andern ansteckenden Krankheiten. Mit Recht vermuthete man daher, daß die Mannschaft Franklin's das erste Winterlager gesund und wohlbehalten verlassen habe.

Die Nachrichten, welche Inglefield und wenige Wochen früher Kennedy über den Verlauf der Belcher'schen Expedition nach England brachte, lauteten ziemlich günstig. Der Kapitän Belcher hatte die Wellingtonstraße offen gefunden und war mit den besten Hoffnungen am 14. August nach Norden gesegelt; Kellett hatte einen Tag später den Lauf seines Schiffes nach der Melville-Insel gerichtet und Leutnant Pullen war mit der Erbauung eines geräumigen hölzernen Hauses beschäftigt gewesen, das man aus den in der Melvillebai gesammelten Trümmern zweier gestrandeter Walfischfahrer zu errichten gedachte. Weder an dem Eingange der Wellingtonstraße noch an dem des Melvillesundes hatte man also gleiche Hemmnisse gefunden, wie in den Jahren vorher, und man versprach sich von dem Fortgange der Unternehmungen die günstigsten Erfolge. Es war daher um so natürlicher, daß man im Jahre 1853 in England mit großer Ungeduld weiteren Nachrichten entgegensah. Die Admiralität rüstete, theils um von dem ferneren Verlaufe der Expedition unterrichtet zu werden, theils um die Vorräthe auf der Beechey-Insel zu ergänzen, das Dampfboot „Phönix" und das Transportschiff „Breadalbane" aus und vertraute dem im vorigen Jahre zurückgekehrten Kapitän Inglefield den Oberbefehl an. Es verweilten mithin auch in diesem Jahre, wie in dem vorhergehenden neun große britische Schiffe in dem weit ausgedehnten Inselarchipel nördlich von Amerika, um über Franklin und seine Gefährten Nachforschungen anzustellen oder diese durch Herbeischaffung von Lebensmitteln und andern Vorräthen zu ermöglichen. Auch der französische Seelieutenant Bellot, der vergeblich die Nationalehre seines Volkes zur Ausrüstung einer Franklin-Expedition angerufen und vergeblich auf das dringendste seine Regierung dazu aufgefordert hatte, war jetzt wieder herbeigeeilt, um unter die Zahl der Inglefield'schen Mannschaft aufgenommen zu werden. Die Schifffahrt in dem Lancastersunde war in diesem Jahre ungewöhnlich beschwerlich. Acht Tage lang versperrte eine vorgelagerte Eisbarriere vollständig den Weg, und als Inglefield endlich an der Beechey-Insel anlangte, war es ihm unmöglich, in die Erebus- und Terrorbai einzulaufen, da riesige Eisblöcke den Eingang vollständig verschlossen. Er steuerte deshalb nach Kap Riley und suchte in dessen Nähe einen geschützten Hafenplatz, von dem aus er seine Vorräthe nach dem Stationsschiff schaffen lassen konnte. Bald darauf traf er mit der Mannschaft des Nordstern selbst zusammen. Die Hoffnungen, die man auf die Belcher'sche Expedition gesetzt, hatten sich in mehrfacher Beziehung glänzend gerechtfertigt. Inglefield erfuhr Neuigkeiten der überraschendsten Art. Die wichtigste von allen war jedenfalls, daß eine von Kellett ausgesendete Streifpartie den seit drei Jahren verschollenen M'Clure mit seiner Mannschaft auf dem Investigator aufgefunden und dieser kühne Seeheld zwei nordwestliche Durchfahrten entdeckt habe; ja auf der Beechey-Insel wartete einer von dessen Offizieren mit Namen Cresswell, um auf dem ersten heimkehrenden Schiffe Nachrichten von den Entdeckungen nach England zurückzubringen.

Kapitän Kellett war am 7. September 1852 unter dem Längenkreise des Winterhafens an der Melville-Insel angekommen, hatte jedoch die Küste daselbst so dicht mit Eis bedeckt gefunden, daß sie ihm keine sichere Zuflucht bieten konnte. Er sah sich daher genöthigt, nachdem er einige Vorräthe auf dem Festlande für die im Frühjahre zu unternehmenden größeren Landreisen niedergelegt, 7 bis 8 Meilen nach der Dealy-Insel zurück zu segeln. Hier schlug er das Winterlager auf und sendete alsbald fünf Schlitten mit Lebensmitteln aus, welche in weiten Fernen vergraben werden und den Reisenden im Frühjahr zur Unterstützung dienen sollten. Den Lieutenant Mecham führte sein Weg an den Sandsteinfelsen vorüber, in deren Nähe einst Parry überwintert und den im Jahre vorher M'Clintock besucht hatte. Eine Inschrift erinnerte an den Winteraufenthalt Parry's 1819 bis 1820. Mecham fand die Urkunde, die M'Clintock daselbst hinterlassen, und neben derselben — wer begreift sein Erstaunen — einen erst im Frühjahr niedergelegten Bericht. Hatte Franklin mit den Seinen an diesem Orte verweilt, oder welche andere Mannschaft war hierher verschlagen worden? In großer Aufregung öffnete er und sah, daß von M'Clure's Hand die Nachricht stammte. Dieser hatte gleichsam eine Art Testament dem Orte anvertraut. Konnte er auch nicht hoffen, daß der entlegene Sandsteinfelsen sobald wieder von Europäern würde erreicht werden, so glaubte er doch, es nicht verabsäumen zu dürfen, hier einen kurzen Bericht über seine Fahrt, seine Entdeckungen, den Standort seines Schiffes und über die Erfolglosigkeit seiner Nachforschungen nach Franklin niederzulegen. Welchen Gefahren waren er und die Seinen nicht noch ausgesetzt, ehe sie insgesamt den heimatlichen Boden betreten konnten? Wie leicht war es möglich, daß dieses Blatt das alleinige Zeugniß seiner Thaten, seines unerschrockenen Muthes, seiner Treue in der Erfüllung der Pflicht vor Mit= und Nachwelt wurde! Er schließt mit den Worten: „Sollte man nichts wieder von mir und meiner Mannschaft hören, so nehme man an, daß wir entweder in das Polareis gerathen oder in den Westen der Melville-Insel verschlagen sind. In beiden Fällen würde das Unglück nur noch schlimmer werden, wenn man Schiffe zu unserer Hülfe aussendete; denn jedes Fahrzeug, das in das Polareis geräth, ist unwiederbringlich verloren."

Gern hätte Kellett noch in diesem Jahre sich mit M'Clure in Verbindung gesetzt, doch die lange Winternacht trat ein und man mußte das Zusammentreffen bis zum Frühjahre verschieben. Kaum aber war die Finsterniß vorüber, so wurde Leutnant Pim von der „Resolute" und der Schiffsarzt Dr. Domville mit 9 Mann zur Aufsuchung des Investigator abgeschickt. Sechs Hunde zogen den Schlitten mit Lebensmitteln. Als man am 6. April 1853 in der Nähe der Gnadenbucht (bay of mercy), wo der Investigator seit 1 1/2 Jahr eingefroren war, ankam, eilte Leutnant Pim den Seinen voraus, um die Mannschaft, die er 1850 zum letzten Male auf dem Herald nördlich von der Behringsstraße gesehen, zu begrüßen. Man bemerkte auf dem Investigator schon von weitem die Annäherung einer menschlichen Gestalt. Erstaunt fragte man sich, wer da kommen könne; denn Niemand ahnte, daß das am Winterhafen niedergelegte Schriftstück zur Kenntniß von Europäern gelangt sei. Endlich erkannte man deutlich Gesichtsfarbe und Gesichtszüge und erblickte zur großen Verwunderung — ein Mohrengesicht. Leutnant Pim hatte das Gesicht zum Schutz gegen die Kälte schwarz gefärbt, eine höchst praktische Erfindung, die auf dem Investigator noch unbekannt war. Schon zweifelte man daran, mit diesem Wesen, das gleichsam aus einer andern Welt hierher verschlagen zu sein schien, sich verständigen zu können; selbst die schätzenswerthen Kenntnisse Miertsching's, des Dolmetschers, mußten als nicht ausreichend betrachtet werden. Dennoch fragte man, als die Gestalt nahe genug war, nach Namen und Herkommen. Wer vermag nun den ergreifenden Moment zu schildern, als man zur Antwort erhielt: „Leutnant Pim von der Resolute, einst auf dem Herald."

Wie ein Zauberruf ertönten die Worte unter unbeschreiblichem Jubel von Mund zu Mund. Alle Leiden waren mit einem Male vergessen; mit unaussprechlicher Freude drängte man sich aus der Luke des eingehausten Schiffes zu dem neuen Ankömmling hervor; selbst die Kranken verließen ihre Hängematten. Es war das erste Mal in der Geschichte, daß Männer, von denen die einen von der Behringsstraße und die andern vom Atlantischen Ocean ausgefahren, sich in diesem nordischen Meere die Hand reichten. Schon hatte M'Clure seiner Mannschaft, die durch dreijährige Beschwerden, durch bereits erfolgte Beschränkung im Verbrauch von Lebensmitteln und durch Krankheit sehr gelitten, angekündigt, daß die Hälfte das Schiff verlassen und theils durch die Hudsonsbailänder, theils über den Leopoldshafen und den Lancastersund die Heimat zu erreichen suchen solle. Er selbst wollte mit dem übrigen kräftigen Theile noch das Jahr 1853 auf dem Fahrzeuge ausharren und abwarten, ob sich das Eis in der Gnadenbucht lösen und die Vollendung der Durchfahrt möglich sein werde. Die Schlitten zur Abreise waren theilweise schon gepackt; denn in neun Tagen sollte die Trennung erfolgen.

Wir kehren jetzt zu den Erlebnissen M'Clure's zurück, den wir 1850 verließen, als er nach der Inspektion seines Fahrzeuges durch Kapitän Kellett mit dem freudigsten Muthe und kühner Entschlossenheit in das Eismeer hinaussegelte. Kühn in seinen Entwürfen haben wir ihn schon auf seiner Fahrt in direkter Richtung von den Sandwichsinseln nach dem Behringsmeere kennen gelernt. Ebenso kühn und entschlossen ging er auch jetzt auf sein Ziel los. In gerader Linie wollte er das Banksland gewinnen. Aber wie oft er es auch versuchte, er vermochte niemals durch die Eismassen zu dringen; jedesmal mußte er zur Küste des Kontinents zurück; Zeit und Kräfte waren vergeblich einem gefährlichen Unternehmen gewidmet. In den letzten Stunden des 2. August umfuhr er das Kap Barrow. Es war eine liebliche Polarnacht, die doch eigentlich nicht Nacht ist, die einer der Reisenden als „ein langes sanftes Zwielicht" beschreibt, „welches wie ein silbernes Band das Heute mit dem Morgen vereinet, wobei unter dem sternenlosen Himmelsgewölbe Abend und Morgen Hand in Hand in unvermittelter Nähe sitzen". Kreist auch ununterbrochen, ohne unterzugehen, die Sonne am Himmelsgewölbe, so markirt doch die Natur auf eigenthümliche Weise die Zeit von 8 Uhr Abends bis 4 Uhr Früh. Die Vögel suchen ihre stille Ruhestätte, die Pflanzen senken die Blätter, das Licht ist matter, die Färbung des Landes ist weniger scharf. In einer solchen Nacht wurde zum ersten Male die Nordwestspitze Amerika's von einem großen britischen Schiff umfahren und die Mannschaft fühlte sich augenscheinlich leichteren Herzens, als nun das Fahrzeug seinen Lauf nach der Heimat richtete.

Eine enge Wasserstraße zwischen einer niedrigen, fast hafenlosen Küste auf der einen Seite und furchtbaren Packeismassen auf der andern führte weiter nach Osten. In ihr gelangte der Investigator bis zur Pittspitze, wo einige von der Mannschaft an das Land gesetzt wurden, um einen Steinhaufen zu errichten und eine kurze Nachricht unter demselben niederzulegen, daß das Schiff hier vorübergesegelt sei. Die Abgesandten trafen drei Eskimo, die sich anfangs sehr scheu zeigten. Sie näherten sich erst, als man die gewöhnlichen Freundschaftszeichen,

d. h. dreimaliges Erheben der Arme über dem Kopfe, ausgetauscht hatte. Man begrüßte sich gegenseitig, indem man die Nasen an einander rieb, und Miertsching, der ihre Sprache gut verstand, erfuhr bald den Grund ihrer früheren Furcht. Wir sahen gestern, erzählten sie ihm, zu unserm größten Erstaunen auf dem Meere wandernde hohe Bäume. Alle unsere Brüder eilten an das Ufer, um die wunderbare Erscheinung näher zu beobachten. Bald fanden wir, daß die Bäume auf einer „schnell gehenden Insel" ständen, welche von Menschen belebt war. Kaum trauten wir unsern Augen, als wir bemerkten, daß die Bewohner sogar die Insel zu lenken verstanden. Eine solche Macht und Gewalt ist uns unbegreiflich, und alle unsere Brüder geriethen daher in Furcht und entfernten sich, als ein Boot sich dem Ufer näherte. Wir drei blieben zurück, um noch weitere Beobachtungen anzustellen. Miertsching setzte ihnen auseinander, daß die „schnell gehende Insel" nur ein großer Kajak oder Umjak sei, und daß die darauf weilenden weißen Männer von einem großen König abgesandt worden wären, um ihre verlornen Brüder zu suchen. Wenn sie weiße Männer in Noth sähen, sollten sie dieselben bereitwillig unterstützen. „Weiße Männer", entgegneten sie, „haben wir in diesem Jahre gesehen; sie fuhren in einem Boote nach Osten." Jedenfalls war diese Nachricht auf die Pullen'sche Bootexpedition zu beziehen, und nicht auf die Franklin'sche Mannschaft, über die sie keine Auskunft zu geben vermochten. Der ganze Eskimostamm, zu welchem die drei Zurückgebliebenen gehörten, bestand aus zehn Familien und war erst vor wenigen Tagen an diesem Theile der Küste angekommen, um Seehunde zu jagen. Ob es weiter nordwärts Inseln gäbe, wußten die Eingeborenen, die im Laufe des Gesprächs immer mehr Zutrauen gewannen, nicht anzugeben, da sie sich in ihren Kajaks, wie sie sagten, nur eine Tagfahrt von der Küste entfernten. Dagegen behaupteten sie mit großer Bestimmtheit, daß während des Sommers die See immer einige Meilen von dem Ufer offen sei und daß in diese fahrbare Straße höchst selten schweres Eis hereinkomme.

Auf der Weiterfahrt gelangte der Investigator an mehrere kleine Inseln. Auf einer derselben erblickte der Wächter des Schiffes eine Anzahl Männer, die eine hohe Stange umstanden, auf welcher eine Flagge, die aus Seehundsbeinkleidern bestand, aufgesteckt war. Man setzte Boote aus, um mit den Bewohnern in Verkehr zu treten. Diese flohen zwar anfangs, als man sich näherte, kurze Zeit darauf faßten sie jedoch neuen Muth, kehrten zurück, stellten sich in einer Linie auf und erhoben dreimal zum Zeichen der Freundschaft die Arme über die Köpfe. Der gewöhnlichen Begrüßungsform, dem Aneinanderreiben der Nasen, folgte eine kräftige Umarmung. Es waren Eskimo, die noch nie einen Weißen gesehen und nicht einen einzigen europäischen Artikel besaßen. Sie leben nur während des Sommers auf diesen Inseln, während des Winters ziehen sie sich etwas südlicher in mildere Gegenden zurück. Ihre Frauen und Kinder wohnten auf einer der benachbarten Inseln. M'Clure schenkte den Männern eine Bootsflagge zur Erinnerung an das erste Kriegsschiff, das in diesen Gewässern gefahren. Sie wagten dieselbe erst dann zu berühren, als ihnen Miertsching auseinander gesetzt hatte, daß die Flagge von einem großen Häuptlinge der Weißen komme und daß sie mit derselben allen weißen Männern furchtlos entgegenkommen könnten. Bald darauf entfernten sich alle eiligst und begaben sich zu ihren Weibern, um sie von dem Gesehenen in Kenntniß zu setzen. Als man ihnen am nächsten Tage erlaubte, das Schiff zu besuchen, zeigten sie sich sehr diebisch; besonders war es das schöne Geschlecht, welches das Gestohlne geschickt zu verbergen wußte.

Eskimo grüßend und durch Stellungen des Daseins von Seehunden anzeigend.

M'Clure vermochte immer noch nicht sich mit dem Gedanken zu befreunden, daß er in dem „Landwasser" bleiben und die Wege der früheren Bootexpeditionen längs der Küste verfolgen müsse. Am 18. August versuchte er zum letzten Male, in gerader Richtung durch die Eismassen dem Bankslande zuzusteuern; doch der Versuch fiel eben so unglücklich aus, wie alle früheren und er sah sich zur Umkehr genöthigt. Er segelte nun die Küste des nordamerikanischen Kontinents entlang, an der Mündung des Mackenzie vorbei, umfuhr das Kap Bathurst und schlug erst in der Nähe des Kap Parry (106° w. L. von Ferro) die nördliche Richtung nach dem Bankslande ein.

Der interessanteste Punkt auf dieser langen Strecke war jedenfalls das Kap Bathurst. Während anderwärts Armuth, Unfruchtbarkeit und Oede die einförmigen Gestade des Polarmeers charakterisiren, zeichnet sich diese Stelle durch eine entwickeltere Vegetation, durch eine bedeutende Menge von Wild, Rennthieren

und Geflügel und durch einen größern Reichthum an Walfischen und andern See=
thieren aus. Diese Vorzüge der Landschaft scheinen stets eine große Anzahl Eskimo
hierher zu locken. Richardson begegnete 1848 gegen dreihundert; M'Clure fand
dreißig Zelte und neun Winterhäuser und später sehnten sich die Mannschaften des
Investigator, als sie in den Eiswüsten des Banksslandes eingeschlossen waren,
wiederholt nach Kap Bathurst zurück. Die Fröhlichkeit der Eingeborenen, Klima
und Produkte hatten die angenehmsten Erinnerungen zurückgelassen. Ueberraschend
war die Nachricht, die man hier von einem Eskimo erhielt, es sei ein Weißer von
einem seines Stammes erschlagen worden. Miertsching bemerkte nämlich bei
einem Häuptlinge einen alten Metallknopf als Ohrschmuck und es wurde ihm auf
seine Frage, wie er in den Besitz dieses Gegenstandes gekommen sei, die Antwort
zu Theil: „Am Point Warren landeten Weiße und erbauten ein Haus; später
zogen sie landeinwärts; einer aber trennte sich von den übrigen und wurde von
einem meiner Brüder erschlagen. Ihm schnitt man mehrere solcher Knöpfe von
seinen Kleidern." Der Dolmetscher gab sich alle Mühe zu erfahren, ob dies vor
längerer oder kürzerer Zeit gewesen sei. Die Eingeborenen verwickelten sich jedoch
in dieser Hinsicht in so viele Widersprüche, daß es ungewiß blieb, ob das Ereigniß
im Jahre vor, oder zur Zeit, da der Häuptling noch ein Kind war, stattgefunden
habe. Gern hätte M'Clure das Grab des Weißen, das man ihm zeigen wollte,
näher untersucht; aber das Wetter nöthigte zur Rückkehr zu dem Schiffe. Miert=
sching hielt die ganze Erzählung nur für eine Tradition, der eine Begebenheit aus
früherer Zeit zu Grunde läge. Wenigstens stellte eine genauere Untersuchung
des angeblich von den Weißen erbauten Hauses heraus, daß dasselbe ein hohes
Alter habe. Es war ganz verfallen und ein Brüteplatz von Eidergänsen und an=
derem Geflügel; auch Fährten von Füchsen und Wild bemerkte man. Wahrschein=
lich maßte sich die jetzige Generation die Ehre einer That an, die ihre Vorfahren
vollbracht.

Am 31. August entdeckte M'Clure das oben erwähnte große Eskimolager
von 30 Zelten. Alles gerieth daselbst in die lebhafteste Bewegung; die Männer
suchten in stürmischer Eile die Kajaks zu erreichen, ruderten entgegen, zogen ihre
Messer und spannten die Bogen. Als sie jedoch die Freundschaftszeichen erkannten,
steckten sie die Pfeile in die Köcher und behielten nur die Messer in der Hand. Man
war in kurzer Zeit sich endlich so nahe gekommen, daß man die gesprochenen Worte
gegenseitig verstehen konnte. Miertsching forderte die Herbeirudernden auf, auch
die Messer wegzulegen. „Gut", sagten sie, „wenn ihr eure Flinten bei Seite
setzt." Dies letztere geschah und fortan war jedes Mißtrauen geschwunden; ja als
man mit den Waffen einstweilen tauschte und die Eskimo die Flinten, die Eng=
länder die Messer trugen, hatte es den Anschein, als sei ein vollständiger Freund=
schaftsbund geschlossen worden. Die meiste Bewunderung erregte unter den Ein=
geborenen der Dolmetscher Miertsching, weil er ihre Sprache und Angelegenheiten
so genau kannte. Sie sahen ihn als ihres Gleichen an, machten ihm das freund=
schaftliche Anerbieten, bei ihnen zu bleiben, der Häuptling bot ihm seine funfzehn=
jährige Tochter zum Weibe an und versprach ihm die Ausstattung mit einem

Zudringlichkeit der Eskimo.

Zelte und allem zum Hausstande eines Eskimo Gehörigen, wenn er sich mit ihr vermählen würde. Da sich nach und nach gegen hundert Bewohner des Dorfes eingefunden hatten, so hielt es M'Clure nicht für rathsam, die Geschenke zu zeigen; er kannte ihre Habsucht, die sie nur zu leicht in Versuchung führt, durch unehrliche Mittel mehr, als man geben konnte, zu erlangen. Man brachte daher die Boote ganz nahe ans Land und zog eine Linie, welche kein Eskimo überschreiten sollte.

Ein Begleiter M'Clure's.

Miertsching theilte die Geschenke aus. Anfangs wurde die Ordnung aufrecht erhalten; später aber wurde das schöne Geschlecht so laut und zudringlich, daß sich M'Clure mit seinen Gefährten in die Boote begeben mußte, wollten sie nicht in das Wasser gedrängt werden. Man stieß die Boote einige 20 Ellen vom Ufer ab, blieb aber immer noch von etlichen vierzig Eingeborenen umgeben, die durch das Wasser wateten und zu großer Aufmerksamkeit und Vorsicht nöthigten, wenn man nicht bestohlen werden wollte. Selbst als M'Clure zum Schiffe zurückfuhr, wurde er von einer Menge Eskimo in ihren Kajaks begleitet. Sie wiederholten am nächsten Tage ihren Besuch und erzählten Miertsching, daß sie in der Nacht ein großes Fest gefeiert und gehofft hätten, die Fremdlinge würden ans Land kommen und ihre Gäste sein. Wir hatten, erklärten sie, das Beste bereitet, Walfischfleisch und

Salme gesotten, Wild gebraten und Speck geröstet; auch viele Pelze haben unsere Jäger zusammengebracht, um sie gegen andere Gegenstände zu vertauschen. Die Lage des Schiffes war jedoch nicht von der Art, daß dasselbe verlassen werden konnte. Die meisten Dinge, die hier diese Naturmenschen sahen, erregten nicht wenig ihre Bewunderung; am meisten waren sie über die Spiegel, als die schnellsten und geschicktesten Maler, erstaunt. Uebrigens schien es ihnen auf dem Schiffe sehr gut zu gefallen; sie tanzten unter einander und mit den englischen Matrosen und waren erst dann zum Fortgehen zu bewegen, als man ihnen erklärte, das Fahrzeug werde nun in das Packeis gehen und nicht wieder in die Nähe ihrer Zelte kommen. Vor dem Packeis schienen sie große Furcht zu hegen, weil es das Land des weißen Bären sei.

Wenige Tage, ehe man den Lauf des Schiffes nach Norden richtete, zog noch eine auffallende Erscheinung die Aufmerksamkeit der Mannschaft auf sich. In einer Entfernung von ungefähr drei Meilen sah man große Rauchmassen aufsteigen und der Wächter im Mastkorbe versicherte mit großer Bestimmtheit, er könne deutlich mehrere Personen in weißen Hemden und auch weiße Zelte in einer Felshöhlung unterscheiden. Das Phänomen forderte jedenfalls die genauste Untersuchung, da die Vermuthung nahe lag, verunglückte Europäer unterhielten absichtlich das Feuer, um sich bemerklich zu machen. M'Clure schickte ein Boot ab. Die Untersuchung an Ort und Stelle ergab jedoch ein ganz anderes Resultat. Der Rauch trat aus 15 kleinen Bergen von vulkanischem Aussehn und schwefelreichem Boden hervor; das Land umher bestand aus blauem Thon und war von vielen tiefen Einschnitten und Wasserrinnen durchfurcht. Man hatte hier einen Erdbrand vor sich, wahrscheinlich entstanden durch Selbstentzündung von Steinkohlen oder stark bituminösem und schwefelkiesreichem Thone, welche im Norden von Asien und Amerika ziemlich häufig beobachtet worden sind. In Europa finden sich dergleichen nur an dem berühmten brennenden Berge bei Duttweiler in dem preußischen Regierungsbezirk Trier und an einigen Stellen der englischen Küsten; im nördlichen Asien dagegen, in Sibirien, wo mit Ausnahme von Kamtschatka thätige Vulkane ganz fehlen, giebt es zahlreiche Berge, die, obgleich sie aus Thon und Sandstein bestehen, doch brennen. Hinsichtlich Amerika's traf schon Mackenzie 1783, wie früher erwähnt, brennende Ufer an dem nach ihm benannten Flusse stellenweise an und Richardson beobachtete brennende Wände an den Gestaden des Polarmeers. Auch im Gebiet des oberen Missouri hat man verschlackte pseudovulkanische Gebilde in der Nähe rauchender Hügel entdeckt; ja die Eingeborenen nennen einen kleinen Fluß jener Gegend sogar den „Fluß der rauchenden Erde" oder in ihrer Sprache Mankizitah=watpa. Von Menschen und Zelten fand die von M'Clure zur Erforschung des Phänomens abgeschickte Mannschaft nicht die geringste Spur; der Wächter hatte sich getäuscht.

Am 7. September 1850, also ziemlich spät im Jahre, erreichte der Investigator die Südspitze von Banksland. M'Clure gab derselben den Namen Lord Nelson's Head und fuhr mit mehreren Begleitern in einem Walfischboot und einem Kutter ans Land, um es im Namen der britischen Königin in Besitz zu nehmen.

Die Insel, deren südlichen Theil er zu Ehren des ersten Lords der Admiralität Baringsland nannte, bot von einem 500 Fuß hohen Hügel einen lieblichen Anblick. Sie war ganz mit Moos überzogen und schimmerte im frischesten Grün; ein Kranz schön geformter Berge und blauer Seen breitete sich vor den überraschten Seefahrern aus. Spuren von Rennthieren und wildem Geflügel zeigten sich in Menge. Was aber vor allem die größte Freude erweckte, war das offne Fahrwasser, welches man an der Ostseite der Insel fand und einen Zugang zum Melville=Sunde verhieß. M'Clure hatte anfangs an der Westseite des Bankslandes zu überwintern gehofft; daran wurde er jedoch durch das Eis gehindert. Er sah sich genöthigt nordöstlich zu steuern und gelangte bald in eine schmale Wasserstraße, die das Banksland von einer anderen, von ihm Prinz=Alberts=Land genannten Insel trennte. In ihr gelangte er unter vielfachen Gefahren, die Stürme und Nebel noch erhöhten, bis zum 73° 7' nach Norden. Er war nur noch 7 bis 8 Meilen von dem Ausgange derselben entfernt; da fror er ein, ohne einen schützenden Hafen erreicht zu haben. Der Sturm trieb schon die Tage vorher unabsehbare Eismassen ihm entgegen, welche trotz der angestrengtesten Arbeit nicht zu durchbrechen waren. Bis zum 8. Oktober hatte das Schiff noch manchen Stoß auszuhalten und entging mehrmals nur auf fast wunderbare Weise dem Untergang. Gänzliche Ruhe in den Eismassen trat erst am 21. Oktober ein.

Hatte auch M'Clure keinen Augenblick vergessen, daß seine eigentliche Aufgabe war, die vermißte Franklin'sche Mannschaft zu retten, nicht aber, auf Entdeckungen auszugehen, so vereinigte sich doch jetzt alles, ihn selbst wider Willen zum Entdecker der seit Jahrhunderten gesuchten Durchfahrt zu machen. Das Eis hatte ihn genöthigt, seinen Plan neu zu gestalten, die Fahrt im Westen des Banksland=des aufzugeben und in die Prinz von Wales=Straße einzulaufen. Jetzt war er in dieser so weit vorgedrungen, daß er nur noch ungefähr 40 Meilen von jenem Punkte entfernt war, den einst Parry erreichte. Konnte nicht auch Franklin von dem Melville=Sunde aus die nordwestliche Durchfahrt in einer südlich zwischen Inseln sich hinziehenden Straße gesucht haben? Und war es daher nicht von der größten Wichtigkeit, die Nachforschungen in diesen Gebieten fortzusetzen, sowie dieselben bis auf die Melville=Insel hinüber zu verfolgen, um eine Vereinigung mit den nach der Barrowstraße ausgesendeten Mannschaften herbeizuführen? Mußte nicht für die Pläne des letzteren die Nachricht ein maßgebendes Moment bilden, daß auf dem Banksland sich nirgends Spuren der Vermißten vorgefunden hätten? Gewiß erklärte sich daraus, wie M'Clure, ohne sich einer Verletzung seiner Instruktion schuldig zu machen, sein ganzes Trachten darauf richten konnte, die nordwest=liche Durchfahrt zu vollenden. „Wie sollich", schreibt er in seinem Privattagebuche, „die Spannung meiner Gefühle schildern! Wäre es möglich, daß dieser Kanal (der Prinz von Wales=Kanal) zur Barrowstraße führte? Und sollte sich derselbe als die so lange gesuchte Nordwestpassage erweisen? Sollte einem so geringen Wesen, wie ich bin, das gelingen, was den Fähigsten und Weisesten seit Jahrhunderten versagt war? Aber alle Ehre gebührt dem, der uns so weit geleitet hat. Seine Wege sind nicht unsere Wege und die Mittel, deren er sich bedient, gehen über unser Wissen und Verstehen. Bei ihm wird die Weisheit der Welt zur Thorheit."

Am 10. Oktober bestieg M'Clure bei stillem schönen Wetter einen 1500 Fuß hohen Berg, um nach einer offnen Stelle im Meere nordwärts auszuschauen oder das Ende der Insel zu erkennen. Vorliegende Berge beschränkten jedoch den Blick und er mußte die Rückkehr antreten, ohne über die Ausdehnung der Insel ins Klare gekommen zu sein. Als er das Schiff verlassen hatte, war er sicher über feste Eismassen nach dem Lande gelangt; jetzt mußte er zu seinem Schrecken bemerken, daß die eisige Decke um 100 Ellen von der Küste zurückgetreten war. Er wanderte mit seinem Gefährten einige Stunden an dem Ufer hin und hoffte eine Eisscholle zu finden, die als Fähre zum Uebersetzen dienen könne. Leider hatte der Wind auch dieses von der Noth gebotene Mittel ihm entführt und schon trat die Dunkelheit ein und die Kälte ward immer unerträglicher. Man schoß nun Signale ab, um der übrigen Schiffsmannschaft Nachricht zu geben. Dieselben wurden glücklicherweise, wenn auch erst spät in der Nacht, gehört und man beeilte sich, den Abgeschnittenen mit Böten zu Hülfe zu kommen. Auf das vortrefflichste bewährten sich hierbei die Böte nach Halkett's Erfindung. Ein gewöhnliches Boot über die rauhe Oberfläche des Eises fortzuschaffen, würde viel Zeit und Kraft erfordert haben; das Halkett'sche dagegen ist so leicht, daß es ein einziger Mann auf der Schulter tragen kann. Sein Gewicht beträgt nicht mehr, als 25 Pfund, und außerdem gewährt es den Vortheil, daß es, wo es auf Raumersparniß ankommt, zusammengedrückt und vor dem Gebrauch wieder aufgeblasen werden kann. Zwei solcher Böte trug man jetzt bis zur freien Wasserstelle und es gelang, die ganze Streifpartie, welche in der grimmigen Polarnacht von — 18° R. ohne Schutzmittel gegen Kälte und Hunger den größten Gefahren ausgesetzt war, zu erretten.

Bald machte sich M'Clure von neuem auf den Weg, um sich zu vergewissern, ob seine Vermuthung über den Zusammenhang der Straße, in die er eingelaufen war, mit dem von Parry entdeckten Melville=Sunde richtig sei oder nicht. Der 26. Oktober 1850 war der Tag, an welchem er von der Anhöhe der Peelskuppe im Schimmer der Morgensonne **die Mündung der Prinz von Wales=Straße in den Melville=Sund** deutlich erkannte. Die nordwestliche Durchfahrt, jenes Räthsel, das seit Jahrhunderten Männer der verschiedensten Nationen in die eisige Polargegend geführt, Völker zum Wettstreit herausgefordert und Hunderte von Menschenleben verschlungen hatte, war von nun an kein Problem mehr, sondern eine festbegründete Thatsache, und M'Clure derjenige, durch welchen die erste Lösung in Europa bekannt wurde. Jetzt eilte er, erfreut über seine Entdeckung, den Begleitern voraus, um den Gefährten auf dem Schiffe die Botschaft zu überbringen und ein Fest zur Feier des glücklichen Ereignisses vorzubereiten. Der 26. Oktober blieb fortan für ihn und alle seine Genossen ein bedeutungsvoller Festtag. Man feierte ihn in den folgenden Jahren 1851 und 1852 in enggeschlossenem Kreise; denn bis dahin hatte die vereinsamte Schaar noch Niemand gefunden, dem sie die so hochgehaltene Kunde hätte mittheilen können.

Um die Kenntniß dieser Inselwelt, die noch nie von einem Europäer betreten worden war, zu erweitern und die Nachforschungen nach Franklin fortzusetzen, rüstete M'Clure im Frühjahr 1851 vier Schlittenpartien aus. Es wanderten die dazu ausgewählten Männer viele Wochen lang in den mit Schnee und Eis bedeckten einsamen Gegenden umher und es gelang ihnen unter vielfachen Gefahren, die Nordküste des Prinz Alberts= und des Bankslandes vom 90^0 bis 100^0 w. L. von Ferro und die Südküste beider Inseln von dem Prinz Alberts=Sunde unter dem $93\frac{1}{2}^0$ bis zum 105^0 w. L. von Ferro aufzunehmen. Die interessanteste Nachricht, die eine dieser Partien zurückbrachte, war jedenfalls, daß man 18 Eingeborene, welche auf dem Eise ihr Lager aufgeschlagen, bei der Seehundsjagd überrascht habe. Es waren dieselben, welche die äußersten Vorposten des Menschengeschlechts nach Norden zu bilden, höchst einfach in ihren Sitten, wohlwollend in ihrer Gesinnung; sie lebten gleichsam noch in paradiesischer Unschuld, unverdorben durch den Einfluß des Verkehrs mit civilisirten Nationen. Noch nie hatten sie Europäer gesehen; der Anblick und Gebrauch des Eisens war ihnen neu; europäische Waaren kannten sie nicht, ihre Pfeile und Lanzen waren mit Kupfer beschlagen. Der Dialekt ihrer Sprache ähnelte dem, welcher auf Labrador gesprochen wird, mehr, als dem an der Mündung des Mackenzie und Kap Bathurst. Sie achteten fremdes Eigenthum und suchten weder durch List noch durch Gewalt sich in den Besitz desselben zu setzen; ja sie waren sogar schwer dazu zu bewegen, etwas anzunehmen, wenn sie nicht eine entsprechende Gegengabe gewähren konnten. Obgleich man überall auf der Insel zahlreiche Spuren längst verlassener, mit Moos überwachsener und vermoderter Eskimolager antraf, so hatte sich doch bei diesen Eingeborenen keine Sage von ihren Vorfahren, die einst die Gegend bevölkerten, erhalten. Sie lebten eben nur der Gegenwart, unbekümmert um Vergangenheit und Zukunft. Genau vertraut waren sie dagegen mit der Lage und Ausdehnung der Inseln und Küsten, die sie alljährlich der Jagd und des Fischfanges wegen besuchen. M'Clure zeigte ihnen eine Karte von Wollastonland und sie ergänzten dieselbe, indem sie mehrere Inseln, die auf derselben nicht angegeben waren, einzeichneten. An Nahrung schien es ihnen niemals zu fehlen; sicher ist Banks= und Prinz von Wales=Land das fruchtbarste Gebiet in dieser nordischen Inselwelt. Rennthiere, Moschusochsen, Hasen und andere Thiere finden auf den alluvialen Ebenen und in den Thälern reichen Weideboden, Seevögel im nahen Meere hinreichende Nahrung, und wildes Geflügel der verschiedensten Art scheint sich diese Insel zum Brüteplatze ausersehen zu haben. Die Jagd während des Winters war daher auch ziemlich ergiebig und es war jedenfalls dem Genusse frischen Fleisches zuzuschreiben, daß die Schiffsmannschaft mit Ausnahme von drei Matrosen, welche an erfrornen Gliedern darniederlagen, ebenso gesund und kräftig das Winterlager verlassen konnte, als sie von England im Jahre vorher abgesegelt war.

Der Aufbruch des Eises, bei dem man für das Fahrzeug am meisten gefürchtet hatte, ging glücklich vorüber. Freilich mußte man es aufgeben, durch die Prinz von Wales=Straße in den Melville=Sund zu gelangen. Die mächtige Eisscholle, an der man seit 10 Monaten geankert hatte, bewegte sich unaufhaltsam nach Süden und erst am 17. Juli konnte man dieselbe verlassen. Einen Monat trieb das Schiff in der genannten Straße hin und her, mehrmals in Gefahr, von Eisblöcken zermalmt zu werden. M'Clure änderte nun seinen Plan; er umsegelte das Kap Nelson's Head und suchte das Banksland auf der Westseite zu umfahren, um auf diese Weise in den Melville=Sund einzulaufen. Diese Fahrt gehört zu den schrecklichsten, die je zwischen Eismassen ausgeführt worden ist, und M'Clure und seine Mannschaft zeigten dabei einen Heldenmuth, eine Ausdauer, Einsicht und Thatkraft, welche die anerkennendste Bewunderung aller Zeiten verdienen. Am 20. Juli suchte man gegen das furchtbare Packeis Schutz hinter einem kleinen, aber sehr schweren Eisblocke, der fest auf dem Boden aufsaß. Die andrängenden Massen waren aber so gewaltig, daß der Eisblock zu schwanken anfing, und eine seiner Eiszungen, die unter dem Boden des Schiffes sich hinzog, dasselbe über 6 Fuß in die Höhe hob. Wenige Tage darauf wurde das Vordertheil auf ähnliche Weise so hoch gehoben, daß man in der höchsten Besorgniß war, das Fahrzeug werde überkippen. Das waren Stunden großer Gefahr, aber auch unerschütterlichen Muthes. M'Clure war unermüdlich wachsam und fehlte nie, wo die Noth am größten war; ungebrochenen Sinnes, mit Eifer und Geschick stand ihm seine Schiffsmannschaft zur Seite und gehorchte seinem Wink.

Ein nordischer Wegelagerer.

So gelang es beidemal aus der Nähe der gefahrvollen Eismassen zu kommen. Erheischte es die Noth, so bot er die großartigsten Mittel zur Rettung auf. Einmal wurde der „Investigator" so zwischen Eisblöcken fortgedrängt, daß er am Border= und Hintertheil starke Beschädigungen erlitt. Große Balken, die man an den Seiten zum Schutz hinabgelassen, waren wie Glas zersplittert worden und hatten nur wenig geholfen. Die Ausbesserung gelang, als der Druck der Massen etwas nachließ und das Schiff auf eine feste Eisfläche umgelegt wurde. Doch das Eistreiben begann bald wieder und das Fahrzeug wurde zwischen dem Ufer und einem auf den Grund gestoßenen Eisberge so eingeengt, daß es untergehen mußte, wenn der Koloß wieder in Bewegung kam. Da griff M'Clure zum äußersten Mittel, zur Sprengung der Masse durch Pulver. An drei Stellen wurden Minen angelegt, und eine fürchterliche Explosion erfolgte. Auf dem Schiffe, das nur wenige Schritte entfernt war, zitterten die Masten und das Verdeck, und das Kabel wurde weggeführt; die wilde Jagd der vorbeitreibenden Schollen riß Theile des Kupferbeschlages los und wickelte sie wie Papierrollen zusammen; doch das Schiff hielt die Erschütterung aus, kein festes Band wich, kein Leck entstand. Man hatte nun auf eine glückliche Weiterfahrt gehofft; aber das Eis kam wieder zum Stehen und nöthigte die kühnen Seehelden, noch elf Tage an dieser Stelle zu verweilen. Als sich dann bei eingetretenem Südwinde und milderer Temperatur eine schmale Wasserstraße zeigte, mußte man erst 150 Pfund Pulver verschießen, um die Eismassen zu entfernen, die am Untertheil des Schiffes festgefroren waren. Und wenige Tage darauf sah man sich abermals von schwimmenden, 16 bis 18 Fuß hohen Eiskolossen von allen Seiten dergestalt bedroht, daß man auf das Schlimmste gefaßt sein mußte. Pulverminen von 65 Pfund verursachten nur eine geringe Veränderung unter diesen furchtbaren Feinden. Erst als man eine Rummtonne mit 255 Pfund Pulver, welche man 30 Ellen vom Schiffe entfernt 5 Klaftern tief zwischen die Blöcke versenkt hatte, explodiren ließ, borsten diese in kleinere Stücke auseinander. Unter solchen Kämpfen und Besorgnissen gelangte man endlich um die Nordwestspitze der Banksinsel am 24. September in eine stille, völlig geschützte Bai, die man in dem dankbaren Gefühle der Rettung die „Gnadenbucht" (bay of mercy) nannte. Schon am andern Tage war das Schiff fest eingefroren und es harrt, wenn es nicht zermalmt worden ist, bis auf diese Stunde der Erlösung aus seinen eisigen Banden. Weder im Sommer 1852 noch in dem 1853 ging das Eis in der Gnadenbucht auf. M'Clure verlebte mit seinen Gefährten daselbst zwei traurige Winter; namentlich trübte sich die so muthvolle Stimmung, als man auch im Jahre 1852 vergeblich auf die Weiterfahrt hoffte. Verschiedene Krankheiten warfen einen Theil der Mannschaft aufs Lager, die täglichen Portionen an Lebensmitteln mußten verkleinert werden, trotzdem daß man auf der Jagd viel Wild erlegte. Wir werden daher die Freude und den Jubel aller begreifen, als man am 6. April 1853 so unerwartete Hülfe durch den Leutnant Pim von der „Resolute" erhielt.

Die Zwischenzeit bis dahin benutzte M'Clure, um die Aufnahme des Bankslandes vollenden zu lassen. Schon im Oktober 1851 erreichte man an der Nordküste denjenigen Punkt, bis zu welchem man im Jahre vorher von der Prinz von Wales-Straße aus zu Schlitten vorgedrungen war, und es stand somit geographisch fest, daß der eben zurückgelegte Weg an der West- und Nordseite des Bankslandes eine zweite nordwestliche Durchfahrt bilde. Freilich mußte die praktische Bedeutsamkeit der Entdeckungen für Handel und Verkehr bei den Schwierigkeiten, welche die ungeheuren Naturgewalten entgegenstellten, gänzlich in den Hintergrund treten. Dagegen nehmen sie unter den wissenschaftlichen Resultaten, die bisher in den arktischen Regionen erzielt wurden, eine der ausgezeichnetsten Stellen ein und sind ein ehrenvoller Triumph für England, welches endlich das durchführte, was fast unmöglich schien.

Schon am 7. April 1853 machte sich M'Clure mit acht Gefährten auf den Weg nach der Dealy-Insel, wo Kapitän Kellett mit der „Resolute" und dem „Intrepid" überwinterte; acht Tage später folgten 26 Mann nach, meist Sieche und der

Pflege Bedürftige. Elf der letzteren, unter ihnen der Leutnant Creßwell, setzten ihren Weg unverweilt nach der Beechey-Insel fort und kehrten auf dem „Phönix" unter Kapitän Inglefield noch in demselben Jahre in die Heimat zurück. M'Clure dagegen begab sich wieder nach dem „Investigator" und harrte auf demselben noch bis zum Sommer 1854 des Aufganges des Eises, um die Durchfahrt zu vollenden. Als aber auch in diesem Jahre jede Hoffnung schwand, sein Fahrzeug aus dem Kerker zu befreien, verließ er dasselbe und reiste mit der zurückgebliebenen Mannschaft gleichfalls nach der Beechey-Insel, wo der „Nordstern" als Stationsschiff noch aufgestellt war.

Der am 7. Oktober 1853 mit dem Leutnant Creßwell in London eintreffende Inglefield hatte freilich nicht blos das freudige Ereigniß der Entdeckung zweier nordwestlicher Durchfahrten zu verkünden, sondern auch Unglücksfälle der verschiedensten Art, von welchen die Belcher'sche und Inglefield'sche Expedition betroffen worden war. Die Stimmung, welche seine Nachrichten unter der englischen Nation hervorriefen, war daher eine sehr gemischte. Hier vergoß man Thränen der Freude über das Wiederauffinden des „Investigator" und über seine Entdeckung, dort Thränen getäuschter Erwartung über den hoffnungslosen Stand der Nachsuchungen nach Franklin. Besonders waren es drei Thatsachen, welche die Gemüther mit unendlichem Schmerze erfüllten: der Untergang des Transportschiffes „Breadalbane", der Tod Bellot's und die rückgängige Bewegung Belcher's. Wir kehren jetzt nach dem Schauplatze, wo diese Ereignisse im Jahre 1853 stattfanden, zurück und verfolgen den Verlauf der Belcher'schen und Inglefield'schen Expedition weiter.

Fiskernaes in Südgrönland.

VII.
Aufsuchungsexpeditionen in den Jahren 1853 und 1854.

Inglefield. Bellot. Belcher. Kellett. Richard Osborn. M'Clintock. Mecham. Elisha
Kane. — Hayes' Bootfahrt. Northumberland-Insel. Fahrt auf der Eisscholle.
Herbert-Insel. Birden-Bay. Kap Parry. Netlik. Kalutunah. Hungersnoth. Verkehr
mit Eskimo. Hayes und die Hunde. Sir-En. Rückkehr zum Schiff. — Rae's
Entdeckungen.

Inglefield fand den Leutnant Pullen, als er auf dem „Nordstern" ankam, nicht anwesend. Dieser hatte, da ihm seit langer Zeit alle Nachrichten über die Belcher'schen Schiffe fehlten, von Besorgniß getrieben sich nach Norden begeben, um über dieselben Erkundigungen einzuziehen. Inglefield reiste ihm nach, da ihm besonders von der Admiralität aufgetragen worden war, über den Fortgang der Nachsuchungen im Wellingtonkanal Bericht zu erstatten. Am Kap Rescue konnte er jedoch schon umkehren, da er aus einer daselbst niedergelegten Notiz ersah, daß Pullen mit Belcher zusammengetroffen und bereits nach der Beechey-Insel wieder aufgebrochen war. Er hatte unglücklicherweise diesen auf seinem Wege verfehlt;

sonst hätte er die Rückreise mehrere Tage früher antreten können. Ein noch eigenthümlicheres Mißgeschick war es, daß er auf der Rückkehr auch dem Leutnant Bellot fehl ging, der mit vier Begleitern ihm nachgeschickt worden war, um ihm die Ankunft Pullen's auf der kleinen Insel zu melden. Jetzt folgten nun mehrere Tage des fürchterlichsten Orkanes, die allen Unternehmungen in den arktischen Meeren Verderben drohten. Der Sturm tobte mit einer Heftigkeit, wie sie selbst von den Männern, die schon mehrere Winter im Eise zugebracht, nie beobachtet worden war. Die Eismassen geriethen in die wildeste Bewegung, mit unglaublicher Geschwindigkeit trieben die größten Eisberge auf den Wellen und verschlossen offene Wasserstraßen, die seit Jahren fahrbar gewesen waren. Durch den gewaltigen Druck des Eises wurden die beiden Schiffe Inglefield's aus ihrem Standorte am Kap Riley trotz aller Anstrengungen in die Barrowstraße hinausgedrängt, während die Mannschaft noch beschäftigt war, die Vorräthe ans Land zu bringen. Am Morgen des 21. August stieg die Gefahr auf das Höchste. Ein vom heftigsten Südoststurm gegen die Schiffe getriebenes Eisfeld drohte diese zu zertrümmern. Der „Phönix", auf dem sich Inglefield befand, hielt den Stoß aus; nicht so das Transportschiff „Breadalbane", welches, vom Eise an der Steuerbordseite durchbrochen, ein Raub der Wellen wurde und in wenigen Minuten in dem aufgeregten Meere spurlos verschwand. Nur mit großer Mühe konnte sich die Mannschaft retten.

Gleichzeitig mit dieser Katastrophe erhielt man eine Nachricht, welche alle noch tiefer ergriff, als der Untergang des Schiffes. Die vier Begleiter Bellot's kehrten ohne diesen zurück. Die Stürme des 18. August hatten ihm in den Fluten des Wellingtonkanals sein Grab bereitet. Den von Pullen erhaltenen Instruktionen folgend, war er auf der Ostseite des Kanals nach Norden gereist, auf eine dauernde Haltbarkeit des Eises dabei rechnend. Bei der höchst beschwerlichen Wanderung über die rauhe Oberfläche des Eises kam man nur langsam vorwärts. Am fünften Tage erblickte man das Kap Bowden und weiter entfernt das Grinnell-Vorgebirge. Bellot sprach seinen Leuten Muth ein und tröstete sie mit der Hoffnung, an dem zuletztgenannten Punkte zu rasten. Allein an demselben Tage trat jener furchtbare Südoststurm ein, löste die Eismassen von der Küste und erschwerte die Bootfahrt über den entstandenen Meeresstrom nach dem Ufer. Zweimal war bereits der Versuch, hinüberzugelangen, vereitelt worden; da schlug Bellot vor, das Boot zu erleichtern. Nur zwei seiner Begleiter sollten dasselbe besteigen, das gegenüberliegende Land zu erreichen suchen und durch ein Schiffsseil mit den Zurückgebliebenen eine Verbindung herstellen. Die Fahrt glückte und durch wiederholtes Hin- und Herziehen hatte man Gepäck und Vorräthe an das Gestade geschafft. Aber jetzt bemerkte Bellot zu seinem Schrecken, daß die Eisflarde, auf der er sich befand, sich von dem Ufer rasch entfernte und der Mitte des Kanals zuschwenkte. Er gab Befehl, das Seil loszulassen, damit das Boot auf die Scholle gezogen werden könne. Die beiden Geretteten am Ufer sahen blos, wie die losgerissene Eisfläche mit den drei Gefährten unaufhaltsam dahin trieb und bald unter Schneegestöber verschwand. Sie hofften, die Festigkeit des Eises werde den Fluten eine lange Zeit Widerstand leisten und so ihren unglücklichen Genossen Gelegenheit bieten, sich mit Hülfe des Bootes zu retten. Des andern Tages gingen sie einige Stunden südlich, um am Kap Bowden zu rasten. Bald nach ihrer Ankunft erschienen die beiden Leidensgefährten Bellot's, aber zum tiefen Schmerze aller ohne ihn. Sie waren fast gänzlich aufgerieben und seit dreißig Stunden ohne Nahrung gewesen. Ihr Zelt hatten sie des Unwetters wegen auf der Eisflarde nicht vermocht aufzuschlagen und nichts hatte ihnen anfangs gegen Sturm, Schneewetter und Kälte Schutz gewährt, bis sie nach Bellot's Anweisung mit ihren Messern eine Höhle in den Eisberg gruben, diese mit Eisschollen umgaben und so eine Eishütte sich errichteten. Am Morgen des 18. August bestieg Bellot zum dritten Male den Eisberg dicht am Rande, um nach Rettung auszuschauen. Vier Minuten später folgten beide Bootsleute seinen Tritten; doch sie sahen nichts weiter als seinen Stab in dem offnen Schlunde der wilden Wogen am Fuße des Eisberges. Ohne Zweifel hatte ein heftiger Windstoß den kühnen Mann erfaßt und von dem glatten Abhange in die aufgeregte See gestürzt. Auch das Boot war in der Todesstunde Bellot's verloren gegangen. Die beiden Bootsleute retteten sich nach einigen Stunden auf ein feststehendes Eisfeld und von diesem auf einer Eisscholle mit Hülfe der noch vorhandenen Ruder an das Land. Die britische Nation ließ zum Andenken Bellot's im folgenden Jahre ein Denkmal auf der Beechey-Insel errichten.

Auch über den Fortgang der Belcher'schen Expedition lauteten die Nachrichten nicht so günstig, als im vorigen Jahre; denn eine Nachforschung der Vermißten in dem offnen Polarmeer nördlich von dem Wellingtonkanal war nicht zur Ausführung gekommen. Zwar war Kapitän Belcher viel weiter nach Norden, als selbst Penny, vorgedrungen und hatte schon am 17. August 1852 im 76 $^{1}/_{2}$° der Breite vor einem noch unbekannten Lande geankert, aber er mußte auch zu seiner Betrübniß wahrnehmen, daß schon jetzt sich die Eismassen fest zusammenschlossen und seiner Fahrt ein Ziel setzten. Zum Glück fand er in der Nähe einen sichern Hafen, der seinen Schiffen zur Ueberwinterung Schutz gewährte.

Die Schlittenerpeditionen, welche er und Kellett — dieser von der Dealy-Insel aus — theils im Herbste 1852, theils im Frühjahr 1853 in der gewöhnlichen Weise ausrüsteten, haben zwar die Geographie mit den ausgedehntesten und wichtigsten Entdeckungen bereichert, da durch sie ein weit größeres Gebiet als durch jede andere Polarerpedition, selbst die M'Clure'sche nicht ausgenommen, durchforscht und die bereits gewonnenen Resultate zu einem vollständigen Ganzen abgeschlossen wurden; aber zur Aufklärung der dunkeln Geschicke Franklin's und seiner Mannschaft vermochten sie auch nicht das Geringste beizutragen. Eine merkwürdige, 5 Fuß hohe und 3 Fuß unter der Erde angelegte Pyramide von Steinen, die so schwer waren, daß eine einzelne Person nicht einen zu tragen im Stande war, wurde von Belcher auf Grinnell-Land bis auf den Grund demolirt, ohne Spuren von Menschen oder andern Gegenständen zu finden. Bedenken wir, daß die M'Clure'schen Entdeckungen sich auf den Raum zwischen 71° und 74 $^{3}/_{1}$° nördl. Breite und 90° und 108 $^{1}/_{2}$° westl. Länge von Ferro beschränken, die der Belcher'schen Offiziere aber sich über das ungeheure Gebiet vom 74 $^{1}/_{2}$° bis beinahe 78° nördl. Breite und vom 71° bis 107 $^{1}/_{2}$° westl. Länge erstrecken, so können wir uns ein Bild von der rastlosen Thätigkeit und den großartigen Leistungen der letzteren Expedition in geographischer Beziehung entwerfen. Bis dahin wußten wir blos, daß zwischen der Nordküste Amerika's, der Melville = Insel Parry's, dem Wellingtonkanal Penny's und dem Jonessunde Baffin's eine Reihe von Inseln sich erstreckten; wie dieselben aber gestaltet und verzweigt seien, darüber fehlte jede sichere Kunde. Die Belcher'sche Expedition brachte in dieses Dunkel Licht und zeigte, daß North Devon, Cornwallis, die Melville = und Prince = Patrick = Insel Theile eines ausgedehnten Archipels sind, der zwischen dem 77⁰ und 78⁰ der Breite seine nördliche Grenze hat. Belcher selbst nahm auf 2 Reisen den Wellingtonkanal, Grinnell = Land, North Devon, die Südküste von North Cornwallis und den Victoria = Archipel auf und zeigte den Zusammenhang des Jonessundes mit dem offenen Polarmeer. Zugleich bestätigte er in der Hauptsache die Resultate der Forschungen Penny's, dessen scharfes, geübtes Auge den Ausgang der Wellingtonstraße ohne astronomische Bestimmungen ziemlich richtig erkannt hatte. Die Forschungen Richard's' und Osborn's erstreckten sich über die Nordküste der Cornwallis = Insel und die Nordküste der Melville = Insel, während M'Clintock und Mecham von der Dealy = Insel aus, jener den nördlichen, dieser den südlichen Theil der Melville =, Eglinton = und Prince = Patrick = Insel durchzogen und auf der Karte niederlegten. Nirgends fand man in diesen öden, größtentheils gebirgigen Landstrichen menschliche Bewohner, ja mit Ausnahme eines einzigen Punktes nicht einmal Spuren früherer Ansiedelungen. Auf Grinnell = Land nämlich entdeckte Belcher alte Ruinen von mehreren wohlgebauten und mit so außergewöhnlicher Sorgfalt errichteten Häusern, daß ihre Herstellung kaum den Eskimo zugeschrieben werden konnte. Der Boden war gepflastert und mit Kies bedeckt, die Steine nicht blos aufgethürmt, sondern als doppelte Mauern in den Boden eingelassen. Das ganze Bauwerk verrieth ein hohes Alter und nichts fand sich vor, das einen Schluß auf den Urheber erlaubt hätte.

Was die Thier = und Pflanzenwelt dieser eisigen Gebiete betrifft, so entbehrt kein Theil, selbst nicht der nördlichste, alles organischen Lebens. Die meisten Thiere und Pflanzen wurden auf der Melville = Insel, die wenigsten auf der Prince = Patrick = Insel gesehen; ja im Nordosten jenes Eilandes beobachtete Hamilton sogar, daß, je weiter man nach Norden nach dem Kap Richards kam, desto mehr die Vegetation zunahm. Auf der Melville = Insel gab es Wild im Ueberfluß, besonders Bisamstiere, Renntiere, Schneehühner, Eider = und Ringelgänse, dagegen Hasen nur in geringer Anzahl. Die Bisamstiere bleiben während des ganzen Winters auf der Insel, sie sind leicht zu erlegen und halten sich in trocknen geschützten Thälern auf. M'Clintock tödtete eins dieser Thiere und liefert über den Todeskampf desselben folgende Beschreibung: „Ein spanisches Stiergefecht kann keine Idee davon geben, und selbst die Eisbärjagd ist Kinderspiel dagegen. Dieser gewaltige Stier war durch die Lunge geschossen und das Blut strömte aus seinen Nasenlöchern auf die weiße Schneefläche. Wie er so dastand, in voller Wuth uns aufs Korn nehmend, bereit und doch unfähig, uns anzugreifen, waren seine kleinen aber feurigen Augen beinahe unter der buschigen Mähne verborgen, sein ganzer Körper war krampfhaft im Schmerz des Todes erschüttert; die Erschütterung theilte sich dem langen zottigen Haare und dem wolligen Pelz mit und selbst die ungeheure Mähne richtete sich in die Höhe; und ob es alle Wuth und allen Schmerz in sein Innerstes zusammenschlösse, so stand das majestätische Thier da, ohne einen Laut von sich zu geben; aber das wilde Blitzen des Feuers seiner Augen und seine drohende Stellung waren ungleich großartiger, als das fürchterlichste Gebrüll. In sich zusammensinkend endete der König unter den Thieren der arktischen Wildniß."

Moschusochs.

Leutnant Mecham fand auf der Südküste der Melville-Insel auf einer Stelle nicht weniger als 70 Stück Bisamstiere, die in einem Umkreis von einer halben deutschen Meile ruhig weideten. Als er sich ihnen näherte, theilten sie sich in Abtheilungen von ungefähr 15 Stück, von denen jede, von zwei oder drei ungeheuren Bullen geleitet, verschiedene Manöver ausführten, die so schnell und regelmäßig waren, daß sie sich am besten mit denen der Kavallerie-Schwadronen vergleichen lassen. Eine der Abtheilungen galoppirte mehrere Male bis auf Schußweite heran und bildete, die Bullen voran, eine ganz gerade Linie mit einer furchtbaren Reihe Hörner. Zuletzt kamen sie sogar bis auf ungefähr 60 Ellen nahe, schnauften und wühlten den Schnee auf. Als Leutnant Mecham schoß, machte die ganze Herde Kehrt und war bald aus den Augen verschwunden.

Die Rennthiere kommen auf der Melville-Insel Anfangs April an und halten sich ebenfalls in trocknen kahlen Gründen geschützter Thäler auf. Beim

Anblick der Reisenden zeigten sie durchweg die größte Neugierde; einmal folgten sechs Stück denselben beinahe eine Meile weit. Wurden sie argwöhnisch und scheu, so liefen sie in Kreisen herum, die allmälig kleiner wurden.

An Insekten waren diese Gebiete sehr arm; nur einige schwarze Spinnen, ein paar Raupen und wenige Fliegen wurden wahrgenommen.

In den Hardinge=Bergen unweit der Küste auf der Prince=Patrick=Insel machte Mecham eine sehr interessante Entdeckung, indem er eine ziemliche Anzahl großer Baumstämme bemerkte, die am Boden und theilweise unter der Erdoberfläche jener zerrissenen, durch tiefe Einschnitte, Schluchten und Abgründe ausgezeichneten Gebirgsmasse umherlagen. Mehrere derselben maßen 4 Fuß im Umfange und hatten eine Länge von 30 Fuß. Die Rinde war noch unversehrt, das Holz jedoch schon ziemlich verwittert. Allem Anschein nach waren es Lärchenbäume. Jedenfalls sind dieselben als Treibholz von der Mündung des Mackenziestromes hierher geführt und von mächtigen Eis= und Wasserfluten in das Innere des Landes getragen worden. Eine nicht weniger interessante Erscheinung waren die Walfischskelette, die man wiederholt an Abhängen von Bergen, selbst in einer Höhe von 500 bis 800 Fuß auffand. Wie dieselben in ihren gegenwärtigen Lagerungsort gekommen sind, vermag man nur durch eine Hebung des Landes zu erklären.

In der Mitte Juli 1853 waren sämmtliche Schlittenpartien nach den Winterlagern der Schiffe zurückgekehrt. Die mühe= und gefahrvollste Reise hatte M'Clintock gehabt, als er von der Nordspitze der Prince=Patrick=Insel nach den Polynia=Inseln wanderte. Die ganze Atmosphäre war ein Meer von Schnee und undurchdringlichem Nebel und verhinderte, wenn man in gewöhnlicher Weise vorwärts ging, sogar die Beobachtung des Kompasses. Um die Richtung nicht zu verlieren, mußte M'Clintock seine Zuflucht dazu nehmen, rückwärts vor dem Schlitten herzugehen und so mit seinem eignen Körper einigermaßen den Kompaß vor der Bedeckung mit Schneeflocken zu schützen.

Sowol an der Dealy=Insel, als in dem Northumberlandsunde, wo Kapitän Belcher überwinterte, erwartete man nun das Aufgehen des Eises mit Ungeduld; aber in dieser Erwartung sah man sich bitter getäuscht. Das offne Polarmeer zu befahren, hatte Kapitän Belcher schon im vorigen Jahre aufgegeben, als er in ihm nur ein furchtbar wildes Chaos dahin jagender, hoch aufgethürmter riesiger Eisblöcke erkannte. „Sollten unsere unglücklichen Landsleute", gesteht er offen, „hier von den Eismassen ergriffen und fortgerissen sein, so ist für ihr Schicksal keine Hoffnung vorhanden." Jetzt sollte ihm nun aber auch durch den Sturm in den Augusttagen die Rückkehr zur Beechey=Insel abgeschnitten werden. Nach kurzer Fahrt froren die Schiffe in der Disasterbai abermals ein und auch die Kraft des Pulvers reichte nicht hin, die eisigen Fesseln zu sprengen. Im folgenden Jahre hemmten Packeismassen jede Bewegung und selbst durch einen Aufwand von 800 Pfund Pulver erzielte man kaum einen Fortschritt von einer Viertelstunde. Im Angesichte eines dritten furchtbaren arktischen Winters sah sich Belcher zu dem betrübenden Entschlusse gezwungen, seine Schiffe zu verlassen und die Mannschaft über das Eis zur Beechey=Insel zu führen. Im Sommer

1854 trennte man sich schmerzlich bewegt von den liebgewonnenen, gleichsam zur zweiten Heimat gewordenen Fahrzeugen „Assistance" und „Pioneer" und erreichte glücklich den „Nordstern" an der Beechey-Insel. Von gleichem Mißgeschick ward Kapitän Kellett betroffen. Zwar sprengte der Augustorkan die Eisbarrieren des Melville-Sundes, aber noch vor dem Eingange in die Barrowstraße wurden Kellett's Schiffe „Resolute" und „Intrepid" abermals vom Eis umschlossen. Auf Befehl Belcher's verließ Kellett mit seiner Mannschaft am 15. Mai 1854 und begab sich zur Beechey-Insel, um gemeinschaftlich mit den Mannschaften der Belcher'schen und M'Clure'schen Expedition die Rückkehr zur Heimat auf dem „Nordstern" anzutreten.

Schon hatte man den schützenden Hafen am 26. August verlassen, als man am Kap Riley dem Kapitän Inglefield begegnete, der 1854 abermals von der Admiralität ausgeschickt worden war, um Nachrichten über den Fortgang der Expeditionen einzuholen und den Befehl zur Rückkehr zu überbringen, falls nicht die älteren Offiziere von einem längeren Verweilen endliche wichtige Erfolge der Nachsuchungen erwarten möchten. Nachdem er eine Ehrenschuld der britischen Nation abgetragen, nämlich im Auftrage seiner Regierung dem französischen Seelieutnant Bellot ein Denkmal auf der Beechey-Insel errichtet hatte, kehrte er in Gemeinschaft mit dem „Nordstern" zurück. Die Mannschaften der fünf verlassenen Schiffe zählten im Ganzen 263 Mann, von welchen die des „Investigator" beinahe fünf Jahre von der Heimat fern gewesen waren. Eins der Fahrzeuge, die „Resolute", trat im nächsten Jahre ohne Kapitän, Steuermann und Matrosen die Heimkehr durch die Barrowstraße an. Der Meeresstrom hatte dasselbe bis südlich vom Kap Walsingham, in der Davisstraße geführt, wo es von einem amerikanischen Walfischfänger aufgefunden und gerettet ward. Die übrigen sind vielleicht längst zertrümmert und von den Wellen verschlungen oder harren noch in ihren eisigen Gefängnissen der allmäligen Zerstörung.

Belcher wurde in England, wo er im Oktober 1854 ankam, mit allgemeinem Unwillen empfangen. Man machte ihm zum Vorwurfe, daß er die Fahrt in das offen gefundene, wilde Polarmeer, welches er mit Booten durchsegelt, mit seinem Dampfschiffe nicht gewagt, so wie, daß er fünf stark gebaute noch unversehrte Schiffe dem Verderben Preis gegeben habe. Keine englische Zeitung, selbst nicht die große Times und andre periodische Schriften, brachten, wie früher, über die Expedition Berichte; kein wissenschaftliches Blatt veröffentlichte die wichtigen geographischen Resultate ihrer Forschung. Man stellte den Kapitän Belcher sowie die Befehlshaber Kellett, Richards und M'Clure vor ein Kriegsgericht. Dasselbe trat am 17. Oktober 1854 zusammen. Das Urtheil über M'Clure konnte nicht zweifelhaft sein. Er hatte sich mit großem Widerstreben durch die Entscheidung des Kapitän Kellett, als älteren Offiziers, genöthigt gesehen, seinen „Investigator" aufzugeben. Seinem Unternehmungsgeist, seiner Thatkraft und Entschlossenheit, wurde die glänzendste Anerkennung gezollt und er erhielt, unter den Ausdrücken des ehrendsten Beifalls, seinen Degen zurück. Auch Kapitän Kellett und Commander Richards gingen ehrenvoll aus der Untersuchung hervor, da sie nur die

Befehle Belcher's ausgeführt hatten. Belcher vertheidigte sich in einer mehrstündigen Rede gegen den Vorwurf des Mangels an Muth, Entschlossenheit und Ausdauer, er bot alles auf, die Nothwendigkeit der Rückkehr nachzuweisen, und er schilderte ergreifend die Schwierigkeiten, Gefahren und Kämpfe der arktischen Schiffahrt. Da man ihn einer Verletzung der Instruktion nicht schuldig erklären konnte, so wurde er zwar freigesprochen, doch vermißte man in dem Urtheil den Zusatz „mit Ehren", und gab ihm den Degen stillschweigend zurück, zum Zeichen, daß man mit seinem Verfahren nicht zufrieden war.

Die Entdeckung M'Clure's und sein in allen Kämpfen bewährter Charakter wurde auch von andern Seiten rühmlichst anerkannt. Die königliche geographische Gesellschaft zu London bestimmte ihm die goldne Patronsmedaille des Jahres 1854; bald nach seiner Rückkehr wurde er zum Kapitän befördert; die Königin Victoria erkannte ihm den Baronstitel, das Parlament einen Preis von 10,000 Pfund Sterling mit der Bestimmung zu, daß die Hälfte dieser Summe unter den Offizieren und Mannschaften vertheilt werden sollte. Die Admiralität ließ ihm eine kostbare goldne Uhr, und die geographische Gesellschaft zu Paris ihre große goldene Medaille für das Jahr 1854 überreichen. Noch vor seiner Rückkehr hatte man 1853 zu Ehren seines Offiziers Cresswell, der mit der Nachricht der Entdeckungen ihm vorausgeeilt war, eine öffentliche Feier des Jahrestages der Auffindung der Nordwestpassage veranstaltet, und selbst der alte Parry war dazu 50 Meilen weit herbei geeilt und hatte seine Begeisterung für die Lösung des Problems, dem er selbst seine Jugendjahre gewidmet, ausgesprochen.

Von allen den Mannschaften, welche die englische Regierung zur Aufsuchung Franklin's ausgeschickt hatte, weilten nun bloß noch die „Enterprise" unter dem Befehle Collinson's auf dem nordischen Wahlplatze. Wir verließen denselben 1851, als er im Begriffe stand, von der Behringsstraße nach dem Banksland zuzusteuern. Er gelangte fast auf demselben Wege wie M'Clure in die Prinz von Wales-Straße, sah sich an dem Ende derselben aber ebenfalls durch Eismassen zur Umkehr genöthigt. Nachdem er in ihr überwintert hatte, versuchte er gleichfalls die Westküste der Banksinsel zu umsegeln. In diesem Bestreben war er jedoch nicht so glücklich wie M'Clure. Er kam nicht ganz bis zum 73" nördl. Br. und steuerte nun in jener langen Wasserstraße nach Osten, die sich zwischen dem Festlande Amerika's und der nördlich vorgelagerten Inselwelt hinzieht. An der Südküste des Victorialandes brachte er den Winter 1852 — 1853 zu und mit Hülfe von Schlitten drang er sogar bis zum Kap Pelly in der Victoriastraße vor. Er hatte sich unter allen Nachsuchenden der Stelle am meisten genähert, wo die Schiffe „Erebus" und „Terror" verlassen worden waren; nur wenige Meilen trennten ihn davon. Trotzdem war von ihm nichts aufgefunden worden, was auf die einstige Anwesenheit der Franklin'schen Mannschaften hätte schließen lassen. Nach einer langen und gefahrvollen Irrfahrt in jener engen Straße nördlich von dem Festlande Amerika's und nach einer abermaligen Ueberwinterung in der Cambenbai, gelangte er am 19. August 1854 glücklich in der Behringsstraße wieder an. Sein Schiff hatte er unter fürchterlichen Kämpfen zu erhalten gewußt. Obgleich man auf einem Streifzuge der Kellett'schen Mannschaft Nachrichten über den glücklichen Fortgang seines Unternehmens gefunden hatte, so dachte man doch in England schon an die Ausrüstung einer neuen Expedition, die ihm zu Hülfe kommen sollte. Da lief die Nachricht von seiner glücklichen Ankunft in Port Clarence ein.

Seit dieser Zeit hat die britische Admiralität keine neue Expedition zur Erkundung der letzten Schicksale und der Hinterlassenschaft der unglücklichen Mannschaften ausgerüstet. Sie betrachtete die Verschollenen als im Dienste des Vaterlands gestorben und strich sie aus den Schiffslisten. Und als am 24. Februar 1857 Napier den Antrag stellte, noch einen letzten Versuch zur Aufklärung des geheimnißvollen Dunkels zu wagen, erklärte Sir Charles Wood, als Vertreter der Oberleitung des britischen Seewesens: „Schon zur Zeit des Beschlusses der Expedition Franklin's habe es ihn mit Bedauern erfüllt, daß die Regierung so viel aufs Spiel gesetzt, um einer so geringen Entdeckung willen, wie die der sogenannten Nordwestpassage." Alle Unternehmungen daher, welche wir noch zu erwähnen haben, gingen von Privaten und von der nordamerikanischen Regierung aus. Ihre Ausstattung erfolgte mit weit geringeren Mitteln und es lassen sich diese Expeditionen nicht mit den großartigen der britischen Marine vergleichen; ihre Resultate waren aber, sowol was den eigentlichen Zweck als die wissenschaftlichen Forschungen betrifft, nicht minder glänzend.

In den Vereinigten Staaten von Amerika sendete Herman Grinnell die Brigantine „Advance" im Jahre 1853 abermals aus unter Führung des Dr. E. Kane, der nicht geschreckt durch die tausendfältigen Gefahren der Jahre 1850 und 1851 nichts sehnlicher wünschte, als das Feld der Nachforschungen von neuem betreten zu können. Kane richtete den Kiel seines Schiffes nach dem Smiths-Sund, um womöglich durch diesen noch wenig bekannten Kanal im äußersten Norden Grönlands nach dem vermutheten offnen Polarmeer zu dringen, welches in allen Köpfen spukte und in welchem man Franklin schließlich zu finden hoffte. Welche Erlebnisse er während zweier Winter gehabt und wie er schließlich so resultatlos wie alle Uebrigen vor ihm Ausgezogenen nach Upernivik zurückkam, — dies bildet den Inhalt des ersten Bandes unseres „Buchs der Reisen und Entdeckungen." Er, der an Körper so schwächliche, an Geist so riesenkräftige Mann, schilderte in gelungenster Weise mit Feder und Griffel alle Freuden und Leiden des Polarlebens, deren Wiederholung wir hier übergehen.

Der geneigte Leser wird sich erinnern, daß vor dem Beginn des zweiten Winters (23. August 1854) ein Theil von Kane's Mannschaft unter Leitung von Dr. Hayes und dem Dolmetscher Petersen es vorzogen, mit Boot und Schlitten nach Süden zu ziehen, um möglicherweise die dänischen Ansiedelungen an den grönländischen Küsten zu erreichen. Jene abenteuerliche Fahrt, die in dem genannten Reisewerk Dr. Kane's nicht eingehender erwähnt ist, wollen wir wenigstens bruchstückweise unsern Lesern in Nachstehendem mittheilen, da sie uns gleichzeitig am Schluß der Gesammtübersicht der Polarfahrten ein treues Bild des Elends und der unsäglichen Mühen giebt, welche den Reisenden in jenen Gebieten treffen und andrerseits die Schilderung der Kane'schen Expedition vervollständigen.

Einbrechen des Bootes.

Dr. Hayes' Bootfahrt im Polarmeer.

Dr. Kane blieb mit der Hälfte der Mannschaft bei dem eingefrorenen Schiffe im Renssclaer Hafen, — Dr. Hayes und Petersen zogen mit ihren Leidensgefährten dem Süden zu. Kane hatte ihnen ein Walfischboot, ein Rettungsboot, drei Schlitten und Lebensmittel auf 5 Wochen mitgegeben und ihnen, obschon er ihr Unternehmen durchaus mißbilligte, doch herzliche Aufnahme versprochen, wenn sie etwa unverrichteter Sache zurückkehren würden. Bis zum Kap Alexander, an der Einfahrt aus der Baffins-See in die Smiths-Straße, ging alles leidlich. Die Schlitten brachen zwar gelegentlich einmal durch das Eis ins Wasser, und mußten abgepackt oder stückweise aufgefischt werden, es passirte aber sonst nichts Ungewöhnliches weiter. Während dem war Mitte September schon heraufgekommen und das Boot war durch die Fahrt so leck geworden, daß es dringend einer Ausbesserung bedurfte. Man suchte deshalb einen Lagerplatz auf der Northumberlands-Insel auf und richtete sich daselbst so gut ein, als es eben gehen wollte. Während man sich bereits an den Gedanken gewöhnt hatte, daß kein menschliches Wesen außer ihnen auf dem Eiland zu finden sei, erschien der Eskimo Amalalek, den man bereits vom vorigen Winter her kannte, da er dem Schiffe einen Besuch abgestattet hatte. Er hob grüßend die Arme gen Himmel und begann, nachdem er sich würdevoll auf einen Felsblock gesetzt hatte, in lebhafter Weise zu erzählen, daß er mit seiner Frau und einem Bruder und dessen Familie eine Hütte an der Ostseite der Insel bewohne, die anderthalb Stunden von dem Lagerplatz der Amerikaner entfernt sei. Der Weg dahin könne entweder über den freilich sehr steilen Berg oder zur Zeit der Ebbe an der Küste entlang genommen werden. Er selbst trug einen Rock von Vogelhäuten, die Federn nach innen gekehrt, die Beinkleider waren von Bärenfell die langen Zottelhaare nach außen gerichtet, die Stiefeln bestanden aus Seehund und die Strümpfe aus Hundsfell. Er sei, sagte er, auf einem Jagdausfluge begriffen und wolle Fuchsfallen stellen. Zur Lockspeise hatte er ein paar Stück halbverfaultes Walroßfleisch und ein paar Seevögel mit, zu seinem Labsal daneben eine mit Thran gefüllte Blase, aus der er von Zeit zu Zeit einen Schluck nahm und sie auch den Fremden zu gleichem Zweck anbot. Während er so redselig sich erging, drehte er einem der Vögel den Kopf ab, steckte den Zeigefinger der rechten Hand unter die Halshaut, zog sie so den Rücken hinunter und hatte in einen Augenblick den ganzen Vogel abgebalgt. Der lange Nagel des Daumen diente als Messer; mit ihm schälte er vom Brustbein zwei fette Fleischstücken los und bot sie den Amerikanern an, die sich aber damit entschuldigten, daß sie bereits gefrühstückt hätten. Sie kauften ihm dagegen den Rest seines Thranes zum Brennmaterial beim Kochen und den zweiten Vogel für drei Nähnadeln ab. Einen Holzsplitter erbettelte er sich noch zu einem Peitschenstiel und erzählte davon, daß sein Bruder von einem gefangenen Walroß ihnen wol für ein Messer eine Quantität Fleisch ablassen würde.

Petersen und Godefrey machten sich sofort nach der Hütte auf den Weg und trafen unterwegs die Frau Amalalek's mit ihrem Neffen, einem netten, aber sehr spitzbübischen Jungen. Da ihr Schwager nach dem andern Ende der Insel auf den Fuchsfang gegangen war, so war kein Fleisch käuflich und am folgenden Tag gestaltete sich das Wetter so günstig, daß man sich einschiffte, um auf dem geradesten Wege Kap Parry zu erreichen.

Kaum trieb man aber im Boote frischen Muthes vorwärts, als das Wetter umschlug. Der Himmel trübte sich, ein dicker Nebel verhüllte Alles, auch das Ziel der Reise; die Temperatur sank schnell und der dichtfallende Schnee bildete auf dem Wasser eine dicke Brühe, die das Rudern außerordentlich erschwerte.

Der Kompaß, den man in dieser Verlegenheit vorholte, versagte seine Dienste, und da man bald zwischen treibende Eisfelder gerieth und dadurch an der Richtung völlig irre wurde, hielt man es für das Beste, Halt zu machen, bis besseres Wetter eintrete. Ein großes Stück altes Eis, das in den Weg geschwommen kam, ward als Insel und Lagerplatz benutzt und auf demselben das Zelt aufgeschlagen. Die Boote waren an der Seite der Scholle befestigt worden. Das Unwetter dauerte fort und die Nacht brach herein. Die Reisenden krochen so eng zusammen als möglich, ohne im Stande zu sein, die Decken auszubreiten. Sie sammelten schließlich einen Kessel frischgefallenen Schnee, waren so glücklich die Lampe in Brand zu setzen und konnten nach einer Stunde den Schnee zum Schmelzen und nach einer zweiten das Wasser zum Kochen bringen. Ein erquickender

Kaffee erwärmte die traurige Gesellschaft und verscheuchte in etwas den finsteren Trübsinn, der sich Aller bemächtigte.

An Schlafen war nicht zu denken, die Nacht dünkte Allen unendlich lang. Auf dem engen Raum zwischen Zelt und Wasser tappte die Schildwache hin und her, die jede Stunde abgelöst ward. Im dichtgeschlossenen Zelte fing durch die zusammengedrängten Menschen und durch den Rauch der Tabakspfeifen die Temperatur an, sich einige Grade zu erhöhen, und nach dem Kaffee ward auch die Stimmung der Unglückseligen etwas besser. Haarsträubende Geschichten wurden erzählt, Godefrey gab einige Negerlieder zum Besten, Petersen theilte Einiges aus seinem Jugendleben in Kopenhagen und auf Island mit; John brachte Mancherlei zum Vorschein aus seinem Vagabundenleben in San Franzisko und Makao u. s. w. Es war eine wunderlich zusammengewürfelte Gesellschaft, die hier auf der Eisscholle durch die finstre Sturmnacht im Polarmeer trieb. In demselben Zelte saßen beisammen ein deutscher Astronom, ein Matrose aus Baltimore, ein Farmer aus Pennsylvanien, ein Böttcher aus Grönland, ein irischer Patriot, ein Bootsmann aus dem fernen Westen und ein Student der Medizin aus Philadelphia!

Während sie so rauchend und aus ihrem vielbewegten Leben erzählend beisammenhockten, brach eine Ecke der Eisscholle ab, auf welcher eine der Zeltstangen ruhte. Zwei Männer, die gerade in diesem Winkel lagen, sanken ein und ihre Last zog beinahe die andern mit. Glücklicherweise hielten die beiden andern Stangen noch aus, so daß kein schlimmerer Unfall dazu kam. Am Morgen schneite es zwar immer noch heftig, die Luft hellte sich aber doch in so weit auf, daß man die Nähe eines großen Gegenstandes erkannte. Ohne noch zu wissen, ob man einen Eisberg oder Land vor sich habe, eilte man in die Böte und arbeitete sich zwischen dem halbgefrorenen Schnee und dem dünnen Eis weiter. Jetzt erkannte man die Küste, deren flacher Strand mit Felsblöcken bestreut war. Zwei Vögel, die als Boten des Landes aufflogen, wurden erlegt und lieferten einen Morgenimbiß. Man zog die Böte aus Land und schlug das Zelt auf. In der Nähe des letzteren richtete man für die Lampe des Kochs ein Schutzdach ein, das sich auch bei dem unmittelbar darauf einbrechenden Hagelsturme vortrefflich bewährte.

Jetzt endlich waren die Vielgeprüften im Stande, ihre völlig durchnäßten Kleidungsstücke mit trockenen zu vertauschen und sich durch einen ruhigen Schlaf zu erquicken, während der Koch in seiner improvisirten Küche, von Kälte durchschauert und von Schnee und Hagel umtobt, seine Künste versuchte. Die Lage des Speisekünstlers am Nordpol war allerdings eine verzweifelte. Sechs Stunden der trostlosesten Anstrengungen bedurfte es von seiner Seite, um einen Polarfuchs mit Möven zu dämpfen und einigermaßen genießbar zu machen. Um die Flamme der Lampe vor dem Auslöschen zu schützen, mußte er seinen eignen Körper mit als Windschirm benutzen, wobei natürlich ihm Gesicht und Hände völlig von Ruß geschwärzt und die Augen zu fortwährendem Thränenerguß gebeizt wurden. Trotz aller seiner Vorsichtsmaßregeln wurde ihm die Kochflamme fünf Mal ausgeblasen und jedesmal war er dann genöthigt erst mit Stahl und Stein in dem Zunderkästchen wieder Feuer anzuschlagen, die dicht herabfallenden Schneeflocken von den glimmenden Funken mit dem übergebeugten Körper abhaltend. Einmal brauchte er gerade ein halbe Stunde Zeit, um nur die Lampe wieder zum Brennen zu bringen, die der Wind gerade in dem Momente ausgeblasen hatte, als das Wasser mit Kochen hatte beginnen wollen. Als er darauf den Zunder zum Glühen gebracht hatte, riß ein plötzlicher Windstoß denselben aus dem Kasten und verstreute ihn über den ganzen Platz. Nachdem endlich die einzelnen Flocken wieder zusammengelesen waren und die Lampe wieder brannte, war das Wasser im Topfe bereits — gefroren. Nachmittag 3 Uhr endlich war der Unermüdliche so glücklich, seine schlafenden Gefährten, die seit 24 Stunden nichts genossen hatten, zu einem lukullischen Mahle wecken zu können. Aber selbst jetzt noch war der schwererrungene Genuß nicht ohne Anstrengung zu erreichen, denn eben als sich die Gesellschaft zum Schmauße gesetzt, reißt der Wind das Zelt nieder und zwingt sie erst das Obdach wieder einzurichten. Nach dem Essen fährt man mit Schlafen fort und räumt dem Koch das wärmste Plätzchen ein.

Draußen fällt Schnee und Hagel so dicht, daß man nicht fünfzig Schrit weit sehen kann, der Sturm rast und jagt die Wolken vorbei und in kurzer Zeit sind die Böte, sammt den unter Steinhaufen versteckten Vorräthen, mit hohem Schnee überweht. Das Zelt ward fast vergraben, der Strand mit mächtigen Eisblöcken bedeckt. Erst gegen Mitternacht legte sich der Orkan, und nachdem der Himmel sich aufgehellt, ward es möglich zu ermitteln, an welchem Orte man sich befände. Die Küste des Festlandes, das in Kap Parry ausläuft, lag zur Linken und die Northumberland-Insel zur Rechten. Die Reisenden waren also weit hinauf in den Walsisch-Sund getrieben worden und befanden sich auf der Herbert-Insel.

Hinter dem Lagerplatz erhoben sich steile Klippen aus Sandstein und Schiefer, die auf einer Basis von Urgesteinen ruhten. Dr. Hayes unternahm es mit Godefrey, die Hochebene der Insel zu erklimmen, in der Hoffnung, dort Wild zu finden; trotz des mühseligsten Wanderns im tiefen Schnee gewahrten sie aber nur von ferne einen Fuchs und fanden nur die Spur eines Hasen. Glücklicher war während dem Petersen gewesen. Er hatte im Zelte gelegen und geschlafen, als ein Gefährte ihn weckt und ihm meldet: es seien auf einer offenen Wasserstelle elf Meven bemerkt worden. Petersen springt sofort auf, schleicht sich näher, erlegt neun derselben und ist glücklich genug, sie auch aufzufischen und so der Gesellschaft Vorrath zu zwei Mahlzeiten zu verschaffen. Die meiste Sorge empfand man zunächst um das so unentbehrliche Brennmaterial. Man hatte noch immer auf das Glück gehofft, einen Seehund oder ein Walroß zum Schuß zu bekommen, aber wenn auch von fern ein solches Thier sichtbar wurde, so zeigte es sich stets so scheu, daß man seiner nicht habhaft werden konnte. Der Speck war ziemlich verbrannt und man dachte schon daran, daß man gezwungen sein werde, das Vogelwild roh zu essen, — nur des Trinkwassers wegen war man noch in Sorge. Da war einer der Gesellschaft so glücklich, wenigstens letzterem Uebelstande dadurch abzuhelfen, daß er einen kleinen Bach entdeckte, der für den nächsten Abend wieder eine Tasse Kaffee ermöglichte. Den Tag über war es ziemlich ruhig geblieben, am Abend erhob sich der Sturm aber von neuem und die Temperatur sank bedeutend. Die Gesellschaft war wieder in das Zelt gebannt, da sie nicht Lust hatte, von den zwei äußerst unreinlichen Eskimohütten Besitz zu nehmen, die man in der Nähe auffand und die bis vor nicht langer Zeit bewohnt gewesen zu sein schienen. Am folgenden Mittag drehte sich der Wind nach Nordosten, die Wolken zertheilten sich, das Thermometer stieg sogar 2 Grad über den Gefrierpunkt. Zugleich ward das Eis aus dem Sund wieder hinausgeschoben und freie Wasserstellen sichtbar. Nur der Eisgürtel an der Küste verhinderte noch die Abfahrt. Am nächsten Morgen brach man mit Stangen und Hacken Bahn für das Boot durch das Küsteneis und ruderte in dem offnen Fahrwasser getrost vorwärts, eine leichte Brise aus Ostnordost beschleunigte die Fahrt und man erreichte etwa 5 deutsche Meilen oberhalb des Kap Parry die Küste.

Als die Gesellschaft am Nordkap von Birden-Bay anfuhr, hörte sie zu ihrer Verwunderung menschliche Stimmen am Lande. An dem eigenthümlichen Rufe: „Huk! Huk!" erkannte man, daß es Eskimo waren und man gewahrte einen Mann mit einem Knaben am Strande. Man legte an und während der Knabe über die Felsen zurückkletterte und verschwand, knüpfte Petersen mit dem Manne ein Gespräch an und erfuhr von ihm, daß er Kalutunah hieß und der Angekok (Zauberer) seines Stammes sei. Man hatte ihn schon im vergangenen Winter am Schiffe kennen gelernt.

Die Wohnungen der Horde, sagte er, seien nicht weit entfernt und der Knabe sei bereits vorausgeschickt, um die Ankunft der Amerikaner zu verkündigen. Er lud sie ein, ihm dorthin zu folgen, und verhieß Fleisch und Thran die Fülle. Während dem erschienen bereits Männer, Weiber und Kinder mit einer Menge heulender Hunde in größter Eile und kündigten sich schon von Weitem durch lautes Freudengeschrei und Bewillkommnungsrufe an. Die Amerikaner sahen sich aus Vorsicht genöthigt, mit dem Boote etwas abzustoßen, — den Angekok nahmen sie zu dessen Freude mit ins Fahrzeug und während die Eskimo am Strande hin den Weg nach den Wohnungen einschlugen, folgte man ihnen rudernd. Der Angekok war ganz entzückt über die Ehre, in einem so großen Boote fahren zu dürfen, und rief ein Mal über das andre seinen Landsleuten zu: Tek-kona! (Seht mich an!) Die Bootfahrt ging trotz der Anstrengung der Rudernden doch nur langsam vorwärts, denn die Bucht war mit schwimmenden Eisstücken und halbgefrorenem Schnee bedeckt. Es wurde deshalb Nacht, ehe man das Dorf erreichte. Sämmtliche Eskimo waren behülflich, das Gepäck aus den Booten ans Ufer zu schaffen, nebenbei fanden sie ein besonderes Vergnügen daran, die Bewegungen der Amerikaner nachzuahmen, und brachen in ein schallendes Gelächter aus, sobald ihnen etwas mißlang. Man schlug das Zelt zwischen zwei mächtigen Felsengruppen auf, die rechts und links vom Landungsplatz standen, und besichtigte dann das aus zwei steinernen Hütten bestehende Dorf, das rings von einer Wüste aus Felsen, Eis und Schnee umgeben war und mehr Aehnlichkeit mit einem Lager von wilden Thieren, als mit Wohnungen von Menschen hatte.

Die Eskimo benahmen sich höchst gastfreundschaftlich und gefällig und waren eifrigst bemüht, die Wünsche der Reisenden zu errathen und zu erfüllen. — Kaum merkten sie, daß dieselben Wasser bedurften, so eilte auch sofort ein Mädchen, gefolgt von einem Dutzend jubelnder Kinder, nach dem Thale und füllte den Kessel. Die Frau des Zauberers brachte ein Stück Seehundsfleisch und als besondere Delikatesse ein Stück von der Leber dieses Lieblingswildprets herbei. Die Kochlampe der Amerikaner erweckte das Mitleid der thrankundigen Pelzmenschen; sie lachten über den spärlich brennenden Docht aus Segeltuchfasern und über den sprudelnd brennenden Salzspeck; in wenig Minuten war sie durch frischen Thran und einen kunstgerechten Moosdocht ersetzt. Die Reisenden wollten ihre Dankbarkeit gegen die menschenfreundliche Aufnahme dadurch beweisen, daß sie ihnen von ihrem Schiffszwieback und Kaffee anboten. Was mit dem ersteren anzufangen sei, konnte kein Eskimo errathen, bis sie sahen, welche Nutzanwendung die Amerikaner davon machten. Sie versuchten nun auch davon zu genießen, fanden das Brod aber für ihre Zähne zu hart und steckten es, nachdem sie sich vergeblich damit abgemüht hatten, in die allgemeine Vorrathskammer: die Stiefeln. Noch sonderbarer kam ihnen die Zumuthung vor, die heiße schwarze Brühe trinken zu sollen; sie verzogen gewaltig das Gesicht und nur der Herenmeister setzte es durch, den Zaubertrank auszuschlürfen.

Der Abend war auffallend mild und die Reisenden zündeten nach dem Essen ihre Tabakspfeifen an. Hierüber geriethen die Eskimo in die höchste Aufregung und waren, der ernsten Physiognomien der Raucher wegen, anfänglich der Meinung, es sei dies irgend ein besonderer feierlicher Kultus, bis Einer das Gesicht zum Lächeln verzog. Nun brach aber ein förmlicher Sturm von Gelächter los und die Eskimo bemühten sich, die Geberden dem Raucher nachzuahmen; sie bliesen die Backen auf und liefen dabei jubelnd hin und her, bis endlich Kalutunah, der bildungsbeflissenste, sich eine Pfeife ausbat, um die unerhörte Kunst selbst zu versuchen. Der erhaltenen Anweisung zufolge athmete er den Rauch tief und gründlich ein, machte aber danach ein so jämmerliches Gesicht, daß seine Landsleute vor Lachen närrisch werden wollten.

Jede Frau erhielt eine Nadel als Geschenk und gab den Fremden als Gegengabe dafür etwas Thran. Als aber Hayes darauf ein Messer vorzeigte, schien man zu fürchten, daß die Fremden hierfür bedeutende Gegengeschenke beanspruchen möchten, welche die Kräfte überstiegen, und eine Eskimogroßmutter, der die Uebrigen große Achtung zu zollen schienen, begann eine so trübselige Schilderung von den schlechten Umständen des Dorfes zu entwerfen, daß man hätte fürchten müssen, Alle seien dem Verhungern nahe. Petersen hielt hierauf in feierlicher Weise an die Versammlung eine Ansprache und erklärte, die weißen Männer seien reich an Eisen, Holz, Nadeln, Messern und anderen Herrlichkeiten. Sie seien hier nur gelandet, um die Eskimo mit ihrem Ueberfluß zu beglücken. Sie verlangten keine Bezahlung für ihre Gaben, würden es aber gern annehmen, wenn man ihnen etwas vom Ueberfluß zukommen ließe. Der Häuptling erwiederte hierauf eben so feierlich: „Die weißen Männer werden Thranfleisch erhalten." Sofort entfernten sich die verschiedenen Glieder der Familie und Jeder kehrte mit einem Stück

Fett zurück, wofür einige Stücken Holz, ein Dutzend Nadeln und zwei Messer gezahlt wurden. Das so erhandelte Thranfleisch füllte ein Fäßchen, außerdem erhielt man auch einen Sack voll Moos zu Lampendochten.

Gegen Mitternacht begaben sich die Amerikaner zur Ruhe; ab und zu kam aber doch noch der eine oder andere Eskimo herbeigeschlichen, um seinen Kopf durch die Zeltthür zu stecken und zu spähen, was die Fremden wol trieben. Ward er dabei bemerkt, so lief er davon wie ein Kind, das auf einem verbotenen Wege ertappt wird.

Aber auch die Amerikaner wurden von Neugierde geplagt. Die Nacht war wunderschön und Dr. Hayes, der mit Stephenson, welcher die Wache hatte, sich vor dem Zelte über ihre Zukunft unterhielt, bekam Lust, die Eskimo in ihrer Häuslichkeit aufzusuchen, da von den Hütten her lautes Lachen herüberschallte. Er ging also auf eine der letzteren zu. Von außen sah dieselbe aus wie ein altmodischer vierseitiger Ofen: ein zwölf Fuß langer röhrenförmiger Gang führte hinein und Hayes kroch auf Händen und Knieen durch diesen Tunnel in das Innere.

Eine Eskimohütte.

Kalutunah hörte ihn kommen, kam ihm entgegen, grinste ihn so freundlich an, als nur möglich, und klopfte ihn zum Zeichen der Aufmunterung auf den Rücken. Ein Büschel Moos, das er in Fett tauchte, diente als Fackel, der Angekok kroch mit derselben voraus und schob einige knurrende Hunde zur Seite, die in der engen Passage lagen. Endlich ward es hell und Hayes fand sich im Innern der Wohnung, die aber so niedrig war, daß er nicht aufrecht in derselben stehen konnte. Der ganze kleine Raum war mit menschlichen Wesen jeden Alters und Geschlechts förmlich vollgestopft. Mit lautem Lachen ward der Gast empfangen, und indem man sich möglichst zusammendrückte, machte man den einzigen Sitz für Hayes frei, der vorhanden war; nunmehr mußte der Doctor es sich aber auch gefallen lassen, daß er von seinen Wirthsleuten selbst gründlichst studirt ward. Alles was er an sich trug, ward gemustert. Zunächst erregte der lange Bart allgemeines Interesse, — den Eskimo eine Neuigkeit, da sie selbst höchstens einige wenige steife Haare auf der Oberlippe erhalten; derselbe ward befühlt und gestreichelt und sein Besitzer dabei freundlich auf den Rücken geklopft, während ein halb Dutzend Kinder sich an Arme und Beine hängten. Ein völliges Räthsel für die Eskimo waren die wollenen Kleider, sie konnten nicht begreifen, von welcher Art Thiere diese Felle stammten; denn daß man Kleider aus etwas anderem als Fellen machen könnte, war ihnen unerklärlich. Die Jungen visitirten die Taschen und förderten deren Inhalt zu Tage. Einer brachte die Tabakspfeife zu allgemeiner Heiterkeit hervor und ließ sie von Mund zu Mund die Runde machen. Kalutunah zog Hayes' Messer aus der Scheide, drückte es an sein Herz und praktizirte es mit pfiffiger Miene in den Stiefel, bis Hayes ihm durch Kopfschütteln seine Mißbilligung zu erkennen gab.

Während dem musterte unser Amerikaner das Innere der Behausung. Das Baumaterial, das von außen des Schnees wegen nicht erkennbar war, zeigte sich hier deutlich; es bestand aus einem Durcheinander von Steinen, Walfisch- und andern Knochen und Moos; darüber lagen als Dach große Schieferstücken und auch der Boden war mit flachen Steinen gepflastert. Die hintere Hälfte war um einen Fuß höher als die vordere und und war mit Heu belegt, über welches Bären- und Hundefelle gebreitet waren. In den Eckwinkeln zu Seiten des Einganges waren ähnliche Erhöhungen. Einer der letztern Plätze war von einer Hündin mit ihren Jungen eingenommen, der zweite barg einen Fleischvorrath. In der leidlich geraden Vorderseite der Hütte befand sich ein Fenster, welches durch ein viereckiges Stück Darm etwas Licht eindringen ließ. Die Wände rund umher waren mit Seehunds- oder Fuchsfellen behangen; einige Knochenstücken, zwischen die Steine geklemmt, trugen Harpunenleinen. An der einen Seite des Doctors saß eine alte Frau, an seiner andern eine junge, beide unterhielten eifrigst die qualmende, rußende Thranlampe. Ein drittes Weib besorgte dasselbe Werk bei einer Lampe in einer Ecke. Jede Lampe war aus Seifenstein in Form einer Muschel geschnitzt und hatte etwa acht Zoll im Durchmesser. Drei Zoll über der Flamme hing von der Decke herab ein länglich vierseitiger Topf, ebenfalls aus Seifenstein, in welchem es langsam kochte. Ueber dem Kochtopf war schließlich noch ein Gestell aus Bärenknochen, auf dem Handschuhe, Stiefeln, Hosen und andere Kleidungsstücke zum Trocknen aufgestapelt waren.

Obschon außer den Lampen kein anderweitiges Feuer in der Wohnung war, herrschte doch, durch die zahlreichen Menschen hervorgebracht, eine förmliche Hitze in derselben. Es wohnten zwei Familien gemeinschaftlich darin, außerdem waren aber noch mehrere Personen aus der anderen Hütte augenblicklich gegenwärtig, so daß Hayes 13 Personen zählte, dabei aber bemerkt, es könne leicht sein, daß er noch ein Paar übersehen habe. Die Luft in der Hütte war natürlich so, daß man sie möglichenfalls hätte „mit dem Messer schneiden können". Der Dunst von mehr als einem Dutzend Menschen, deren Leiber eben so wenig als ihre Kleidung jemals gewaschen worden waren, der Duft der halbverfaulten Stücken Fell, Fett und Fleisch, die umher lagen, die Menge der athmenden Hunde, der stinkende Rauch der Lampen, Alles dies zusammen gab eine Luft, in welcher der Fremde fürchten mußte, sofort zu ersticken. Hayes schwitzte wie unter den Tropen; kaum bemerkten dies die Insassen, als auch schon ein halb Dutzend Jungen Rock und Stiefeln anpackten, um dieselben auszuziehen und es ihm behaglich zu machen.

Hayes lehnte aber das freundliche Anerbieten mit dem Bemerken ab, daß er
zu seinen Leuten zurück müsse. Die zweite, für ihn viel schlimmere Einladung:
etwas zu genießen! durfte er aber aus Staatsklugheit nicht zurückweisen. Ein
junges Eskimomädchen, das jedoch keineswegs zum „schönen" Geschlecht gehörte,
schüttete aus dem erwähnten Zauberkessel etwas in eine lederne Schüssel, kostete
zunächst selbst davon, um die Güte zu prüfen, und reichte dann den dunkeln Trank
dem Fremdling über eine Anzahl struppig behaarter Köpfe hinweg. Hayes fühlte
sich als Märtyrer für's Gesammtwohl seiner Mannschaft, schloß todesmuthig die
Augen, verzichtete vorläufig einige Momente auf jeglichen Gedanken und schluckte
einen Mundvoll des Gebräues hinab. Zu seinem Glück erfuhr er erst später, als
es zum Erbrechen nicht mehr Zeit war, daß er eine Mixtur aus Blut, Thran und
und Seehundsdärmen verschlungen hatte. Er fühlte sich wie gerettet, als er durch
den Tunnel endlich wieder ins Freie gelangte und frische Luft athmete. Der Ange=
kok begleitete ihn gemeinschaftlich mit seiner Tochter, jedes mit einer Moosfackel,
bis zu seinem Zelte und hier ruhte er von Schweiß und Schmaus, bis ihn die
Morgenröthe mit seinen Leuten zum Aufbruch weckte.

Bei aller Gutmüthigkeit des Eskimovölkchens machte sich aber schließlich doch
der Erbfehler des Stehlens unangenehm bemerklich; eben wollten die Reisenden
mit ihren Booten abstoßen, als man das Beil vermißte. Petersen beschuldigte
die Eskimo geradezu, sie hätten dasselbe gestohlen. Der graukköpfige Häuptling
betheuerte bestimmt: sein Volk stehle nie, und ein zweiter Mann bekräftigte die
Aussage, machte sich aber gerade dadurch verdächtig. Als man ihn näher ins
Auge faßte, bemerkte man auch sofort, daß der Schelm auf dem gestohlnen Beile
stand und sich bemühte, es mit seinen breiten Bärenstiefeln zu verdecken. Als sich
der Eskimo ertappt sah, bückte er sich, hob das Beil lachend auf und bot mit der
andern Hand ein Paar Pelzhandschuhe zur Sühne dar.

Die Bucht war mit dünnem Eis belegt und die Fahrt ging deshalb langsam
vorwärts; die Abschiedsrufe der Eskimo begleiteten die Scheidenden. Nach einem
sehr angestrengten Tagewerk erreichten die Reisenden erst das Kap Parry und sahen
sich hier wieder durch das alte feste Eis aufgehalten. Es war schon Nacht geworden
und es ließ sich nicht mehr erkennen, ob das Eis sich weit ins Meer hinaus erstrecke.
Die See war unruhig geworden und man suchte ein Nachtquartier am Strande.

Am nächsten Morgen brachte eine genaue Umschau nur wenig Hoffnung auf
ein Gelingen des Unternehmens. Von Northumberlands=Insel aus hatte es
früher den Anschein gehabt, als sei das Meer nach Süden hin offen, oder als
würden wenigstens breite Kanäle freie Durchfahrt durchs Eis gewähren, — jetzt
vom Kap Parry aus, auf das man die meiste Hoffnung gesetzt hatte, gewahrte
man mit Schrecken, daß das Eis gerade an der Küste hin fest lag, wo es sonst doch
am ehesten offen zu sein pflegte. Man versuchte in einigen Kanäle vorwärts zu
dringen, konnte aber nicht weit gelangen, — die einen gingen im hohen Eis zu
Ende, die andern waren schließlich festgefroren und wurden selbst durch die Flut nicht
gebrochen. Durch das Eis fortzukommen, war nicht möglich, eben so wenig konnte
man über dasselbe. Im Booth=Sund (Booth=Bai), in der Mitte zwischen

Kap Parry und der südlich davon gelegenen Saunders-Insel, erreichte man endlich wieder das Land, zugleich aber auch das äußerste Ende der Fahrt. Die genannte Bai hat etwa eine deutsche Meile im Durchmesser und hat vom Ocean aus nur einen sehr schmalen Eingang. In ihrer Mitte liegt Fitzclarence Rock, ein abgestumpfter Felsenkegel von 250 Fuß Höhe. An einer Stelle schiebt sich eine Gletscherzunge vom Innern des Landes nach der Bai vor, deren Ufer von einer trostlos öden flachen Ebene und von kahlen, todten Felsen umsäumt ist.

Aussicht vom Kap Parry.

Schon nahte die grausenvolle Zeit der Winternacht, der Bogen, welchen die Sonne noch beschrieb, ward kleiner und kleiner, — die Lebensmittel waren zusammengeschmolzen, das Feuerungsmaterial noch mehr. Am 28. September war es, als die Mannschaft ihr Lager in diesem traurigen Winkel der Erde aufschlug, mit der Gewißheit vor Augen, daß ein Entkommen nach Süden unmöglich sei. Trotzdem verloren sie keine Zeit mit nutzlosen Klagen. Die Boote wurden ans Land geschafft und umgekehrt, zunächst das Zelt errichtet, die übrigen Geräthe bei demselben geborgen, dann aber Umschau gehalten, wo sich eine Stelle zeigte, an der man eine Winterhütte errichten könne. Ein Felsenspalt bot erwünschte Zuflucht; derselbe war etwa acht Fuß breit, unten glatt, an einer Seite sechs, an der andern drei bis vier Fuß hoch. Neun Tage Arbeit waren nöthig, um die Steine herbeizuschaffen, die man nöthig hatte, die Lücke zu schließen. Jeder Block mußte ja mühsam losgebrochen werden, da Alles angefroren war. Ebenso mühsam war das Losarbeiten der gefrorenen Moosrasen, deren man zum Ausstopfen der Lücken bedurfte. Mehrere hatten während dem die Aufgabe, Lebensmittel herbeizuschaffen, vermochten diese jedoch nur höchst kümmerlich zu lösen; Petersen hatte wol eine Anzahl Fuchsfallen aufgestellt, fing aber nichts. Die vorhandenen Vorräthe reichten bei vollen Portionen höchstens noch zwei Wochen aus, — man suchte sich deshalb so viel als möglich einzuschränken; dadurch wurden aber die Meisten schwach und kraftlos und aßen, um den nagenden Hunger etwas zu stillen, dasselbe Steinmoos (Tripe de Roche), das wir als kümmerliches Nahrungsmittel der Franklin'schen Expedition am Kupferminenflusse bereits kennen lernten. Bei aller Jämmerlichkeit dieser Speise war dieselbe noch dazu an dieser Stelle ziemlich selten und konnte nur höchst mühsam unter tiefem, festgefrorenem Schnee hervorgescharrt werden. Die Meisten mußten auch auf diese Nahrungsquelle bald verzichten, da dieselbe heftigen Durchfall erzeugte.

Als eine Wohlthat inmitten alles Jammers begrüßte man die Entdeckung eines kleinen Sees mit süßem Wasser nicht allzuweit vom Lager. Die Eisdecke auf demselben war nur anderthalb Fuß dick und barg einen unerschöpflichen Vorrath des schönsten Wassers. Man konnte nun einen großen Theil des kostbaren Feuerungsmaterials ersparen, den man bisher nöthig gehabt hatte, um den Schnee zu schmelzen. Aber selbst die Hebung dieses Schatzes war nicht ohne Mühseligkeiten. Dr. Hayes erzählt in seinem Tagebuche einen solchen Gang nach Wasser, welchen er selbst am 3. Oktober unternahm. Ein gewaltiger Schneesturm hatte schon Tags zuvor zu toben begonnen, die ganze Nacht hindurch angehalten und wüthete noch fort. Der Schnee fiel außerordentlich dicht und hatte sich rings um das Zelt hoch aufgethürmt. Hayes und Godfrey hatten die Küche zu besorgen und versuchten in der noch nicht vollendeten Hütte eine Kochstelle herzurichten. Sie konnten in dieselbe nur durch das Dach gelangen, welches aus Segeltuch hergestellt war, da ringsum der Schnee Alles begraben hatte. Sie ließen ein Fäßchen mit Thran, die Lampe und den Kessel hinab, fanden aber innen auch Alles voller Schnee, der große Mühe beim Anzünden des Feuers verursachte. Godfrey übernahm es, das letztere zu besorgen, und Hayes machte sich mit dem Kessel auf den Weg. Er kroch wieder durch das Loch im Dach hinaus und arbeitete sich gegen den Sturm durch hohe Schneewehen hindurch bis zum See. Nachdem er an einer Stelle den dicken Schnee weggeschafft, schlug er mit dem Meißel die Eisdecke durch und war nach einer Arbeit von dreiviertel Stunden so glücklich den Kessel mit Wasser füllen und den Rückweg antreten zu können.

Er hatte jetzt den Wind im Rücken, fand aber seine Fußstapfen verweht, stürzte nicht weit von der erreichten Hütte über ein verdecktes Felsenstück und verschüttete das mühsam erworbene Wasser in den Schnee. Es blieb nichts übrig, als den Weg noch ein Mal zu machen. Zwei volle Stunden waren vergangen, als Hayes endlich mit seiner Wasserladung wohlbehalten bei Godfrey ankam. Dieser hatte inzwischen Kaffee geröstet, dann aber war die Flamme der Lampe ausgegangen und der Rauch hatte ihn in dem engen Loche halb erstickt. Sein Gesicht war von Ruß völlig geschwärzt. Nach wiederum einer Stunde Zeit ward endlich der Kaffee fertig; gleichzeitig waren auch einige Stücken Schweinefleisch gewärmt und etwas Brod in Wasser aufgeweicht worden. Die ganze Gesellschaft sprach dem dürftigen Mahle mit besonderem Appetite zu und wickelte sich dann in die wollenen Decken und Büffelhäute, um den Schlaf zu suchen.

Das Zelt bestand aus dünnem Hanfzeug und mußte bei elf Fuß Länge und acht Fuß Breite acht Personen Platz gewähren. Auf dem Boden waren zwar Büffelhäute ausgebreitet; da die Thür aber nicht gut geschlossen werden konnte, so trieb der Sturm den Schnee fortwährend herein. Jeder hatte es sich so bequem und warm zu machen gesucht als irgend möglich. Ein Stein mußte zum Kopfkissen dienen, Decken und Felle die Betten ersetzen. Von der kalten Leinwand hing der

Leben im Zelt und in der Hütte. Eskimobesuch.

gefrorene Hauch zolllang als Schneekrystalle herab, die bei der geringsten Bewegung abfielen. Zu den vielen vorhandenen Plagen gesellte sich noch die Langeweile. Nach dem Frühstück ward zwar eine Morgenpromenade in Schnee und Sturm versucht, der schneidend scharfe Wind trieb die Geschwächten aber bald in das Zelt und in die Pelze zurück. Man versuchte Kartenspiel, rauchte Tabak oder probirte es, einige Zeilen mit dem Bleistift ins Tagebuch zu notiren. Am meisten trug noch Petersen mit seinem Reichthum an Witzen und Schnurren zur Erheiterung der Gesellschaft bei. Mit jedem Tage ward der Speisevorrath kleiner, ohne daß man Hoffnung erhielt, neuen beschaffen zu können. Die Jagd war erfolglos und man sah mit Schrecken den furchtbaren Hunger näher und näher kommen.

Als nach mehrtägigem Wüthen der Sturm etwas nachließ, setzte man den Bau des angefangenen Hauses fort. Blechteller mußten die Stelle der Schaufeln ersetzen. Endlich konnte man einziehen und auch eine Art von Ofen herstellen. Petersen war so glücklich, einige Vögel zu erlegen, und so feierte man mit gedämpftem Federwild und einem Topf Kaffee den Einzugsschmaus. In der Hütte war man vor dem wiedererwachenden Sturm etwas mehr geschützt als ehedem im Zelte. Außen baute der Schnee hohe Wälle ringsum auf, und da man die Lampe des Thranes wegens schonen mußte, so herrschte nur eine schwache Dämmerung im Innern der Hütte. Noch dunkler aber war der Blick der Eingeschneiten in die Zukunft. Während zwölf Tagen hatte man trotz aller Mühe nur siebzehn Vögel erlegen können, ein Paar Füchse und einen Hasen nur von der Ferne gesehen und keine Spur von einem Bären bemerkt, die Umgebung bot nichts als ungesundes Felsenmoos, obendrein in sehr geringer Menge. So stellte man die einzige Hoffnung auf die Eskimo-Ansiedelung, welche man in einer Entfernung von acht deutschen Meilen nördlich getroffen hatte, und wartete nur auf das Aufhören des Sturmes, um eine Reise nach derselben zu wagen. Da hörte man eines Nachmittags, als die meisten der Gesellschaft des erstickenden Rauches wegen, den die Lampe verursachte, bis über den Kopf in ihre Büffeldecken gekrochen waren, außen an der Hütte ein ungewöhnliches Geräusch. Anfänglich im Zweifel, ob es das Brummen eines Bären oder das Bellen eines Fuchses gewesen sei, öffnete man die Thür, arbeitete sich durch den hohen Schnee ins Freie und unterschied nun deutlich menschliche Stimmen. Man schrie den Bewillkommnungsruf der Eskimo: „Huk! Huk!" in das Schneegestöber hinein und bald darauf krochen zwei Eskimo in die Hütte, welche mit dem dicken Ueberzug aus Eis und Schnee, der in Klumpen auf ihren Pelzen angefroren war, viel eher wie Schneemänner aussahen, als wie Menschen. Sie trugen Hosen aus Bärenfell und Röcke von Fuchspelzen, die oben mit einer Kapuze den Kopf verhüllten. Das lange schwarze Haar, das unter der letztern hervorschaute, die Augenbrauen, sowie die wenigen Haare, welche auf dem Kinn den Bart vorstellten, waren dicht mit Reiffrost besetzt.

Den erfreulichsten Anblick bot den eingeschneiten, halbverhungerten Reisenden das Bärenfleisch, von dem jeder der beiden Angekommenen ein tüchtiges Stück in der linken Hand trug, während sie in der Rechten die Peitsche hielten.

Einer der beiden Eskimo war Kalutunah, ein alter Bekannter von Netlik, den man vor drei Wochen zum letzten Male gesprochen hatte. Er freute sich seinerseits eben so lebhaft über das unverhoffte Wiedersehen und machte es sich nebst seinen Gefährten ohne Umstände in der Hütte bequem. Sie zogen die eisbedeckten Oberkleider, Stiefeln und Handschuhe aus und begnügten sich mit dem Hemd aus Vogelbälgen. Sie gaben ihr Bärenfleisch zum Kochen und ihren Thranvorrath für die Lampe zum Besten und erzählten dann unter vielem Lachen, wie sie hierhergekommen seien. Am Tage vorher hatten sie mit ihren Hundeschlitten eine Bärenjagd nach dem Kap Parry unternommen. Hier hatte sie der Sturm auf dem Eise überfallen; anfänglich versuchten sie sich in einer Schneehütte zu bergen, allein die Furcht, das Eis möge aufbrechen und sie in die See entführen, bewog sie wieder hervorzukriechen und nach der Küste zu eilen. Sie hatten letztere unweit der Hütte erreicht und ihre Hunde hinter einem nahen Felsen festgebunden.

Während der Nacht schneite es so gewaltig, daß man früh einen sechs Fuß langen Tunnel von der Thüre aus graben mußte, ehe man ins Freie kam; Sturm und Schneewetter dauerten fort, die Hunde heulten vor Frost und Hunger und Dr. Hayes wäre beinahe von den wilden Bestien zerrissen und aufgefressen worden, als er in Begleitung Kalutunah's in ihre Nähe gekommen war. Eben im Begriff nach der Hütte zurückzukehren, hörte er hinter sich ein Geräusch und erblickte dicht an seinen Fersen dreizehn zähnefletschende und knurrende Hunde, von denen einer bereits einen Sprung nach dem Doctor machte. Glücklicherweise konnte er das Thier noch packen und den Abhang hinunterschleudern, die andern aber, welche bei Hayes keine Waffe sahen, schickten sich an, über ihn herzufallen und ihn zu zerreißen. Zu seinem Glück sah er etwa fünf Schritte von sich entfernt die Peitsche halb vergraben im Schnee liegen, welche Kalutunah zufällig beim Eintreten in die Hütte dorthin geworfen hatte. Mit einem verzweifeltem Satze sprang Hayes über eine der größten dieser wolfsartigen Bestien

Eine Schlittenpeitsche der Eskimo.

hinweg, erfaßte das gefürchtete Eskimo-Scepter und theilte links und rechts die kräftigsten Hiebe aus, so daß sich die Hunde heulend und knurrend wieder hinter die Felsen zurückzogen. Hayes bemerkt hierbei über den Charakter dieser für die Eskimo so unendlich wichtigen Hunde, daß derselbe wolfsartig sei. Nur Furcht hält diese Thiere in Gehorsam, der Schwache oder ein Kind ist vor ihnen nicht sicher, wenn sie der Hunger quält. Es wurde später den Polarfahrern in Proven in Südgrönland erzählt, daß ein kleiner Knabe, der Enkel des Gouverneurs, der von einem Hause nach einem kaum zwanzig Schritt davon stehenden gehen wollte,

Vorrathsmangel. Wiederkunft Kalutunah's.

unterwegs fiel, und vor den Augen der entsetzten Mutter augenblicklich von mehr als hundert Hunden zerrissen und verschlungen wurde.

Man begann nun Unterhandlungen mit den beiden Eskimo, die sich zur Abreise anschickten, und verständigte sich mit ihnen dahin, daß sie die Mannschaft mit Fleisch versorgen und dafür Messer, Nadeln, Holz und andere für sie sehr werthvolle Dinge erhalten sollten. Aus Kalutunah's Benehmen hierbei ging freilich hervor, daß er im Stillen allerlei Nebengedanken pflegte, die nichts Geringeres bezweckten, als sich auf die leichteste Weise in den Besitz der ganzen Güter der Amerikaner zu setzen, besonders ihrer Flinten. Die Eskimo schieden mit dem Versprechen bald wieder zu kommen, ließen aber ziemlich zwei Wochen auf sich warten. Diese Zeit war eine der schrecklichsten für die armen Verlassenen. Jeder hatte anfänglich nur noch 36 Schiffszwiebäcke und drei Kannen Brotstaub als Nahrungsvorrath. Man scharrte kümmerlich wieder Flechten unter dem Schnee hervor und kochte sie mit Fleischzwieback zu einer dürftigen Speise, die noch dazu mehrfache Nachtheile für die Gesundheit erzeugte. Anfänglich hatte man die täglichen Portionen verringert; da man aber hierdurch gänzlich von Kräften kam, so wurde beschlossen, besser zu leben und dann, wenn es nicht anders ginge, resignirt den Hungertod zu erwarten, da die Jagd gänzlich erfolglos war.

Da endlich, als die Noth am größten war, kamen die Eskimo an und mit dem Bärenfleisch, das sie brachten, zog wieder etwas Heiterkeit in die finstre, feuchtkalte Hütte ein. Petersen gab ein Päckchen Cigarren zum Besten, das er noch aufgespart hatte, und beim Scheine der wieder mit Thran gespeisten Lampe trank man Kaffee, spielte eine Partie Whist und las ein neues Kapitel aus Walter Scott vor.

Obschon die Eskimo noch einmal mit einer Fleischzufuhr ankamen, durfte man sich doch durchaus nicht auf sie verlassen, da man ihre Treulosigkeit und ihre Verrätherei zulänglich kennen gelernt hatte. Nachdem man vielfach Pläne, wie man sich aus der gräßlichen Lage befreien könne, vorgeschlagen und wieder verworfen, hielt man endlich Petersen's Vorschlag fest, nach der Brigg Advance zurückzukehren und sich mit den Gefährten unter Kane's Anführung wieder zu vereinigen. Um diese Reise von 75 deutschen Meilen ausführen zu können, erbot sich Petersen nach Netlik zu gehen und mit den Eskimo zu unterhandeln. Zufällig erschien gerade Kalutunah denselben Morgen, als Petersen abreisen wollte, und nahm letzteren nebst Godfrey auf seinem Schlitten mit. Nach vier Tagen trafen beide gänzlich abgemattet und hoffnungslos wieder bei ihren Kameraden ein. Sie hatten Netlik auf dem Schlitten nach etwa neun Stunden erreicht gehabt und waren zunächst ganz freundschaftlich aufgenommen und verpflegt worden. Man gab ihnen reichliche Nahrung und brachte in jeder Hütte einen derselben unter. Als am folgenden Tage

(Eskimolanze aus Narwalhorn.)

sämmtliche Männer angeblich zur Jagd auszogen, kamen am Abend nur wenige derselben zurück. Unter den Fehlenden war auch Kalutunah. Als letzterer den darauf folgenden Tag ebenfalls ausblieb, begann Petersen mißtrauisch zu werden, ward aber theilweise wieder durch das äußerst rege Leben und Treiben beruhigt, das in der Niederlassung herrschte und welches er auf die Theilnahme der Eskimo an der Reise der Amerikaner bezog. Die Weiber näheten emsig an Handschuhen und Seehundsstiefeln und versorgten die fremden Jäger mit ihren Hundeschlitten, welche ankamen.

Am dritten Tage kam Kalutunah erst wieder zurück und hatte einen fremden Eskimo mitgebracht, Sir-Su mit Namen, so wild und stark, wie sie noch keinen gesehen. Der unheimliche Eindruck, welchen das finstre Gesicht desselben hervorrief, ward noch gesteigert dadurch, daß er sich bei jeder Gelegenheit damit rühmte: zwei Männer seines Stammes erschlagen zu haben, weil sie als ungeschickte Jäger zu nichts nütze gewesen wären. Als Petersen nun, nachdem zwölf wohlbespannte Hundeschlitten beisammen waren, bestimmte Erklärung verlangte, wann man die Reisenden nach dem Schiffe bringen werde, lachte man ihn höhnisch aus und erwiederte ihm, daß man nie daran gedacht habe dies zu thun. Einen Hundeschlitten zu verkaufen schlug man ab und Sir-Su, der wilde Anführer, meinte, man könne die Habseligkeiten der Amerikaner auf eine wohlfeilere Weise haben.

Jetzt konnte Petersen keinen Augenblick darüber im Unklaren sein, daß die Wilden Schlimmes im Sinne führten, besonders deshalb, weil man ihm zuredete, er möge sich nur schlafen legen. Er wußte, daß die Eskimo der Meinung sind, jeder Weiße trage einen gefährlichen Zauberstab, ein Pistol, bei sich, den man ihm während des Schlafes erst abnehmen wollte, um ihn dann desto gefahrloser ermorden zu können. Petersen stellte sich also ermüdet und fing an zu schnarchen, als ob er fest schliefe. Sofort unterhielten sich die um ihn versammelten Eskimo in der Hütte laut über die beste Art und Weise, wie man sich in Besitz der Schätze der Weißen setzen könne. Man kam dahin überein, daß man Petersen und Godfrey an Ort und Stelle sofort erschlagen und dann die übrigen in der Hütte überfallen wolle. Sir-Su machte den Stimmführer und fing bereits an Petersen zu befühlen, wo er das gefürchtete Pistol stecken habe, als Godfrey der Verabredung gemäß draußen am Fenster erschien und Petersen beim Namen rief. Letzterer stellte sich, als erwache er, und wisse nichts von dem, was um ihn vorgegangen sei. Er kroch ins Freie und fand eine große Anzahl Männer, Frauen und Kinder um seine Flinte stehen, die aber Niemand zu berühren wagte. Hierauf erklärte er, indem er seine Büchse nahm, daß er auf die Bärenjagd gehen werde, und zeigte den Staunenden seinen Vorrath von Kugeln mit dem Bemerken, daß eine einzige derselben ausreiche, den größten Bären und stärksten Menschen zu tödten. Die beiden Amerikaner beschlossen, den weiten Rückweg zu Fuß anzutreten, obschon sie mehr als 16 Stunden bei grimmiger Kälte zu marschiren hatten.

Kaum hatten sie sich eine halbe Stunde weit entfernt, als die Eskimo die Schlitten anspannten und eine förmliche Treibjagd mit ihren Hunden auf die Flüchtigen eröffneten. Diese sahen wohl, daß sie, mit nur einer Flinte bewaffnet, gegen die Menge der mit Wurflanzen und Messern versehenen Feinde und ihre

Meute nichts ausrichten könnten. Beide gaben sich deshalb bereits als verloren auf, und beschlossen nur den Rädelsführer Sir=Su für seinen Verrath büßen zu lassen, wenn er in Schußweite käme, bevor man sie tödten würde. So wie sie sich aber zur Vertheidigung anschickten, schwenkte der ganze Schlittenzug rechts ab, wahrscheinlich um dem offnen Kampfe auszuweichen und in einem Versteck auf die Halberfrorenen zu lauern. Petersen wanderte mit seinem Gefährten weiter, vorsichtig jede Stelle umgehend, an welcher ein Hinterhalt sein könnte.

So entgingen die Beiden der Todesgefahr und hatten nur noch den schweren Kampf mit Ermüdung, Kälte, Hunger und Schlafsucht zu überwinden. Nach einer vierundzwanzigstündigen verzweifelten Anstrengung kamen sie endlich bis zum Tode erschöpft bei den Ihren in der Hütte an.

Alle ferneren Versuche, von den Eskimo Schlitten und Hunde zu Kauf oder leihweise zu erhalten, waren vergeblich, und Dr. Hayes griff deshalb zu einem allerdings gefährlichen Mittel. Als nämlich kurz darauf die Eskimo die Hütte wieder besuchten, brachte man ihnen Opium bei und trat mit ihren Schlitten den Heimweg nach der Brigg an. Jene abgehärteten Naturkinder erholten sich aber bald wieder und setzten den Flüchtigen nach. Sie holten dieselben ein, ließen sich aber schließlich beruhigen und wurden nun von einer Eskimo=Ortschaft zur andern transportirt. Besonders waren die letzten Tage der Reise höchst gefahrvoll, ja einer der Seeleute fiel bereits halb erstarrt vom Schlitten und konnte kaum noch transportirt werden. So langten sie endlich, wie unsere Leser aus den Schilderungen von Dr. Kane's Reise bereits wissen, beim eingefrorenen Schiffe wieder an und wurden hier, obschon man sie anfänglich als Fahnenflüchtlinge betrachtet hatte, liebreich angenommen und sorgsam verpflegt. Aus dem ersten Bande dieses Buchs der Reisen ist es ferner bekannt, in welcher Weise Kane mit seiner Mannschaft schließlich nach den dänischen Ansiedelungen sich durcharbeitete und hier mit den beiden Schiffen zusammentraf, welche zu seiner Aufsuchung ausgesandt waren.

Niemand wurde von der Erfolglosigkeit aller bisher geschilderten Unternehmungen tiefer und schmerzlicher berührt, als die hochherzige Lady Franklin, die eine Hoffnung nach der andern scheitern sah. Durch eine Unterstützung, welche der Senat und die Einwohner von Vandiemensland in dankbarer Erinnerung an die Verdienste ihres ehemaligen Gouverneurs gesammelt hatten, war es ihr möglich, ihren Schraubendampfer: „Isabel" im Frühjahr 1853 abermals auszurüsten und den Plan der Nachsuchungen in den Gebieten jenseits der Behringsstraße wieder aufzunehmen, welche einst Pim vom russischen Sibirien aus hatte erreichen wollen. Zum Oberbefehlshaber ernannte sie Leutnant Kennedy; aber schon im November desselben Jahres lief die traurige Nachricht ein, daß sich die Schiffsmannschaft in Folge von Zerwürfnissen zu Valparaiso aufgelöst habe. Es scheint, daß die Strenge, mit welcher Leutnant Kennedy das Mäßigkeitsgesetz aufrecht erhielt, der hauptsächlichste Grund jener Zerwürfnisse gewesen sei.

Neun volle Jahre waren nun seit dem unerklärlichen Verschwinden Franklin's in der nordischen Eiswüste verflossen. Planmäßig hatte man das ganze weite

Gebiet vergeblich durchsucht; nur ein kleiner Winkel im Osten, nördlich von der Mündung des von Back entdeckten großen Fischflusses war unbeachtet geblieben. Und gerade er war der grauenvolle Schauplatz gewesen, auf welchem sich das düstre Geschick Franklin's und seiner Gefährten vollzog. Von zwei Seiten hatte man sich in den Jahren vorher demselben bis auf wenige Meilen genähert; doch nie war der Kampf- und Leidensplatz der heldenmüthigen Schaar Franklin's selbst betreten worden. Auch jetzt war es dem Zufall und nicht der absichtlichen Nachforschung vorbehalten, den Schleier dieser schauervollen Scene zu heben. Dr. Rae, den wir bereits unter den arktischen Reisenden, die Franklin aufsuchten, kennen gelernt haben, war am 15. August 1853 zu seinem frühern Winterlager an der Repulsebai zurückgekehrt, um von hier aus seine Arbeit, die Aufnahme des Boothia-Landes, wieder zu beginnen. An der Pelly-Bai, zu der er am 17. April 1854 gelangte, ward ihm von einem Eskimo die erste dunkle Kunde von dem entsetzlichen Ende der Franklin'schen Expedition. Es wurde ihm von diesem und später auch von andern Eingeborenen erzählt, daß sie im Frühjahre 1850, während sie an der Nordküste der King Williams-Insel mit Robbenfang beschäftigt gewesen seien, weiße Männer, etwa 40 an der Zahl, gesehen hätten, die über das Eis nach Süden wanderten und ein Boot mit sich führten. „Durch Zeichen, setzten sie hinzu, gaben sie uns zu verstehen, daß ihr Schiff im Eise zertrümmert sei; alle, mit Ausnahme des Anführers, waren in einem elenden Zustande und litten Mangel an Lebensmitteln. Einige Wochen später fanden wir dreißig Leichname weißer Männer an der Küste des amerikanischen Festlandes, eine starke Tagereise im Nordwesten eines großen Flusses und fünf andere auf einer naheliegenden Insel." Rae nahm diese Nachrichten anfangs mit Mißtrauen auf, je näher er aber dem Schauplatz der Katastrophe kam, desto gewisser wurde ihm die Ueberzeugung, daß jene Erzählung wenigstens theilweise gegründet sein müsse. Er sah nämlich bei jenen Wilden eine Menge von Gegenständen, die ohne Zweifel dem Erebus und Terror, und den Mannschaften dieser Fahrzeuge angehört hatten. Es waren Bruchstücke von Uhren, Kompassen, Fernröhren, Flinten, aber auch silberne Löffel und Gabeln, silberne Platten, welche noch die Namen, Wappen und Anfangsbuchstaben Franklin's und anderer Offiziere trugen. Er handelte einen großen Theil derselben ein und erschien damit am 22. Oktober 1854 im Amthause der britischen Admiralität, wo seine unerwartete Botschaft um so größeres Aufsehn erregte, als man allgemein der Ansicht war, daß südlich vom 75° nördl. Breite nach Franklin's Verbleiben nicht mehr zu suchen sei. Die engern Kreise der Verwandten und Freunde der Vermißten wurden in eine fieberhafte Aufregung versetzt und die ganze gebildete Welt sah weiteren Nachrichten mit der lebhaftesten Spannung entgegen. Dr. Rae lehnte aus Rücksichten auf seine Gesundheit die Anführung einer Expedition nach den Gebieten ab, die allein noch Aufschluß zu geben schienen. Anderson und Stewart, welche sich im Jahre 1855 mit achtzehn Mann dahin begaben, kehrten binnen kurzer Zeit zurück, ohne dem bereits Bekannten etwas wesentlich Neues hinzuzufügen. Erst dem Kapitän M'Clintock war es vorbehalten, den verwickelten Knoten des düstern Dramas zu lösen.

VIII.
Mac Clintock's Eisfahrt in der Baffinsbai.

Anderson's Expedition. Ausrüstung des For. Clintock's Abfahrt. Frederikshaab. Fiskernaes. Godhavn. Diskobucht. Waigatstraße. Upernivik. Melvillebucht. Rückfracht im Eis. Befreiung.

Won der Nordküste des amerikanischen Festlandes und von den zahlreichen Inseln, welche sich nördlich von derselben befinden, war nur, wie gesagt, jener verhältnißmäßig kleine Fleck, die Gegend um King Williams=Land, gegenüber der Ausmündung des Großen Fischflusses, mehr zufällig als absichtlich ununtersucht geblieben; alle Sucher hatten hier Kehrt gemacht, denn kein Signalstein, keine Spur irgend einer Art fand sich, die sie zum Weitergehen hätte veranlassen können. Mußte aber schon der Umstand, daß allmälig alle andern Gegenden vergeblich durchsucht worden waren, zu dem Gedanken führen, daß hier in dem noch unberührten Terrain doch wol das Gesuchte zu finden sein dürfte, so wurde durch Dr. Rae's letzte Expedition für etwaige weitere Forschungen nunmehr ein bestimmtes Terrain, und zwar ein ziemlich eng umschriebenes gegeben. Man wußte jetzt, wo man zu suchen hatte. Die englische Regierung sandte auch, wie bereits erwähnt, im Jahre 1855 eine kleine Expedition unter Anderson den Fischfluß hinab; allein sie war für ihren Zweck nicht genügend ausgerüstet, konnte sich nicht einmal einen Dolmetscher verschaffen, und ihre zwei zerbrechlichen Rindenboote waren fast unbrauchbar geworden, noch ehe sie den Ort ihrer

Bestimmung erreichten. Die Funde dieser Expedition beschränkten sich auf Spuren, die zu beweisen schienen, daß ein Rest von Franklin's Leuten wirklich an der Mündung des Fischflusses gelandet und bis zu den Franklin=Wasserfällen landeinwärts gedrungen sei.

Da die Regierung ihre weitere Betheiligung bestimmt ablehnte, zögerte Lady Franklin keinen Augenblick, die Angelegenheit in eigne Hände zu nehmen und alle nur verfügbaren Mittel auf ein neues Privatunternehmen, nunmehr das fünfte der Art, zu verwenden. Mehrere bewährte Freunde, in erster Stelle der berühmte Gelehrte Murchison, standen ihr getreulich bei mit Rath und That, und bald war durch Subscription eine ansehnliche Summe zur Unterstützung des Unternehmens zusammengebracht. Die Expedition war auf das kleinstmögliche Maß beschränkt: ein einzelnes kleines Schiff sollte abgesandt werden, und da eben eine schöne Schrauben=Yacht von 177 Tonnen Last, der Fox, verkäuflich war, so wurde dieselbe um 2000 Pfund erworben. Viele höhere Seeoffiziere boten sich zur unentgeltlichen Uebernahme der Führerschaft an; man wählte Kapitän Ludwig MacClintock, der bereits bei drei frühern arktischen Expeditionen von 1848—1854 rühmlich betheiligt gewesen. Er nahm diesen Vertrauensposten um so lieber an, als, wie er sagt, sein ganzes Herz bei der Sache war. Auch von Seiten der Schiffsleute kamen so zahlreiche Anerbieten, daß der Kapitän die beste Auswahl hatte und sich mit kräftigen, versuchten Männern umgeben konnte, die fast sämmtlich schon im hohen Norden gedient hatten. Der Däne Petersen, eine alte Bekanntschaft für die Leser von Penny's und Kane's Reisen, der sein halbes Leben in der Polarwelt zugebracht, kam auf den ersten Wink von Kopenhagen herbei, um sein gewohntes Amt als Eskimodolmetscher wieder einmal zu übernehmen. Die kleine, aber auserlesene Bemannung bestand, mit Einschluß der Dolmetscher und dreier Offiziere, aus 25 Leuten.

Für die Ausrüstung waren, da das Schiff am 1. Juli in See gehen sollte, nur wenige Wochen gegeben, daher die Anstrengungen zu verdoppeln. Der Fox mußte seine eleganten Einrichtungen als Lustschiff einbüßen und sich durch doppelte Verplankung von außen, durch starke Lang= und Querbalken, Ständer u. s. w., von innen erst in einen Nordfahrer verwandeln lassen; er bekam einen größern Dampfkessel, eine massivere Triebschraube und der Schiffsschnabel so viel Eisenbelege, daß er einem mächtigen, scharfen Meißel glich. Man nahm Lebensmittel für 28 Monate ein. Die Regierung, obwol sie die Aussendung einer Expedition abgelehnt hatte, steuerte nunmehr doch freigebig zu den Bedürfnissen bei. Das Artillerieamt gab alle Waffen, Geschosse, Sprengpulver, Raketen u. s. w., die Admiralität einen großen Vorrath Pemmikan, ferner Eiswerkzeuge (Sägen, Anker, Klammern), eine Winterbehausung, Arzneien, Bücher, Karten, astronomische und musikalische Instrumente, nordische Kleidungsstücke und andere Bedürfnisse.

Unter wachsender allgemeiner Theilnahme wurden so die Vorbereitungen zu dem Unternehmen beendigt, und zur festgesetzten Zeit trat das kleine Schiff seine lange, einsame Fahrt an. Lady Franklin hatte ihrem Kapitän auf seine Bitte um

Instruktionen anheimgestellt, ganz nach eigenem besten Ermessen zu handeln; in einem herzlichen Schreiben bezeichnete sie als Hauptaugenmerk die Rettung etwa noch Lebender, dann in zweiter Stelle die Sicherung der jedenfalls wichtigen Documente der Expedition und die Wahrung der etwaigen Ansprüche ihres Gemahls auf Entdeckung einer Durchfahrt.

Cmenaks Fjord an Grönlands Westküste.

Am 12. Juli kam das Südende des eisumlegten Grönlands in Sicht. Vom Januar bis Juli wird diese Küste gewöhnlich durch einen breiten Gürtel schweren Eises unzugänglich gemacht, das von Spitzbergen her antreibt, sich um die Südspitze Grönlands anlegt und an dessen Westküste eine weite Strecke gegen Norden hinaufrückt. Die südgrönländischen Häfen werden den größten Theil des Sommers durch dieses Eis verrammelt, das von den Handelsschiffen mit Recht gefürchtet wird; für den Grönländer dagegen ist dieses Treibeis eine Wohlthat, denn es führt ihm eine ungeheure Zahl von Robben, wie auch viele Bären zu, und dieselbe Strömung bringt das nicht minder hochgeschätzte Treibholz aus den großen sibirischen Flüssen herbei.

Um die Küste zu erreichen, mußte der Eisgürtel forcirt werden; zwischen ihm und dem Lande bleibt stets eine Strecke Wasser eisfrei in Folge der nach Norden gehenden Strömung. Nach langem und hartem Kampfe zwischen Eis- und Dampfkraft blieb die letztere Sieger, das Schiff gelangte am 20. Juli in's freie Wasser und in den kleinen, aber sichern Hafen von Frederitshaab.

Die prachtvolle Erscheinung der grönländischen Westküste bei klarem Sonnenschein, mit ihren hohen Bergen und Gletschern in der Ferne und den zahllosen kleinen Inseln, Landzungen und Fjords übt ihren Zauber auf Jeden, er auch nicht das erste Mal diese Wasserstraße zieht. Freilich werden solche Scenen häufig unterbrochen durch Stürme, Regen und düstre Nebel, und es muß daher für die Fahrt durch jene klippenreichen Gewässer ein Lootse genommen werden. Als solchen erhielten die Reisenden einen Eskimo, und zwar den Bruder des durch Kane bekannt gewordenen Hans, der sich ausnehmend geschickt in seinem Amte zeigte und durch sein liebenswürdiges Wesen bewies, daß auch der Eskimo einem höheren Kulturgrad zugänglich ist.

Im weitern Verfolg der Nordfahrt wurde Fiskernaes berührt, ein einzelnes dänisches Wohnhaus, von Eskimohütten umgeben und in einem Winkel am Fuße steiler Felsen versteckt, und sodann am 31. Juli in Godhavn oder Civelv auf der Insel Disko ein kurzer Halt gemacht. Die Diskobucht im Sommer mit ihren landschaftlichen Schönheiten ist wol der anziehendste Punkt der Grönlandsküste.

Eskimo-Hund.

Die Hügel zeigen eine für jene Breiten ungewöhnlich reiche und bunte Flora; das Wasser wimmelt von köstlichen Lachsforellen, auf dem Lande finden sich Hasen, Fettgänse und zuweilen große Herden von Rennthieren, von denen Niemand weiß, woher sie kommen und wohin sie gehen. Jedenfalls kennen sie die Topographie Grönlands besser als der Mensch, der nur am Küstensaume seine Existenz findet und es für unmöglich oder nutzlos hält, in die Gletscherwelt einzudringen, die ihm vom Landesinnern her entgegenstarrt.

Bei unsern Reisenden hatte das Anhalten an den verschiedenen bewohnten Punkten hauptsächlich den Zweck, Schlittenhunde anzukaufen, diese unentbehrlichen Gehülfen bei den nordischen Erforschungsreisen; es wurden ihrer nach und nach dreißig zusammengebracht und ein Eskimo als Treiber für sie gemiethet.

Am 4. Aug. war das Schiff in der Waigatstraße zwischen Disko und dem Festlande, eingeengt durch 3000 Fuß hohe Berge zu beiden Seiten. An gewissen Punkten bestehen die Küsten aus niedrigen Sandsteinfelsen, welche von Steinkohlenflötzen durchschichtet sind. Die Kohlen sind ganz leidlich und das Schiff ergänzte seine Vorräthe, so viel die gebotene Eile gestattete. Die benachbarten Niederlassungen benutzen diese Lager in neuerer Zeit nicht mehr, sondern finden es einträglicher, Kohlen aus Dänemark zu beziehen, und den Eingeborenen ihre ganze Zeit für den Robbenfang zu belassen. Des folgenden Tages ging die Fahrt weiter mit günstigem Winde und guter Hoffnung, denn Walfischfahrer hatten ausgesagt, in der gefürchteten Melvillebai sei alles Eis aufgebrochen, das Durchkommen also wahrscheinlich möglich. Am 6. August wurde die letzte europäische Niederlassung, Upernivik, erreicht und nach kurzem Hundekaufgeschäft sogleich weiter gefahren.

Das Schiff war nun in See und Angesichts des ersten schwierigen Theils seiner Aufgabe, nämlich sich nach dem Lancastersunde durchzuschlagen. Das große Becken, das den Namen Baffinsbai trägt, friert jeden Winter total zu; im Frühjahre bricht die ungeheure Eisdecke auf, rückt südwärts und schiebt sich zu einer ungeheuern Masse von Packeis zusammen, die gewöhnlich das Mitteleis genannt wird und den Wasserweg von Ost nach West meistens gesperrt hält. Wie bereits erwähnt, kann nun dreierlei versucht werden; entweder unter Benutzung etwaiger Spalten gerade durchzudringen oder das Hinderniß nach rechts oder links, nördlich oder südlich zu umgehen. Doch giebt es Jahrgänge, wo von allen drei Maßregeln nicht eine ausführbar ist. Die Frage, wie das Mitteleis beschaffen sein möge, war daher für unsere Reisege‥‥haft natürlich eine brennende. Die Küstenfahrt bis Disko herauf war dur‥‥‥‥utige Nordwinde erschwert wer‥ den; indeß hoffte man, daß eben diese in de‥‥‥‥lichen Eise reine Bahn machen würden; da mußte man zu Upernivik zu gro‥‥‥ berraschung erfahren, daß zu derselben Zeit hier oben lauter Südwinde geherrscht hatten, die eher geeignet waren, eine Eisstopfung herbeizuführen.

Eis-Studien in der Melvillebai.

Am 8. traf man etwa 18 Meilen westlich von Upernivik auf den Rand des Mitteleises; man folgte demselben ein paar Tage südlich, dann wieder nach Norden hinauf, aber es bot sich kein Durchlaß. Die Nordfahrt brachte das Schiff am 12. in die verrufene Melvillebucht, und hier fand sich leider die Eisbarriere mit den Inseln und Gletschern der grönländischen Küste wie in eins verwachsen, ohne Zweifel in Wirkung der lang anhaltenden Südwinde. Hier gab es nun Gelegenheit, die grandiosen Gletscher der Küste und die unter Donnern und Krachen erfolgende Geburt ihrer Kinder, der mächtigen Eisberge, mit Muße zu bewundern, die trotz ihrer oft ungeheuren Größe doch nur für kleine Randsplitter der Muttergletscher gelten können. Aber all dies konnte keinen Ersatz geben für das gezwungene Stillliegen. Oede, von keinem Vogel oder andern Wesen belebt, lag die eisige Natur; der grelle Glanz des Tageslichtes war peinlich und das gedämpfte Licht der Mitternachtssonne, wo sie nur eben über dem Horizonte stand, gab bei weitem die angenehmste Tageszeit. Nur ein Nordwind konnte eine Aenderung in die Lage

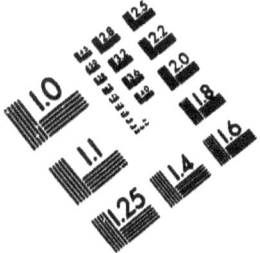

IMAGE EVALUATION
TEST TARGET (MT-3)

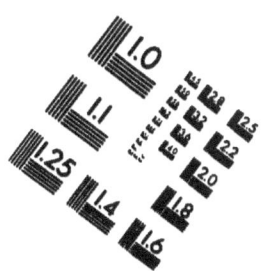

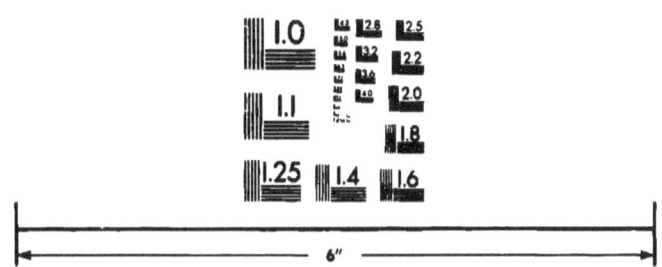

Photographic
Sciences
Corporation

23 WEST MAIN STREET
WEBSTER, N.Y. 14580
(716) 872-4503

bringen; nach drei Tagen peinlichen Harrens trat derselbe zwar ein, aber die schweren, hemmenden Eisberge zur Bucht hinauszufegen vermochte er nicht. Indeß schien sich doch die Lage der Dinge im Allgemeinen etwas zu bessern, und so beschloß der Kapitän am 15. wieder in südwestlicher Richtung umzukehren und zu sehen, ob sich weiter von der Küste ab irgend eine günstige Gelegenheit aufgethan haben möchte. Auch fand sich in der That, daß die stehenden Eisfelder beträchtlich loser geworden waren und die Wasserschliffe zwischen ihnen sich immer mehr entwickelten. Am andern Tage trat ein Südostwind ein und nun wurden Schraube und alle Segel in Thätigkeit gesetzt in der Hoffnung, jetzt bald aus der Melvillebucht hinaus und ins offene Wasser zu gelangen. Ein paar Tage ging auch die Fahrt mit und zwischen dem Eis ganz erwünscht, aber schon am 19. bekamen die Dinge bei dem anhaltenden starken Südost ein sehr winterhaftes und bedenkliches Ansehen. Der Wind preßte die Eisfelder enger zusammen und oft und öfter konnte das Schiff weder vor- noch rückwärts. Steuerruder und Schraube wurden jetzt hereingenommen, und unsre kühnen Seefahrer mußten sich nun mit Geduld wappnen. Man mußte es mit ansehen, wie die Eisfelder allmälig unbeweglicher wurden und bei wachsender Kälte die Wasserräume dazwischen immer mehr verschwanden. Wie ängstlich beobachtete man jetzt das Eis, das Wetter, das Barometer und Thermometer. Aber es war auch die Jahreszeit schon zu weit vorgeschritten, als daß noch viel zu hoffen gewesen wäre. Uebrigens thaten unsre Männer ihr Möglichstes und arbeiteten noch manchen Tag wacker an ihrer Befreiung. Denn wenn auch die Eisdecke bereits so geschlossen war, daß man meilenweit darauf gehen konnte, sofern man nur dann und wann einer Spalte auswich, so wurden doch selbst diese kleinen Gelegenheiten noch benutzt, und so brachte man — jetzt durch Warpen (Winden) — das Fahrzeug an einem Tage vielleicht um eine Schiffslänge, am andern um eine halbe, oder auch nur um 10 Fuß von der Stelle. Clintock beklagt hier die Kleinheit seines Schiffes und die Schwäche seiner Kräfte und meint, daß ein stärkerer Dampfer mit mehr Mannschaft sich unter gleichen Umständen recht wohl hätte durchschlagen können.

Am Schluß des Monats August waren von den 42 deutschen Meilen, welche die gerade Distanz durch die Melvillebucht beträgt, etwa 38 zurückgelegt; die letzten 10 mit dem Treibeis hatten ganzer 14 Tage erfordert. Das Schiff befand sich nicht allzuweit mehr von dem nördlichen Vorgebirge der Bucht; aber die Aussichten, an demselben vorbeizukommen, wo dann das eisfreie sogenannte Nordwasser erreicht gewesen wäre, schwanden immer mehr gleich den noch spärlich vorhandenen Wasserflecken zwischen den Eisfeldern. Eben hat ein zweitägiger Sturm aus Südwest alles noch Flüssige erstarren gemacht und alle Eisfelder in Eins verkittet, als wolle er das herbe Schicksal der Reisenden besiegeln, ohne schützenden Hafen, im freien Eise überwintern zu müssen, eine monatelange Nacht, bald hier-, bald dorthin geschoben zu werden, ohne zu wissen, wo und wie die unheimliche Fahrt enden werde. Doch die Verhältnisse ändern sich häufig und geben immer von neuem Sporn und Hoffnung; milderes Wetter löst das Eis wieder, Wasserstreifen erscheinen von neuem und die Schiffswinde bekommt zuweilen wieder Arbeit.

Zudem ist die ganze Eisgegend im langsamen Abtreiben nach Westen begriffen; sehr langsam freilich; denn es betrug in der ersten Septemberwoche 9 Seemeilen oder halbe Wegstunden (2¼ deutsche Meilen). Ständen nicht gerade im Westen 6 bis 7 kolossale Eisberge im Wege, die wenigstens zur Ebbezeit auf dem Grunde festzusitzen scheinen, so ginge das Treiben ohne Zweifel schneller. Bis 250 Fuß hoch ragen diese riesigen Gefängnißhüter aus dem Wasser und zu 50 Fuß Höhe bäumen sich die andrängenden Eistafeln an ihnen empor. Länger als drei Wochen dauerte es, ehe das Schiff, geschoben wie der Zeiger einer Uhr, auf gleiche Höhe mit ihnen und endlich daran vorbeikam! Nunmehr wurde die Scene bald lebhafter und die Eisfelder ließen das Schiff aus der langen Umarmung los, traten immer weiter aus einander und zerstreuten sich nach allen Richtungen. Am 18. September konnte man sich endlich sagen, daß man sich in dem ersehnten Nordwasser befinde; aber leider war dies nun alles zu spät; was bei der weit vorgerückten Jahreszeit kommen mußte, blieb nicht aus! Der Wechsel der Situation war durch plötzlich eingetretenen Nordwestwind bewirkt worden und dieser brachte entschiedenes Frostwetter mit, so daß die Bildung neuen Eises nun rasch vor sich ging. Wo ein Kanal sich im Eise aufthat, war er in Kurzem mit Jungeis fest überfroren und so hatte das Schiff die alten Fesseln nur abgestreift, um in neue Banden geschlagen zu werden. Nunmehr stand es ohne Frage fest: Ueberwinterung im Eis. Aber Clintock's tüchtige Mannschaft ließ sich dadurch nicht entmuthigen oder auch nur aus der guten Laune bringen. Man machte eifrig Zelte und Schlittenzeug und dergleichen und traf sonstige Vorkehrungen für die Ueberwinterung und das etwa nöthig werdende Verlassen des Schiffes. Man war wenigstens mit allem Bedarf wohl versehen und auch für die Hunde war gesorgt, denn Herr Petersen und der Eskimo Christian hatten beständig der Robbenjagd mit Erfolg obgelegen und starke Vorräthe dieses Wildes zusammengebracht. Neben den Arbeiten sorgte man auch für Zerstreuung bei dem nun beginnenden einförmigen Leben; es wurden Wettläufe und dergleichen Spiele veranstaltet; das neue Eis bot den Schlittschuhläufern schöne Tummelplätze — das alte war fußhoch mit Schnee bedeckt — ; eine schöne Drehorgel, ein Geschenk des Prinzen Albert, wurde hervorgeholt und fleißig gedreht.

So entschieden indeß die Gefangenschaft des Schiffes im Eise war, so war das Stillliegen doch nur ein relatives: die ganze weite Fläche war immer noch im langsamen Treiben begriffen, nur daß dies jetzt, seit Eintritt des Wetterwechsels, direkt nach Süden ging. Die Tage vergingen nun ohne Abwechselung, einer gleich dem andern; das Wetter meist ruhig und erträglich kalt; die Umgebung still und öde, kaum daß sich hin und wieder ein Rabe oder ein nach Süden eilender Entenflug zeigt, oder ein Bär erspäht wird, der sich aber, da er die Hunde hört oder spürt, in respektvoller Ferne hält. Wenn sich anfangs auch noch Robben auf dem Eise sehen ließen, so waren sie doch bei dem gedämpften Oktoberlicht so scheu geworden, daß die Jäger nicht mehr zum Schuß kommen konnten. Gegen Ende Oktober kamen heftige Winde mit Schneetreiben abwechselnd aus Nordwest und Südost, daher das Schiff mit Verdachung versehen und endlich noch mit

Schneewänden umwallt und von oben mit einer dicken Lage desselben Materials eingedeckt wurde. So war das Schiff so tief in seinen Wintermantel gehüllt, daß nur noch die Masten herausragten, denn auch die Lichtluken waren überflüssig geworden, seit am 1. November die Sonne ihren Abschied genommen. Im Innern aber war es wohnlich und warm und die ganze Gesellschaft gesund und gutes Muthes. Um die freie Zeit nützlich auszufüllen, stiftete der Schiffsdoctor eine Schule für die Mannschaft, der geographischen Breite nach jedenfalls eine Hochschule, wenn auch nur Lesen, Schreiben und Rechnen und physikalische Gegenstände vorgetragen wurden. In der Nacht vom 28. Oktober, bei stillem Wetter und während Vollmond und Sterngefunkel die Mitternacht fast taghell machten, erfolgte zum allgemeinen Erstaunen in ziemlicher Nähe des Schiffes ein Aufbruch und eine tumultuarische Bewegung des Eises, und dieselbe Erscheinung wiederholte sich die nächste Mitternacht in noch stärkerem Maße. Ein wüstes Durcheinander von Kanonendonner, von Rauschen, Knarren, Stöhnen und Klatschen der aufbäumenden, 4 Fuß dicken Eistafeln war wohl geeignet, auch den festesten Mann mit Schrecken zu erfüllen, aber in nächster Nähe blieb alles ruhig und man erlangte eben bei dieser Gelegenheit die tröstliche Ueberzeugung, daß das Schiff in einer alten festen Eisflarde eingekittet fast so sicher wie im Hafen lag. So konnte man ruhiger Zuschauer bleiben bei Naturkämpfen, denen kein Ding von Menschenhand würde haben widerstehen können. Clintock schreibt diese Erscheinung bei ruhigem Wetter der Flut zu, die bei Vollmond höher als gewöhnlich steigt.

Am 2. November erscholl plötzlich der Ruf: Zu den Waffen! Ein Bär dicht beim Schiff im Kampfe mit den Hunden! Der arme Petz hatte sich, wol um sich einen Hund zu holen, schon ganz nahe an deren Lager herangeschlichen; da bemerkte ihn die Wache und auf ihren Ruf stürzten die Hunde hervor und umringten ihn mit fürchterlichem Wolfsgeheul. An einer schwachen Stelle des Eises brach er ein und bald erlag er den ihm gesandten Kugeln. Es war ein völlig erwachsener männlicher Bär, Futter für die Hunde auf fast eine Woche.

Das Eis zeigte auch ferner einige Beweglichkeit und mit den wiedererscheinenden Spalten und Löchern gab es auch wieder einige Robben. Am 15. November wurde die funfzigste erlegt und dieser Erfolg bei einer Flasche Champagner gefeiert.

Der Monat November brachte viele heftige Winde, schneidend kalte wechselnd mit merkwürdig warmen. Daher bald Aufbruch des Eises, Wasserlinien und Löcher überall, bald wieder Alles in eine einzige starre Eisdecke verwandelt, in ihrer ungekannten Ausdehnung ein wahrer Eiskontinent. Südost mit Nordwest abwechselnd waren vorherrschend, und schoben sich dies Riesenfloß gegenseitig immerfort zu; zwischen dem aufbrechenden alten Eise bildeten sich fortwährend neue Partien, die ganze Fläche nahm also stets an Ausdehnung zu, und dies Wachsen war für das Schiff die Ursache einer dritten Verschiebung nach Westen hin. Aus diesen combinirten Bewegungen entstand denn die merkwürdige Zickzackfigur des Schifflaufs, wie sie Clintock in einem Kärtchen verzeichnet hat. Freilich ist Lauf hier kein passender Ausdruck mehr, wo nur eine langsame passive Veränderung

Ein Leichenbegängniß. 181

der Lage stattfand, wie sie zwei große benachbarte Eisberge, die Monate hindurch die Begleiter des Schiffes blieben, genau eben so mitmachen mußten.

Am 4. December unterbrach die Erfüllung einer traurigen Pflicht das eintönige Winterleben. Scott, der Maschinenmann, war in den Schiffsraum hinabgestürzt und in Folge dessen verstorben. Ein Leichenbegängniß zur See hat immer etwas eigenthümlich Ergreifendes; wie vielmehr unter vorliegenden Umständen, im Schauer der nordischen Winternacht, gefangen in grenzloser Eiswüste. Die Leiche wurde unter den üblichen Feierlichkeiten auf einem Schlitten eine kurze Strecke vom Schiff abgeführt, wo ein Loch ins Eis gehauen ward, und hier der Tiefe übergeben.

(Eisbärenbesuch).

Unvergeßlich, sagt Clintock, wird mir die Scene sein. Da liegt der einsame For, so völlig der bewohnbaren Welt entrückt, fast vergraben in Schnee, die Flaggen zu halber Höhe (Zeichen der Trauer) aufgehißt; die Schiffsglocke ertönt in feierlichen Trauerschlägen; der kleine Leichenzug wandelt, geleitet von Laternen und Zeichenpfählen, langsam über die rauhe Fläche des gefrorenen Meeres, mitten in der trostlosen Finsterniß eines arktischen Winters, bei Todtenstille, strenger Kälte, düster drohendem, bedecktem Himmel, und das alles noch erhöht durch eine jener merkwürdigen Erscheinungen am Mond, welche selbst hier selten sind: ein vollständiger Lichtkreis um den Mond, ein quer durchgehender Streifen bleichen Lichtes, oberhalb des Mondes die Abschnitte von zwei andern Lichtringen, und dazu nicht weniger als sechs Nebenmonde. Die dunstige Atmosphäre verlieh dem merkwürdigen Schauspiel, das über eine Stunde dauerte, etwas wirklich Geisterhaftes.

Ueberraschend ist, unsere Polargäste mit dem gefürchtetsten Feinde, der Kälte, bis dahin so wenig in Conflict gekommen zu sehen. September, Oktober, November vergingen unter abwechselndem Thauen und Frieren. Das Thermometer sank selten tief unter Null. Erst am 30. November kündigte sich ein anderes Beginnen an mit dem Herabgehen der Temperatur auf 64⁰ F. unter den Gefrierpunkt (ca. —29⁰ R.); es blieb aber auch dies eine Ausnahme, denn der December war zwar mehr oder weniger kalt, doch lange nicht nach diesem Muster; das Wetter war ruhig, meist heiter und für Uebungen im Freien angenehm. Die Mannschaft übte sich im Aufführen von Schneehütten, eine Fertigkeit, die für Ausflüge im Winter und zeitigen Frühjahr von großer Wichtigkeit werden kann. Diese Hütten nahmen sogar von selbst in ihrem Innern eine auffallend höhere Temperatur an als die äußere, wenn auch ganz ruhige Atmosphäre, und zwar betrug die Differenz nicht weniger als 17⁰ F. (9⁰ R.), ein Beweis, daß die See selbst durch 4 Fuß dickes Eis hindurch Wärme nach oben ausstrahlen kann.

Was bei uns der kürzeste Tag ist, der 21. December, bildet im Norden die Mitte, also den nächtlichsten Punkt der langen Polarnacht. Zur Mittagszeit konnte man gewöhnlichen Zeitungsdruck nothdürftig lesen, doch nur 2—3 Zeilen ohne Augenschmerzen.

Weihnacht und Neujahr wurden in heimatlicher Weise und in herzlicher Fröhlichkeit gefeiert. War doch auch, nachdem man sich einmal darein ergeben, täglich vom Ziel weiter abzukommen, die Lage der Reisenden eine so günstige, wie sie kaum gehofft werden durfte. Langsam, aber entschieden, bewegte sich die ganze Eiswelt unter dem Einfluß der beständigen Nordwinde dem Süden zu, stehen bleibend, wenn die Winde ruhten, und mehr oder weniger fortrückend, je nachdem sie schwächer oder stärker bliesen. Wenn nicht eher, so doch im Atlantischen Ocean stand die Befreiung aus den Banden des Eises in sicherer Aussicht. Im December war der Fortschritt 67 Seemeilen (17 geographische) gewesen, in der ersten Hälfte des Januars ziemlich eben so viel, so daß man sich dazumal nur noch 115 Meilen (29 deutsche) nördlich von Upernivik befand. Die Nordwinde waren trotz ihrer Herkunft mehr warm als kalt, es gab viel Wasser und so auch viel neues Eis; die alten Eisfelder vereinzelten sich dadurch immer mehr, und die alte getreue Scholle, die das Schiff in ihrem Schoße trug, war endlich weit und breit die einzige ihrer Art. Seit Mitte Januar war wieder auf ein paar Stunden Tageshelle, und am 28. erschien zun ersten Male seit 89 Tagen wieder ein Stückchen Sonne über dem Horizonte. Trotzdem, daß weder körperliches noch geistiges Leiden die Reisenden drückte, so wirkte doch das Wiedererscheinen des glänzenden Tagesgestirns wunderbar belebend auf sie. Alles wurde rühriger; weite Jagdausflüge kamen in Gang, die, selbst wenn sie nichts eintrugen, doch als Spaziergänge ihren Werth behielten. Uebrigens wurde am 27. Februar die Jagd thatsächlich eröffnet, indem an diesem Tage die erste Robbe im laufenden Jahre geschossen wurde, denn die Robben kamen sofort wieder zum Vorschein, sowie die allgemeine Eisdecke den Zusammenhang zu verlieren anfing. Von jetzt an brachte das Jagdglück öfter Robben, daneben auch verschiedene Vögel und einmal einen überraschend fetten blauen Fuchs. Wovon die blauen und weißen Polarfüchse, deren es gar nicht wenig gab, in solchen Eiswüsten, über 25 deutsche Meilen vom nächsten Lande entfernt, ihr Leben fristen und sogar fett werden können, erscheint räthselhaft genug. Am Lande jagen sie Hasen, die natürlich auf dem Eise nicht erwartet werden können; es müssen also doch gewisse Wintervögel (Dovekins) häufiger auf dem Eise vorhanden sein, als man annimmt, weil man sie wegen ihres weißen Winterkleides so schwer im Schnee erkennt. Außerdem brachte das häufige Zusammengehen von Bären- und Fuchsspuren auf die Vermuthung, daß der nordische Reineke dem großen Herrn folgt, um sich etwaige Abfälle von seinen Robbenmahlzeiten zu Nutze zu machen. Uebrigens glaubte Herr Petersen, daß die nordischen Füchse sich in der guten Jahreszeit Vorräthe für die schlechte anlegen, die sie in Höhlen oder Spalten aufbewahren. So beobachtete er einmal in Grönland einen Fuchs, wie er ein Eidergansnest rein ausplünderte, indem er die Eier einzeln abholte und in der Schnauze forttrug, und ein andermal sah er, wie ein Fuchs einen Gang in den Schnee grub, der zu seinem Vorrathe von Eiern führte.

Bei dem wiedergekehrten Tageslicht konnte man jetzt erst sehen, welche ungeheure Eisbewegungen während der langen Nacht stattgefunden hatten, wo man sich eingebildet hatte, alles sei still und wandellos gewesen; man sah jetzt, wie unzähligen Gefahren der Zerstörung man unbewußt entgangen war.

Der Februar zeigte sich merkwürdig mild, bewölkt und windig; die eigentliche Winterkälte war schon seit dem 10. gewichen. Die Berstungen der allgemeinen Eisdecke und das Erscheinen von Wasserzungen war immer häufiger geworden, daher das Treiben nach Süden zu auch rascher gegangen; man befand sich am 1. März wieder im 70. Breitengrad und hoffte auf baldige Erlösung. Das Schiff wurde aus seinem Schneepanzer herausgeschält und wieder für die Seefahrt hergerichtet. Sein Inneres, das abscheulich rußig und verräuchert aussah, ward gründlich gereinigt.

Ohne sonderliche Vorfälle rückte das Schiff mit dem Eise weiter, immer inmitten der Davisstraße herunter. Es konnten wieder einige Robben und Vögel geschossen werden. Am 3. und 4. März heftiger Wirbelsturm mit Hagel. Am 7. konnte man wieder die Hochberge der Insel Disko in einer Entfernung von etwa 20 deutschen Meilen gegen Osten sehen. Das Schiff war noch immer auf seiner Unterlage festgefroren, obwol letztere schon manche bedenkliche Stöße erhalten hatte. So barst einmal das Eis in der geringen Entfernung von 30 Fuß vom Schiffe, und letzteres bekam dadurch einen so eindringlichen Stoß, daß alles mit erstaunlicher Hurtigkeit aufs Deck rannte. Eine andere plötzliche Zerreißung dieser Art fand statt, als Clintock einmal bei Sonnenuntergang vom Besuch eines Nachbar-Eisbergs zurückkehrte. Wäre er auf der andern Seite gewesen, so würde er, meint er, den schwarzen Wasserstreifen mit Vergnügen betrachtet haben; so aber schnitt er ihm den Rückweg nach dem Schiffe ab und gewährte dadurch Gelegenheit zu einer nächtlichen einsamen Promenade auf dem Eise, die viel zu lang war, um angenehm zu sein, denn der Kapitän hatte fast 6 deutsche Meilen zu marschiren, bis er einen Uebergang fand und das Schiff wieder erreichte.

Vom 16. ab nahmen die Dinge eine bedenkliche Gestalt an; es schien, als sollte die lange Fahrt mit einer kurzen Katastrophe enden. Große Spalten brachen überall auf, die einzelnen Felder des 4 Fuß dicken Eises trieben in verschiedenen Richtungen, streiften, zermalmten sich an ihren Ecken und Rändern, und die Trümmermassen rollten wie eine hochgehende See auf und nieder. Am 22. kam ein so heftiger Südoststurm mit so dickem Schneetreiben, daß man weder sehen noch hören konnte, was 20 Schritte weit vor sich ging; die Nacht darauf wurde endlich das Schiff mit einem bedeutendem Krach auf seiner Unterlage locker und neigte sich vor dem Sturme. Noch hielt das riesige Bollwerk, welches das Schiff trug, tapfer aus, aber es verlor stündlich an Masse durch die anprallenden Schollen, und immer enger zog sich der Kreis der Zerstörung um das Schiff. Ringsum das Krachen und Brausen des zerschellenden Eises, inmitten das Schiff, vor dem Sturme in seiner Wiege hin- und herschwankend und in Folge dieser Reibung stöhnend und kreischend wie Hülferuf — wie wird dies alles enden! Die Boote, die Schlitten, Lebensmittel und anderer Bedarf ist in Bereitschaft gesetzt für den Fall, daß ein eiliges Verlassen des Schiffes nothwendig wird; dies ist alles, was sich unter bewandten Umständen thun läßt. Uebrigens Geduld und den Muth nicht verloren!

In der That ging die Gefahr endlich auch glücklich vorüber. Die Eismassen und mit ihnen das Schiff gelangten in ihrem fortgesetzten Treiben in Gegenden, wo sie Raum hatten, sich mehr auszubreiten, eine Gelegenheit, die sie zur Freude der Schiffer auch rasch benutzten. So war auch der Schluß des März herangekommen; man schoß wieder oft Robben, sah Bärenspuren überall und begegnete häufig Narwalen, auch einigen Walfischen, die nach Norden zogen. Trotz einiger Rückschritte durch conträre Winde war man in diesem Monat 100 Meilen weiter in der Davisstraße herabgerückt. In den ersten Tagen des April zerbrach die freundliche alte Scholle, die das Schiff so lange auf dem Rücken getragen, allmälig in mehrere Stücke, und auch diese Krisis verlief so glücklich, als man wünschen konnte; das Schiff wurde, wenn auch mit schwerer Arbeit, ins Wasser und zum Schwimmen gebracht. Nachträglich gab es noch abscheuliche Stürme mit heftiger Kälte; doch blieb wenigstens das Eis ruhig. Die Ofenrohre wollten bei solchem Wetter nicht ziehen, so daß die Aussicht, im Innern zu ersticken oder außen zu erfrieren, verbunden mit der Angst, daß das Eis wieder rebellisch werden möchte, den Ostermontag zu keinem der angenehmsten machte. Zum Trost ging das Treiben jetzt immer rascher dem Süden zu.

Auf einem unrühmlichen Rückzuge oder besser Rückschube, mit ganz anderen Gefühlen als vor 8 Monaten auf der Hinreise, passirte man am 12. April den Polarzirkel, fest entschlossen jedoch, sofort wieder umzukehren, so bald man aus der Gefangenschaft im Eise frei geworden. Vor der Hand freilich blieb noch immer nichts übrig, als willenlos dem allgemeinen Zuge zu folgen; zu größerer Sicherheit legte man meistens durch Anker und Seile an irgend eine große treibende Scholle fest, und wenn diese in Stücke ging, suchte man eine andere auf. Gewöhnlich ging um diese Zeit die Fahrt noch dazu in dichtem Nebel vor sich. Am 17. April war klares Wetter und viel Wasser frei geworden; in aller Eile wurden nun das Steuerruder eingehangen und die Segel gehißt, um wo möglich nach Osten zu aus der Eistrift herauszukommen: zum ersten Mal seit langer Zeit wieder fuhr das Schiff seinen selbstgewählten Strich wacker dahin; aber schon in derselben Nacht schloß sich alles wieder; am andern Morgen sah man ringsum nichts als Eis, und zwar Eis vom neuesten Datum, kaum zwei Tage alt.

Der Bär bringt den Grönländer um sein Nachtessen.

Bären, diese unerläßliche Staffage nordischer Reisen, die auf der ganzen Eisfahrt ihre Gegenwart ab und zu bekundet hatten, wurden jetzt sogar häufiger, obgleich das nächste Land über 100 geographische Meilen entfernt war. Man kann sonach, meint Clintock, diese merkwürdigen Thiere kaum Landthiere nennen; das gebrochene Eis, auf dem sie ihr Wesen treiben, und das unaufhaltsam und jetzt schon mit ziemlicher Geschwindigkeit nach dem großen Ocean abrückt, würde sie ihrem Verderben entgegentragen, wenn sie nicht so gut in Wasser zu Hause wären. Sie werden auf ihren Jagden durch den Geruch geleitet, und laufen daher beständig gegen den Wind oder querdurch, und da dieser meist nördlich ist, so werden sie durch denselben Instinkt, der sie der Beute entgegenführt, zugleich auch vom Meere ab und in die Richtung von Land und festerem Eis geleitet. Bei ein paar geschossenen Bären bemerkte man, daß die oberen Theile der Vordertatzen glatt abgehaart waren. Herr Petersen erklärte dies daraus, daß der Bär, wenn er einen Seehund beschleicht, auf die Vordertatzen niederlauert und sich durch Nachschieben mit den Hinterbeinen leise vorwärts bewegt, bis er sich wenige Ellen von seiner Beute befindet, die er dann durch einen Sprung sicher in seine Gewalt bringt, mag sie auf dem Wasser oder auf dem Eise liegen. Den Menschen greift der Bär in Grönland nie an, wenn er nicht verwundet oder gereizt wird, und noch merkwürdiger ist, daß er auch die Eskimogräber ohne Ausnahme ungestört läßt, dagegen die ganz ähnlichen Steinkegel, in welchen der Eskimo sein Seehundfleisch aufbewahrt, sehr wohl zu unterscheiden weiß und regelmäßig plündert.

An einem dunklen Wintertage ging ein Eingeborner von Upernivik aus, um nach seinen Fangnetzen zu sehen. Ein Seehund hatte sich gefangen. Während nun der Jäger auf dem Eise kniet, um ihn auszulösen, erhält er einen Klaps auf den Rücken, von seinem Kameraden, meint er, und sieht sich daher weiter nicht um; bald aber erfolgt ein zweiter, viel kräftiger gewürzter Puff, der ihn rasch herumbringt. Da steht zu seinem nicht geringen Schrecken dicht neben ihm ein ganz besonders grimmig aussehender Bär. Eine Scene der peinlichsten Spannung hätte folgen können, wäre der Petz nicht ein so durchaus praktischer Bursch. So aber ergriff er, ohne sich weiter um den Mann zu bekümmern, sofort den Seehund und fing an, ihn zu verzehren. Man kann sich denken, daß ihn der Mann in seiner Mahlzeit nicht störte.

Noch eine langweilige Woche und ein paar schreckliche Tage, und das Schiff war endlich (am 26. April) glücklich aus dem Eise erlöst. Aber es war auch in diesen letzten Tagen, als wenn alle Gefahren, die auf dem ganzen großen Rückzuge schon bestanden waren, sich noch einmal in diesen kurzen Zeitraum zusammendrängen sollten. Die Gefahr lag hier in den hochgehenden Wogen des großen Oceans, in deren Bereich man nunmehr gekommen war. Die langen, majestätisch hinziehenden Meereswellen von 5—10 Fuß Höhe haben für den Schiffer durchaus nichts Abschreckendes, so lange sie nur aus Wasser bestehen; ganz anders gestalten sich dagegen die Dinge, wo treibende Eisfelder und Eisberge mit in's Spiel kommen, und man mag sich den tollen Aufruhr, die Stöße und Zertrümmerungen ausmalen, die dann entstehen müssen. Und durch solche Kämpfe roher Naturgewalten hatte sich das Schiff zwei Tage lang durchzuschlagen oder vielmehr durchzubohren; bald mit Segel-, bald mit Dampfkraft drängte es immer in den Aufruhr hinein, immer ostwärts den anprallenden Eiswogen gerade entgegen; es gab keinen andern Rettungsweg. Und das kleine Schiff hielt alle diese fürchterlichen Stöße tapfer aus; Schraube und Steuerruder brachen nicht, wiewol es in jeder Minute zu fürchten stand; der Verlust auch nur eines der beiden Stücke wäre der sichere Untergang gewesen. Gönnen wir den Vielgeprüften das wonnige Gefühl, nach einer 220tägigen Gefangenschaft, nach einer unfreiwilligen Reise von 300 deutschen Meilen sich endlich selbst wiedergegeben zu wissen.

Der „Fox" im Winterhafen an der Bellotstraße.

IX.
Mac Clintock's Fahrt nach der Bellotstraße.

Des Fuchses Umkehr. Küstenfahrt an Grönland. Gefahr an der Buchan=Insel. Estimo vom Smiths=Sund. Insel Koburg. Pondsbai. Kaparoktolik. Lancastersund. Melville= Insel. Peelstraße. Bellotstraße. Der „Fox" im Kampf mit der Eisströmung. Das Fuchsloch. Entwürfe zu Schlittenfahrten. Thierleben.

Der nächste passende Hafen, den man aufsuchen konnte, war das grönlän=
dische Holsteenborg, das am 28. erreicht wurde und nach so vielen Strapazen
eine angenehme Rast, aber zur Verproviantirung des Schiffes nur geringe Hülfs=
quellen bot. Am 8. Mai wurde weiter gefahren und am 12. ankerte das Schiff
wieder nahe der Insel Disko. Dreizehn englische Walfischfahrer hatten sich hier
bereits eingefunden und zwei davon waren in Sicht. Man erlabte sich im Verkehr
mit diesen an frischem Rindfleisch und Gemüse und verschlang dazu die Zeitungen
des letzten Jahres, so lange als die Weltgeschichte für unsere Eisfahrer stillgestan=
den hatte. Besser noch mundeten ausgezeichnete Seemuscheln, die es hier in
Menge gab. Man besserte aus, jagte und kaufte von den dänischen Freunden zu

Godhavn, was sie an Eß= und Trinkbarem abzugeben hatten. Auch ein zweiter Eskimobursche mit Zubehör — Flinte, Kajak und Schlitten — wurde in Dienst genommen.

Am 25. Mai verließ das Schiff das gastfreundliche **Godhavn** und lag Tags darauf wieder in der **Waigatstraße** bei den Kohlenflötzen, die die Natur hier für alle Welt gratis bietet; dann ging es eilig weiter vorwärts. Am 31. wurde auf der Höhe von **Upernivik** an einem Eisberge vor Anker gegangen. Hier lag die ganze Walfischjägerflotte in einer Entfernung weniger Meilen umher, unfähig, weiter nach Norden vorzudringen. Der Winter war mild gewesen, das Wetter schon recht warm und das Eis sah bereits sehr verwittert aus; aber vorherrschende Südwinde verhinderten, daß es fortging und sich zerstreute. Es herrschten also so ziemlich dieselben Verhältnisse, wie das Jahr vorher, d. h. die Aussichten waren nicht günstig. Der For dampfte langsam von Upernivik fort und suchte seinen Weg zwischen Küsten, Klippen und Eis hindurch, was freilich bei den vielen Unterbrechungen nur schlecht von statten ging. Am 7. Juni war es nahe daran, daß die ganze Reise mit einem Schiffbruch zu Ende ging. Eine überfrorene Felsklippe inmitten treibender Eisschollen mag selbst für das Seemannsauge schwer zu erkennen sein, und eine solche war es, auf welche der For nahe der kleinen Buchan=Insel auflief. Gleich nach dem Unfall fing die Flut an zu fallen und das Schiff sich auf die Seite zu legen, und seine Lage wurde zuletzt so kritisch, daß der kleinste Stoß hingereicht hätte, es vollends umzustürzen, wo es dann unfehlbar hätte Wasser schöpfen und versinken müssen. Und Eisflarden standen genug in der Nähe, denen ein solcher Freundschaftsdienst zuzutrauen war, aber zum Glück schwiegen gerade alle Winde, und so verhielt sich auch das Eis ruhig. Elf bange Stunden blieb das Schiff so auf dem Felsen hängen, bevor es sich mit der steigenden Flut allmälig wieder aufrichtete und endlich unbeschädigt wieder flott wurde. Der Umstand, daß die nächtliche Flut höher steigt als die am Tage erfolgende, hatte diesen erfreulichen Ausgang möglich gemacht.

Im Allgemeinen hatten sich die Aussichten für die diesmalige Passage der Melvillebucht bald gebessert; es fand sich Fahrwasser am Rande des festen Eises hin; die kleine Dampfflottille von Walfischjägern, welche zur Zeit die Straße belebten, gewann mit ihren stärkern Maschinen Vorsprung und wurde vom For bald ganz aus dem Gesichte verloren. Dieser schlug sich seinen Weg, so gut es gehen wollte; an angst= und gefahrvollen Tagen, an Zeitverlust durch 8tägiges Herumirren im Treibeis fehlte es auch diesmal durchaus nicht, aber sie wurden überstanden unter Anstrengung und Geduld, und der Gedanke, daß man diesmal 2 Monate früher zur Stelle sei als das Jahr vorher, gab guten Muth. Aber nicht blos im Sturm und Aufruhr der Natur liegen die zahlreichen Fährlichkeiten einer Eisfahrt — sie lauern überall. Beim heitersten, ruhigsten Wetter kann die Fahrt zwischen Eisflarden, mögen sie auch ganz glatt und unschuldig aussehen, nur wenige Zoll über dem Wasserspiegel hervorstehen und sich mit ungemeiner Langsamkeit bewegen, dennoch selbst starken Schiffen gefährlich werden. Ein solches, die „Prinzeß Charlotte", war vor ein paar Jahren unter solchen Verhältnissen

Zertrümmerung der „Prinzeß Charlotte".

verloren gegangen. Es galt, zwischen zwei Eisbergen hindurch zu fahren, und schon war dies beinahe vollführt, als das Eis doch noch das Schiff von beiden Seiten wie eine Zange faßte und es zerdrückte, als sei es eine Nuß. Es versank und die Mannschaft stand auf dem Eise, glücklich, daß sie wenigstens noch die Boote hatte retten können — und dieser so schauerliche als unerwartete Schicksalswechsel war in wenigen Minuten vor sich gegangen.

Der „Joe" an den Klippen der Buchan-Insel.

Endlich hatte unser Joe die ungastliche Melvillebai bald überstanden und dampfte eben in gutem Fahrwasser munter dahin; aber schon harrte seiner eine neue Prüfung! Eine Reihe festsitzender Eisberge hatte sich quer vom Lande bis zum siebenten Eise hingepflanzt; zwischen diesen Säulen hatten sich Eisfelder wie riesige Thorflügel eingehangen; je nach Wind und Flut öffneten sie sich ein wenig, aber doch nicht hinreichend zur Durchfahrt, und schlossen sich eben so regelmäßig wieder. Und vor diesem koboldartigen Spiel still zu liegen, 6 bis 8 Tage lang, bei schönem Wetter, günstigem Winde, und während einige hundert Schritt weiter oben das schönste Fahrwasser offen liegt, ist gewiß eine starke Geduldprobe. Endlich am 28. Juni wurde es möglich, durch die Zauberpforte durchzuschlüpfen, und es wurde nun ohne weitern Aufenthalt Kap York erreicht.

Hier sah man Eingeborene über das Landeis hergelaufen kommen und legte an, um eine kurze Unterredung mit ihnen zu halten. Eine Partie von 8 Mann kam an Bord; sie erkannten auf der Stelle den Dolmetscher Herrn Petersen wieder, denn es waren dieselben Leute, mit denen die Kane'sche Expedition früher weiter oben im Smiths-Sund bekannt geworden war. Sie erzählten von Kane's entlaufenem Diener, Eskimo Hans, daß er verheirathet im Walfischsund lebe und sich herzlich nach Grönland zurücksehne; aber er hatte weder Schlitten, noch Hunde, noch Kajak, denn die Hunde waren den Leuten durch eine Seuche verloren gegangen. Die Wilden bezeigten eine unbändige Freude über das Erscheinen der weißen Männer und tanzten und wälzten sich wie besessen; sie erhielten einige Geschenke an Messern und Nadeln, weil sie sich gegen Dr. Kane und seine Leute gut benommen hatten, und nach nur einer Stunde Aufenthalt wurde die Reise weiter fortgesetzt. Aber das ersehnte Nordwasser zeigte sich nicht so gastlich, als man gehofft hatte; denn schon am andern Tage sah man wieder nichts als Eis vor und neben sich, altes Packeis, das sich gegen die Felsenküste zur Rechten stemmte und alle Gelegenheit zum Weiterkommen abschnitt. Fünf Tage lag das Schiff hier wieder in Gefangenschaft und wurde manchesmal in bedenklicher Weise gehoben, geschoben und gepufft. Man stieg an's Land, hielt eine Razzia unter den in Myriaden in den Klippen hausenden kleinen Alken und ihren Eiern, mußte aber von den Anhöhen herab sehen, daß seewärts alles mit Eis bedeckt war. Endlich in der Nacht zum 2. Juli kam ein tüchtiger Wind und zerstreute das Eis so weit, daß man am Abend in ziemlich offenes Wasser gelangte. Nun Hurrah nach Westen, Adieu Grönland!

Munter dampfte das Schiff seinen Weg und alles beeilte sich, Briefe in die Heimat zu schreiben, um sie den Walfischjägern mitzugeben, auf die man nun bald zu stoßen gedachte. Aber schon nach einer Fahrt von nur 15 Meilen traf man wieder auf stehendes Eis, Packeis nach Westen, Süden und Südosten; man versuchte daher das Glück im Norden, bis man sich nach ein paar Tagen überzeugt hatte, daß gerade hier nicht die geringste Hoffnung vorhanden sei. Dagegen zeigten die im Westen stehenden Eisfelder noch immer einige Möglichkeit des Durchkommens in gelegentlichen Spalten, und man ergriff diese Maßregel, da sich sonst weiter nichts thun ließ. Mit gutem Winde drang das Schiff in das Eis hinein und wand sich etwa 15 Meilen weit hindurch; da aber hörten die Wasserschlippen auf und auch nach hinterwärts hatte sich alles wieder geschlossen. Es gab nun wieder einige Tage der Gefangenschaft; dann zwängte man sich wieder etwas vorwärts, lag wieder fest und so abwechselnd fort. Bei dieser gefährlichen und anstrengenden Weise des Fortkommens, sagt Clintock, kamen uns die 8 Tage, die seit der Abfahrt vom Kap York verflossen, wie einige Monate vor.

Nistplatz nordischer Seevögel.

Am 11. Juli endlich wurde die Koburg-Insel vor Jones-Sund und freies Wasser unterhalb derselben erreicht. Die Küste des westlichen Landes war noch stark mit Eis belagert; die Fahrt nahm nunmehr südlich ihren Lauf. Als das Schiff die kleinen Inseln bei Kap Horsburgh passirte, wurde es von Eskimo angerufen und legte zu einer kurzen Besprechung an. Es waren 3 Familien; sie hatten seit 1854 kein Schiff gesehen und der alte Häuptling erkundigte sich, wie es seinem Freund, dem Kapitän Inglefield, gehe. Diese Mitglieder des überall zerstreuten merkwürdigen Volksstammes waren aus südlichen Gegenden gekommen, hatten den überfrorenen Lancastersund mit Hundeschlitten übersetzt und die letzten vier Jahre an dieser Küste gelebt. Sie waren fett und wohlauf, aber beklagten sich, daß alle Rennthiere fortgegangen, und wünschten von unsern Reisenden zu erfahren, wo sie sich hingewandt hätten. Die ihnen gereichten Geschenke an Holz, Messern und Nadeln nahmen sie mit ungestümer Freude an.

Weiter ging die Fahrt und endlich war man so weit gekommen, daß man die eigentliche Straße nach dem Schauplatz der Unternehmung, den Lancastersund, vor Augen hatte. Er war gestopft voll von Eisfeldern und Eisbergen, und ein Sturm aus Osten bemühte sich, noch mehr des Ueberflusses hineinzuwerfen. Das Schiff suchte eine Unterkunft an der Küste zur Rechten, nahe bei Kap Warrender, und mußte wiederum 10 Tage lang auf einen Umschwung der Dinge harren. Erst am 17. gab-

das Eis so weit Raum, daß der For hindurch nach der südlichen Landseite des Sundes gelangen konnte. Das nächste Reiseziel war nun die weiter südlich gelegene Pondsbai, ein Zufluchtshafen der Walfischjäger und ein guter Warteplatz für Schiffe, die durch die Lancasterstraße wollen und zu früh kommen. Die Umschiffung der Küste war ebenfalls ungewöhnlich schwierig; denn lang anhaltende Ostwinde hatten Eis in Fülle hier angetrieben. Vor der Pondsbai traf man auch drei der voraufgegangenen Walfischfahrer wieder an. Sie hatten dieselben Fährlichkeiten wie der For erfahren, aber bereits guten Fang gemacht.

Die Pondsbai ist eine bevorzugte Oertlichkeit von so zu sagen südlichem Charakter. Die 7—800 Fuß hohen Hügel der Küste waren bis obenan mit schönem Grün bekleidet; die ganze kleine Pflanzenwelt stand in Blüte, und manches aus der Heimat Bekannte, wie Butterblume, Sauerampfer, Löwenzahn, erfreute das Auge. Dahinter stehende viel höhere Bergreihen schützen diese Naturanlagen. Weiter nach innen bestehen die Ufer der Bai oder nunmehr des Sundes (Eclipssund) aus hohen imposanten Granitfelsen, die sich steil aus dem Wasser erheben und keinen Landweg gewähren, und hier in einer wild romantischen Gegend, eine kleine Tagereise von der Mündung aufwärts, stand auf einer schmalen Kante hart am Meere und dicht hinter sich einen drohenden Riesengletscher, das Somme-dorf Kaparoktolik, 7 Zelte mit 25 Einwohnern, die ganze Bevölkerung des Landes zwischen hier und dem Lancastersunde. Sie bezeigten alle die ausgelassenste Freude über die Ankunft der weißen Männer, freilich nicht ganz ohne eigennützigen Beigeschmack, denn das Wort killetay — gieb was — mischte sich fast zu oft in die Unterhaltung. Sie sind seit einigen Jahren durch gelegentlichen Verkehr mit Walfischjägern sehr für den Tauschhandel eingenommen und sammeln für diesen Zweck Fischbein und Narwalhörner; dafür verlangen sie Feilen, Messer, Nadeln, und vor allen Dingen Sägen, ein Instrument, mit dem sie erst seit Kurzem vertraut geworden, und das ihnen unersetzliche Dienste leisten mag bei Zugutemachung verschiedener alter Schiffskörper, die sie hier und da an Küsten, wenn auch in Entfernungen von 30 Meilen und darüber, liegen wissen. Clintock's Fragen bezogen sich natürlich gerade auf solche Gegenstände, auf Schiffbrüche, und etwa versprengte weiße Leute, auch wurden ihre Habseligkeiten scharf ins Auge gefaßt. Ihr weniges Hausgeräthe bestand allerdings zum Theil aus ehemaligen Planken, Faßdauben und dergleichen, auch besaßen sie einige Zinnbüchsen, doch war alles augenscheinlich alt, und auch ihre Erzählungen bezogen sich nur auf frühere Zeiten. Sie hatten Notizen vom Erscheinen und Ueberwintern weißer Männer, die sich unschwer auf Parry's Unternehmungen, zum Theil auch auf Dr. Rae's Ueberwinterungen in der Repulsebai beziehen ließen, so weit entlegen die letztere immer sein mag. Denn bei den vielen Reisen, welche die Eskimo theils zur Aufsuchung neuer Jagdplätze, theils des Tauschhandels wegen unternehmen, kommen auch Neuigkeiten weit herum. Nur über das Schicksal der Franklin-Expedition war nicht das Mindeste zu erfahren. Alle hier lebenden Männer, und eine alte Frau nicht minder, bethätigten ihre geographischen Kenntnisse dadurch, daß sie alle Küstenlinien, sowie Ueberlandwege nach den ihnen bekannten Punkten,

Beechey-Insel. 193

wo alte Schiffskörper liegen sollten, mit natürlichem Geschick auf Papier zeichneten. Es machten diese Leute im Allgemeinen einen recht vortheilhaften Eindruck und erschienen reinlicher, kräftiger und intelligenter als die grönländischen Eskimo.

Am 6. August verließ der For die Pondsbai und dampfte wieder nach Norden. Die Fahrt durch den Lancastersund geschah unter heftigen Stürmen, doch langte man am 11. glücklich am Kap Riley an, in dessen Nähe die kleine Beechey-Insel liegt, die als Franklin's erstes Winterquartier und nachmaliger Stationsplatz der Nachforschungserpeditionen so bekannt geworden ist.

Eskimo-Häuptling.

Man hat auf ihr, wie wir bereits erzählten, von Regierungswegen ein Vorrathshaus erbaut, in dem noch jetzt Lebensmittel, Kleidungsstücke, Böte, Schlitten u. s. w. niedergelegt sind. Clintock fand, daß Sturm, Nässe und Eis Beschädigungen an demselben angerichtet hatten, die reparirt wurden, daß aber sonst alles unberührt geblieben war, und weder Bären, Füchse, noch Eskimo Schaden gethan hatten, die letztern ohne Zweifel nur deshalb, weil sie überhaupt diese Gegend nicht zu besuchen pflegen, denn eine weiter östlich im Lancastersunde angelegte Niederlage hatten sie richtig ausgewittert und rein geplündert. Clintock ergänzte seine Vorräthe aus der Niederlage auf der Beechey-Insel und vollzog eine Liebespflicht, indem er zum Andenken Franklin's und seiner Genossen eine

Marmortafel setzte, die, von Lady Franklin gestiftet, durch ihre Reiseschicksale noch besonders zum Seefahrerdenkmal geweiht worden war. Sie war von der Wittwe nach Amerika geschickt worden, um von der Expedition des Kapitän Hartstein, welche zur Aufsuchung Kane's ausgerüstet wurde, mitgenommen zu werden. Hartstein berührte bekanntlich die Beechey=Insel nicht, und so legte er bei seiner Heimfahrt das Monument auf Disko in Verwahrung, wo es endlich von Clintock aufgenommen wurde und den Ort seiner Bestimmung erreichte.

Die Küsten bei Kap Riley führen ebenfalls Kohlenflötze und die Versorgung mit Kohlen war der Hauptzweck, der die Reisenden hier einige Tage zurückhielt. Nachdem dies Geschäft beendigt, ging die Fahrt am 16. weiter. Der erste einleitende Theil des Unternehmens war jetzt beendet und es begann ein zweiter Abschnitt, jedenfalls von größerem Interesse. In einem Tage wurde Kap Hotham auf der gegenüber liegenden Küste des Wellingtonkanals erreicht, und zu großem Erstaunen fand man die ganze Barrowstraße völlig eisfrei. Ein auf Kap Hotham angelegtes Vorrathsversteck fand sich von Bären arg verwüstet, doch konnte man ein paar noch brauchbare Boote mitnehmen. Von hier steuerte man nunmehr südlich, in die Peelstraße hinein und direkt auf das eigentliche Reiseziel zu, kämpfend mit Sturm, Regen und Nebel, und aufgeregt von Hoffnungen und Befürchtungen. Leider fand sich nach einer Fahrt von einigen 20 Meilen, daß man in eine Sackgasse gerathen war: der südliche engere Theil der Peelstraße war völlig mit Eis verstopft. Clintock that, was er als ein entschlossener Seemann, der keine Zeit zu verlieren hat, thun mußte: er machte auf der Stelle Kehrt, um einen andern Weg nach Süden zu versuchen. In früheren Jahren war zwischen den Ländern Nordsommerset und Boothia ein Kanal gesehen und Bellotstraße genannt worden; aber Niemand hatte ihn noch befahren und es war ungewiß, ob er überhaupt ein durchgehender Wasserweg, ob er nicht beständig überfroren oder sonst unpraktikabel war. Dieser Weg war jetzt zu versuchen und schon nach drei Tagen hatte der Fox Nordsommerset umschifft und erschien am 20. vor dem östlichen Eingange der Bellotstraße. Unterwegs besuchte man Kap Leopold, einen frühern Ueberwinterungsplatz Parry's, und untersuchte und benutzte die dort noch liegenden Vorräthe. Solcher Plätze, wo auch alle spätern Besucher Nachrichten von sich zu hinterlassen pflegen, giebt es in jenen Gegenden noch verschiedene, so weiter südlich an derselben Küste die Fury=Spitze, und es mag immerhin ein großer Trost für nothleidende Reisende sein, ein solches Depot in erreichbarer Nähe zu wissen.

Am 21. revierte der Fuchs um die äußerste Landspitze zur Rechten — Possession Point von Roß genannt — um mit der noch so fraglichen Bellotstraße nähere Bekanntschaft zu machen. Treibeis strömte heraus, aber mit angestrengten Segeln und Dampfkraft drang das kleine Schiff dennoch westlich und fast bis halbwegs auf der rauhen und ungastlichen Straße vor. So konnte man sich die Dinge wenigstens ansehen. Zu beiden Seiten erhebt sich die Küste in schwindelnd hohen, senkrechten Granitwänden, überragt von noch höhern, mit ewigem Schnee bedeckten Bergkuppen. Dazwischen ein breiter tiefer Kanal, freilich wiederum an einer bösen Stelle mit dem nordischen Universal=Vorlegeschloß, einer Eisbarriere, gesperrt.

Indeß hatten die Seefahrer doch bereits erkannt, daß diese Landeslücke ein Thor sei, durch welches oceanische Fluten beständig hin= und herströmen, und so achteten sie diese zufällige Sperre für unerheblich, weil jedenfalls von nur geringer Dauer. Es galt also nur zu warten, natürlich draußen vor dem Eingange in irgend einem geschützten Landwinkel. Kaum aber hatte der For an die Umkehr gedacht, so bekam er eine sehr ungestüme Begleitung: die Flut erhob sich, warf ihm den ganzen Eisvorrath hinterdrein, und mit rasender Geschwindigkeit wurden Eis und Schiff zwischen den Felsen hindurch und zum Kanale hinausgefegt und gewirbelt. Nachdem das Schiff hundertfacher Zerstörungsgefahr entgangen und sich aus dem Eise wieder befreit hatte, ging es an seinem alten Platze unter Possession Point wieder vor Anker. Als Recognoscirung betrachtet, konnte man mit dem Ausflug zufrieden sein. Der Kanal, in seiner Formation einem grönländischen Fjord ganz ähnlich, ist nur 5 deutsche Meilen lang, an seiner schmalsten Stelle kaum ¼ Meile breit; in seiner Mitte angelangt, kann man beide Seen sehen, die er verbindet. Die Flut schlägt von Westen durch den Kanal und bei der Ebbe strömt das Wasser wieder von Osten rückwärts — ein unaufhörliches Kommen und Gehen. Da nach anderweiten Untersuchungen das südliche Land, Boothia, eine Halbinsel ist und mit dem Festland von Amerika zusammenhängt, so bildet die Bellotstraße zugleich den südlichsten Wasserweg zwischen Ost und West, die einfachste und vielleicht praktikabelste nordwestliche Durchfahrt, da man von Osten hindurchkommend nur immer dem Lande links zu folgen braucht, um schließlich an der Behringsstraße anzulangen. Für jetzt freilich war der For noch nicht hindurch; eine spätere Untersuchung stieß auf dasselbe Hinderniß wie die erste und zwar ganz an derselben kritischen Stelle, und so entschloß man sich, nach einem angeblich südlicher liegenden Kanal auszuschauen, der hinter der Levesque=Insel münden sollte. Ein Kanal fand sich hier nun zwar nicht, aber, was auch nicht zu verachten, ein schöner sicherer Hafen, in dem man nun Quartier nahm. Alles ging ans Land und erfreute sich der Jagd und der großartig schönen Scenerie, die hier durch Berge, Felsen und Seen gebildet wurde, geschmückt mit recht leidlichem Sommergrün. Doch zum langen Rasten war keine Zeit; von neuem wurde in die Bellotstraße eingedrungen, ohne bessern Erfolg als vorher; man begriff nun, daß die westliche See, der man so mühsam zustrebte, des Eises noch gar viel enthalten müsse, während die östliche davon ganz frei war.

Daß man in einer Periode so bitterer Täuschung und vergeblicher Arbeit noch ein „Amüsement" haben könne, erscheint seltsam: hören wir indeß, womit die Mannschaft des For sich eines Abends amüsirte. In einer kleinen, keineswegs sichern Nische der Küstenfelsen inmitten des Kanals, so klein, daß die Leute sie das Fuchsloch nannten, liegt das Schiffchen und lauert auf eine günstige Gelegenheit. Mächtige blaue Eisberge und Blöcke wirbeln im wilden Ungestüm, gleichsam als ob sie einen Willen hätten, durch den engen Kanal; manche sind so groß und schwer, daß sie bei 6—7 Faden Wasser noch Grund fassen; andere gerathen in die vielen Wasserwirbel und erlangen hierdurch Richtungen und beträchtliche Geschwindigkeiten im entgegengesetzten Sinne. So gab es denn beständig

Anlaß zu den heftigsten Collisionen: die schweren Eisberge stürzten sich wie toll über einander her und zertrümmerten sich in kleine Brocken, die dann ruhig mit einander weiter trieben. Und diesen Kämpfen sah der Seemann mit Spannung und Vergnügen zu; war es doch sein ärgster Feind, der sich hier vor seinen Augen selbst aufrieb.

Nach Lage der Dinge mußte sich Clintock nunmehr mit dem Gedanken vertraut machen, daß er wol für diesmal seinen Zweck nicht erreichen, sondern gezwungen sein dürfte, östlich von der Bellotstraße zu überwintern. Für diesen Fall war auf zweierlei Bedacht zu nehmen: erstlich mußte man streben, irgend eine Ebene, einen Thalweg oder Kette von Seen aufzufinden, die eine Ueberlandreise zu Schlitten nach der westlichen Küste gestatteten, denn die Bellotstraße selbst bei ihrem ewigen Aufruhr würde jedenfalls nur spät zufrieren und auch dann noch ein schlechtes Fortkommen gewähren. Zum andern erschien es gerathen, 8—10 Meilen südlicher ein Lebensmitteldepot anzulegen, um etwaige Verbindungen mit Eskimo in diesem Herbst oder im zeitigen Frühjahr zu erleichtern. Diese letztere Maßregel wurde am 26. und 27. August ausgeführt.

Vor allen Dingen galt es nun, näher zu erkunden, wie die westliche See oder die Peelsstraße in Ansehung des Eises beschaffen sei. Clintock ging zu diesem Zweck am 1. September mit einer Bootpartie durch die Bellotstraße. Letztere hatte sich jetzt vollständig vom Eise geklärt und so gelangte man unbeanstandet hindurch jusqu'à la mer, was bekanntlich nach holländischer Ansicht noch nicht völlig so weit ist als jusque dans la mer. Clintock erkletterte das 1600 Fuß hohe phantastisch gestaltete Felsgestade zur Rechten und gelangte so zu einer schönen Aussicht, zugleich aber auch zu der Ueberzeugung, daß nach Lage der Sache ein Weiterkommen für dieses Jahr schwerlich zu hoffen sei. Endlose Eisfelder, obwol anscheinend gebrochen und stark verrottet, lagen die Küste entlang und bedeckten fast die ganze Peelsstraße; nichts deutete darauf hin, daß Strömungen oder Stürme, deren bereits genug stattgefunden hatten, eine Aenderung herbeiführen würden. Die Westküste der Peelsstraße wurde deutlich erkannt, eben so rechts im Norden Four river point, die Landspitze der Vierflüssebucht. Dort war der Punkt, wo 1849 John Roß nicht weiter konnte; auf jener Spitze standen er und Clintock und schauten eben so gespannt hierher, wie der letztere jetzt nach dort. Dies war die Gelegenheit, bei welcher die Bellotstraße zuerst gesehen wurde.

Auch eine willkommene Entdeckung machte Clintock auf seiner jetzigen 11stündigen Felsenpromenade: gleich nördlich von der Bellotstraße liegt, wie ein zweites nicht fertig gewordenes Exemplar derselben, ein drei Meilen langer schmaler See, der sich von einer Küste zur andern quer über die Insel hinwegzieht. Dies gab also die schönste Schlittenfahrstraße durch eine sonst ganz ungangbare Felsenwelt.

Einige Tage später wurde ein nochmaliger vergeblicher Durchgangsversuch — der fünfte — mit dem Schiffe selbst gemacht; die Eismassen der westlichen Gewässer hatten sich bedeutend gemindert und zerarbeitet, so daß eigentlich nur ein Gürtel von einer deutschen Meile Breite noch vorlag, aber dieser stützte sich an kleine, vor der Bellotstraße liegende Felsinseln, und wankte und wich nicht. Bis zum letzten Augenblick hielt man die Hoffnung auf eine günstige Wendung aufrecht; „es ist noch heute nicht zu spät", schreibt Clintock unterm 19. September; aber drei Tage später, nachdem grimmige Nord- und dann Südwestwinde vergeblich an dem Eiswall gerüttelt, gab man alle Hoffnung auf und brachte das Schiff ins Winterquartier. Hierzu diente eine schmale Bucht rechts an der östlichen Mündung, die man Kennedyhafen benannte.

Schon von Mitte September übte sich die Natur auf jedem stillen Plätzchen wieder in der Bildung neuen Eises. Die Mannschaften benutzten die nun eingetretene Muße zu Jagdausflügen; denn der Seemann ist, wie Clintock bemerkt, ein gar eifriger Jäger, sobald er einmal die Flinte in der Hand hat, wenn er auch nichts Sonderliches trifft. Ueberhaupt war diese ganze Gegend nicht so von der Thierwelt besucht, wie man nach dem Stande der Pflanzenwelt hätte erwarten dürfen. Ein paar Rehe waren in der ganzen Zeit die einzige nennenswerthe Jagdbeute, dazu hin und wieder ein Hase, eine Möve, Eule, ein Falke oder sonstiges Federwild. Oft sah man Tage lang kein lebendes Wesen. Dafür lieferte das Meer doch ab und zu eine fette Robbe. Häufiger wurden die Reunthiere in der ersten Hälfte des Oktober und man erlegte mehrere schöne Stücke. Sie kamen jetzt herdenweise aus dem Norden, und warteten, gleich unsern Leuten, auf tüchtigen Frost, der ihnen Brücken zur Weiterreise bauen sollte; denn noch immer war mildes Wetter mit viel nassem Schnee.

Eine andere Erscheinung aus der Thierwelt waren Hermeline, zierliche, flinke und dreiste Thierchen, die sich in Menge bei und selbst auf dem Schiffe einfanden. Sie raubten den Köder aus den Fuchsfallen fast eben so rasch, wie er erneuert werden konnte, und kaum eins gerieth dadurch selbst in Gefangenschaft. Versuchte man eines dieser hurtigen Thierchen zu greifen, so tauchte es augenblicklich in den tiefen weichen Schnee unter und kam einige Ellen davon wieder zum Vorschein.

Cap Bunny am Peelsund.

X.
Mac Clintock's vorbereitende Schlittenreisen.

Anlagen der Depots. Fahrt auf einer Eisscholle. Brand's Tod. Witterung an der Bellotstraße. Schlittenfahrt nach Victoria-Kap. Eskimo daselbst. Nachrichten über Franklin's Leute. Young's Reise nach Prinz von Wales-Land. Reise des Schiffsarztes. Zucker in der Fury-Bai.

Während sonst meistens um gutes warmes Wetter gebeten wird, wünschten sich unsere nordischen Gäste einen tüchtigen Frost, damit das Schiff zum Festliegen käme und durch Ausladen geräumiger gemacht werden könnte, und hauptsächlich damit Wasser und Land für die Schlittenausflüge praktikabler würde, die theils noch für den Herbst, theils für das folgende zeitige Frühjahr beabsichtigt waren. Nach Clintock's Plan sollten drei selbständige Expeditionen, jede vier Mann stark, ausgeführt werden. Jede würde einen Hundeschlitten mit einem Treiber haben; die eine würde Clintock selbst zum Führer bekommen, die andere Hobson, die dritte Young. Die Clintock'sche Abtheilung sollte nach dem Großen Fischfluß gehen und auf dem Hin- und Rückwege die Küsten der King Williams-Insel untersuchen; Hobson fiel die Westküste dieser nämlichen Insel zu und Young's Partei hatte ihre Arbeit in westlicher Richtung von der Bellotstraße, indem sie die südliche Hälfte von Prinz Williams-Land längs ihrer Küsten besuchen und bestimmen sollte. Dies waren die Küstenstriche, welche bei den früheren Erforschungsreisen unerledigt geblieben waren, und so hatte auch die geographische Wissenschaft ihren Gewinn bei der Ausführung des Planes zu gewärtigen.

Um aber auch für den nächsten Zweck alles Mögliche zu thun, mußte man sich bemühen, im Osten oder Westen von Boothia mit den Eingeborenen in Verbindung zu kommen, die nach frühern Reisebefunden hier erwartet werden durften.

Mit den projectirten Schlittenreisen konnte noch im Laufe des September und Oktober ein leidlicher Anfang gemacht werden. Es galt für die Frühjahrsreisen Depots von Lebensmitteln vorauszuschieben, und man gelangte damit unter großen Anstrengungen längs der Westküste von Boothia hinab bis etwa zum 71. Breitengrade, etwa 22 deutsche Meilen vom Schiff entfernt. Weiter südlich war nicht vorzudringen, weil der einzig mögliche Weg, das Küsteneis, aufhörte und die offene See bis ans Felsgestade reichte. Aber ausnehmend beschwerlich waren diese Herbstreisen, besonders weil das Wetter immer noch zu mild war. Der Reisende hat um diese Zeit mit sehr viel Wind und Schnee zu kämpfen; letzterer ist weich, tief und oft naß; die Sonne ist fast stets in Nebel gehüllt, und man kann sich an ihr weder erwärmen noch trocknen; zudem dauert das matte Tageslicht nur acht Stunden.

Am 6. November kehrte die letzte, 10 Mann starke Expedition von einem 19tägigen Ausflug wohlbehalten zurück, doch nicht ohne wenigstens ein nordisches Reiseabenteuer gehabt zu haben. Als sie nämlich eine Nacht auf dem Küsteneise kampirten, erhob sich ein Nordost, der im Verein mit der steigenden Flut ihren Eisrand vom Lande abbrach und in die See hinein trieb. Sobald sie dessen inne wurden, packten sie die Schlitten, schirrten die Hunde an und schauten die ganze Nacht in angstvoller Spannung nach irgend einer Rettungsgelegenheit aus. In einiger Entfernung von der Küste brachen Wind und Wasser ihr Eisfeld in Stücke, bis ihnen nur ein Stück von etwa 20 Schritt Durchmesser unter den Füßen blieb. Dieses unsichere Floß wurde glücklicherweise in einen Kanal zwischen dem Festland und einer Insel (Tominsel) eingetrieben und setzte die unfreiwilligen Passagiere auf dieser ab. Zum weitern Glück legte sich jetzt der Sturm und ein starker Frost trat ein, der ihnen in einer einzigen Nacht eine Nothbrücke nach dem Festlande baute. Obgleich sich dieses neue Eis unter ihren Füßen furchtbar bog, so gelangten sie doch glücklich hinüber und landeten ziemlich an demselben Punkte, von welchem sie vor zwei Tagen weggeblasen worden waren.

Nachdem somit die Reisen für dies Jahr geschlossen, das Schiff für den Winteraufenthalt hergerichtet, die unerläßlichen magnetischen Observatorien — ein paar Hütten von Eisblöcken und Schnee — gebaut worden waren, befand man sich auch schon in der Periode der Langweiligkeit und des gezwungenen Nichtsthuns, wo „nichts passirt, was nur des Aufschreibens werth wäre". Niederdrückend war das plötzliche Ableben des einzigen Dampfmaschinenverständigen, Herrn Brand's, der am 7. November in seiner Kajüte todt gefunden wurde, nachdem er noch Abends vorher anscheinend frisch und gesund gewesen. Der nun kommende Winter erwies sich als ein ungewöhnlich strenger. Nicht daß die Kälte beständig auf 30 — 35 Grad gestanden wäre, denn das hätte, wie Clintock meint, so viel nicht auf sich, sofern nur die Luft dabei ruhig bliebe; das Beschwerliche waren eben die fast immerwährenden Stürme, Schneetreiben und dicken schweren Nebel. Vieles davon beruhte auf rein lokalen Ursachen; — es war eben, wie man einsehn lernte, an der Bellotstraße überhaupt schlechtes Wohnen. In dieser Länderdurchsägung schieben sich nicht nur zwei Meere beständig ihren Wogenschwall einander zu, sondern sie dient auch als Zugrohr für zahlreiche Luftströmungen. Auch bei der stärksten Kälte kam daher der Kanal nicht zum Zufrieren; beständig, wenn das Toben der Winde nachließ, konnte man den Lärm des darin tumultuirenden Eises hören, und die Folge dieses Offenbleibens war, daß sich beständig Wolken von Dünsten aus dem Wasser erhoben und die Gegend in schaurige Eisnebel hüllten. So hatte man sich schon bei Zeiten an das Entbehren der Sonne gewöhnen müssen und beachtete es kaum, als sie Anfang November wirklich ausblieb. Man bemühte sich, das Schiff im Innern so trocken, warm und wohnlich wie möglich zu erhalten; denn bei dem so übeln Stande der äußern Angelegenheiten konnte man kaum ein paar Tage in jeder Woche sich im Freien aufhalten und einen Gang an der Küste versuchen.

Ein Polarfuchs vor der Falle.

Wenn es bei 30° Kälte stürmt und obendrein ein Schwall feiner Eisnadeln dem Winde noch mehr Schneide giebt, so bleibt man gern zu Hause. Nur die grönländischen Hunde vermochten solchem Wetter Stand zu halten, wenn nicht ihr Fell zu defekt war. Die ohnehin nicht sehr ergiebige Jagd hörte unter solchen Umständen fast ganz auf, obgleich man sich eher wundern möchte, daß das thierische Leben in der sturmvollen erstarrenden Polarnacht nicht überhaupt aufgerieben wird; denn wir lesen doch, daß selbst im härtesten Winter dann und wann ein oder zwei Rennthiere oder Hasen gesehen, ein paar Schneehühner geschossen, ein paar Füchse gefangen wurden. Dagegen waren die Robben und mit ihnen die Bären entschieden ausgewandert, und es blieb ohne Nutzen, daß die beiden Grönländer Netze für die ersteren unter dem Eise aufstellten.

Der Gesundheitsstand an Bord blieb bei alledem ein erwünschter, obwol man sich sehr nach frischem Fleisch und Gemüse sehnte, vielleicht um so mehr, als sie eben nicht zu beschaffen waren. Nur ein alter Matrose bekam im Februar eine Anwandlung von Skorbut, und es kam jetzt erst heraus, daß er einen Widerwillen habe gegen die frisch in Zinnbüchsen eingelegten Fleischspeisen, und so lange er am Bord diente, nur von Salzfleisch und getrockneten Gemüsen gelebt hatte.

Mit Ueberraschung finden wir hier in Clintock's Bericht beiläufig zwischen Bemerkungen über Wind, Wetter und Langeweile und gleichsam als „Erzählung für lange Winterabende" einige geographische Notizen von Seiten des Herrn Petersen, die, wenn sie auf Wirklichkeit beruhen, merkwürdig genug sind. Nach ihm sollen die Eingeborenen in Smiths-Sund mit der Fortsetzung der nordgrönländischen Küste in viel weiterer Ausdehnung bekannt sein, als Kane oder seine Leute vorzudringen vermochten. Sie sprechen viel von einer großen Insel, genannt Umingmak, die Moschusochseninsel, wo es viel freies Wasser und viel Walrosse geben soll. Petersen sprach selbst zwei Leute, die in jenem gesegneten Lande gewesen sein wollten. Es muß freilich hierbei Wunder nehmen, daß Kane, nach seinem Buche zu schließen, von diesen Dingen nichts erfahren hat, während doch gerade Herr Petersen bei Kane's Expedition als Dolmetscher angestellt war. Und sollten jene Eingeborenen weniger anstellig und willfährig zur Aufzeichnung der ihnen bekannten Gegenden gewesen sein als andre Eskimo? — Weiter heißt es aus derselben Quelle: Auf der Ostküste von Grönland giebt es Eskimo bis zum 76. Breitengrade hinauf; ob noch weiter nördlich, ist nicht bekannt. Sie sind von den Südgrönländern auf Hunderte von Meilen durch ungangbare Eisküsten und Gletscher getrennt.

Gegen Ende Januar mit wiederkehrender Sonne wurde das Wetter freundlicher und milder, wenn es auch noch Nächte mit 30 — 35° Frost gab. Man konnte nun wieder mehr sehen, mehr gehen und schießen. Der Februar brachte schon einzelne „liebliche, ruhige, ausnehmend heitere" Tage, allerdings noch ohne Wärme, denn das Quecksilber kam dabei noch oft zum Gefrieren. Die Vorbereitungen für die bevorstehenden Schlittenreisen brachten nun ein reges Leben in die Gesellschaft. Die disponibeln 22 Hunde wurden in drei Züge abgetheilt und tüchtig ausgefüttert, da man schwere Dienste von ihnen zu fordern hatte. Schon am 14. Februar sollten zwei Expeditionen abgehen, eine größere unter Clintock, mit zwei Schlitten und doppelter Bemannung, um in der Nähe des magnetischen Pols nach Eingeborenen zu suchen, und eine kleinere, um Lebensmitteldepots vorzuschieben zum Behuf der spätern Durchsuchung der Küsten von Prinz Wales-Land. Am bestimmten Tage herrschte Nordweststurm bei 32 Grad Kälte, gegen den Niemand Stand halten kann: bis zum 17. aber hatte sich das Wetter so weit „gemäßigt", daß man aufbrechen konnte, obschon die Kälte an diesem Tage zwischen 28 und 33° R. war.

Renuthierkopf.

Granitfelsen der Meeresküste.

Begleiten wir die größere von Clintock geführte Expedition, deren Dauer auf einige 20 Tage bestimmt war. Die Reise ging natürlich zu Fuß, da die Hundeschlitten nur Lebensmittel und Reisezeug aufnehmen konnten, und so war das tägliche Vorwärtskommen eben kein rascheres, als was im Schnee gehende Leute leisten können.

Zunächst wurde das Land unter Benutzung des langen Sees überschritten. Schon am zweiten Tage kamen wieder böse, mehrere Tage anhaltende Nordwestwinde mit 48° Kälte nach Fahrenheit (etwa 35 1/2° R.), so daß die Hunde auf dem harten Schnee wundlahm wurden und in Krämpfe fielen und man einen Theil der Ladung abwerfen mußte. Selbst der Rum gefror bei so grimmiger Kälte zu einer dicken Brühe und endlich zu Eis. Unter solchen Umständen wurde täglich 8—10 Stunden lang marschirt, und zwar ohne anzuhalten, außer wenn es an den Schlittenzügen etwas in Ordnung zu bringen gab. Wurde mit eintretender Dämmerung Bivouak bezogen, so gab es erst noch ein paar Stunden Arbeit mit dem Aufbau der Schneehütte. Von ausgesägten Blöcken compacten Schnees wurden vier Wände bis zu Mannshöhe, unter möglichster Neigung nach innen, aufgeführt und dann das noch übrige Loch mit dem Zelt verdeckt, da die Bildung eines Schneegewölbes zu viel Zeit erfordert hätte. Diese Bauzeit war immer die beschwerlichste des ganzen Tagewerkes, denn die Leute waren nicht allein schon hinlänglich ermüdet, sondern wurden noch bei dem Umherstehen von der Kälte starr und steif. War die Hütte fertig, so war noch ein schwieriges Werk zu thun, nämlich die Hunde zu füttern und zwar so, daß jeder sein Theil bekam und nicht die stärksten der gierigen Bestien die schwächern benachtheiligten. Alsdann wurde alles Nöthige an Lebensmitteln, Schlafzeug u. s. w. in die Hütte geschafft; selbst die Hundegeschirre durften nicht außen gelassen werden, sie würden über Nacht gefressen worden sein. Schließlich wurde der Eingang der Hütte mit Schnee zugebaut, die Kochlampe in Gang gesetzt, und jeder machte es sich so bequem als möglich, bis das Abendessen fertig war, nach dessen Beseitigung man sehr bald in die Schlafsäcke kroch. Die Bequemlichkeit dieser nordischen Herbergen war keine übertriebene. Anfangs, wenn das Eingangsloch geschlossen war und die Kochlampe brannte, wurde es im Innern bald warm, so daß die Hüttenwände sich verglasten und das Thauwasser auf das Schlafzeug heruntertroff; wurde alsdann die Lampe ausgelöscht und ein nothwendiges Luftloch geöffnet, so fühlte man trotz der Bedeckung, die sich nun mit Eis überzog, die Kälte bitter genug.

Am 22. Februar brachte ein Sturm aus Osten die Karawane zum Stillliegen, aber man hatte dabei das Glück, einen Bären zu schießen, und tröstete sich also mit frischer Bärenkeule und die Hunde hatten einen seit vielen Monaten entbehrten Genuß: eine Fülle **ungefrorenen Fleisches**.

In solcher Weise ging die Reise längs der granitenen, stark gezackten und mit vielen Felsinselchen umsäumten Westküste von Boothia auf dem Eise hinab bis halbwegs gegen den magnetischen Pol hin; hier trat an die Stelle des Granites Kalkstein, und man hatte nun eine flache, geradlinige Küste und damit viel leichteres Reisen.

Am 1. März hielt man ungefähr auf dem Punkte, wohin der magnetische Pol verlegt wird. Noch hatte man keine Spur von Eingeborenen bemerkt und der eigentliche Reisezweck erschien schon halb verfehlt, da die Lebensmittel zur Neige gingen und mehrere Hunde schon unbrauchbar geworden waren. Um so größer war daher die Ueberraschung und Freude, als man jetzt plötzlich vier Eskimomänner gewahrte. Sie kehrten von einer Jagd auf dem Eise zurück und zeigten nicht das mindeste Erstaunen beim Anblick der Fremden. Auf den Vorschlag dieser, mit nach ihrem Lagerplatz zu gehen und einen Tauschhandel zu machen, gingen sie ein; da aber nach einer Stunde die Sonne unterging und ihr Schneedorf noch weit entlegen sein sollte, so veranlaßte man sie, gegen ein Honorar von einer Nähnadel pro Mann, eine Hütte für die Nacht zu bauen, und erhielt so binnen einer Stunde zu gewiß billigem Preise ein schönes geräumiges Schneehaus, in welchem sich beide Nationalitäten einquartierten.

Mit aller Vorsicht rückte man dem eigentlichen Reisezwecke näher; ein Seemannsknopf an einem ihrer Kleidungsstücke gab hierzu Gelegenheit. Er stamme, sagten sie aus, von einigen weißen Leuten, die auf einer Lachsinsel (d. h. eine Flußinsel) umgekommen seien; auch das Eisen zu ihren Messern komme daher.

Am andern Morgen ging die Reise noch einige Stunden in südlicher Richtung weiter die Küste entlang, und man befand sich nun dicht bei Kap Victoria. Weiter wünschte Clintock nicht zu gehen; er ließ ein Schneehaus errichten, legte dann den Eskimo alle seine Tauschartikel vor — Messer, Feilen, Nadeln, Scheeren, Perlen und dergleichen — lud sie mit ihren Landsleuten auf den folgenden Tag ein und versprach alles zu kaufen, was den verschmachteten weißen Leuten gehört habe. Auf der Stelle tauschten zwei derselben trotz der grimmigen Kälte ihr Oberkleid von Rennthierfellen gegen ein Messer ein.

Reliquien der Franklin'schen Expedition.

Am andern Morgen kam die Bevölkerung des ganzen Dorfes, 45 Personen jeden Alters und Geschlechts, herbei und rasch war ein lebhafter Tauschhandel im Zuge. Zunächst wurden alle Ueberbleibsel der verschollenen Expedition gekauft, silberne Löffel und Gabeln, eine silberne Medaille, ein Stück Goldkette, Knöpfe u. dgl., ferner Geräthe, Bogen und Pfeile, die aus Material von den verlorenen Schiffen gemacht waren. Auch einiges Eßbare wurde gekauft, aber von ihren schönen Hunden wollten sie nicht mehr als einen einzigen abtreten. Alle alten Leute erinnerten sich der Anwesenheit des Kapitän Roß im Jahre 1851, aber von den Franklin'schen Leuten wollte Niemand einen gesehen haben. Nur Einer sagte aus, er habe Knochen von ihnen gesehen auf der Insel, wo sie gestorben seien. Wie es scheint, waren die Gegenden an der Mündung des Fischflusses in der ersten Zeit nach der Katastrophe der Gegenstand von Spekulationsreisen von Seiten der

Eskimo, sie gingen hin, um Gegenstände zu suchen, welche von den Nachzüglern vielleicht auf langen Wegstrecken verloren oder zurückgelassen worden waren. Vielleicht sagten sie auch nicht alles, was sie wußten; wenigstens fanden sich am nächsten Tage wieder einige ein, und jetzt erzählte Einer mit Bestimmtheit, daß ein dreimastiges Schiff im Westen von King Williams=Land im Eise zerquetscht worden sei, er selbst sei aber nicht Augenzeuge gewesen; die Mannschaft habe sich gerettet; das Schiff sei versunken und die Eingeborenen hätten nichts von ihm erhalten; alles, was sie besäßen, stamme von der Insel im Fluß (Montreal in der Mündung des Fischflusses).

Durch diese Aussagen wurden die schon durch Dr. Rae erhaltenen Nachrichten im Allgemeinen bestätigt; was aus dem andern Schiff geworden, blieb ein Räthsel; daß aber die Franklinmänner niemals auf Boothia gewesen waren, erschien als ziemlich gewiß.

Diese Eskimo erschienen alle reinlich, wohlgenährt und trugen doppelte Kleidung aus Rennthierfellen. Die Männer waren starke tüchtige Bursche, die Weiber abgefeimte Diebe, beide Geschlechter aber munter gelaunt und zutraulich. Manche Weibsleute zeigten ein lebhaftes, artiges Wesen, das ihnen ganz wohl stand; sie hatten schöne Augen und Zähne, und die jungen Mädchen einen Anflug von frischem Roth auf den Wangen, etwas Seltenes bei Leuten von Olivenfarbe. Aber obwol Verweichlichung ein Uebel ist, das innerhalb der Polarkreise selbstverständlich nicht aufkommen kann, so sah Clintock doch etwas, das ihm über die Begriffe ging. Eine im Handel besonders eifrige Eskimonutter zog plötzlich ihren ganz nackten Säugling an einem Arme aus der Pelzkapuze und hielt ihn vor sich hin, während bei 27° Kälte ein frischer Wind wehte; sie wünschte, wie sich herausstellte, auch für diesen ihren Sprößling eine Nadel zu erbetteln, und sie erhielt sie mit möglichster Beschleunigung; doch war über dem Geschäft Zeit genug verflossen, daß indeß ein jeder junge Europäer hätte zu Eis erstarren können.

Mit thunlichster Eile kehrte nun die Gesellschaft zum Schiff zurück, wo sie am 14. März anlangte; zwar stark abgemagert und mit verschiedenen Frostschäden, doch sonst völlig gesund und mit unersättlicher Eßlust gesegnet.

Kapitän Young war schon früher von seiner Proviant=Expedition nach Prinz Wales=Land zurückgekehrt und so war denn die ganze Mannschaft des „Fox" wieder beisammen, alle in guter Gesundheit und voll Lust zu weitern Reiseunternehmungen; denn das nun eintretende schöne Wetter lockte mächtig ins Freie. Auch sollten nach Clintock's Bestimmung alle bereits beschlossenen Routen noch ausgeführt werden, da der Erfolg der ersten Reise doch nur ein theilweiser und namentlich über das zweite Schiff noch gar nichts zu erfahren gewesen war. Die Vorbereitungen für weitere große Ausflüge geschahen daher mit Lust und Eifer. Selbst der Schiffsdoctor will nicht mehr stillliegen, will irgend ein Unternehmen ausführen. Er bekommt einige Leute und soll das Depot zurückholen, was im vorigen Jahre an der Ostküste von Boothia südlich vom Ueberwinterungsplatz angelegt worden. Man kann trotz allen Suchens das Depot nicht wieder auffinden, entdeckt aber dafür hinter einer Felsecke der Küste ein einzelnes verschlagenes Mehlfaß, das wer weiß welche Seereisen auf eigne Rechnung gemacht haben mochte, bis es endlich, vielleicht ebenfalls schon vor vielen Jahren, von den Fluten hier ab- und in Ruhestand gesetzt wurde, wo es zu größerer Sicherheit noch anfror. Die Bezeichnung des Fasses war ganz unkenntlich geworden, aber sein Mehlinhalt noch völlig gut und brauchbar. Ein noch überraschenderer Beweis von der conservirenden Kraft des nordischen Klima's ergab sich nach einer andern Seite hin. Man fand, daß 3 Faß Zucker fehlten, die man an Bord zu haben glaubte, und es wurde beschlossen zu versuchen, ob nicht in der Fury=Bai, ein paar Tagereisen gegen Norden gelegen, ein Ersatz dieses so nöthigen Materials noch zu finden sein möchte. Hier ging bekanntlich im Jahre 1835 das Schiff Fury verloren, aber seine Vorräthe konnten noch ans Land geschafft werden. Die jetzt beschlossene kleine Entdeckungsreise nach Zucker ging unter großen Schwierigkeiten, verursacht durch die Rauhheit des Eises in der Creßwell=Bucht, vor sich; fast alle Theilnehmer kehrten schneeblind zurück, aber man brachte doch circa 8 Centner Zucker mit. Und die Vorräthe der Fury=Bai liegen nicht in schützenden Niederlagen, sondern die Fässer und Ballen stehn frei auf der Küste, nur so viel oder wenig eingeschneit, als es die Zeitläufte mit sich bringen. Es liegen nach Clintock noch ungeheure Vorräthe von trocknen oder eingelegten Gemüsen, Mehl und Suppentafeln dort; letztere gaben nach Probe noch eine untadelige Suppe!

Mac Clintock am Kap Herschel (King Williams=Land).

XI.
Die drei großen Schlittenreisen von Mac Clintock, Hobson und Young.

Reise nach der Westküste Boothia's. Kap Victoria. Eskimodorf. Neue Nachrichten. King Williams=Land. Matty=Insel. Estimo auf King Williams=Land. Montreal=Insel im Rückfluß. Rückweg an der Westküste von King Williams=Land. Das Skelett. Cairn am Kap Herschel. Hobson findet Schriftstücke. Muthmaßliches Schicksal der Franklin=Expedition. Das gefundene Boot. Hobson's Reise. Young's Reise. Geographische Ergebnisse. Heimfahrt.

Am 2. April rückte die ganze disponible Mannschaft mit völliger Ausrüstung für eine größere Erforschungsreise aus und erst am 24. Juni setzte sich Clintock nieder, um sein Tagebuch wieder aufzunehmen. Das halbwilde Wander= und Zeltleben, meint er, ertödte alle Lust zu so zahmen Beschäftigungen, wie das Führen eines Tagebuchs. Aber wenigstens hatte er diesmal etwas Rechtes zu schreiben. Der Zweck unserer Expedition, sagt er, ist endlich erreicht; wir wissen, was aus dem „Erebus" und „Terror" geworden ist, und warten nun mit Spannung auf den Moment, wo das Entkommen aus diesen traurigen Erdbreiten möglich sein wird. Die Mannschaft der Expedition, die bestimmt war sich später in zwei zu theilen, bestand aus 12 Personen, hatte 4 Lastschlitten, halb für Menschen=, halb für Hundebespannung, und führte 17 Hunde aller Altersklassen mit. Die zu bewegende Last war für jede Expeditionsabtheilung mit Einschluß der beiden Schlitten 1400 Pfund an Zelten, Kleidung, Schlafzeug, Geräthen, Schießzeug, astronomischen und magnetischen Instrumenten, Lebensmitteln, Tauschwaaren u. s. w. und es war bei der Berechnung angenommen, daß ein Mann 200, ein Hund 100 Pfund ziehen werde. Langsam und mühsam ging der Marsch, die frühere Richtung einschlagend, vorwärts, denn die Männer waren des Ziehens noch ungewohnt und die Schlitten trotz aller Oekonomie in der Ausrüstung doch schwer beladen. Zuweilen konnte man Segel auf die Schlitten setzen und hatte dann leichtere Arbeit. Während sich die Karawane die Westküste von Boothia entlang zog, nahm sie der Reihe nach die Lebensmittel auf, welche im vorigen Herbst mit so vieler Mühe in Depots gelegt worden waren. Die Belastung wurde dadurch immer größer, so daß man schließlich nur die halbe Fracht auf einmal fortschaffen konnte und also genöthigt war, jede Wegstrecke dreimal zu passiren. In dieser widerwärtigen Weise bewegte man sich 6 Tage lang fort, bis am 15. die bequemere Kalksteinküste und mit ihr eine glatte Schneebahn erreicht wurde und man anfing, neue Lebensmitteldepots zum Bedarf für die Rückreise anzulegen. Die Temperatur blieb bisher immer noch niedrig und sank oft auf — 27° R. Dazu kamen bisweilen schneidende Nordwinde, indeß greller Sonnenschein und äußerst heftige Schneeblendung die Plagen noch vermehrten. Trotz farbiger Brillen litten fast Alle an heftigen Augenentzündungen, Gesichter, Lippen und Hände wurden blasig und rissig. Schwere Frostschäden gab es glücklicherweise nicht.

Am 20. April stieß man auf 2 Eskimofamilien, zusammen 12 Personen, und zwar waren es Leute von denen, die man schon im Februar bei Kap Victoria kennen gelernt hatte. Sie waren des Robbenfangs wegen hier und hatten ihren Schneepalast etwas vom Lande ab auf dem Eise errichtet. Clintock giebt uns einen Grundriß dieser eigenthümlich construirten Doppelwohnung und fand im weitern südlichen Verlauf seiner Reise diese Bauform als die gewöhnliche. Der gemeinsame Eingang und die beiden Seitengänge sind so weit und hoch, daß man eben einschlüpfen kann, ohne gerade auf Händen und Knien kriechen zu müssen. Eine Eistafel in der Wölbung läßt hinlängliches Licht ein. Eine 2 Fuß hohe Schneebank, welche die Hälfte jeder Hütte einnimmt, ist mit Rennthierfellen bedeckt und bildet die allgemeine Lagerstätte; eine ähnliche kleinere Bank gegenüber stellt den Kochherd vor, wo die Hausfrau geschäftig ist.

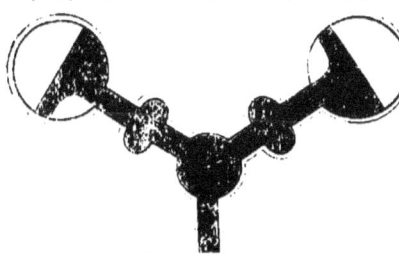

Grundriß einer Eskimo=Wohnung.

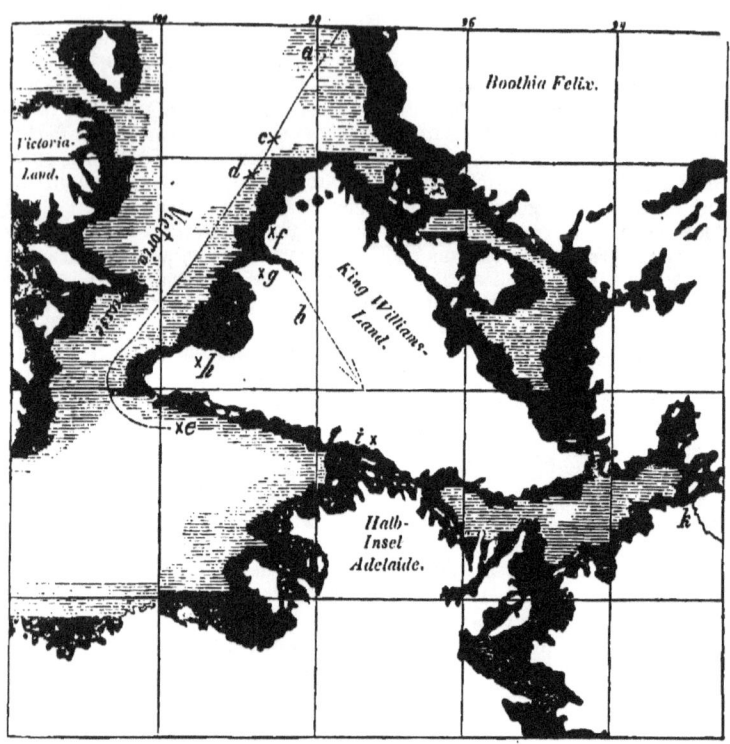

Karte von King Williams-Land.

1. Deafe und Simpfon-Straße. 2. James Roß-Straße.

a. Muthmaßliche Fahrt des Erebus und Terror; c. Ort, an welchem die Schiffe im Eis eingeschlossen wurden (12. September 1846), d. wo sie verlassen wurden (22. April 1848); e. wahrscheinliche Lage der Wracks; f. Landung des Kap. Crozier (22. April); h. Aufbruch nach dem Großen Fischfluß (26. April); g. Ort, an welchem die Papiere aufgefunden; h. Boot mit zwei Skeletten; i. ein Skelett; k. Spuren der Expedition an der Mündung des Kaftor- und Pollurflusses, von Rae 1851 gefunden; l. Spuren auf Montreal-Insel (1855); m. Spuren am Point Ogle, von Anderson 1856 gefunden; n. von Collinson 1852 erreichter äußerster Punkt; o. Rae's äußerster Punkt 1851; p. James Roß' äußerster Punkt 1851; q. magnetischer Pol.

Dort hantirte sie mit ihrer steinernen Thrankochlampe, ditto Kochtopf und ihrem Feuerzeug aus dürrem Moos, einem Feuerstein und einem Stückchen alter Feile. Der Bau hat, wie man sieht, sogar eine Art Vorzimmer, und es dienen diese Räume zur Aufbewahrung solcher Dinge, welche nicht in den geheizten Raum kommen, sondern gefroren bleiben sollen. Es ist dies übrigens jetzt die allgemeine eskimoische Bauweise in jenen Breiten geworden; man lebt im Winter in Schneehäusern, im Sommer in Zelten. Die plumpen Stein= und Erdkeller sind hier nicht mehr Mode: der Eskimo hat jeden Winter ein neues Haus, das er im Sommer ohne Bedauern zu Wasser werden sieht.

Man fand im Besitz dieser Leute so mancherlei Dinge aus Holz und Metall, also ursprünglich fremdem Material, daß man sie einem scharfen Examen unterzog, und so kam es endlich heraus, daß nicht eins, sondern zwei Schiffe bei King Williams=Land untergegangen seien. Das eine wurde gesehen, wie es im tiefen Wasser versank, so daß nichts von ihm zu erlangen gewesen, was von ihnen sehr bedauert wurde; das andere aber wurde vom Eis an der Küste zerquetscht, wo es vielleicht noch läge, obwol sehr in Trümmern. Von diesem Schiff hätten sie und die ganze Bevölkerung der Gegend fast all ihr Holz u. s. w. erhalten. Diese Notizen wurden einem jungen Mann abgefragt und da dieser einmal geplaudert hatte, so bestätigten auch Andere die Aussage, während sie bei dem ersten Besuch sich völlig unwissend gestellt hatten. Man erfuhr nun weiter, daß ein Todter — ein sehr großer Mann mit langen Zähnen — an Bord des gestrandeten Schiffs gefunden worden sei, daß alle weißen Leute nach dem „großen Fluß" gegangen seien und ein Boot oder Boote mitgenommen hätten, und im folgenden Winter seien ihre Gebeine dort gefunden worden.

Diese beiden Familien befanden sich auf dem Rückwege von einem Jagdausfluge und zogen sich, unterwegs campirend und jagend, nach einem südlichern Punkte, wohin ihre übrigen Landsleute bereits vorausgegangen seien. Erst nach 10 Tagereisen, hieß es, werde man wieder Leute finden. Zum Abschied machte man dem Kapitän noch die unwillkommene Eröffnung, andere Eskimo seien der Spur der Reisenden im März gefolgt, hätten ein Versteck ausgewittert und den Inhalt, Robbenspeck, Tauschwaaren und zwei Revolver mit sich genommen.

Im weiteren Verfolg der Reise erreichte man am 18. wieder Kap Victoria und hier theilte sich die Gesellschaft: Hobson's Partie ging direkt über's Eis auf Kap Felix, die Nordspitze der King Williamsinsel, während Clintock mit seinen Leuten mehr südlich seinen Uebergang über den gefrornen Kanal nehmen und längs der Ostküste operiren wollte. Jenem war die Westküste der genannten Insel zur Durchsuchung zugewiesen, also jene Gegend, welche der eigentliche Schauplatz der Katastrophe gewesen war.

Erst am dritten Tage erreichte Clintock's Partie, wegen der rauhen Beschaffenheit des Eises, den Parry=Hafen an der Williamsinsel. Hier wurde ein starkes Depot zurückgelassen und sodann am 2. Mai mit leichterer Bagage die Küste entlang in südlicher Richtung weiter gefahren. Dichte Nebel und Schneetreiben ließen wenig oder nichts erkennen. Am 4. wandte man sich links nach der Matty=Insel, in der Hoffnung, daselbst Eingeborene zu finden. Man fand aber nur ein dem Anschein nach erst kürzlich verlassenes Schneedorf und ein paar Tage später auf einem Inselchen ein eben solches; die Einwohner waren den Spuren nach in ost= nordöstlicher Richtung abgezogen, wahrscheinlich also nach einer Oertlichkeit Nait= tschilih, was ein sehr beliebter Sommerplatz zu sein scheint, da auch die Leute von Boothia alle dahin wollten. Ueberall bei den Hütten fanden sich Späne von Holz, das von den untergegangenen Schiffen herrühren mochte.

Nachdem auch die letzte der östlich von King Williamsland gelegenen Inseln um= fahren und nichts gefunden worden war, ging die Reise längs der Küste des Haupt= landes weiter, und zwar marschirte man, der beständig drohenden Schneeblindheit wegen, jetzt nur bei Nacht. Am 7. Mai um Mitternacht war man so glücklich, ein bewohntes Schneedorf zu finden, 10—12 Hütten mit 30—40 Einwohnern. Die Leute waren ohne alle Furcht, freundlich und zuvorkommend, obschon sie an= scheinend noch nie weiße Leute gesehen hatten. Sie waren sehr begierig zu tau= schen und nebenbei zu stehlen. Um wenige Nadeln war ihnen alles feil und man tauschte von ihnen aus der Verlassenschaft Franklin's und seiner Offiziere 6 Stück Silberzeug, als Löffeln, Gabeln rc., deren Herkunft unzweifelhaft gemacht wurde durch die eingravirten Wappen oder Namenschiffern, ferner Metallknöpfe, Pfeile und Bogen aus englischem Holz u. s. w. Natürlich wurde auch bei dieser Ge= legenheit die ganze Fragkunst ins Werk gesetzt; indeß fand der Dolmetscher viel Schwierigkeit im Verständniß ihres Dialekts, und zudem waren diese Leute in ihrer lustigen Laune besser aufgelegt, selber hunderterlei Fragen zu thun als Antworten zu geben. Das Ergebniß des Examens war der Hauptsache nach fol= gendes: Das gestrandete Schiff läge an der Westküste von Williamsland, und es sei bis dahin eine Reise von 5 Tagen; es sei nur noch wenig davon übrig, denn ihre Landsleute hätten alles, was sie konnten, weggetragen. Masten seien nicht da (es schien als hätten sie diese durch unten angewandtes Feuer zum Umfallen ge= bracht). Viele Bücher seien an Bord gewesen, aber schon lange durch das Wetter zerstört. Als letzte Besucher des Schiffes (Winter 1857 bis 1858) wurden eine alte Frau und ein Knabe bezeichnet und die Alte gab sich sichtliche Mühe, alles zum Besten zu geben, was sie in der Sache wußte; es war aber nur das früher schon Gehörte: Es sind von den weißen Männern, welche von den Schiffen nach dem großen Fischfluß gingen, viele unterwegs umgesunken; einige sind begraben, andere nicht; wir selbst haben nichts davon gesehen, aber wir fanden im nächstfol= genden Winter ihre Gebeine. Ferner gaben sie an, daß man drei Tagereisen weiter an der Südküste von King Williamsland wieder Eskimo treffen werde, eben so auf der Montrealinsel im Fischfluß und vielleicht einige bei dem alten Schiffswrack.

Nach einigen Stunden des Verkehrs zog die Gesellschaft ab, und einige der Eskimo'kiefen noch stundenweit mit. Man fand in den Bewohnern dieser Nieder= lassung einen schönern Menschenschlag als die Eskimo von Nordgrönland oder der Pondsbai. Sie waren gut gekleidet und hatten Lebensmittel in Fülle. Sie trugen mit Ausnahme von ein paar langen Schmachtlocken das Haar kurz, und die Frauen= zimmer hatten, wie auch die auf Boothia, auf Wangen und Kinn tättowirte Linien.

Ein paar Tage später wurde an der südöstlichen Spitze von King Williams-
land eine einzelne Schneehütte angetroffen, die für ein Rittergut nach dortigen
Verhältnissen gelten konnte, so groß war die Zahl der hier liegenden Pfähle und
anderer Holzartikel, so massenhaft die aufgethürmten Vorräthe von Walroß- und
Rennthierfleisch, Robbenspeck und Fellen verschiedener Art. Aber die Bewohner,
die lange Zeit nicht zum Vorschein kommen wollten, zeigten sich so erschrocken und
furchterfüllt, daß man es endlich aufgab sie zu beruhigen, und ohne etwas erfahren
zu haben weiterzog. Die Reise ging nunmehr quer über den zugefrorenen Kanal
nach der Mündung des großen Fischflusses. Mittlerweile hatte sich ein sehr un-
liebliches Maiwetter eingestellt; strenge Kälte in Begleitung von ungeheurem
Schneefall und gelegentliche Stürme erschwerten das Fortkommen ungemein und
nöthigten die Reisenden mehrmals, einen ganzen Tag unter ihrem Zelte still zu
liegen. Man wandte sich zuvörderst nach der in der Flußmündung selbst liegenden
Montreal-Insel, auf die man ganz besondere Hoffnungen gesetzt hatte, und verwandte einige Tage auf eine gründliche Durchsuchung derselben, ohne — abgesehen
von ein paar Ueberresten von Zinn, Eisen und Kupfer — irgend etwas Bemerkens-
werthes zu entdecken. Gerade so trostlos wie jetzt, meint Clintock, müsse die Insel
auch den armen Rückzüglern erschienen sein, da sie dieselbe ebenfalls im Winter-
kleide sahen. Alle Vertiefungen und geschützt liegenden Stellen, also auch alle
Spuren, die sich da finden mochten, lagen unter hohem Schnee begraben; dagegen
waren alle vorragenden Punkte völlig rein gefegt und man hätte einen Steinkegel,
ein Grab und dergl. mit leichter Mühe finden müssen; es wurde aber wie gesagt
nichts gefunden, obgleich man Spitzhacke und Schaufel überall in Bewegung setzte,
wo einige Steine den Anschein hatten, als seien sie von Menschenhand zusammen-
gefügt. Eben so bitter sah man sich in der Erwartung getäuscht, hier Eingeborene zu
finden; sie fehlten, während die Steinkreise, welche die Stellen bezeichnen, wo sie
Sommerzelte aufzuschlagen pflegen, häufig genug waren.

Am 19. Mai wurde der Rückweg angetreten, und zwar auf einer neuen Route,
da man noch andre Gegenden zu durchsuchen hatte. Zunächst wurde die Landspitze
des westlichen Flußufers und die dahinterliegende Bucht umkreist, und da sich auch
hier weder Spuren noch die gesuchten Eskimo fanden, so wurde am 24. wieder
auf King Williamsland übergesetzt und nunmehr, links vorgehend, dessen Südwest-
küste sorgfältig untersucht. Dies war der eigentliche Weg, den die Rückzügler genommen haben mußten. Jetzt freilich konnte der allgemeine tiefe Schnee viele
Spuren verbergen, wobei sich nichts thun ließ als um so sorgfältiger auf die von
den Winden kahl gefegten Stellen zu achten. Auch that man man schon am folgenden Tage einen traurigen Fund: ein menschliches Skelett, von der Zeit gebleicht,
halb in dem kiesigen Boden steckend. Eine genaue Untersuchung, der noch übrigen
Kleiderreste ergab, daß der Mann ein Offiziersbursche von der verlornen Expedition gewesen sein mußte. Eine Kleiderbürste, ein Taschenkamm und ein Notizbuch
fanden sich noch bei ihm, letzteres freilich zu hart gefroren, um es zur Zeit näher
untersuchen zu können*). Das Skelett lag augenscheinlich noch so wie der arme

---

*) Es konnte auch später nur Weniges und ganz Unerhebliches daraus entziffert werden.

verschmachtende Mann hingesunken war, mit dem Kopf gegen den großen Fischfluß gerichtet, das Gesicht nach unten, eine traurige Illustration der Eskimo-Aussage: „und sie sanken hin, wie sie des Weges zogen." Wie trostlos muß der Zustand dieser Armen gewesen sein, wenn sie nicht mehr Zeit oder Kraft genug hatten, ihre hinsinkenden Kameraden auch nur auf den Rücken zu legen!

M'Clintock findet das Skelett eines Begleiters von Franklin.

Wenn es übrigens nach den ersten Nachrichten von dieser Katastrophe fast scheinen konnte, als hätten die Eingeborenen bei der Gelegenheit stupid oder schadenfroh am Wege gestanden, so ist wenigstens nach Clintock's Bericht ein solches Mißverständniß nicht möglich. Die Sache verhält sich vielmehr so, daß kein einziger Eingeborener gefunden werden konnte, der von den weißen Männern welche lebend gesehen hatte; das Thatsächliche war nur, daß sie im folgenden Winter Leichen oder Gebeine fanden, und daraus durften sie wol mit Recht folgern: sie sanken um und starben, wie sie des Weges gingen, d. h. sie sind auf dem Marsche liegen geblieben. Auch an dieser Küste fand man nur verlassene Schneehäuser und es war nun auch nicht viel Aussicht mehr, noch Eingeborene zu treffen, da die Rennthiere wieder gekommen waren und die Jagd derselben den Eskimo landeinwärts führt. Eine weitere Enttäuschung erlebte man auf Kap Herschel, einer sehr hervortretenden Landspitze mit einem 150 Fuß hohen Hügel, der einen schon alten Cairn (Steinpyramide) trug und so gelegen ist, daß Reisende dicht an ihm vorbei müssen und fast moralisch gezwungen sind, Nachrichten von sich niederzulegen. Aber man fand leider den Steinhaufen halb niedergerissen und offenbar von Eingeborenen durchstöbert, und weder von frühern Reisenden noch von Hobson und seinen Erlebnissen an der Westküste der Insel fand sich die mindeste Nachricht vor. Nun concentrirten sich aber die Hoffnungen eigentlich blos noch auf diese Westküste, und wenn sie keine Ergebnisse lieferte, konnte das ganze Unternehmen leicht ohne weitern Erfolg bleiben, und der bisherige war doch immer ein sehr geringer. Es waren aber bereits größere Ergebnisse gewonnen worden, und davon erhielt Clintock jetzt Kenntniß, als er etwa 3 deutsche Meilen jenseit Kap Herschel einen neuen Steinkegel fand, den Hobson's Partie errichtet und in welchen man Nachrichten für Clintock hineingelegt hatte. Die größere Unwirthlichkeit der Westküste mag Ursache sein, daß dieselbe von Eingeborenen nicht viel besucht wird, und so diente derselbe Umstand, der die Leiden der Schiffbrüchigen nur vermehrte, wenigstens dazu, den Nachlaß der Unglücklichen sicherer zu stellen.

Leutnant Hobson hatte diesen seinen äußersten Punkt nur sechs Tage früher erreicht; er hatte an der Westküste weder Eingeborene gefunden noch von dem gestrandeten Schiffe eine Spur entdecken können; aber er fand weiter oben, bei Kap Victoria, das so ängstlich Gesuchte: ein von den Verunglückten selbst herrührendes schriftliches Dokument. Dieses simple Stück Papier — ein gedrucktes Formular für nautische Untersuchungen — enthüllte in wenigen auf die leeren Stellen geschriebenen Zeilen eine erschütternde Leidensgeschichte. Es waren zwei Eintragungen zu verschiedenen Zeiten auf das Papier gemacht worden. Die ältere sagte nur Gutes aus und lautete wie folgt:

28. Mai 1847. J. M. Schiffe Erebus und Terror überwinterten im Eis in $70^0 \, 65'$ n. Br. und $98^0 \, 23'$ w. L.

Wir überwinterten 1846 bis 1847 auf der Beechey-Insel, nachdem wir den Wellingtonkanal bis zum 77. Breitengrade hinaufgegangen und auf der Westseite der Cornwallisinsel zurückgekehrt waren. Sir John Franklin commandirte die Expedition. Alle wohlauf. Eine Partie von 2 Offizieren und 6 Mann verließ die Schiffe am Montag den 24. Mai 1847.

       Gm. Gore, Leutnant.
       C. F. Des Boeur, Steuermann.

Abgesehen von dem merkwürdigen Schreibfehler, der das Winterquartier auf der Beechey-Insel ins Jahr 1846 bis 1847 setzt, während es ein Jahr früher statt hatte, giebt der kurze Bericht Kunde von erfreulichen Erfolgen bis zum Mai 1847. Franklin's Expedition hatte also in einem Zuge den Lancastersund und den Wellingtonkanal passirt, war dann aus unbekannter Ursache umgekehrt und durch einen noch unbefahrenen Kanal nach der Beechey-Insel zurückgegangen. Das ist eine starke Leistung in einem so kurzen Sommer. Im folgenden Jahre wandten sie sich südwestlich und drangen bis in die Nähe des Nordendes von King Williamsland vor, wo der Winter im Jahre 1846 bis 1847 ihre weitern Fortschritte hemmte.

Dieser Winter muß nach Aussage des Zettels gut abgelaufen sein, da Alle wohlauf waren und im Frühling eine kleine Erforschungspartie ausgesandt werden konnte. Leider aber enthielt der Zettel noch mehr Nachrichten und von ganz anderm Charakter. Um die Ränder herum hatte eine andere Hand später hinzugefügt:

25. April 1848. J. M. Schiffe Erebus und Terror sind am 22. April 5 Stunden (leagues) N. N. W. von hier verlassen worden, nachdem sie seit dem 12. September 1846 im Eise festliegen. Offiziere und Mannschaften, 105 Seelen unter Commando des Kapitän Crozier, landeten hier in 69⁰ 37' 42'' n. Br. und 98⁰ 41' w. L. Sir John Franklin starb am 11. Juni 1847, und der Gesammtverlust der Expedition an Todten ist bis heute 9 Offiziere und 15 Mann gewesen.

F. R. M. Crozier, Kapitän und Aelterofffizier.
J. Fitzjames, Kapitän des Erebus.

und brechen wir morgen den 26. nach Backs=(Fisch=)Fluß auf.

Weiter enthält das Blatt die Notiz, daß es ursprünglich an einem Platze eine Meile weiter nördlich niedergelegt, und später an seinen jetzigen Fundort übertragen worden sei.

In dem kurzen Zeitraum eines Jahres also hatte sich die Lage der armen Verlassenen schauerlich verändert. Das frische „Alle wohlauf" des Leutnant Gore hatte einen traurigen Nachhall erhalten; er selbst war schon nicht mehr unter den Lebenden, als die letzte Notiz auf den Zettel getragen wurde. Bis auf etwa 22 deutsche Meilen war die Expedition gegen die bekannten Gewässer, welche die Nordküste Amerika's bespülen, vorgedrungen, nachdem sie in den beiden Sommern über 125 deutsche Meilen früher unbekannte Meere durchschifft hatten. Wie sicher mochten sie darauf rechnen, diesen so kurzen Zwischenraum zu überschreiten, sobald der Sommer 1847 die Fesseln des Eises gebrochen haben würde! Aber es war anders beschlossen: nur wenige Wochen nach Niederschreibung der ersten Notiz war der geliebte Führer der Expedition todt, und das folgende Frühjahr sah Kapitän Crozier auf King Williamsland inmitten von 105 verschmachtenden Menschen, im Begriff den letzten verzweifelten Rettungsversuch zu machen, einen Rückzug nach dem Fischfluß und an demselben aufwärts nach den Gebieten der Hudsonsbaigesellschaft; denn man darf sich nur erinnern, daß die beiden Schiffe nicht länger als bis Mitte 1848 verproviantirt waren, um sogleich zu ersehen, daß keine andere Wahl blieb, als entweder unthätig den Hungertod auf den Schiffen zu erwarten, oder einen harten, hoffnungslosen Kampf ums Leben zu kämpfen. Und wohl wissend, worauf es bei dieser Art Kampf ankomme, hatten sie sich vor Antritt ihres Marsches aller Dinge entledigt, die sie nicht für unbedingt nöthig halten mochten; denn Hobson fand bei dem Steinhaufen, der die Nachrichten barg, eine Menge weggeworfener Kleidungsstücke und Utensilien jeder Art herumliegen. Nur von dem Wrack an der Küste hatte Hobson's Partie nichts entdecken können; indeß hatten sie beständig stürmisches und nebliges Wetter gehabt, und so war es möglich, daß man unbemerkt daran vorbei gekommen war; um so schärfer war also auf dem Rückwege darnach auszuschauen.

So zog denn Clintock mit seinen Leuten erwartungsvoll an der Westküste von King Williams-Insel aufwärts, während Hobson's Partie, die sich ihrerseits über einen Monat hier aufgehalten und die entscheidenden Entdeckungen bereits vor Clintock's Ankunft gemacht hatte, sich auf dem Rückwege nach dem Schiffe befand. Es wurde somit dasselbe Terrain drei Mal begangen, zwei Mal bei Hobson's Vor- und Zurückgang und schließlich durch Clintock's Partie, so daß nicht zu besorgen ist, es möchte etwas Wesentliches übersehen worden sein.

Eine trostlosere Einöde als diese Westküste dürfte schwerlich gefunden werden; sie war zum Schauplatz von Trauerscenen wie geschaffen. Die Nordwestwinde haben hier freies Spiel und erzeugen fast beständig tiefe, Mark und Bein durchschauernde Nebel. Die Küste ist äußerst flach und fast durchgängig aus nacktem Plattenkalkstein gebildet; der anstoßende Seearm scheint eben so seicht, und war vollgelagert von altem Eis, zum Theil von sehr schwerem Kaliber. In solchen flachen, aus mehr Eis als Wasser bestehenden Meeresgegenden halten sich Robben und andere Wasserthiere nicht gern auf, aber hier Wasser und Land gleich arm an thierischem Leben ist. Kaum daß die Spur eines einsamen Bären oder eines Fuchses gesehen wurde. Die Anzeichen, daß Eingeborene hier ihre Zelte aufgeschlagen gehabt, wurden von Kap Herschel ab immer seltener und verloren sich endlich völlig. Der ganze Küstenstrich vom westlichsten Vorsprunge der Insel bis zur Nordspitze scheint für die Eskimo ein verrufenes Land zu sein, ein Terrain, wo auch gar nichts zu holen ist. Hätten sie ahnen können, daß gerade hier Dinge haufenweise umher lagen, die in ihren Augen märchenhafte Reichthümer sein mußten! Warum sie das nicht wußten oder vermutheten, da sie doch den Süden und Südwesten der Insel rein abgesucht hatten, läßt sich freilich nicht sagen; indeß könnte die Sache so zugegangen sein: Die Lage der Schiffe, als sie verlassen wurden, war von der Nordspitze der Insel ab ziemlich westlich weit draußen im Meere; die Auswandrer brauchten drei Tage, um in südöstlicher Richtung vorgehend das menschenleere Land auf dem Punkte zu erreichen, der jetzt mit Kap Victory bezeichnet ist, und folgten nun, in gewiß langsamen Zügen, der Küste nach Süden u. s. w. In einem spätern unbestimmbaren Zeitpunkte ging die See auf, die Schiffe wurden durch den Eisgang südlich fortgeführt und dann das eine seitwärts auf die flache Küste herausgeschoben. Wo dies geschah, ist unbekannt, da jede Spur des Wracks, wahrscheinlich durch einen neuen Eisgang im vorigen Sommer, verschwunden war; aber allen Umständen nach muß man annehmen, daß diese Landung entweder auf der Westspitze oder noch weiter südlich stattfand. Sahen nun die Eingeborenen eine wandernde Gesellschaft aus jener Gegend nach dem Fischfluß ziehen und entdeckten in der Folge ein Wrack an der Küste, so lag die Annahme, daß die Fremden mit diesem Schiffe angekommen und hier gelandet seien, so nahe, daß es ihnen nicht einfiel, sich die Sache anders zu combiniren.

Nachdem Clintock's Gesellschaft das westliche Vorland der Insel umgangen hatte und rechts in die Bucht daneben eingebogen war, stieß man am 30. auf die ersten der Gegenstände, welche, von keinem menschlichen Auge gesehen, so viele Jahre hier überdauert hatten, und jetzt als stumme und doch so beredte Zeugen

die Geschichte eines schweren Verhängnisses erzählten. Es war ein 28 Fuß langes großes Boot, augenscheinlich mit großer Sorgfalt für die Bergfahrt auf dem Fischfluß ausgerüstet. Das Boot war auf einen starken Schleppschlitten gesetzt und die Zugleinen für die menschliche Bespannung waren noch vorhanden. Unter dem mancherlei Inhalte des Bootes, das nur ein Zeltdach gehabt hatte, nahmen vorzüglich die Ueberreste zweier menschlicher Skelette ein trauriges Interesse in Anspruch. Das eine derselben war noch in Kleider und Pelze gehüllt; starke Thiere, jedenfalls Wölfe, hatten übrigens so viel Zerstörung angerichtet, daß es unmöglich war zu bestimmen, wer die Dulder gewesen sein mochten. Man fand ferner in dem Boote zwei Doppelgewehre angelehnt, an jedem ein Rohr geladen und der Hahn gespannt; dann eine Anzahl Uhren, sämmtliches im Eigenthum der Offiziere gewesene Silberzeug, eine erstaunliche Menge Kleidungsstücke und Schuhwerk aller Art, Toilettenbedarf, Werkzeuge, Munition, Andachtsbücher, und außerdem so viel und mancherlei zum Theil recht entbehrliche Sachen, daß es ganz verwunderlich erschien, wie die Reisenden sich so hatten belasten können. Noch räthselhafter war der Umstand, daß der Bootschlitten nach rückwärts gerichtet stand — man war also umgekehrt und bemüht gewesen, das Schiff wieder zu erreichen! Dies deutet auf Zwischenvorgänge, die nicht mehr aufzuhellen sind, da unter der ganzen Habe nicht ein Wort Schriftliches, nicht einmal ein Name zu entdecken war. Es wird bei Betrachtung der Sachlage nicht außer Acht zu lassen sein, daß die Reisenden, als sie ihren verhängnißvollen Rückzug antraten, körperlich und geistig bereits halb aufgerieben sein mußten, daß sie sich viel mehr zugetraut, als ihren schwachen Kräften möglich war. Angenommen also, die Mehrzahl der Nachzügler habe den großen Fluß erreicht und sei, da auf der Montreal-Insel den ersten Nachrichten zufolge nur 4 Leichen gefunden wurden, bei der Weiterreise den Fluß aufwärts ihrem Schicksal allmälig verfallen, so haben wir hier in dem Schlitten das Zeichen einer partiellen Umkehr, und es muß nun dahin gestellt bleiben, ob diese Leute, die schon ihres beladenen Schlittens halber nicht wol unter 20 Mann stark gewesen sein können, an dem Fortkommen verzweifelten und es vorzogen, auf den Schiffen bessere Chancen abzuwarten, oder ob die Rückreise eine andere Bedeutung hatte. Clintock vermuthet, daß ein Theil der Mannschaft zurückgesandt worden sei, um mehr Proviant nachzuholen; daß diese Expedition den Schlitten unter Obhut zweier Leute stehen gelassen hätte und ohne ihn weiter gegangen sei, ohne daß es ihr möglich wurde zurückzukehren. Hiergegen erhebt sich das Bedenken, daß man, um eine Last zu holen, nicht mit einem belasteten Schlitten ausfährt, und so wäre es doch wahrscheinlicher: die Umkehrenden wollten ihren Aufenthalt von neuem auf den Schiffen nehmen, und ließen hier den Schlitten und zwei Kranke zurück, um erst Stärkung zu fassen und zu bringen. Jedenfalls gedachte man das Boot und seine Insassen nur kurze Zeit allein zu lassen, denn es fanden sich an Lebensmitteln außer etwas Tabak und Thee nur 40 Pfund Chocolade vor, Dinge, die im Norden zu längerer Lebensfristung nicht taugen. Dagegen war Mangel an Feuerung nicht unter den Ursachen des Mißgeschicks: ein ganz in der Nähe liegender alter, aber gesunder Stamm Treibholz hätte diese in Fülle geliefert.

Nach der sorgfältigsten Durchforschung der so interessanten als traurigen Reliquien und nach Auswahl des Mitzunehmenden setzte sich die Expedition wieder in Bewegung und erreichte nach einem Küstenmarsche von 12 deutschen Meilen am 2. Juni die Victory=Spitze, wo die Frankliniander gelandet waren und in einem Steinkegel die von Hobson aufgefundenen Nachrichten niedergelegt hatten. Eine Unzahl der verschiedensten Gebrauchsgegenstände, Haufen von Kleidungsstücken, Eisenzeug, nautische Instrumente u.s.w. lagen zerstreut um den Steinkegel herum. Es wurde alles aufs gründlichste untersucht, aber geschriebene Nachrichten, das Schätzbarste unter den obwaltenden Umständen, konnten nicht mehr gefunden werden.

Hier endigten Clintock's eigne Nachforschungen; Kapitän Hobson jedoch hatte bereits früher auch den Strich zwischen Kap Victory und der Nordspitze Kap Felix untersucht und zwei weitere Steinkegel nebst vielen Ueberbleibseln, jedoch ohne bemerkenswerthe schriftliche Notizen aufgefunden. Da man von allen Fundorten das Interessanteste mitgenommen hatte, so war schließlich eine ganz beträchtliche Sammlung solcher Ueberbleibsel zusammen gekommen und fortzuschaffen.

Ueberzeugt, daß nun alles den Umständen nach Mögliche geschehen sei, um das Schicksal der Verlorenen aufzuklären, machte sich Clintock jetzt mit seinen Leuten entschieden auf den Rückweg, nicht ohne an ein eigenthümliches Spiel des Zufalls zu erinnern. Als nämlich Kapitän Roß 1830 die Victory=Spitze entdeckte, belegte er die beiden weiter südlich sichtbaren Landspitzen mit den Namen Kap Franklin und Kap Lady Franklin, und gerade Angesichts dieser beiden Punkte war es, wo 18 Jahre später Franklin's Schiffe ihren Untergang fanden.

Die Nordspitze abschneidend und quer über's Land gehend, langte Clintock am 5. Juni bei Port Parry und seinem dort angelegten Depot wieder an, nachdem er 34 Tage einer mühevollen Rundreise abwesend gewesen war. Von hier zog man sich, um einen bessern Uebergang über das Eis der Roßstraße zu gewinnen, südwestlich zwischen kleinen Inseln nach dem Kap Sabine. Man war damit in eine viel bessere Gegend gekommen, die in schroffem Abstich gegen die Westküste einige Vegetation aufzuweisen hatte, und wo man ein Rennthier, Füchse, Schneehühner, Enten und Rothgänse sah. Ueberhaupt erwies sich die King Williams=insel durchaus nicht als das „Land voller Rennthiere und Moschusochsen"; es war vielmehr höchst steril, mit unzähligen Teichen und Wasserlöchern übersäet. Ein leeres Eskimodorf bei Kap Sabine gewährte noch die Annehmlichkeit, daß sich in der größten Hütte eine ziemliche Quantität Robbenspeck versteckt fand, den man sich als willkommenes Brennmaterial für die Rückreise aneignete. — Nachdem der Uebergang nach dem Kap Victoria auf Boothia bewerkstelligt wurde, in dessen Nähe man das verlassene Schneedorf der Eskimobekanntschaften aus dem März wieder sah, befand man sich bald wieder auf der gestreckten flachen Kalksteinküste, der geraden Straße nach Hause. Sich bei dem magnetischen Pol aufzuhalten war keine Zeit, da starkes Thauwetter nun täglich anbrechen konnte; auch war von dem von Roß errichteten Steinkegel nichts mehr zu entdecken; die Eskimo räumen eben mit solchen Dingen unfehlbar auf. Indeß wurden bei jedem Nachtquartier Beobachtungen mit dem Inclinatorium, so gut es ging, angestellt. Aus verschiedenen zurückgelassenen Notizen ersah man, daß Hobson mit seinen Leuten der größern Abtheilung immer um 6 Tage voraus war. Die letzte Notiz meldete, daß der Führer krank im Schlitten liege und man sich möglichst beeile, um ihn in des Doctors Hände zu liefern. Auch Clintock hatte Ursache zur Eile; denn nachdem man am 13. die Kalksteinküste verloren und in das Bereich der hohen Granitufer gekommen war, gab es schon viel Thauwasser auf dem Eise und die Wasserstürze aus dem Innern mußten bald zu spielen anfangen. Nur mit genauer Noth und größter Anstrengung, meistens knietief in Wasser und schlammigem Schnee watend, gelangte die Gesellschaft endlich noch an die Bellotstraße und in die Bucht, welche zu dem langen See führt, wo sie mit einem schweren zehnstündigen Regen empfangen wurden. Auch der lange See erwies sich bald als eine unmögliche Straße, und so.sah man sich schließlich noch, unter Zurücklassung der Schlitten und Hunde, zu einer Landreise von mehr als 4 deutschen Meilen über rauhe Berge und schneegefüllte Schluchten genöthigt, doch gestärkt durch den Anblick des ruhig in seiner Bucht liegenden Schiffchens, welches man am Morgen des 19. Juni wieder betrat.

Alles an Bord war leidlich wohlauf; nur ein Mann, der Proviantmeister, war so sehr vom Skorbut heimgesucht worden, daß er vor einigen Tagen gestorben war, derselbe, welcher die eingemachten Speisen verschmähte, wie bereits oben erzählt. Auch Hobson war von seinem 74tägigen Ausflug nach King Williams=Land in sehr leidendem Zustande zurückgekehrt und seine Krankheit war ebenfalls Skorbut, obwol ihm während der ganzen Reise die nahrhafteste aller Speisen, Pemmikan von bester Sorte, zu Gebote gestanden und ein ab und zu geschossener Vogel Abwechselung gegeben hatte. Er mußte auf dem Rückwege im Schlitten gefahren werden und war bei der Ankunft im Schiff nicht mehr fähig allein zu stehen. Unter guter Pflege erholte sich zwar Hobson bald, blieb aber noch geraume Zeit lahm.

Die Kunde von der glücklichen Erreichung des Reisezweckes und die daran sich knüpfende Idee der Heimkehr erfrischte alle Geister. Es fehlte nur noch Kapitän Young mit seinen Leuten. Derselbe hatte seit den ersten Tagen des April seinen Forschungen im Westen mit großer Hingebung und unter den schwierigsten Witterungsverhältnissen obgelegen. Jetzt, wo das rasch vorrückende Sommerwetter mit seinen häufigen Regen und warmen Winden mit Schnee und Eis mächtig aufräumte, fing man an, um die noch Ausbleibenden bange zu werden, denn sie hatten einen überfrorenen Meeresarm zu überschreiten, eine kritische Aufgabe bei heftigem Thauwetter. Clintock entschloß sich daher, mit 4 Mann nach der Westseite den Erwarteten entgegen zu gehen, und hier sah man sie 2 Tage später glücklich anlangen, aber aufs äußerste erschöpft durch Anstrengung und Krankheit.

Die Leistungen Young's, der natürlich in dem ihm überwiesenen Distrikte keine Spuren der Franklin'schen Expedition finden konnte, lieferten eben deshalb nur eine geographische Ausbeute. In 78 Reisetagen umging und verzeichnete er die größere (südliche) Hälfte der Prinz Wales=Insel und ein entsprechendes gegenüber liegendes Stück von Nordsommerset. Seine Küstenaufnahme giebt Clintock auf 95 deutsche Meilen an; die von Clintock selbst und Hobson auf der Expedition nach dem Süden gemachten Bestimmungen belaufen sich auf 105 Meilen.

Die von Young besuchten Küsten waren durchweg äußerst flach und alle unter tiefem Schnee begraben. Unter solchen Umständen würde man oft zwischen Wasser und Land nicht haben unterscheiden können, wenn nicht Reihen festgefahrener Eisblöcke gewöhnlich die Grenzlinien bezeichnet hätten. An der Südspitze des Landes angekommen, fand er einen bisher noch nicht verzeichneten Meerarm, der zwischen dem Victoria= und Prinz von Wales=Land liegt und nordwestlich in den großen Melville= oder Parrysund verläuft. Young verfolgte die Küste von Prinz Wales=Land bis zu den schon früher durch Osborn von der entgegengesetzten Seite her erreichten Punkten und stellte somit fest, daß das genannte Land eine besondere Insel ist. Dieser Kanal scheint nie eisfrei zu werden und bildet augenscheinlich die Abzugsstraße für das Eis des Melvillesundes. Seine Eisdecke war viel zu rauh, als daß ein Uebergang nach Victorialand hätte unternommen werden können. Um mit den Lebensmitteln weiter zu reichen, sandte Young nach einiger Zeit einen Schlitten, das Zelt und 4 Mann nach dem Schiffe zurück und reiste noch 40 Tage lang mit einem einzigen Manne und einem Hundeschlitten, immer in dem traurigen Einerlei öder, flacher, gänzlich unbelebter Küsten, beim übelsten Wetter, für die Nächte kein anderes Obdach als eine in der Eile aufgebaute Schneehütte.

Mit der Hereinkunft Young's waren die Unternehmungen geschlossen und unsere Formänner hatten nun Muße, für ihre eigene Pflege und Erkräftigung zu sorgen, denn alle hatten einen guten Antheil Strapazen zu bestehen gehabt und waren mehr oder weniger heruntergekommen. Die Lebensmittel und Erfrischungen, wie die gelegentlichen Jagdverträgnisse wurden nun nicht mehr geschont. Frisches Robbenfleisch wurde bei weitem jeder andern Eßwaare vorgezogen, besonders auch dem Rennthier, das um diese Zeit einen sehr ärmlichen Braten giebt. Ein Artikel war stets angeboten und nach Belieben zu haben: eingepökelte Walfischhaut, als skorbutwidriges Mittel gepriesen, aber fast nach gar nichts schmeckend.

Die Einladungsarbeiten, und was man sonst für die Abreise zu thun hatte, gingen natürlich hurtig von Statten und schon Mitte Juli hätte das Schiff in See gehen können. Clintock selbst hatte sich in die Dampfmaschine einstudirt und die Versuche waren über Erwarten günstig ausgefallen, so daß man die sehr wohlthuende Aussicht hatte, auch für den Rest der Reise die so nützliche Dampfkraft nicht entbehren zu dürfen. Der Juni und Juli hatten mehr Wärme und gutes Wetter als gewöhnlich gebracht, der Aufbruch des Eises schritt rasch weiter und das Auge konnte sich wieder stellenweis an lebendigem Wasser erfreuen. Aber es gab noch immer keine offene Fahrstraße und keine Gelegenheit, aus dem Hafen zu kommen, denn es fehlte an Winden, die todten Eismassen in Bewegung zu setzen. So verstrich, während man von Hügeln herab die Zustände des Meeres beständig und ängstlich überwachte, ein Tag nach dem andern; schon war die erste Augustwoche vorbei, die Ungeduld wurde zur fieberhaften Spannung und es lagerte sich schon der Gedanke an eine abermalige gezwungene Ueberwinterung wie ein düsterer Schatten über die Gemüther. Und für noch einen Winter im Eise waren die Aussichten durchaus keine heitern: nach dem Stande der Vorräthe hätte dann jeder Mann nur $3/4$ Pfund Fleisch täglich — frisch oder gesalzen — erhalten können;

manches, wie der so unentbehrliche Citronensaft, ging schon jetzt zur Neige, und auf Jagdglück viel zu rechnen verbot die Erfahrung. Die Gegend war entschieden wildarm; gerade jetzt in der besten Zeit ließ sich fast gar nichts mehr sehen, außer Enten, die zu scheu waren, um sich beikommen zu lassen. Die ganze Ausbeute während des hiesigen, 11 Monate langen Aufenthalts war gering zu nennen im Betracht, daß die Gesellschaft mehrere Schützen zählte und namentlich die beiden Grönländer mit unermüdlichem Eifer alle ihre Jagd= und Fischerkünste entwickelten. Es wurden nämlich erlegt: 2 Bären, 8 Rennthiere, 9 Hasen, 19 Füchse, 82 Schnee= hühner, 98 Stück anderes Federwild, 18 Robben.

Glücklicherweise kam es nicht dahin, daß man so mißlichen Chancen hätte Trotz bieten müssen; es kamen die sehnlich erwarteten starken Südwestwinde, die einzig Erlösung bringen konnten. Das Eis wurde durch sie genügend vom Lande abgedrückt, daß das Schiff am 9. August aus der Bellotstraße herausdampfen und die Heimfahrt antreten konnte. Freilich lag man schon am folgenden Tage wieder fest gegenüber der Fury=Spitze, da starke Ostwinde hier das Packeis gegen die Küste warfen. Die viertägige Gefangenschaft wurde indeß vergütet dadurch, daß man außer einigen Robben auch einen weißen Walfisch zum Schuß bekam, dessen Fleisch noch besser behagte als Robbenfleisch und sammt der Haut bis auf den letzten Rest aufgezehrt wurde. Durch neue Westwinde wieder flott geworden, ging der „Fox" unter Dampf und Segel weiter und durchfuhr den Lancastersund, wo es fast gar kein Eis mehr gab. Eben so eisfrei zeigte sich die große Baffinsbai und ihre Küsten, daher auch vor der Pondsbai keine Walfischjäger gefunden wurden, denn ihr Wild geht mit dem Eise fort. Dagegen hatten nun unsere Schiffe den Vortheil, einen direkten Curs quer über das große Becken in der Richtung auf Disko zu einschlagen zu können, und es ging diese Ueberfahrt ganz erwünscht von Statten, da wol manche vereinzelte Eisberge gesehen, sonst aber kein Eis gefunden wurde. Am 27. August bei Nacht dampfte der „Fox" langsam in den kleinen Hafen von Lively oder Godhaven wieder ein und bald hielten unsere Reisenden das in den Händen, was ihnen über alles andere ging — Briefe aus der Heimat. Nach einigen Rast= tagen, die durch prachtvolles Wetter und die herzliche Gastfreundschaft der Dänen verschönt wurden, steuerte man am 1. September weiter der Heimat zu, und unter meist günstigen Winden ging die Fahrt so gut, daß schon am 20. die vater= ländische Küste erreicht war. Welche Theilnahme nicht nur das britische Volk, sondern die ganze gebildete Welt den mitgebrachten Nachrichten und den muthigen, ausdauernden Männern zuwandte, die so Vieles erduldet, ist noch im frischen Andenken.

Jedenfalls sind mit Clintock's Fahrt die vielfachen Franklin=Expeditionen definitiv abgeschlossen. Es ist jetzt wenigstens ein allgemeines Resultat erreicht und Gewißheit erlangt worden, wo man früher nur Vermuthungen und unsichere Gerüchte hatte. Es ist auch nach Clintock's und der Seinigen fester Ueberzeugung alles geschehen, was überhaupt noch möglich war, und möchte auch, meint er, noch dies und jenes unter dem Schnee liegen geblieben sein, etwas Hauptsächliches sei nicht übersehen worden.

Das harte Schicksal einer großen Anzahl tüchtiger Männer und die rein menschliche Theilnahme daran hat den ursprünglichen Zweck der Polarfahrten, die Aufsuchung einer Durchfahrt nach der Südsee, fast aus den Augen verlieren lassen. Indeß kann man jetzt sagen, daß auch diese Aufgabe gelöst sei, allerdings nur im negativen Sinne. Man hat eine Menge Inseln entdeckt, durch die ein Schiff auf so mancherlei Wegen hindurchgehen könnte, wie eine Katze durch ein Spiel Kegel, wenn eben das Eis nicht wäre. Was es aber mit dem nordischen Eis auf sich hat, das haben uns Hunderte von Berichten nun wol zur Gnüge geschildert. Hören wir indeß noch zum Schluß die Ansicht Clintock's über diesen Gegenstand. Derselbe glaubt noch immer an eine wirklich fahrbare nordwestliche Durchfahrt. Er bedauert, daß eine verhältnißmäßig unbedeutende Eisbarrière vor der Bellotstraße ihn im ersten Sommer verhindert, in die westlich von derselben liegenden Gewässer einzulaufen; war dies nicht der Fall, so hätte er versucht, direkt nach der Mündung des Fischflusses zu fahren, und wenn dies, wie es ganz wahrscheinlich, gelungen wäre, so hätte er auch eben so gut die Südküste der King Williams=Insel entlang nach Kap Herschel gehen können. Von der Bellotstraße die Boothiaküste entlang fand man neben altem Packeis auch einjähriges, also ein sicheres Zeichen, daß hier im Sommer die See offen ist, und weiter südlich schienen noch weniger Schwierigkeiten vorzuliegen, wie auch die Eskimo aussagten, daß hier jedes Jahr das Meer eisfrei werde. Die Hauptsache sei, daß man an der King Williams=Insel ö s t l i c h vorbeischiffe und, sich dann westlich wendend, der Küste des Festlandes folge. Auf der westlichen Seite freilich, auf dem Wege, den Franklin eingeschlagen und wobei er verunglückt sei, sei keine Aussicht durchzudringen; hier schieben sich, wie ihn der Augenschein lehrte, von Nord und Nordwest her ungeheure Massen schweres, oceanisches Eis herunter, und eine Durchfahrt wäre daher nur in der Weise denkbar, daß ein Schiffer das starke Wagniß unternähme, sich von diesen Massen mit fortschieben zu lassen, wenn sie einmal ins Treiben kommen. Franklin freilich habe hierin keine Auswahl gehabt; er habe die günstigere Wasserstraße östlich der King Williams=Insel nicht gekannt, auf seinen Karten sei vielmehr dieses Land noch als ein Stück des Festlandes dargestellt gewesen.

Sei ein Schiff, meint Clintock weiter, erst bis Kap Herschel gekommen, so liege gar nicht weit mehr im Westen die Cambridgebucht, wohin allerdings in frühern Jahren ein englisches Schiff von Westen der Behringsstraße aus gekommen, dort Winterquartier gehalten hat und sodann auf demselben Wege zurückgekehrt ist. Aber gerade dieses kurze Stück muß das schlimmste sein, da hier der große Eisgangtrichter, Victoriastraße, gespeist vom Clintocks= und Franklins= Kanal, direkt auf die nahe Festlandsküste ausmündet. Auch das Hinderniß an der Bellotstraße dürfte ein permanentes sein, da ja die Bolzen, welche diese Pforte geschlossen halten, aus einer Anzahl Felseninselchen bestehen, und Clintock selbst im zweiten Sommer kurz vor der Abreise von dort sagt, diese Eispartie sähe wieder ganz ebenso aus als das Jahr vorher.

Franklin's Freunde nehmen für ihn nachträglich die Ehre des e r s t e n E n t= d e c k e r s einer nordwestlichen Durchfahrt in Anspruch, was freilich nicht buchstäblich genommen werden kann, so lange noch gar keine Durchfahrt gelungen ist. Setzen wir indeß statt Durchfahrt oder Passage „Wasserverbindung", so gewinnt der Anspruch wol seine Bedeutung. Sobald einmal die zwei einander überragenden Wasserwege, im Norden Lancastersund, Barrowstraße und Melvillebucht, mehr südlich aber eine praktikable Küstenfahrt längs dem Nordrande des amerikanischen Festlandes, bekannt waren, galt es nur noch ein Verbindungsglied zwischen diesen beiden Linien aufzufinden. Franklin, der den südlichen Weg kannte und selbst mit erforschen geholfen hatte, fuhr zu keinem andern Zwecke aus als zur Herstellung dieser Verbindung. Er fuhr in eine damals nur als Bucht (Peelsund) bekannte Landlücke ein und verfolgte in einem günstigen Sommer diese direkt nach Süden führende, jetzt so widerspenstige Straße auf eine große Strecke, zwischen lauter unbekannten Küsten hindurch, denn seine Reiseroute bildet auf der damals gültigen Karte eine Linie auf lauter weißem Felde. Daß er, einmal bei King Williams-Land angekommen, wissen mußte, wo er war und wie nahe ihm das amerikanische Küstenwasser lag, ist bei einem Seemanne selbstverständlich; auch hat er möglicherweise die Verhältnisse durch Schlittenexpeditionen noch näher erkunden lassen. Leider war ihm die Erreichung seines Ziels nicht beschieden und auch der Rest seiner Getreuen betrat das amerikanische Festland nur als Todtkranke.

Die durch Clintock's Expedition heimgebrachten Reliquien sind von der Admiralität in der United Service Institution niedergelegt und bilden hier ein ergreifendes Denkmal jener muthigen Schaar, die im Dienste der Pflicht und der Wissenschaft kämpfte und unterging, aber unvergessen bleiben wird, so lange das Menschenherz nicht verlernt, bei großen Thaten und Leiden menschlich mitzufühlen.

XII.
Rundschau am Nordpol.

Ein Ueberblick der geographisch-naturhistorischen Ergebnisse der Nordpolexpeditionen.

Die Herrschaft des Unorganischen. — Eisriesen. — Rocky-Mountains. — Aleuten und ihre Vulkane. — Seealpen. — Flüsse. — Der Fraser-Fluß. — Die nördlichen Inseln. — Der geognostische Bau Grönlands. — Geologische Formationen. — Spitzbergen. — Meeresströmungen. — Treibholz. — Binnenlandeis Grönlands. — Warme Quellen. — Bodeneis.

Riesengroß tritt der Geist der Natur dem Menschen zwar allenthalben entgegen, aber das Gewand, in dem er erscheint, ist ein verschiedenes!

Nur der Bewohner größerer Städte gewöhnt sich leicht ausschließlich den Menschen zu beachten, das meiste Uebrige als Menschenwerk anzusehen.

Anders aber erscheint die Welt, entfernt vom betäubenden Geräusch des geschäftlichen Treibens, entfernt von dem Getümmel der Städte und von der Kulturlandschaft.

Im tropischen Urwalde verschwindet der Mensch in seiner Kleinheit dem übermächtigen Pflanzenwuchs gegenüber.

Die Wüsten der Erde sind es dagegen, in denen die Kräfte der unorganischen Natur fast ausschließlich herrschen. Die Pflanzenwelt sendet zu ihnen nur wenige verlorene Posten, die Thierwelt unterbricht die Oede nur vorübergehend als flüchtige Erscheinung. Ein solches Verhältniß findet statt in den eigentlichen großen Sandwüsten des heißen Erdgürtels, in den sonnenverbrannten Steppen, ferner in der unendlichen Wasserwüste des Oceans und vor allem in den eisigen Gebieten, welche der Polarkreis umspannt.

In den Polarländern walten ungebändigt, unbeschränkt in zügelloser Freiheit die Elemente; hier tritt das eigenthümliche Leben und Schaffen des Unorganischen dem Sterblichen übermächtig und fremdartig entgegen. Der rasende Sturm, das schäumende Meer, der sich bildende und verändernde Fels und die Eisfelder und Berge gebärenden Gletscher — das sind die handelnden Personen in jenem Gebiet. Die Polarpflanzen bilden nur den schmalen Bortenbesatz an dem Gewand der steinernen Helden, am nennenswerthesten tritt noch hie und da die Thierwelt auf, als Kind Neptuns im Saume des Oceans sich schützend, — der Mensch ist ein Fremdling daselbst, ein unbedeutender Gast.

Jene Geister der Luft und des Wassers, jene Dämonen des Eises und die Gnomen der Gesteine zählen ihr Leben nicht nach den kurzen Jahren, nach dem das Dasein von Pflanze, Thier und Mensch gemessen ist. Die Schneedecke legt sich über die weiten Flächen und Gebirge und hebt sich beim Gruß der Morgensonne wieder, als hätte das Augenlid der Erde sich nur auf einen Augenblick gesenkt und und thränenfeucht wieder geöffnet. Jahrmillionen bilden Tage im Dasein des Unorganischen, für dessen Gesammtdauer dem schwindelnden Menschen der Maßstab fehlt. Wie Gestalt, Raumesausdehnung und Zeitrechnung hier völlig verschieden sind, so haben auch die Temperaturverhältnisse, die Gesetze der Schwere, der gegenseitigen Anziehung, des Magnetismus für das Unorganische einen verschiedenen Werth, gänzlich abweichend von dem, welchen wir jenen Verhältnissen im Hinblick auf unser eignes Dasein anlegen müssen.

Sucht der Mensch am Pol eine bleibende Stätte für sich, sucht er Erscheinungen, welche sein Gemüth lieblich anmuthen, ihm nicht nur Befriedigung der unabweisbarsten Bedürfnisse bieten, sondern ihm auch eine gehobene Existenz mit edlern Genüssen gewähren, — er wird sie nimmermehr finden! Selbst ein Grab versagt oft genug das Polarland. Der harte Felsengrund und der zu Eis erstarrte Boden öffnen sich nicht, um den Lebensmüden aufzunehmen, — unter aufgethürmten Steinblöcken oder unter dem perennirenden Schnee muß der Mensch die traurigen Reste des abgeschiedenen Genossen bergen, wenn er sie nicht offen dem Sturm der Elemente und dem Zahn der Raubthiere preisgeben will! Das Anfangsbild dieses Abschnittes zeigt uns das Grab eines holländischen Matrosen auf der Insel Jan Mayen. Seine Kameraden hatten den Verstorbenen mit dem Sarge auf dem Felsengrunde stehn lassen müssen, und so fanden spätere Schiffer das Skelett im vermoderten Sarge nach langen Jahren, ohne es der Erde übergeben zu können.

Aber sucht der Forscher einen Blick in die riesige Werkstätte des Erdenlebens, in den überwältigend großen Haushalt unsers Planeten, so findet er an den Polen des in geflügelter Eile umwirbelnden Gestirnes geeignete Punkte.

Wir haben bereits im 1. Bande dieses „Buchs der Reisen" an der Hand des unerschrockenen Kane die Fahrt nach dem kalten Norden gewagt. Es ist in jenem Bande schon ein Ueberblick über die wichtigsten Naturverhältnisse der Polarzone gegeben worden. In Nachstehendem fügen wir jene Seiten hinzu, die dort wenig hervorgehoben wurden, und dehnen die Rundschau südlich bis zu denjenigen Breiten aus, in denen sich die von Franklin und die von seinen Nachfolgern ausgeführten Expeditionen auch auf dem Festlande Amerika's bewegten.

Jaspers-House. Niederlassung an den Rocky-Mountains.

Das Hauptknochenskelett des nördlichen Amerika's bilden die letzten Ausläufer der Rocky-Mountains, der nordamerikanischen Felsengebirge. Dieselben haben im Quellgebiete des Athabaska unter dem 53⁰ n. Br. noch eine Höhe von 16,000 Fuß, gegen den 60. Breitengrad aber senken sie sich rasch ab und erreichen längs des großen Mackenzie-Flusses höchstens noch 3000 Fuß. Trotz dieser für jene bedeutende nördliche Breite immerhin ansehnlichen Höhe, haben die letztgenannten Berge keine Decke von perennirendem Schnee. Die letzten Ausläufer der Rocky-Mountains sind als Richardson-, Buckland-, British-, Romanzoff- und Franklin-Berge von einander unterschieden und einzelne ihrer Gipfel, besonders im Romanzoff-Gebirge, auf 4800 Fuß a. H. gemessen worden. An das eigentliche Bergland legt sich nach Norden und Nordwesten ein hügeliges Vorland und auf dieses folgt als äußerster Saum eine weite Flachebene von 15 bis 20 deutschen Meilen Breite, mit größtentheils sumpfigem, frisch angeschwemmtem Boden. In die äußerste Nordwestküste des Eskimolandes schneiden Meeresarme tief ein. Die mehr nach dem Innern gelegenen Landschaften dagegen bilden daselbst bis auf eine Entfernung von etwa 12 Meilen von der Küste eine flache Sumpfebene, unterbrochen von zahlreichen kleinen Seen und Tümpeln süßen Wassers. Der Boden ist torfig, völlig frei von Felsen und Steinen; nur die Flußbetten enthalten stellenweise etwas Kies.

Es finden sich auffallenderweise an der Küste des nordwestlichen Eskimolandes Gebeine fossiler Elephanten und anderer Thiere noch so gut erhalten, daß die Eskimo die Stoßzähne derselben zu allerlei technischen Zwecken benutzen. In den Lachen des Binnenlandes und am Strande des Meeres wird auch Bernstein getroffen. An mineralogischen Eigenthümlichkeiten besitzt jenes Gebiet Graphit und einige Gesteinarten, die sich als Schleifsteine, Lanzenspitzen, zum Feueranschlagen oder zum Schmuck in die durchbohrten Unterlippen verwenden lassen.

Die Rocky-Mountains werden der Hauptsache nach durch Granit gebildet, an welchen sich seitwärts sedimentäre Gesteine anschließen. An den meisten Stellen sind die höhern Theile dieses Gebirges so schroff ansteigend und so wild zerrissen, daß nur an sehr wenigen Plätzen ein Uebergang über dieselben möglich wird. Gewöhnlich wählt man die Schluchten zu solchen Passagen, in denen die Flüsse sich den Weg gebahnt haben.

Die Ebenen, welche in einer Höhe von über 2000 Fuß sich an den östlichen Fuß des Felsengebirges schmiegen, sind reichlich mit erratischen Blöcken jeder Größe übersät. Die letztern scheinen von dem Granitgürtel herzustammen, der vom Obern-See nordwestlich nach dem Eismeer verläuft. Außerdem finden sich aber auch Stücken von Magnesia-Kalkstein, so wie lederfarbige Quarzfelsen der silurischen Formation, welche gleicherweise an der ganzen Westseite jenes Gürtels zu Tage treten.

Beim Battle River lagern in einer Höhe von 4000 Fuß über Meer mächtige Granitblöcke, einzelne von vielleicht 5000 Centner Gewicht, auf den Sandsteinschichten der Hochebene und bieten der Geologie ein schwer zu lösendes Räthsel. Jener Granitstock setzt sich aller Wahrscheinlichkeit nach im äußersten Nordwesten unter dem Spiegel des Meeres fort und verbindet Amerika mit Asien. Schon ein flüchtiger Blick auf die Karte zeigt die auffallende Uebereinstimmung in der äußern Umgrenzung der beiden Erdtheile an den Seiten der Behringsstraße. Asien und Amerika nähern sich hier so weit, daß der Schiffer von der Mitte der Durchfahrt aus in ähnlicher Weise gleichzeitig die Küsten beider Kontinente seinen Horizont begrenzen sieht, wie der Reisende von dem Kamm der Kordilleren Mittelamerika's gleichzeitig den Großen und den Atlantischen Ocean in Sicht hat. Von Norton-Sund im westlichen Eskimolande (65° n. Br.) bis Point Barrow unter 71° 28' n. Br. zeigt das Senkblei kaum über 30 Faden (180 Fuß) Tiefe; erst jenseits der genannten Punkte werden beträchtlichere Tiefen angetroffen. (Ein Ueberfluß von Muscheln, Seesternen und Krebsen, sowie von zartgebauten, graufarbigen Tangen bedeckt den Grund jener flachen Meeresgegend und die Seichtheit des Wassers vermehrt noch die Zahl der übrigen Gefahren, welche dem Schiffer im Eismeere drohen. Bei starkem Winde werden hier die Wellen kurz und bedecken sich mit Massen von Schaum.

Die Alëuten=Inseln bilden fast in der Richtung der Parallelkreise eine Brücke zwischen Amerika und Kamtschatka, die meistens vulkanischen Ursprungs zu sein scheint. Unter den steilen, schneebedeckten Bergen dieser Inseln sind mehrere Kegel noch thätige Vulkane. Auf Unimak befinden sich zwei oder drei thätige Feuerberge, von denen der 8700 Fuß hohe Schischaldins der höchste ist und auf Unalaschka macht sich der 5500 Fuß hohe Makuschin durch Erdbeben und Ausbrüche von Zeit zu Zeit bemerklich. Man kann dort im Jahre auf durchschnittlich mindestens drei Erdbeben rechnen.

Am 8. Mai 1796 stieg in der Nähe der Insel Unimak die Insel Joann Bogoßlow aus den Fluten des Meeres empor und ward bis zum Jahre 1823 fortwährend höher und umfangreicher. Am 10. März 1825 öffnete sich der die Nordseite der Insel Unimak einnehmende Gebirgsrücken mit einem Donnerkrachen, das auf Unalaschka gehört wurde, und an mehr als fünf Stellen brachen gleichzeitig Flammen und solche Massen schwarzer Asche hervor, daß die ganze Umgegend in die tiefste Finsterniß gehüllt und die Asche bis zur Halbinsel Aljäska getrieben ward. Die Eis= und Schneemassen des Gebirges schmolzen und ergossen sich als ein 2 bis 3 Stunden breiter Strom im Osten der Insel ins Meer, das bis tief in den Herbst hinein trübe gefärbt blieb. Noch jetzt steigt aus dem ganzen Gebirge jener Insel fortwährend Rauch auf. Ein zweiter bedeutenderer Aschenregen erfolgte am 11. Oktober 1826, von der Mitte der Insel ausgehend, und war so stark, daß die Bewohner gezwungen waren, Fackeln anzuzünden. Er währte mit wenig Unterbrechungen fort bis zum 28. Dezember, setzte dann einige Tage aus, begann aber noch während des Januars 1827 mit erneuerter Stärke.

Auch die Halbinsel Aljäska zeigt eine ähnliche vulkanische Beschaffenheit ihrer Gebirgszüge. Der Pawlowskaja Ssopka macht sich durch eine starke Rauchsäule bemerklich. Der Vulkan Jlämuschen erreicht mehr als 12,000 Fuß Höhe. Derselbe Gebirgszug begleitet unter dem Namen der nordamerikanischen Seealpen das Westufer des Festlandes von Nordamerika bis nach Kalifornien herab und zeigt besonders nach dem Meere hin wild zerrissene Felsmassen. Der Eliasberg, 16,800 Fuß hoch, und der Schönwetterberg, fast 14,000 hoch, sind die höchsten Gipfel in dieser Bergkette.

In dem vorhin erwähnten Gebirgsland der nördlichsten Rocky=Mountains haben mehrere ansehnliche Flüsse ihren Ursprung: der Peel River im Osten, der Stachelschwein=Fluß (Porcupine River) im Südosten und noch vier oder fünf andere. Einer derselben wendet sich der Nordküste zu, die andern ergießen ihr Wasser in das Behringsmeer.

Die Flüsse des westlichen Eskimolandes durchziehen das Land nach den verschiedensten Richtungen hin. Nicht selten ist es, daß zwei derselben in demselben Landsee ihren gemeinsamen Ursprung haben und dann einen natürlichen Kanal darstellen, auf dem man in Booten von Bai zu Bai fahren kann, ohne von den Gefahren des Meeres bedroht zu werden.

Unmittelbar an den östlichen Fuß der Rocky-Mountains schließt sich jene große Tiefebene an, die sich bis zu den Küsten des Atlantischen Meeres erstreckt. Der mächtige Mackenziestrom, der Kupferminenfluß und große Fischfluß durchziehen sie nach Norden, der Bären-See, der Sklaven-See, der Athabaska- und Deer-See, sowie noch zahlreiche kleinere Wasseransammlungen, meistens durch ansehnliche Wasserarme unter einander verbunden, unterbrechen die Ebene zwischen dem Gebirge und der mächtigen Hudsonsbai, in deren Süden die großen kanadischen Seen die Wasserfläche vermehren. Höchst wahrscheinlich übertrifft die Oberfläche der Gewässer hier jene des festen Landes an Ausdehnung. Unter den zahlreichen Flüssen der Westküste hat in den neuern Zeiten besonders der Fraser-Fluß die allgemeine Aufmerksamkeit auf sich gezogen, da man in seiner Umgebung ausgedehnte und ergiebige Goldlager auffand. Letzteres gab Veranlassung, ihn selbst näher zu untersuchen. An seiner Mündung in den Busen von Georgia theilt er sich in mehrere Arme und setzt zahlreiche Sandbänke an der Küste ab, ist aber bis auf eine Strecke von vier Meilen selbst für größere Fahrzeuge schiffbar. In jener Entfernung hat man den Hafen für Neu Westminster, die zu errichtende Hauptstadt der entstehenden Kolonie, angelegt. Kleinere Dampfboote, durch starke Maschinen in den Stand gesetzt, die an manchen Stellen heftige Strömung des Flusses zu überwältigen, können sogar einige 20 Meilen von der Küste landeinwärts bis zum Fort Yale vordringen und so den Verkehr mit den hier arbeitenden Goldgräbern unterhalten.

Die Ebenen der Prairien endigen bereits am Saskatschewan und ziehen sich nur noch in schmalen Streifen als letzte Ausläufer zwischen den Flüssen einige Grade weiter nach Norden.

Die nach Norden strömenden Flüsse haben das verwitterte Granitgestein der Gebirge nach den flachern Gegenden transportirt und daselbst Kies und Schuttlager mit demselben abgesetzt, während die eigenthümliche Pflanzenwelt des Gebietes durch ununterbrochen fortgehende Torfbildung an der Erhöhung des Bodens arbeitet.

Von den Mündungen des Mackenzie-Flusses an beginnt im Osten und Nordosten im Eismeer jener Archipel, welcher den Schauplatz von Franklin's und der Seinigen Untergang, sowie für die meisten, ihm nachspürenden Expeditionen bildet. Die Fragen: ob einzelne jener Länder, Inseln oder Halbinseln, diese oder jene Meereseinbiegung eine Durchfahrt oder nur ein Busen oder eine Sackgasse? sind bei einigen Punkten erst durch M'Clintock's Reisen aufgeklärt worden, bei mehreren aber noch gegenwärtig unenträthselt. Banks-Land und Prinz Alberts-Land mit Wollaston- und Victoria-Land (letztere drei eine zusammenhängende Insel darstellend) bilden die westliche Grenzmauer, deren Pforten: die Dease-Straße, Prinz Wales-Straße und Banks-Straße, selten eine Durchfahrt gestatten, sondern während der meisten Jahre mit Eis verstopft sind. Jenseits der Banks-Straße sind Melville-Insel und als nordwestlichste Posten die Prinz Patrick-Inseln und Parry-Inseln die wichtigsten. Südlich von Melville-Insel und der Insel Bathurst öffnet sich der Melville-Sund, den im Osten Prinz Wales-Land, Boothia- und König Williams-Land begrenzen. Zwischen den letztern führen die Barrow-Straße, Franklin-Straße, Brentford-Straße östlich nach dem Golf von Boothia und dem Lancaster-Sund. Die Simpson-Straße trennt König Williams-Land vom Kontinent, die Wellington-Straße im Norden scheidet Bathurst-Insel und Cornwallis-Insel von North-Devon-Insel, an deren südwestlichster Spitze die durch ihre Gräber bekannt gewordene kleine Beechey-Insel sich befindet. Nennen wir noch im Süden der Barrow-Straße North-Sommerset-Insel, so haben wir in flüchtigen Umrissen das düstere Gebiet jener Begebenheiten umschrieben, welche sich an den gefeierten Namen Franklin's knüpfen.

Granitfelsen, die, wie erwähnt, den Grundbau der Rocky-Mountains darstellen und die auch den Hauptstock von Grönland bilden, sind auch das Grundgerüst der genannten hochnordischen Inseln. Sie stehen in schroffen Zacken und in ausgebreiteten Plateaus zu Tage an der Nordseite der Ponds-Bai (östlich an der Cockburn-Insel und bilden die ganze Ostküste von North-Devon-Insel). Hier entsprechen sie der gegenüberliegenden grönländischen Küste mit ihren grotesken Bildungen am Kap York und dem Kap Dudley Digges. Granitfelsen bilden die Seiten der Franklins-Straße und treten sowol an der Ostküste von Prinz of Wales-Land, als auch an der Westseite von North-Sommerset-Insel zu Tage.

Den ausgedehntesten Antheil an dem Bau des nördlichen Inselmeers hat ein Kalkstein, der uralten silurischen Formation angehörig. Er bildet die Nordseite von Cockburn-Insel und den größten Theil der North-Devon-Insel, ganz Cornwallis-Insel, so wie jene Gebiete von North-Sommerset, Boothia Felix und Prinz Wales-Insel, welche der Granit frei läßt, König Williams-Insel, Prinz Alberts-Insel und die Südspitze von Banks-Land werden ebenfalls von diesem Kalkstein bedeckt. Die ganze nördlichste Zone der Inseln, soweit sie bis jetzt bekannt geworden ist, zeigt Sandstein und Kalksteinflötze der Steinkohlenformation mit einzelnen Kohlenflötzen selbst. Dieser Gürtel erstreckt sich über den nördlichen Theil von Banks-Land, über Melvilles-Land, Prinz Patricks-Insel und die meisten dazwischen liegenden kleinern Eilande, über Bathurst-Insel und das gegenüberliegende Grinnell-Land. Flötze von Steinkohlen hat man gefunden an der Bai von Mercy (an der Nordküste von Banks-Land), an der Skene-Bai und dem Lyddon-Golf im Süden der Melville-Insel, auf der Byonn-Martin-Insel zwischen Melville- und Bathurst-Insel und an der Südwestseite von Bathurst-Insel. Schon von Franklin's zweiter Reise her waren brennende Kohlenflötze an der Nordküste Amerika's zwischen den Mündungen des Mackenzie- und Kupferminenflusses bekannt. Die Expedition des Kapitän Palliser fand 1857 am Mouse River Kohlenlager, die zu Tage traten und in 4 Bändern zu 9, 10, 8 und 6" Dicke sichtbar wurden. Am südlichen Arm des Saskatschewan, der sich sein Bett 160 Fuß tief ins Land eingeschnitten hatte, traf man abermals beim Fort Edmonton Kohlenflötze von 4 bis 6' Mächtigkeit, wenn auch, so weit man sie untersuchen konnte, von geringem Brennwerth. Beim Rocky-Mountain-

House, weiter stromaufwärts, wo der Saskatschewan noch eine Breite von 450′ besitzt, ist ebenfalls Kohle reichlich vorhanden. Dr. Hector entdeckte am Red Deer-River (einem Seitenfluß des südlichen Saskatschewan) Kohlenflötze von 20 Fuß Mächtigkeit, die volle 12 Fuß reine Kohle hielten. An einer Stelle stand dieses Flötz in Brand und glühte an einer 900 Fuß langen Wand, da durch das beständige Herabgleiten der oben lockern Massen immer neue Theile der Kohlenschichten der Luft ausgesetzt werden. Ringsum ist die Luft mit dem Brandgeruch erfüllt und die Indianer erzählen, daß dieses Flötz so lange schon brenne, als sie sich überhaupt erinnern können.

Urgebirge und geschichtete Gesteine an der Küste Grönlands.

Versteinerungen, welche auf die Liasformation hinweisen, kennt man im äußersten Norden nur von drei sehr vereinzelten Punkten: von der Intrepid-Insel zwischen Prinz Patrick-Insel und Melville-Insel, von der Arnott-Bai im Nordwesten von Bathurst-Insel und von der kleinen, ganz im Norden gelegenen Ermouth-Insel (nördlich von Grinnell-Land).

In Grönland tritt, wie erwähnt, der Granit sowol in Bezug auf seine Erhebung über den Spiegel des Oceans, als auch in Bezug auf die Oberfläche des Gebiets, welche er bedeckt, am massenhaftesten auf. Er geht an vielen Stellen in Glimmerschiefer und Hornblendeschiefer über und zeigt in diesen Schichten mannichfaltige Mineralien eingelagert, wie solches bei umgewandelten Gesteinschichten gewöhnlich der Fall zu sein pflegt. So enthalten besonders die Hornblendeschichten fast allgemein eingestreute Granaten und an einzelnen Stellen Asbest, Strahlstein, Schwefelkies, Magneteisen, Turmalin u. s. w.

Nächst dem Granit haben die Trappgesteine in Grönland den wichtigsten Antheil am Bau des Landes. Es sind dies feste Gesteine von vorherrschend grauer oder bräunlichschwarzer Farbe, die der größern Masse nach aus Labradorstein mit eingemengtem Augit und Magneteisentheilen bestehen. Sobald der Labrador sich in Krystallformen darstellt, erhalten diese Trappfelsen ein porphyrartiges Aussehen. In Nordgrönland erheben sich die aus Granit und Trappgesteinen bestehenden Küstengebirge bis 4000 Fuß Höhe und sind in Südgrönland nicht minder mächtig. Schroff eingeschnittene Schluchten, wie z. B. das Thal Kookassik auf Sermesok, gewähren dem Geognosten höchst interessante Durchschnitte der Gebirge von mehreren tausend Fuß Tiefe, in denen eine schichtenweise Lagerung dieser sogenannten Urgesteine auf die fortschreitende Umwandelung derselben deutlich hinweist. Hellere Partien daselbst bestehen vorherrschend aus Feldspath, dunklere dagegen aus Hornblende und Glimmer. Andere Gebirgsstöcke, z. B. das sogenannte

verwitterte Fjeld bei Frederikshaab und ein Stock auf Nennarsoit, zeigen das Ansehn von Syenit, wieder andere gleichen dem Grünstein. Im Innern des Igalliko- und des Tunnudliorbit-Fjords lagert ein alter rother Sandstein, in dem noch keine organischen Ueberreste gefunden worden sind.

Die Trappformation zeigt in Grönland mancherlei interessante Erscheinungen.

Die drei Brüder-Thürme. Granitfelsen an der Küste des nördlichen Grönlands.

Gewöhnlich treten ihre Gesteine als mächtige Gebirgsmassen mit flacher Oberfläche und steil abfallenden Seiten auf; mehrfach lagert sie über dem erwähnten Sandstein und stellenweise auch über Schichten, welche Steinkohlen und Graphit enthalten. Der Trapp gewinnt dadurch das Ansehn, als sei er in feuerflüssigem Zustande dem Innern der Erde entquollen und habe sich über die bereits gebildeten Sandstein- und Kohlenflötze ergossen. Bei Pröven findet sich auch eine vereinzelte Durchbruchstelle des Trapp, die ein kraterförmiges Thal darstellt, dessen Form auffallend an den Monte Somma erinnert. Muthmaßlich fanden jene Trappausbrüche in einer Zeit statt, als das ganze Grönland noch nicht dem Meere entstiegen war und die schroffen Abstürze bildeten sich wahrscheinlich erst in Folge späterer Hebungen. Für die Eskimo in Grönland war unter allen Mineralien

in der Zeit, ehe sie mit Europäern in Berührung kamen, der sogenannte Topf=
stein das wichtigste. Zur Anfertigung ihrer Thranlampen und der Kessel zum
Fleischkochen bedienten sie sich mehrerer Sorten von Serpentin und Talkschiefer.
Eisen ist in einzelnen gediegenen Stücken, eines derselben von 21 Pfund, gefun=
den und als Meteoreisen erkannt worden. Eisenerze und Kupferkiese kommen nur
einzeln, zerstreut und nicht in ansehnlicher Menge vor; einige Stücken Silbererz,
die man unweit der Ruine einer alten Wohnung entdeckte, veranlaßten mehrfache
fruchtlose Schürfversuche.

Die erwähnten Steinkohlenflötze enthalten zahlreiche Reste von deutlichen
Holzstücken und Farnkräutern, im Sandstein fand man auch Spuren von Laub=
holzblättern. Die erstern erweisen sich als abstammend von Nadelhölzern (Pinites
Rinkianus).

Von der großen Zahl geologischer Formationen, welche die Wissenschaft in
andern Ländern zwischen der Steinkohlenformation und den Bildungen des Allu=
vium unterschieden hat, sind in Grönland bis jetzt noch keine nachgewiesen worden.
Jüngere Bildungen von Sand und Lehm finden sich dagegen häufig. In demselben
traf man eine ziemliche Anzahl von Schalenthieren, so wie Fischabdrücke. Meh=
rere derselben sind als gegenwärtig noch lebend von den Küsten Newfoundlands
und Islands bekannt, andere scheinen ausgestorbenen Arten anzugehören. Auch die
Insel Spitzbergen, über welche uns die im Sommer 1858 von J. Lamont,
Quennerstedt, Torell und Nordenskiöld ausgeführten Reisen eingehen=
der unterrichtet haben, zeigt eine verwandte Beschaffenheit. Der erstgenannte
Reisende fuhr mit seiner Yacht nach dem Stour=Fjord und ging in diesem hinauf.
Die ersten 7 bis 8 Meilen des Fjords waren bedeckt durch die steilen Abstürze
dreier ungeheurer Gletscher, das Wasser hatte sehr geringe Tiefe, höchstens bis
16 Faden, deshalb können sich hier Eisberge von großem Umfange nicht bilden.
Der Strand ist flach und schlammig, an den breitesten Stellen ¾ Meile breit.
In einer Tiefe von 12 bis 18 Zoll liegt aber bereits das Bodeneis, wenn der Bo=
den nicht etwa schon an seiner Oberfläche eine Eisdecke durch die Gletscher erhal=
ten hat.

An den schlammigen Wasseradern, welche den Strand umschlängeln, wachsen
Steinbrech= und Flechtenarten, mit Moospolstern abwechselnd. Sie bilden die
Weide für die Rennthiere.

An einzelnen Stellen treten Trappfelsen zu Tage. Weiter landeinwärts er=
hebt sich ein steiler Abhang, von dem herabsickernden Schneewasser in Schlamm
umgewandelt. Derselbe umgürtet Schieferfelsen, die senkrecht aufsteigen und noch
von eben so steilen Granitspitzen überragt werden.

Im obern Theile des Stour=Fjords trifft man große Treibholzmengen,
meistens bestehend aus dünnen, verwitterten Fichtenstöcken. Zwischen denselben
finden sich aber auch Schiffstrümmer, Knochen von Walfischen u. a. Mehrere
Meilen landeinwärts und wenigstens 30' über dem höchsten Stande der Flut
finden sich Treibholz und Walfischknochen. Dasselbe weiß man von den höhern
Theilen „Tausend=Inseln". Es ist ferner eine allgemeine Beobachtung der

Walfisch= und Robbenfänger, daß das Meer um Spitzbergen von Jahr zu Jahr seichter wird.

An der Westküste von Spitzbergen treten drei Gebirgsformationen auf: Granit mit Adern von Urkalk, aufrecht stehende, an Versteinerungen reiche Kalkflötze, Kieselschiefer und Sandsteine, der Permischen Formation angehörig, und horizontale Lager eines grauen, losen Sandsteins, oft mit schwarzem Thonschiefer wechselnd und dabei bis 2000 Fuß an Mächtigkeit erreichend. Letztere scheinen einer sehr jungen Formation anzugehören. Sie enthalten Braunkohle, fossiles Holz und deutliche Abdrücke von Laub.

Für die richtige Auffassung jener Ueberreste von Baumstämmen und Thieren ist es von Wichtigkeit, auf die Meeresströmungen hinzuweisen, die gegenwärtig noch in dem nördlichen Eismeere wahrgenommen werden.

Es ist bekannt, daß das Wasser bei 4^0 C. die geringste Fähigkeit besitzt, Gase aufzunehmen, und daß es bei diesem Temperaturgrade seine größte spezifische Schwere besitzt. Eben so bekannt ist die Schwierigkeit, mit welcher sich die Wärme von oben nach unten fortpflanzt. Selbst in den tropischen Meeren weist das Thermometer eine rasche Wärmeabnahme des Meerwassers nach, so wie es in tiefere Schichten eingesenkt wird, und man hat gute Gründe zu der Vermuthung, daß in bedeutenderen Tiefen der Ocean allenthalben jene obengenannte niedere Temperatur gleichmäßig besitzt, bei welcher sein Wasser den bedeutendsten Dichtigkeitsgrad annimmt. So wie die Gewässer des Golfstroms in Atlantischen Ocean sich dem Norden nähern und sich in gleichem Grade abkühlen, sinken sie zur Tiefe, bis sie die Temperatur von 4 Grad erreicht haben.

Die Gewässer des Eismeers schwanken zwischen 4^0 Wärme und $1\,7/9^0$ Kälte, bei welcher Temperatur das Meerwasser erst gerinnt, und ruhen ihrerseits ebenfalls vermuthlich auf einer Wasserschicht von 4 Grad. Hierdurch ist die Möglichkeit gegeben, daß in der Tiefe bestimmte Meeresströmungen von Süd nach Nord stattfinden, während die Strömungen der Oberfläche allenthalben von Norden nach Süden, von den kälteren Breiten nach den wärmeren eilen und die Wasser in derselben Weise niedersinken, wie sich ihre Temperatur von $-1\,7/9^0$ bis $+4$ Grad erwärmt.

Jene tieferen Meeresströmungen scheinen einen wichtigen Antheil an der Bildung der Flötzgesteine zu haben, die sich an den Küsten des Polarmeeres finden. Die hier wirkenden Faktoren sind also sehr zahlreicher Art. Außer den tiefern Meeresströmungen tragen die obern Strömungen gleicherweise das Ihrige dazu bei und sie erhalten ihrestheils allerlei Material durch die ansehnlichen Flüsse, welche sowol in Amerika als auch in Sibirien sich in das nördliche Eismeer ergießen.

An dem in milderen südlichern Breiten gelegenen Oberlaufe jener arktischen Flüsse grünen üppige Wälder. Beim Eintreten des Sommers schmilzt der Schnee und die Eisdecke im südlichen Quellgebiet zuerst, während die untern Theile ihres Laufes noch unter festem Verschluß liegen. Der Eisgang wird deshalb von den großartigsten Verwüstungen, von Eisdämmen und Ueberschwemmungen

begleitet und die Flußbetten vielfach verändert. Jährlich sinken bewaldete Ufer=
strecken durch die Wucht der Eisschollen dahin. Die fortgerissenen, vielfach ver=
stümmelten Stämme gelangen zum Theil bis in das Polarmeer und werden
hier ein Spiel der großen Strömungen, welche dieses an seiner Oberfläche
beherrschen.

Eine sehr bedeutende und regelmäßige obere Meeresströmung kommt von der
Nordküste Sibiriens, berührt Nowaja=Semlja, Spitzbergen, dann die Küste Is=
lands und geht an der schwerzugänglichen Ostseite Grönlands herab. Mit den
nördlichen Ausläufern des Golfstroms zusammentreffend, wird sie theilweise um
das Kap Farvel in die Davisstraße abgelenkt, zum größern Theile verliert sie sich
in der großen Hudsonsbai, welche vielleicht mit eine Folge dieses fortgehenden
Anschlags der Strömung sein dürfte. Durch diese Strömung kommt jährlich das
Treibeis von Spitzbergen nach Grönland und zieht sich als ein Küstensaum von
einigen Meilen Breite an der Westseite dieses Landes in der Richtung von Süden
nach Norden hinauf, hat also eine entgegengesetzte Richtung als jene Eisblöcke
und Eisfelder, die in Grönland selbst ihren Ursprung haben. Dieses Treibeis kann
zu jeder beliebigen Jahreszeit eintreffen, erscheint aber vorzugsweise im Februar,
zu einer Zeit also, wo in Grönland an kein Aufthauen an eigener Eisfelder zu
denken ist. Bei seinem Wege über die Davisstraße nach der Hudsonsbai zerstreut
es sich und liefert der letztern unausgesetzt neue Zufuhr von Wassermassen, deren
Temperatur kaum über 0° steht. Derselbe Meeresstrom, welcher das Treibeis von
Spitzbergen bringt, wirft auch ununterbrochen Holzstämme an die grönländische
Westküste. Dieselben haben theilweise ihren Ursprung im Innern Sibiriens,
theilweise auch an der Ostküste Amerika's. Vorherrschend sind es Ueberreste von
Nadelhölzern, doch finden sich auch oft genug Laubholzstämme darunter; die mei=
sten derselben besitzen noch große Stücken ihrer Wurzeln. Daß manches von jenem
Treibholz amerikanischen Ursprungs ist, erhellt daraus, daß man zwischen dem=
selben Bruchstücke von indianischen Rindenbooten, an denselben Näherei von
Haaren, wie sie die Indianer zu fertigen pflegen, Ruderstücken von jener Form,
wie sie am Labrador gebräuchlich sind, u. dgl. angetroffen hat. Finden sich nun der=
gleichen deutliche Hinweise auf Transport der organischen Ueberreste durch die
Meeresströmungen bereits an der Oberfläche, so mögen dieselben in den tiefern
Wasserschichten, die sich unausgesetzt von Süden nach Norden bewegen, in noch viel
größerem Maßstabe ausgeführt werden.

Das Treibholz wird an der Südküste von Grönland in ansehnlicher Menge
abgesetzt. Je näher nach Upernivik, desto spärlicher erscheint es. An der Waigat=
straße und bei der Insel Disko finden sich ziemliche Mengen davon, im Hinter=
grunde der Baffinsbai dagegen ist es gegenwärtig kaum bekannt. Je zahlreichere
flache Eilande die Küste den anströmenden Fluten darbietet, desto reichlicher fin=
det sich auch das Holz. Im Distrikt Julianehaab trieb unter anderm ein Stück von
dreißig Ellen Länge an, das hinreichendes Material zu zwei grönländischen Weiber=
booten lieferte, ein anderes Stück bei Lichtenfels gab 3 bis 4 Klaftern Brennholz.
Stücke von 12 bis 16 Ellen Länge sind nicht selten, solche von 5 bis 6 Ellen sehr

gewöhnlich. Man schätzt, mäßig gerechnet, den Betrag des angeschwemmten Holzes an den grönländischen Küsten auf 200 Klafter und darunter etwa eine Schiffsladung von solcher Größe, wie sie zum Bau der kleinen grönländischen Häuser erforderlich ist.

Der Teufels-Daumen; einzelner Felsen und Landmarke an Grönlands Westküste.

Bringt man nun die außerordentlich großen Zeiträume in Rechnung, welcher die Geologie bei der Erklärung ihrer Fragen stets bedarf, so können weder die in Grönland und auf den nördlichern Inseln des Eismeers vorkommenden Steinkohlenflötze befremden, noch das gleichzeitige Auftreten von Resten organischer Wesen, die gegenwärtig hier nicht lebend getroffen werden, auch wahrscheinlich nirgends an einem und demselben Orte beisammen gelebt haben. Die weiterhin zu erörternden großen Gletscher an der Westküste Grönlands schieben an ihrem Grunde fossile Baumstämme aus dem Innern des Landes nach der Küste. Manche derselben sind so gut erhalten, daß sie deutlich sich als Nadelhölzer erkennen lassen und theilweise Wurzelstöcke besitzen. Hieraus hat man den Schluß ziehen wollen, die Bäume müßten hier im Norden Grönlands einst ansehnliche Wälder gebildet haben, das Land habe deshalb ehedem eine ganz abweichende Beschaffenheit besessen und eine verschiedene Physiognomie gezeigt. Durch die in feurigem Fluß befindlichen Trappgesteine wollte man den Untergang jener Wälder bewerkstelligen lassen, ohne zu bedenken, daß es dann schwerlich möglich sein würde, daß jene Hölzer die deutliche Struktur, ja in manchen Fällen selbst noch eine braune Holzfarbe behalten hätten, sondern verbrannt wären. Es dünkt uns am wahrscheinlichsten, daß Grönland sich eben so allmälig aus den Fluten des Oceans erhoben habe, wie eine solche Hebung an Norwegen und anderen Ländern bemerkt wird. Bei einer minder bedeutenden Erhebung über die Oberfläche des Meeres, bei einer vielleicht etwas veränderten Richtung der von Süden kommenden warmen Meeresströme, einer andern Richtung der erwähnten kalten Eisströmung von Spitzbergen, vielleicht gleichzeitig abweichenden Beschaffenheit der Südwinde konnte in vorgeschichtlichen Zeiten die Jahrestemperatur möglicher Weise eine ähnliche Beschaffenheit haben, wie die unter gleichem Breitengrade gelegenen Gegenden Norwegens und der amerikanischen Westküste; nimmer wird das Land aber ein tropisches oder subtropisches Klima genossen haben, das ein Gedeihen von Baumform und ansehnlichen gemischten Waldungen mit lustwandelnden Elephanten zur Folge gehabt. Jene Baumstämme des Gletschereises sind wahrscheinlich angeschwemmt, eben so die Bernsteinstücken, die sich in ihrer Gesellschaft finden. Daß auch nach der Nordküste Sibiriens ein ähnlicher Transport stattfindet, dafür sprechen zahlreiche Beispiele. Man hat einen Ausläufer des Golfstroms bis zu jenen Gestaden deutlich verfolgt, am Nordkap der skandinavischen Halbinsel vielfach Samen von Gewächsen gefunden, die an den Küsten Amerika's gedeihen, eben so an der Küste Sibiriens das Skelett eines Moschusochsen, der im nördlichen Theile Amerika's seine Heimat hat.

Von Grönland selbst ist nur ein verhältnißmäßig schmaler Küstensaum zugänglich und einer eingehendern Kenntniß geöffnet worden. Das ganze ungeheure Gebiet des Innern wird von einem Gletscher bedeckt, der ohne Gleichen auf Erden dasteht. An mehreren Stellen reicht derselbe bis zur Küste, an andern zieht er sich bis auf 20, höchstens 30 Meilen von derselben zurück. Das eisfreie Land begreift deshalb nur die Inseln und Halbinseln der West- und Südküste Grönlands, die vielfach von Fjords eingeschnitten ist. Wandelt man in den letztern landeinwärts, so trifft man in den meisten derselben geringere oder mächtigere Ströme Süßwasser, welche sich aus dem Innern in das Meer ergießen und die ganz die eigenthümlich trübe, milchige Färbung besitzen, die den Gletscherflüssen zukommt. Dieselbe hat ihren Grund hauptsächlich in dem langsamen Fortrücken der Eismassen selbst, durch welches, wie unter einer riesigen Feile, die Felsen gerieben und abgeschabt werden. Die hierbei abgetrennten, an und für sich kleinen Theilchen liefern dem Meere ununterbrochen Material zum Bau neuer Gesteinsflötze auf seinem Grunde. Gelangt man aber weit genug in das Innere des Fjords, so trifft man den Weg durch einen schroff ansteigenden Gletscher versperrt, unter dessen grotesken Formen der Strom hervorquillt. Meistens ist durch die, mehrere hundert Fuß hohen Eismassen allem Weiterdringen eine unübersteigliche Grenze gesetzt. Findet der kühne Forscher aber doch Mittel und Wege, an den Felsenwänden des Thales empor auf das Plateau zu gelangen, so erblickt er nach dem Innern, so weit sein Auge reicht, nichts als eine vergletscherte Eiswüste, den gefrornen Wellen eines sturmbewegten Meeres mehr oder weniger ähnlich. Ueber dieselbe erheben sich einzelne kahle Felshäupter, die durch ihre dunkle Färbung grell von dem hellen Hintergrunde abstechen. Sie ragen gleich Inseln aus dem Ocean von Eis hervor und streuen Trümmerstücke auf ihre Umgebung, ganz ähnlich wie die Felsen der Hochalpen die Gufferlinien und Moränen auf den Gletschern ihrer Umgebung erzeugen.

In Südgrönland ist der Schneefall verhältnißmäßig nicht gerade bedeutend. Aller Schnee, der sich im Innern des großen Gebietes niederschlägt, gerinnt während des Sommertages zu Gletschereis. Gleich einem See innerhalb eines Thalkessels, der ununterbrochen beträchtlichen Zufluß erhält, ohne Abzugskanäle zu besitzen, schwillt die Eismasse des Binnenlandes fortwährend an, bis sie die Ränder der umgebenden Gebirgshöhen erreicht. An den tiefsten Stellen senken sich die Eiszungen wie gefrorene, mitten im Laufe erstarrte Ströme herab und zerbersten dabei vielfach, je nachdem sie den Verengungen und Erweiterungen, den Hebungen und Senkungen des Thales sich anpassen.

Gletscher der Northumberland-Insel.

Quer durch das Innere des Landes zu reisen, ja selbst ansehnliche Strecken auf dem Gletscher vorwärts zu dringen, ist eine Unmöglichkeit, da zahllose Spalten von den verschiedensten Durchmessern und von entsetzlichen Tiefen theils offen dem Wanderer entgegengähnen, theils lose überbaut noch viel gefahrvoller werden. Eben so fehlt es schon in den bekannten Theilen des Festlandes nicht an Seen, welche die Ströme speisen und in denen sich das Gletscherwasser sammelt. Nach den Aussagen der Eingeborenen soll das ganze Innere durch Seen von den allerverschiedensten Größen bedeckt sein. Auf diesen Landseen erreicht das Eis selten mehr als drei Ellen Dicke und in den meisten grönländischen Kolonien bezieht man während des Winters das Trinkwasser aus einem dieser nahegelegenen Seen. Aus dem Erscheinen der Rennthiere und deren Wanderungen will man vermuthen, daß es im Innern vielleicht auch günstig gelegene Stellen gäbe, an denen sich Weideplätze mitten zwischen den Gletschermassen fänden. Der Phantasie bleibt freilich bei einem vereisten Lande, welches an Ausdehnung unser deutsches Vaterland etwa um das doppelte übertrifft, ein weiter Spielraum gelassen. Es ist ihr volle Freiheit vergönnt, jene Kräuteroasen auch mit Eskimo-Familien zu bevölkern, deren ganze Welt rings von einem unveränderlichen Eiswall umgrenzt ist und deren Unterhalt sich etwa auf die wilden Rennthiere gründete.

Da, wo die Ausläufer des großen Gletschers das Meer selbst erreichen, schieben sie sich nicht selten weit in dasselbe hinein. Die Meereswogen nagen und spülen ununterbrochen an den hervortretenden Massen, und vorzugsweise wirkt die täglich anschwellende Meeresflut als äußerst kräftiger Hebel. Die Eisstücken brechen nicht sowol in Folge ihres Gewichts, als vielmehr in Folge des auf sie ausgeübten Druckes von unten ab. In Ermangelung einer besseren Rindviehrasse hat man diese abgebrochenen Eisstücke „Kälber" getauft und nennt jenes Ablösen selbst das „Kalben" der Gletscher. In Südgrönland sind nur zwei Fjorde, die ansehnlichere Massen Gletschereis ins Meer senden; im dänischen Nordgrönland sind es 3 oder 5, die durch ihr massenhaftes Kalben sich vorthun. Es sind dies die Eisströme von Jakobshavn (69° 10' n. Br.), von Tessukatek (69° 50' n. Br.), der vom größern Kariak (70° 25' n. Br.), der vom größern Kangerdtursoak (71° 25' n. Br.), welche sich beide in den Omenaks=Fjord ergießen und der von Upernivik unter 73° n. Br., der sich hinter der Insel Aufgadlartok im Uperniviks=Distrikt ergießt. Jeder dieser fünf Eisströme führt jährlich nach ungefährer Schätzung über 1000 Millionen Kubikellen Eis ins Meer. Der Humboldtgletscher Kane's im hohen Norden ist ebenfalls ein solcher Eisstrom, der einen Abzugskanal des Landeises bildet. Ein solcher, mit entsetzlichem Krachen abbrechender Eiskoloß setzt mitunter das Meer auf mehr als 4 Meilen im Umkreise in Bewegung. Da viele derselben über 200 Fuß hoch aus den Fluten des Meeres hervorragen, das schwimmende Eis aber stets zu vier Fünftheilen seiner Dicke ins Wasser eingetaucht ist, so ergiebt sich für die meisten Eiskolosse eine Dicke von 1000 Fuß. Die Dicke des innern Landeises wird durchschnittlich auf mindestens 2000 Fuß veranschlagt.

Die Schneelager des Winters nehmen an ihren obersten Schichten die geringen Temperaturgrade an, welche die bitterkalte Atmosphäre in jener Jahreszeit besitzt, sie sinken auf 30 bis 40 Grad unter 0. Je tiefer aber die Schichten sind, desto geringer wird die Kälte in ihrem Innern, so daß sie bei hohen Lagern in der Nähe des Erdbodens nicht viel unter 0° betragen. Dasselbe gilt auch von dem Gletschereis. Daher ist es möglich, daß zahlreiche Gletscherströme unterhalb ihrer Eisdecke selbst mitten im Winter fortfließen und das Meer erreichen, dessen Zufrieren an ihrer Mündung sie verzögern. Auf der Insel Disko ergießt sich z. B. ein ansehnlicher Fluß durch das sogenannte Windthal aus dem Innern nach dem Meere. Er zwängt sich durch eine ungeheure Kluft, die nur wenige Ellen breit, dagegen mehr als ein paar hundert Fuß tief ist. Im Winter, wenn es hart gefroren hat, vermag man auf dem Grunde der Kluft selbst stromauf zu gehen, deren Wände, überall steil und düster, sich an manchen Stellen einander so nähern, daß von oben herabgestürzte Felsblöcke sich in der Mitte festklemmen und nun über dem Abgrund schweben. Die Wassermassen, welche von den Seiten her den Fluß speisen, sind erstarrt und in den sonderbarsten Formen zum Stehen gebracht. Eiszapfen von 100 Fuß Länge hängen an den Wänden herab, und wo das Wasser über Abhänge rieselt, sind diese mit Eisrinden von solcher Dicke überkleidet, daß sie Wasserfällen gleichen, die plötzlich in ihrem Laufe durch ein Zauberwort in Krystall verwandelt worden sind.

Warme Quellen. Jahrestemperatur.

Bei größern Springquellen fließt das Wasser mitten im Winter unter der Schnee= und Eisdecke ununterbrochen fort. Man hört es in der Tiefe murmeln; gräbt man den hohen Schnee ab, so stößt man auf einen gewölbten Kanal, in dem zu den Seiten des Wassers Moos und andere Pflanzen grünen, ja kleine lebende Schnecken und Insekten ihr Wesen treiben. Auch Gras zeigt sich noch und hat lange hellgelbe Schösse gebildet, nachdem sich die wärmende, aber gleichzeitig verfinsternde Decke darüber wölbte. Ja manche Quellen Grönlands sind sogar wegen der verhältnißmäßig hohen Wärmegrade berühmt geworden, die sie selbst im Winter besitzen. So entspringen drei Quellen in der Tessiursakbucht auf der Sakkardlek= Insel, deren stärkste, an Wasserreichthum dem Karlsbader Sprudel ähnlich, aus einer Spalte der festen Granitwand hervorquillt. Die übrigen brechen aus Moorboden mit ähnlichen Wassermengen hervor und alle zeigen fast 6⁰ C. (4⅘⁰ R.) Wärme. Als die wärmste Quelle ist die Unartok=Quelle im Disko=Fjord Nordgrönlands bekannt. Sie entspringt am Fuße eines Trappgebirges, das über 2000 Fuß hoch ansteigt, und zeigt, trotzdem daß sich das Schneewasser mehrerer kleinerer Quellen in der Nähe mit ihr vereinigt, noch 12½⁰ C. Wärme. Im Innern des Gesteines ist also wahrscheinlich ihre Temperatur eine noch höhere. Aehnliche Erscheinungen bietet die Westseite des Festlandes von Amerika, an welcher die Seealpen entlang ziehen. Gegen 5 Meilen nördlich von Neu=Archangel werden einige heiße Quellen Veranlassung zu einem interimistischen Badeort in diesem kalten Gebiete. Die Hauptquelle hat + 67½⁰ und enthält Schwefel. Während der Sommermonate wird sie von Dienern der russischen Compagnie besucht, die hier Hülfe gegen Rheumatismus und Hautkrankheiten suchen. Einige Quellen jenes an Vulkanen reichen Gebiets haben eine so hohe Temperatur, daß man Fische darin gar kochen kann.

Die mittlere Jahrestemperatur von Jakobshavn unter dem 69⁰ 13' n. Br. beträgt — 6⁰ C., diejenige von Omenak unter 70⁰ 41' ist — 7⅗⁰ C. und die von Upernivik unter 72⁰ 48' beträgt — 10¾⁰ C. Es ergiebt sich daraus, daß selbst im Sommer der Boden in einer gewissen Tiefe immer gefroren ist. Auf einer niedrig gelegenen Torfinsel bei Egedesminde fand man bei einer Nachgrabung Mitte Oktober die obersten 3 Zoll des Torflagers durch die Herbstkälte gefroren, die darauf folgenden 7 Zoll Tiefe waren noch durch die vorhergegangene Sommerwärme aufgethaut, bei 10 Zoll Tiefe unter der Oberfläche stieß man aber bereits auf das ausdauernde Eis. Ganz ähnliche Ergebnisse hat man gefunden, sobald man in Sand= oder Lehmlager oder in Steinkohlenflöze eingegraben hat, nur daß einige Abweichungen in Bezug auf die Tiefe stattfanden, welche durch die verschiedene Leitungsfähigkeit der Bodenschicht hervorgerufen wurden.

Auf dem Festlande von Amerika reicht der gefrorne Boden viel weiter nach Süden, als man nach den Gewächsen, welche die Oberfläche trägt, schließen möchte. Richardson fand in Yorks=Factory an der Hudsonsbai bei 57⁰ n. Br. die gefrorene Bodenschicht noch 17½ Fuß dick und längs der Küste hat man die gefrorene Bodenschicht bis zum 56⁰ beobachtet. Im Innern des Landes dagegen, besonders am Laufe des großen Mackenzie, thaut der Boden bei Fort Simpson (62⁰ n. Br.) im Sommer fast 11 Fuß tief auf und unter dieser aufgethauten Schicht erhält sich das Eis in einer nur 6 Fuß dicken Lage. Jenes perennirende Eis bildet also eine Schale von verschiedener Dichtigkeit, welche die festen Bodenschichten innerhalb der Polarzone umspannt. Seen, Flüsse und Quellen durchbrechen dieselbe und wirken in ihrer Umgebung verändernd und mäßigend auf sie ein.

Schon Chamisso machte bei seinem Aufenthalte im Kotzebue-Sund (Nordwest-Amerika) darauf aufmerksam, daß hier das Eis als Felsart zu betrachten sei und mit Lagern anderer Gesteine wechsle. Zu seiner Ueberraschung trifft hier der Reisende im Sommer auf der Oberfläche von Eisbergen Kräuter und Gesträuche in einer Ueppigkeit, wie er sie nur in wärmern Klimaten gewöhnt ist. Vom Elephant- bis zum Eschscholtz-Point liegt eine Reihe Klippen von 70 bis 90 Fuß Höhe, welche aus drei verschiedenen Lagen zusammengesetzt sind. Soweit die Klippen über den Grund stehen, sind sie zu unterst aus einer dicken Schicht Eis gebildet, dessen Mächtigkeit zwischen 20 bis 50 Fuß wechselt. Auf diesem Eisflötz ruht eine Lage Lehm, zwischen 2 bis 20 Fuß an Stärke wechselnd. In dieser Lehmschicht sind zahlreiche Ueberreste von fossilen Elephanten, Pferden, Hirschen und Bisamochsen eingebettet. Zu oberst lagert eine Torfschicht, entstanden durch die zahlreichen Gewächse, welche sie an ihrer Oberfläche noch trägt. Im Juli, August und September schmilzt jährlich ein Theil des Eises ab, die obern Lagen verlieren dadurch ihre Stütze und brechen ab. Im Niederstürzen zertrümmern sie und bedecken die Umgebung der Klippen mit einem Chaos von Eisstücken, Pflanzen, Knochen, Torf und Thonschollen. „Kaum läßt sich ein wunderlicherer Anblick denken", sagt B. Seemann, welcher mit dem „Herald" diese Stelle besuchte. „Hier erblickt man Stücke, die noch mit Flechten und Moosen bedeckt sind, dort Erdschollen mit Weidenbüschen; hier Lehmklumpen mit Senecien (Kreuzkräutern) und Polygonen (Knöterichgewächsen), dort die Reste eines Mammuth, Haarbüschel und einen braunen Staub, welcher einen Geruch ausathmet, wie er Gräbern eigen zu sein pflegt, und augenscheinlich zersetzter thierischer Stoff ist. Der Fuß strauchelt oft über ungeheure Knochenreste, einige Fangzähne von Elephanten messen 12 Fuß und wiegen mehr als 240 Pfund." Eine gleiche Bildung findet sich auch an den Ufern des Buckland Flusses und es ist wahrscheinlich, daß ein großer Theil des ganzen nordwestlichen Amerika's einen Untergrund von Eis hat.

XIII.
Das Pflanzenkleid der Polarländer.

Klima. — Winde. — Nebel. — Luftspiegelungen. Eisblink. — Wälder von Nordkanada. — Baumgrenze. Waldbrände. Vegetation der Westküste. — Nutz- und Kulturpflanzen. — Grönlands Pflanzenwuchs. — Die Tundra. — Polarkräuter.

Das Klima des polaren Amerika hat mancherlei Eigenthümlichkeiten. Die Isothermen, d. h. jene Linien, durch welche man alle Orte mit einander verbindet, die gleiche mittlere Jahreswärme besitzen, laufen nicht mit den Parallelkreisen in gleicher Richtung. Im Westen Amerika's reichen sie am weitesten nach Norden hinauf, je weiter nach Osten, desto mehr senken sie sich; dagegen bringt der Mackenziefluß eine bedeutende Verschiebung derselben nach Norden hervor. Mit andern Worten ist damit angegeben: Das Klima ist im westlichen polaren Amerika viel milder als im östlichen, und erscheint ebenfalls milder im Thale des Mackenzie. Man bedürfte zur Erkenntniß dieser Thatsache gar nicht einmal länger fortgesetzter künstlicher Beobachtungen und umfassender Tabellen; ein Blick auf die Grenze, in welcher die Bäume aufhören, auf die größere Fülle des Thierlebens, würde schon dasselbe Gesetz darlegen. Wir kommen nochmals weiter unten auf diese Erscheinungen zurück. Vergleicht man die nordwestlichen Gebiete Amerika's mit den unter gleichem Breitengrade gelegenen Ländern Europa's, so zeigt es sich, daß erstere bedeutend kälter sind. Die mittlere Jahreswärme am Nordkap, dem äußersten Punkte der Skandinavischen Halbinsel, unter 71^0 n. Br. beträgt 0^0, auf Boothia Felix im Norden Amerika's unter 70^0 n. Br. sinkt sie auf -12^0, in der Mercy-Bai an der Behrings-Insel unter 74^0 auf -14^0, auf Melville-Insel unter 75^0 auf -13^0 und im Smith-Sunde unter $78^1/_2^0$ auf -12^0. Es zeigt sich hieraus deutlich, daß die mittlere Jahrestemperatur in demselben Grade niedriger wird, je weiter die Gebiete in Amerika nach Osten zu liegen.

Einen nicht unwichtigen Antheil an den Eigenthümlichkeiten des Klima's haben die erwähnten großen Ansammlungen von Wasser innerhalb des Landes, die gewaltigen Seen. Kanada erhält durch seinen Seen=Reichthum halb und halb ein Inselklima mit gemäßigt kalten Wintern und kühleren Sommern, während die Gegenden östlich und westlich von dem Seen=Gebiet in ihrem Klima einen stark ausgesprochenen kontinentalen Charakter mit warmen Sommern und kalten Wintern tragen. Die große Hudsonsbai dagegen wirkt ganz anders auf ihre Umgebung ein. Wie vorhin angedeutet, finden in ihr die meisten der Eisschollen, die von Spitzbergen kommen und am Kap Farwel vorbei treiben, ihren letzten Verbleib. Durch das Schmelzen derselben werden die Gewässer der Bai eben so fortwährend abgekühlt, wie die umgebenden Küsten. Von Bedeutung ist außerdem die Art und Weise, in welcher die Hudsonsbai mit dem Ocean in Verbindung steht. Würde sie durch einen weiten Kanal nach Süden hin sich öffnen, so könnte sie fortwährend ihre erkälteten Gewässer gegen wärmere austauschen und dann eine mildernde Einwirkung auf ihre Umgebung ausüben; so aber steht ihr nur ein nördlicher Ausweg offen. Sobald die oberen Schichten ihrer Gewässer auf den größten Grad ihrer Dichtigkeit abgekühlt sind, sinken sie auf den Grund und mögen hier lange Zeiten mit unveränderter Temperatur verharren, da ihnen die nördlichern Meerestheile keine wärmern Gewässer zum schnelleren Austausch bieten können. Daraus mögen sich die strengen Winter der Hudsonsbailänder, die Mächtigkeit des Bodeneises, die wir vorhin erwähnten, und das Zurückweichen der Baumgrenze im Verhältniß zum Mackenziegebiet und zum westlichen Amerika erklären. Die Sommerwärme ist hier nicht ausreichend, um die erkältenden Wirkungen der angeführten Verhältnisse zu überwältigen. Dove nennt deshalb die Länder der Hudsonsbai das Gebiet des kalten Frühlings, während er nachweist, daß die wärmste Stelle Nordamerika's im Frühlinge gerade auf die Rocky=Mountains fällt. Die Nordabhänge jenes Gebirgszuges, die wir unter dem 62° n. B. anführten, haben mit dem südlichen Norwegen gleiche Juliuswärme.

Von Wichtigkeit für das Klima des nordöstlichen Amerika ist auch der Archipel im äußersten Norden des Kontinents. So wie die großen tiefgelegenen Erdtheile in der heißen Zone Mittelpunkte der Hitze werden, so werden jene eisumgürteten Inseln zu Mittelpunkten der Kälte. Der Nordostwind, der über dieselben dahinweht, haucht seinen eisigen Athem ertödtend über das ganze Gebiet zwischen der Baffins= und Hudsonsbai und der Mündung des Mackenzie. Das Kap Bathurst, in dessen Meridian dieses dichtgedrängte Inselmeer endigt, ist eine wahre Wetterscheide für diese Gebiete. Im Westen desselben ist der große Golf, welchen die Gewässer des Mackenzie eisfrei erhalten; östlich dagegen werden die Eismassen, durch welche sich die Inseln unter einander zu einem großen Ganzen verbinden, nur in seltenen Sommern theilweise gebrochen.

Wir haben oben angedeutet, daß ein ununterbrochener Austausch zwischen den warmen Gewässern des südlichern Oceans und zwischen den kalten Fluten des

Eismeeres stattfindet und dadurch die starken Strömungen herbeigeführt werden, von denen das Klima der Polarländer theilweise abhängig ist. In noch auffallenderer Weise machen sich aber die Luftströmungen hierbei bemerklich. Die in den Aequatorialgegenden und über dem weiten Atlantischen Ocean erwärmte Luft hebt sich, durch ihre spezifische Leichtigkeit veranlaßt, und fließt nach den Polen hin ab, während sie durch einen unteren, von jenen kalten Gebieten kommenden Strom ersetzt wird. Je nachdem einmal der warme, einmal der kalte Wind die Oberhand behält, ändert sich auch in den betreffenden Ländern sofort die Witterung. In Grönland bringt der Nordsturm empfindliche Kälte, der Südost dagegen erinnert in seinen Wirkungen auffallend an den Sirocco und den Föhnwind. Freilich kann man in den Polarländern keinen so klaren Einblick in das Verhalten der beiden Hauptluftströmungen erwarten, wie man der Theorie nach vermuthen sollte, besonders da hier durch die Verschiedenheiten von Land und Wasser so zahlreiche Lokalwinde erzeugt werden. Der Raum der Polarländer, der im Januar eine mittlere Temperatur von — 35^0 C. besitzt, umschließt die Gebiete von Boothia Felix hinüber nach dem Lena=Thal (70^0 bis 60^0 n. Br.), die Linie, welche jene Orte verbindet, die im Juli eine Mittelwärme von + 2^0 besitzen, umschließt einen länglichen Raum, der den erstern ungefähr kreuzt. Der kälteste Raum von — 40^0 C. im Januar liegt bei Jakuzk zwischen 60 und 70^0 n. Br., Boothia Felix gegenüber.

Unter der Breite von Egedesminde (79^0 n. Br.) währt die Winternacht 40 Tage, vom 1. Dezember bis 11. Januar, bei Upernivik 79 Tage, vom 12. November bis zum 30. Januar. Schon ehe die Sonnenscheibe wieder über den Horizont heraufsteigt, zeigt sich einige Tage vorher zur Mittagszeit eine prachtvolle Färbung des Himmels im Norden oder auch im Süden. Ein herrliches rothes Licht bildet einen großen Bogen über dem niedrigern unbeleuchteten Theile des Himmels und der beschatteten Erde. Steigt die Sonne endlich über den Horizont empor und erleuchtet mit klarem Scheine die schneebedeckte Landschaft, so währt es längere Zeit, sogar mehrere Wochen, bevor man von den erwärmenden Eigenschaften ihrer Strahlen etwas bemerkt. Tritt dagegen der Südostwind ein, so steigt die Temperatur binnen wenigen Stunden nicht selten um einige 20 Grad. Das Barometer zeigt gewöhnlich bei dem Nahen des Südostwindes den niedrigsten Stand, 27'', ja, wenn der Wind orkanartig auftritt, nur 26'' 10''' oder darunter. Der Himmel ist dann schwach überzogen, besonders mit bläulichen, langen, ovalen Wolken von einem eigenthümlichen Ansehn und von außerordentlicher Höhe. Im Thale ist währenddem noch Alles ruhig. Bald jedoch sieht man den Wind den Schnee von den Berggipfeln jagen und hört ihn in der Höhe brausen, bis er mit gewaltigen Stößen auch in die Thäler einfällt. In ungleicher Heftigkeit hält er 2, 3 oder mehr Tage an und wird selbst mitten im Januar oder Februar von kurz vorübergehenden Strichregen begleitet. Abgesehen von diesen letztern, zeichnet er sich durch außerordentliche Trockenheit aus und das Thermometer steigt mitunter bis auf + 5^0 C. Der Schnee verdunstet und wird aufgesaugt, ohne daß ein Tropfen rinnendes Wasser bemerkt würde.

Die übrigen Winde, welche Grönlands Westküste treffen, sind meistens erkäl=

tender Natur. Die rein südlichen haben sich über den kalten Flächen von Newfoundland, Labrador, die westlichen über der Hudsonsbai und dem Festlande von Amerika, die nördlichen und östlichen über den Eis= und Gletschermassen in bedeutendem Grade abgekühlt. Da das die Küsten umspülende Meer an seiner Oberfläche nur wenig über 0^0 C. steht und selten auf weitere Strecken ganz eisfrei ist, so kühlen sich die hier ankommenden wärmern Luftströme ab und scheiden ihren Wassergehalt als Nebel aus. Eine gleiche Nebelbildung tritt auch ein, wenn die kalten Winde die über dem Meeresspiegel schwebenden Wasserdämpfe erkälten und zur Ausscheidung nöthigen. Mitten im Sommer kann dann der Schiffer sehen, wie sich das Tauwerk seines Fahrzeugs mit dicken Eiskrusten belegt. Gerade diese häufigen Nebel sind es, durch welche der Sommer des südlichen Grönlands in so bedeutendem Maße herabgedrückt wird, so daß beispielsweise die Monate Juni, Juli und August im Jahre 1854 eine Mitteltemperatur von nicht ganz — 10^0 C. hatten, der höchste Stand des Thermometers, welcher vorkam, war + 20^0, mitunter fiel die Temperatur aber auch in dieser Jahreszeit unter 0^0. Reichlich die Hälfte der Sommertage waren Regen= und Schneetage. Das südgrönländische Klima ist weniger durch strenge Winter als durch seine kühlen, ziemlich gleichförmig verlaufenden Sommer unangenehm und letztere sind auch Schuld, daß Kulturgewächse hier sehr schwierig gedeihen wollen. Gewitter sind im Polarkreis eine höchst seltene Erscheinung. In Lichtenfels erlebte man als besonderes Ereigniß am 15. Juli 1858 ein solches. Dasselbe kam aus Südwest und nahm seinen Lauf nach Nordwest. Es war dies seit 34 Jahren das zweite Gewitter, dessen man sich erinnern konnte.

Auch das Behringsmeer ist wegen seiner dichten Nebel berüchtigt. Bei südlichem Winde wird hier ebenfalls die kalte Luft des Nordens mit der warmen des Südens in Berührung gebracht und dicker Nebel erzeugt. Gar zu oft wächst der Wind dann zum Sturm, die Wellen sind wegen der angeführten Seichtheit des Wassers nördlich der Behringsstraße kurz und mit Massen von Schaum bedeckt. Dazu kommt, daß der Kompaß hier dem Schiffer sehr schlecht als Leiter dient, da er bei der sehr steilen Neigung (Inclination), welche die Nordspitze nach unten annimmt, sich nur träge bewegt. Beobachtungen der Gestirne werden durch die Nebel unmöglich gemacht und die schwimmenden Eisberge vergrößern noch die Gefahren, mit denen der Schiffer von allen Seiten bedroht wird. Eben so rasch wechselt aber auch die Scene. Plötzlich springt der Wind um und weht aus Norden. Der Nebel schwindet, der Himmel ist ohne Wolken in wenig Stunden ist das Wasser eben so ruhig, als es vorher stürmisch war. Walfische kreuzen den Lauf des Schiffes, Walrosse treiben auf Eisschollen, Schaaren von Eidergänsen, Möven, Tauchern und andern Seevögeln beleben die Gegend und Fischottern spielen im klaren Wasser. Es fehlt dem Behringsmeer die mildernde Einwirkung eines großen Meeresstromes, wie der Golfstrom im Atlantischen Ocean eine solche ausübt, und die zungenartige Halbinsel Aljaska, die sich an der Nordwestküste Amerika's nach Asien hinüber vorschiebt, bildet gewissermaßen eine Grenzmauer zwischen den mildern und kältern Gebieten. An der Südseite derselben gedeihen noch prachtvolle Waldungen, belebt von Vögeln südlicher Striche, — an den Nordabhängen ihrer

5 bis 6000 Fuß hohen Berge dagegen beginnt die Herrschaft des Winters. Sie liegen kahl und öde, eine Stätte für die robbenartigen Seethiere.

Auf Unalaschka herrschen vom April bis Mitte Juli fast unausgesetzt Nebel. Dann folgen bis Anfang Oktober die einzigen hellen Wochen, nach denen sofort aber Herbstnebel und Winterstürme wieder eintreten. Die heftigen Stürme verwehren jeglichen Pflanzenwuchs, nur niedere Weidenbüsche halten sich in den feuchten Gründen neben Gräsern und Kräutern. Einige der letztern werden durch ihr massenhaftes Auftreten an den Bergabhängen stellenweise zur Zierde der Landschaft, so z. B. ein Alpenröschen (Rhododendron kamtschadalicum) und eine Wolfsbohne (Lupinus nutkeanus).

Trotz der südlichen Lage, welche die Aleuten haben, steigt im Sommer die Wärme selten über + 19°, sinkt freilich auch i... Winter selten unter — 19°. Im westlichen Eskimolande lassen sich wie in allen Polarländern eigentlich nur zwei ungleiche Jahreszeiten unterscheiden: ein langer Winter und ein kurzer Sommer. Die Mitternacht des Sommers ist ähnlich dem November Deutschlands, der Mittag ähnelt unserm Juni. Bei dem ununterbrochenen Sonnenschein des langen Tages wird die Temperatur zu einer Höhe gesteigert, die man hier kaum vermuthen sollte. Das Thermometer steigt bis 16° C. Das Wachsthum der Kräuter beginnt, sowie der Schnee schmilzt, und schreitet dann bei dem ununterbrochenen Sonnenschein rasch vorwärts, obschon sich zur Zeit des tiefern Sonnenstandes, der unserer Nacht entspricht, Erscheinungen in der Pflanzenwelt bemerklich machen, welche an den Schlaf und die Nachtruhe erinnern. Einige schließen die Blüten, andere falten die Blätter oder senken sie.

An der grönländischen Westküste werden die sogenannten Land- und Seewinde besonders an den tiefeinschneidenden Fjords in hohem Grade bemerklich. Im Sommer erwärmen sich die geschützten Felsenthäler ziemlich stark, der Temperaturunterschied zwischen ihnen und dem eiskalten Meere außerhalb des Fjords wird bedeutend und es findet ein heftiges Zuströmen der kalten äußern Luft nach dem Innern der schmalen Meeresbuchten statt. Mit Hülfe dieser Seewinde gelangt der Schiffer im Segelboot leicht und rasch tief in das Innere der Fjords, eben so schwierig wird es ihm aber auch, aus denselben heraus zu kommen. Bei eintretender kalter Temperatur wird das Verhältniß umgekehrt. Die über dem offnen Meere befindliche Luft hat dann wenig geringere Wärme als 0°, über dem Festlande, besonders über dem großen Binnenlandeise kühlt sie sich bedeutend ab und bricht mitunter in plötzlichen Stößen, in andern Fjords als heftige anhaltende Lokalwinde hervor nach dem Meere, das Eis aus dem Fjorden vor sich hertreibend.

Auf der so sehr verschiedenen Erwärmung und der dadurch hervorgerufenen verschiedenen Dichtigkeit der Luft beruhen auch die mancherlei optischen Täuschungen, die im Polarmeere und besonders an seinen Küsten so häufig vorkommen. Die Küste erscheint von der Ferne mitunter bedeutend erhöht, und an den Seiten unter steilen Winkeln nach oben gezogene Theile derselben zeigen sich von ihrem Grunde losgetrennt und schweben in der Luft. Einzelne Inseln, die einen rundlichen Umriß nach oben besitzen, spiegeln sich nach unten mit derselben Form ab und sehen aus wie frei schwebende Kugeln. Eisblöcke verlängern sich unnatürlich nach oben und jede Zacke an ihnen dehnt sich um das Mehrfache in dieser Richtung aus; so gewinnen sie das Ansehn von architektonischen Bauwerken, die durch eines Zauberers Hand aus Krystall aufgeführt sind. Das Wasser bildet ein andermal mehrfach über einander ruhende, terrassenförmige Lager, die durch deutliche säulenartige Spaltung täuschend basaltischen, hochaufragenden Klippen gleichen. Durch das Fernrohr gesehen dünkt dem Schiffer das Eis am Horizont festes Land mit Ebenen und Gebirgszügen zu sein; Pfähle, die neben den Wohnungen der Eskimo die Gerüste zum Trocknen der Fische tragen, werden zu einem Walde von Masten und auf dem eigentlichen Lande zeigen sich trügerisch blinkende Seen, ganz wie jene Wasserspiegelungen in den Wüsten der heißen Zone. Der Wanderer schreitet trocknen Fußes durch dieselben hindurch, während sie vor ihm zu fliehn scheinen, dem entfernten Gefährten dagegen scheint er in der Flut versunken oder nur noch mit dem Kopfe über ihrem Spiegel zu sein. Zur Abwechselung streckt sich die wandelnde Gestalt dünn und gespenstisch zu Riesengröße aus, das Haupt im Himmel, die Füße anscheinend im Wasser. Das Unheimliche der Kimmung wird noch sehr durch den raschen Wechsel vermehrt. Zu andern Zeiten ist die Luft wieder so klar und durchsichtig, daß die fernsten Gegenstände am Horizont sichtbar werden. Dabei besitzt sie mitunter eine solche Reinheit, daß man menschliche Stimmen auf eine halbe deutsche Meile Entfernung zu hören vermag.

Der eigenthümlichen Erscheinung des Nordlichtes ist bereits bei der Schilderung der Kane'schen Reise mehrfach gedacht worden. Wir erwähnen hier noch des sogenannten „Eisblinks", einer Lufterscheinung, die für den Schiffer in den nördlichen Gewässern von größter Wichtigkeit ist. Es beruht diese Erscheinung auf der verschiedenen Art und Weise, in welcher Wasser und Eis das auffallende Licht brechen und in den über ihnen befindlichen Dünsten der Atmosphäre abspiegeln. Ueber dem offnen Wasser erscheint der Himmel dunkelblau, über dem festen Eise erhält er eine glänzend weißliche Färbung. Besteht das Eis aus zusammengeschobenen einzelnen Schollenmassen, so geht die Färbung in eben dem Grade ins Gelbliche und Dunkle über, als die Wasseradern und Klüfte vorherrschend werden. So vermag an diesem deutlichen Spiegelbild der Schiffer genau zu erkennen, was auf mehrere Meilen Entfernung sich hinter seinem Horizonte befindet, ob dichte Eisbänke ihm das Fortsegeln verbieten oder dunkle Wasserstraßen ihm sein Weiterbringen ermöglichen.

Luftspiegelung.

Am St. Georgs-See.

Wie wenig verhältnißmäßig die Pflanzenwelt von der durch die Erde selbst erzeugten Wärme bedingt ist, wie sehr sie dagegen von Sonne und Luft, sowie von den atmosphärischen Niederschlägen abhängt, zeigt kaum ein Land so deutlich als das nördliche Amerika. Trotzdem daß wenige Fuß unter dem Boden eine dicke Schicht nie aufthauendes Eis ruht, das jedem Pflanzenleben eine Grenze setzt, gedeihen wenige Spannen über demselben nicht nur Moose, Flechten und einige kümmerliche Polarkräuter, nein, selbst ansehnliche Wälder mit ziemlich hohen und starken Stämmen. Je tiefer die Bodenschicht ist, in welche die Wärme der Sommersonne eindringt und auf einige Monate Schmelzung veranlaßt, desto kräftiger ist der Baumwuchs entwickelt. Die Wurzeln senken sich hinab, bis sie auf das ewige Eis kommen, und wachsen hier parallel mit demselben weiter. Sie verhalten sich gerade so, als wären sie mit einer Schicht fester Felsen in Berührung gekommen.

Die Veränderung, welche die Pflanzenwelt durch das Klima erleidet, wird uns anschaulich werden, wenn wir im Geiste eine Wanderung von Kanada aus nach den Gestaden des Eismeeres unternehmen.

Auf dem Granitboden, den die Gewässer des Obern Sees am nördlichen Ufer bespülen, treffen wir den schönsten Nadelwald aus Weißtanne (Abies alba), Balsamtanne (Abies balsamea), Weihmuthskiefer (Pinus strobus) und amerikanischen Lärchen (Larix americana). Zwischenein mischt sich die Papier-Birke (Betula papyracea) und dicht am Ufer breiten Bergahorn (Acer montanum) und weißer Korneelstrauch (Cornus alba) ihr freundliches Laub über den blinkenden Wassern aus. Als Unterholz herrschen 3 bis 4 Fuß hohe Eibengebüsche (Taxus canadensis) vor. An dem Südufer gedeihen noch Buchen und auf den Sandsteininseln mitten im See grüßt uns mit freundlichem Hellgrün ein Laubwald aus Pappeln und Ahorn mit einem Strauchdickicht aus schönblühenden Spiraen, Weißdornen, wilden Pflaumen und Aepfeln. Die Ufer des obern Saskatschewan sind von dichten Waldungen bedeckt, in denen die Art des weißen Mannes noch nicht rodend gehaust hat. Erst bei Fort Carlton lichtet sich die Fläche, die Ufer erheben sich zu 150 bis 200 Fuß Höhe und die Landschaft wird wellenförmig hügelig. Sie gewinnt ein parkähnliches Ansehn. Auf die dichten Wälder folgen Landstriche, in denen eine liebliche Mischung zwischen Wald und Prairie eintritt, und hieran schließen sich bis zu dem Fuße des Felsengebirges weite Grassteppen, die Weideplätze der Bisonherden.

Am Athabaska-Paß, unter dem 53⁰ n. Br., sind die Abhänge des Felsengebirgs mit dichten Fichtenwäldern bedeckt. Der Boden besitzt nur eine dünne Humusschicht auf dem felsigen Untergrund, aber auf dieser breiten sich die Baumwurzeln bis zu außerordentlicher Länge aus. Die Stämme sind dabei schlank und dünn emporgeschossen und stehen sehr dicht bei einander. Der heftige Wind, welcher die meiste Zeit des Jahres über hier weht, beugt sie hin und her wie die Halme eines Getreidefeldes, und das dichte Wurzelgeflecht theilt diese schwankende Bewegung, so daß die Reisegesellschaft, die hier übernachtet, wie in einer Wiege geschaukelt wird.

Der Schneefall ist in den Felsengebirgen in der Nähe des Athabaska-Passes sehr bedeutend. Reisegesellschaften, welche den letztern durchziehen, pflegen Abends eine Anzahl Baumstämme zu fällen und aus ihnen eine Unterlage herzustellen, auf welcher es möglich wird, während der kalten Nächte ein Feuer zu unterhalten. Paul Kane erzählt, daß er bei solchen Gelegenheiten 9 bis 10 Fuß tiefen Schnee gefunden, daneben aber Stümpfe von Bäumen gesehen habe, die von früheren Reisegesellschaften abgehauen worden waren und die noch 10 bis 15 Fuß über den Schnee emporragt. Alte „Voyageurs" pflegen bei solchen Gelegenheiten den „grünen" Mangeurs du Lard von Riesen zu erzählen, die so hoch gewesen wären, daß sie die Stämme in jener Höhe übers Knie abgebrochen hätten.

Unterhalb des aus Stämmen gebildeten Feuerherdes schmilzt der Schnee gewöhnlich zu einer tiefen Spalte und es kommt wol vor, daß ein unachtsamer Schläfer in den letztern zu allgemeiner Heiterkeit hinabrutscht.

Je weiter nördlich vom Saskatschewan (54⁰) wir dringen, je mehr finden wir die Weißtanne vorherrschend. Birken, Weiden, Erlen, Espen und Balsampappeln treten mehr und mehr zurück. Stellenweise unterbrechen Lärchen die Einförmigkeit und unter den Gesträuchen bemerken wir Verwandte der Feldbirne, Vogelkirsche und des Oleaster (Elaeagnus argentea). Am Sklavenfluß (60⁰) sind die feuchten Niederungen von einem Wald aus Balsampappeln und Espen (Populus tremuloides), sowie von Schwarztannen (Abies nigra) und wo Sandboden sich findet, von Banks-Tannen (Pinus Banksiana) bedeckt. An dem

Flußufer werden außer den beiden genannten Pappelarten Weidengesträuche vorherrschend.

Auffallend ist die Frische und verhältnißmäßige Ueppigkeit, welche die Waldungen im Thale des Mackenzie bis in die Nähe der Mündung dieses Stromes zeigen. Weißtannen von 4 bis 5 Fuß im Umfange sind gerade keine Seltenheit. Bäume, die in ihrem Stammdurchschnitt 2 bis 300 Jahresringe zeigten, maßen über 60 Fuß Länge und einzelne erreichen sogar die doppelte Höhe. Auch diesen Fluß begleitet zu beiden Seiten zunächst ein zählebiges Weidengebüsch, von einzelnen Felsbirnen (Amelanchien), Oelweiden und Shepherdia-Gesträuchen unterbrochen. Der Polar- und Mackenzie-Süßklee (Hedysarum boreale und Mackenzie; letzteres ward von Mackenzie als „Süßholz" bezeichnet) unterbrechen mit schönen Blumentrauben die Einförmigkeit, auf Kalkboden kriechen Silberwurz (Dryas Drummondii) und Mannsharnisch (Androsace) mit hübschen Blüten und im Schutze des Waldes zeigen sich sogar noch Frauenschuh (Cypripedium) und Calypso-Arten. An den Ufern der Delta-Inseln des Mackenzie erheben sich noch Weißtannen und Balsampappeln. Der südliche Arm des Mackenzieflusses erhielt von der Menge dieser Bäume an seinen Ufern den Namen Riviere aux Liards. Unter dem 68⁰ n. Br. sind die Weißtannen noch 40 bis 50 Fuß hoch, unter 68 1/2⁰ bilden Papier-Birken, Balsampappeln und Erlen (Alnus viridis) Gebüsche von 20 Fuß Höhe, in welches sich 12 Fuß hohe Weiden (Salix speciosa), rothe Johannisbeeren, weiße Rosen (Rosa blanda), Preißelbeeren, Kalmien und mancherlei kleinere Stauden (Lupinus perennis, Nardosmia palmatr, Rubus chamaemorus) mischen. Erst unter 68⁰ 55' verschwinden die Bäume und nur wenige verkrüppelte Tannen und Sträucher der Papier-Birke überschreiten diese, vom Genius des Nordens gezogene eisige Grenze.

Nur wenige dieser wildwachsenden Pflanzen bieten dem Menschen genießbare Stoffe. Der Wasserhafer oder wilde Reiß (Hydropyrum esculentum), der freilich nördlich nur bis zum Winipeg-See geht, wird von den Indianern als Nahrung geschätzt. Der vorhin genannte Polar-Süßklee und eine Art schmalblättriger Merk (Sium lineare), eine im Wasser wachsende Doldenpflanze, besitzen genießbare Wurzeln, die freilich vorsichtig eingesammelt werden müssen, um Verwechselung mit den giftigen Wurzeln von Hedysarum Mackenzie und jenen vom Wasserschierling vorzubeugen. Die Wurzel des Merk wird von dem Kanadier ihrer Form wegen Rattenschwanz genannt. In Ermangelung von etwas Besserem stellen die Reisenden auch aus den jungen Blättern und Sprossen des schmalblättrigen Weidenröschens (Epilobium angustifolium) ein Gemüse dar. Als eine schwache Erinnerung an die Obstarten bevorzugterer Gegenden dienen die Früchte der mehrerwähnten Kirschen und Aepfel. Die erstern, von der virginischen Kirsche (Prunus virginiana) stammend, besonders am Saskatschewan häufig, doch auch bis zum Sklavensee gehend, sind zwar im frischen Zustande ungenießbar, bilden aber getrocknet und dann zerstoßen eine beliebte Zuthat zu dem Pemmikan. Noch angenehmer sind zu demselben Zweck die erbsengroßen Aepfelchen der Aronia ovalis, eines Strauches, der auf den Sandebenen um den Saskatschewan häufig ist.

Ein Pudding aus denselben soll dem Pflaumenpudding wenig nachstehen. Einige andere Pflanzen, z. B. die Bärenwurzel (Actaea alba, Racine d'ours), die Wurzel eines Alpenbalsams (Azalea nudicaulis, die Kaninchenwurz der Indianer), der Sumpfporst und Heuchera Richardsonii sind als Arzneimittel in Gebrauch.

Welche außerordentliche Wichtigkeit die Papier-Birke für die Reisenden in den nördlichen amerikanischen Gebieten besitzt, ist bereits bei Franklin's Reise hervorgehoben worden. Ihr zunächst würde der weißen Tanne der zweite Rang gebühren. Abgesehen davon, daß das dichte Holz als Zimmerholz sehr gut brauchbar ist, werden auch seine schlanken, zähen Wurzeln, von den Indianern Watopih genannt, bei der Herstellung jener Birkenboote unentbehrlich, um die Rindenstücken mit ihnen zusammenzunähen. Das reichlich ausschwitzende Harz wird benutzt, um die Fahrzeuge wasserdicht zu machen. Kähne, die nur auf kurze Strecken dienen sollen, stellt man auch geradezu aus Weißtannen-Rinde her. Für die Eskimo des Festlandes ist die Weißtanne der einzige Baum, den sie überhaupt im frischen Zustande kennen. Aus seinem Holze fertigen sie sich ihre Jagdbogen. Die erwähnte Banks-Tanne, von dem kanadischen Reisenden gewöhnlich Cypresse genannt, sondert zwar wenigen Harz aus, besitzt aber ein für Zimmermannsarbeit gut geeignetes, dichtes und zähes Holz; dabei hat sie mit ihren langen, weit ausgebreiteten, biegsamen Aesten, die in der Regel üppig mit zahlreichen aufgesprungenen Zapfen von verschiedenem Alter besetzt sind, ein angenehmes Ansehn. Die kleinfrüchtige Tanne (Pinus microcarpa), die besonders häufig in den sumpfigen Gegenden zwischen York-Faktorei und dem Pont-See ist, wird von den Kolonisten „Wachholder", von den Krih-Indianern „der gebückte Baum", Krummholz, genannt. Letzteren Namen verdient sie besonders nördlich vom 65°, wo sie nur zwerghaft von 6 bis 8 Fuß Höhe vorkommt.

Unser eigentlicher Wachholder kommt in jenem Gebiete auch vor, die Indianer nennen seine Früchte „Krähenbeeren". Mit ihm gemeinschaftlich findet sich auch der niedergestreckte Wachholder (Juniperus prostrata) mit mehr als zwei Ellen langen geißelförmigen Aesten, die auf dem Boden fortkriechen. Mit den Knospen des Gagelstrauches und mit der Wurzel eines Labkrautes (Galium tinctorium) färben die Indianerinnen die Stacheln der Stachelschweine, bevor sie dieselben zu ihrem Putze verwenden.

Großartige Verwüstungen werden in den nördlichen Waldungen durch Waldbrände angerichtet. Die Indianer haben die eingewurzelte Unsitte, die Prärien bei den geringsten Veranlassungen in Brand zu stecken. Wenn eine ihrer Kriegsbanden von einem Raubzuge heimkehrt, oder ein einzelner Jäger durch ein Rauchsignal seinen Lagerplatz anzeigen will, wird stets das Gras angezündet. Dazu gesellen sich noch die Brände, welche der Blitzstrahl hervorruft. Durch diese Feuerbrände werden die bessern Baumarten vernichtet, der junge Nachwuchs zerstört und nur Weiden und Pappeln sind im Stande, eine solche Mißhandlung zu überdauern. Diese wenig brauchbaren Baumarten werden auf diese Weise zu Alleinherrschern über weite Gebiete.

Wald in Kanada.

Durch die verwüsteten Wälder wird aber auch der Marsch der Reisenden in hohem Grade erschwert und in einzelnen Theilen der Felsengebirge wird das Vordringen durch umgestürzte Baumstämme und Felsenblöcke, ausgedehnte Sümpfe und Moräste fast unmöglich gemacht. Nur der schmächtige Indianer schlüpft zwischen diesen Hindernissen und durch das verwachsene Unterholz geschmeidig hindurch, unbekümmert um die dichten Schaaren der Moskitos, die ihn umschwärmen.

Wie der Baumwuchs im Gebiet des Mackenzie-Flusses weit nach Norden vorrückt, so findet dasselbe im Vergleich zu andern nördlichen Ländern Amerika's auch mit den Kulturpflanzen statt. Der Mais findet beim 51° seine nördliche Grenze, Weizen geht aber bis 60° 5' zum Fort Liard, das an einem der westlichen Zuflüsse des Mackenzie-Flusses 4 bis 500 Fuß über Meer am Fuße der Rocky-Mountains liegt. Gerste und Kartoffeln gedeihen noch leidlich unterm 65°, Rüben (Turnips) selbst noch zu Fort Good Hope (67°).

Die Westküste des nördlichen Amerika's ist durch die hohen Gebirge gegen die erkältenden Einflüsse des Innern geschützt und hat durch den Ocean ein völliges Inselklima mit häufigen Nebeln, kühlen Sommern und regenreichen Wintern erhalten. Die niederen Küstenberge, so wie alle Ufer der Flüsse und Meeresbuchten sind mit üppigem Baumwuchs bedeckt. Es herrschen hier ähnliche Nadelholzwaldungen vor wie im Innern. Die kanadische Tanne (Pinus canadensis) bildet gemeinschaftlich mit Pinus Mertensiana und andern Coniferen den Hauptbestand, der Lebensbaum (Thuya excelsa) gesellt sich zu ihnen. Laubhölzer sind selten, nur Erlengebüsche bedecken in Gesellschaft mit Sumpfkiefern (Pinus palustris) die tiefer gelegenen Sumpfstellen. Große Panararten, Bärenklaustauden und Heidelbeergesträuppe bilden das Unterholz.

Die Aleuten-Inseln sind dagegen gänzlich baumleer, nur stellenweise tragen sie etwas Gestrüpp und erst auf Unimak beginnen höhere Bäume; dagegen sind die meisten niedern Theile derselben mit kräftigem Graswuchs bedeckt, die zahlreichen eingeführten Rindern so wie einer kleinern Anzahl Schafe und Ziegen Nahrung liefern. Chamisso erzählt, daß einst der Sohn eines russischen Beamten von Unalaschka nach Unimak gekommen sei und daselbst mit Erstaunen Bäume gesehen habe, die so stark gewesen, daß er auf einen derselben habe steigen können. Er habe dies nach seiner Rückkehr mit großem Stolze, aber auch mit nicht geringer Furcht, ob der unglaublichen Kunde für einen Lügner gehalten zu werden, auf Unalaschka erzählt.

Roggen gedeiht im russischen Nordwest-Amerika gar nicht, Gerste wird nur in sehr geringer Menge erzeugt. Auf dem schmalen Küstensaume im Südosten des Eliasberges und bei Neu-Archangelsk treibt man etwas Gemüsebau und erzeugt Kartoffeln, Kohl, Erbsen, Möhren und Rettige in hinreichender Menge.

Günstiger zeigen sich die Verhältnisse in der neu aufblühenden Kolonie am Fraser-Flusse. Der Boden der Umgegend derselben ist fruchtbar. An beiden Ufern des Stromes sind die Hügel gekrönt mit Waldungen aus Schierlingstannen, Cedern, Fichten und Weißtannen; eben so finden sich Laubhölzer hier häufig, vorzüglich Eschen, Ulmen, Birken und Hollunder, Aepfel- und Birnbäume. Man hat hier einzelne Bäume von bedeutender Größe und Stärke getroffen. So maß eine Ceder 28 Fuß im Umfange, eine andere 25 Fuß, eine dritte 18 Fuß, so wie eine Weißtanne 22 Fuß. Eine umgeschlagene Fichte hatte 220 Fuß Länge und war dabei 4 Fuß 6 Zoll dick. Am Columbia wird so viel Getreide erzeugt, daß es nicht nur die Bedürfnisse der daselbst wohnenden Bevölkerung völlig befriedigt, sondern daß auch eine nicht unansehnliche Menge davon ausgeführt werden kann.

Viel ungünstiger zeigt sich dagegen die Ostküste des Kontinents. In Labrador befinden sich vier protestantische Missionsniederlassungen an der Küste, die nur einmal jährlich von einem europäischen Schiffe besucht werden. Die Kartoffeln gedeihen hier noch in günstigen Jahren ziemlich gut. Im Jahre 1857 hatte man eine ziemliche Menge in Hebron unter 58⁰ 15' n. Br. erzeugt, von denen viele 12 bis 20 Loth wogen. Am Mackenzie kommt die Kartoffel noch unter dem 65⁰ fort, in Grönland dagegen gedeiht sie nicht mehr, während sie in Europa noch in den Ländern des 70⁰ wächst.

Die dänischen Beamten auf Nord-Grönland haben meistens einen kleinen Garten vor ihrem Hause angelegt, zu dem sie nicht selten die fruchtbare Erde mühsam zusammengetragen. Sie ziehen in demselben weiße Rüben und Radieschen, die sehr gut sein sollen, dagegen entbehren der Grünkohl, Spinat, Salat und Kerbel jedes gewürzigen angenehmen Geschmacks, obschon sie ziemlich schnell und üppig heranschießen. Möhren kann man kaum zu einer Größe bringen, daß sie sich als solche erkennen lassen, und Kartoffeln erreichen kaum die Größe jener Kartoffeln, die in unsern Kellern von selbst an den aus alten Knollen hervorschießenden Schößlingen wachsen.

Etwas günstiger sind die Verhältnisse in Südgrönland, z. B. in Julianehaab. Gegen Ende Mai ist die Erde hier bereits fast einen Spatenstich tief aufgethaut und man kann Anfang Juni es wagen, sie zu bepflanzen, besonders wenn man die Beete hoch und trocken legt. Kartoffeln gelten freilich immer nur als die feinsten Luxusartikel, der nur die sorgsamste Pflege erzielt. Zur Blüte kommt die Pflanze hier nie, die größte Knolle, die man im Jahre 1855 gewonnen hatte, wog $7^{1}/_{2}$ Loth; man erhält ungefähr das Drei- bis Vierfache der Aussaat; dazu sind die Knollen sehr wäßrig. Gelbe Rüben bleiben klein, weiße hingegen gedeihen gut; der Kohl wird hier besser, bildet aber keine festen Stöcke. Salat, Spinat und Sauerampfer werden vortrefflich, eben so Rhabarber und Kerbel. Petersilie ist weniger gut, Erbsen bringt man höchstens zur Blüte.

In Treibbeeten, die von der Sonne gewärmt werden, zieht man als Delikatessen auch Erdbeeren und Gurken.

Unter den wildwachsenden Pflanzen wird in Südgrönland die Engelwurz (Archangelica officinalis) an den Bergbächen öfter gefunden und von den Eingeborenen ihrer eßbaren Stengel wegen gesucht.

An Baumgewächsen sind in Südgrönland die Birke (Betula fruticosa), eine Erle und ein kriechender Wachholder außer den gewöhnlichen Polarweiden vorhanden. Die Birke geht nur bis zum 62⁰ n. Br. Meistens liegen die dickern Stämme derselben glatt an der Erde, halb im Moos begraben, und vor ihnen schießen Zweige von 2 bis 3 Zoll Dicke 4 bis 5 Ellen hoch in die Luft. Die stärksten jener liegenden Stämme haben 8 Zoll Durchmesser. Die größten und höchsten Büsche Südgrönlands stehen in dem kleinen Thale Kingoa, geschützt von steilen Felsen, und sind so hoch, daß ein Mann etwa 5 Fuß auf den Stamm hinauf steigen kann und doch noch 2 bis 3 Fuß hoch von den Zweigen überragt wird. Nur wenige Eingeborene bedienen sich des Holzes als Brennmaterial, dasselbe wird meist für die hier wohnenden Europäer gesammelt.

Trotz der Dürftigkeit der grönländischen Flora im Vergleich mit dem Pflanzenwuchs südlicher Breiten, gewähren die dänischen Besitzungen dieses Landes während des Sommers doch einen allerliebsten Anblick, der ganz an unsere Alpenmatten erinnert. Die meisten flachen Partien der Klippen, so wie alle Ritzen und Vertiefungen des Gesteines sind mit einem mehr oder weniger dicken Polster von niederen Buschgewächsen, Moosen und Halbgräsern bedeckt. Nackte, ganz unfruchtbare Klippen, wie in der Umgebung von Upernivik, gehören zu den selteneren Ausnahmen. Je nachdem die Buschgewächse, namentlich die Heidelbeeren, in Verbindung mit den Grasarten oder die Halbgräser in Verbindung mit den Lichenen die am meisten vorherrschenden Pflanzen sind, erhält die Vegetation solcher Berge entweder eine schwach grünliche oder eine mehr graue und braune Gesammtfärbung. Tritt man den bewachsenen Stellen näher, so wird man durch die Frische des Grüns und durch die Menge der hübschen Blumen dazwischen angenehm überrascht.

An 's Gebiet der Nadelwaldungen schließen sich weite Sumpfflächen an. Die arktische Küste nördlich vom Kotzebue-Sund wird durch eine graue Torffläche überdeckt, die über Höhen und Thäler gleichförmig hinzieht. In südlicher Lage kommen Gesträuche von Weiden und grauen Erlen (Alnus incana) vor. Außerdem wachsen im Moore Zwergbirken, Sumpfporst, Bärentraube (Arctostaphylos alpina) und Sumpf-Heidelbeeren, erheben sich aber kaum über die Flechten und Moose, in deren Schutz sie gedeihen. Die Ränder der Wassertümpel werden eingefaßt von Riedgräsern und Wollbinsen.

An der gegenüberliegenden Küste von Asien sinkt im Lande der Tschuktschen die Baumgrenze bis zum 64° n. Br. herab, an der amerikanischen Seite der Behringsstraße dagegen kommen weiße Tannen und Weiden (Salix alba) bis zum 66° vor. Wäldchen aus denselben finden sich an den Ufern des Buckland-River, der in dem Kotzebue-Sund mündet. An die Waldungen schließt sich ein Gürtel aus strauchförmigen Weiden und jenseits von Wainwright's Inlet dehnt sich die strauchlose ebene Tundrafläche.

Die Tundra des westlichen Eskimolandes vom Norton-Sund bis Point Barrow ist eine große Moorfläche, die nur unbedeutend durch einige niedere Hügel und einzelne Vorgebirge etwas Abwechselung erhält. Obschon der Grund aus Humus und Geröll besteht, so verwehrt doch das Eis, das selbst im Sommer nur wenige Zoll unter der Oberfläche liegt, dem Regen- und Schneewasser tiefer einzudringen, und letzteres bildet Sümpfe, Tümpel und Seen. Wo der Boden sich etwas neigt, sammeln sich die Wasser zu Rinnsalen, deren Ufer gewöhnlich die interessantesten Gewächse erzeugen. Der weiche Torfboden ist mit einzelnen Büscheln von Wollgras besetzt und läßt den Fuß tief einsinken. Wo in der Nähe der Bäche und Flußufer der Boden frei von Torf ist, blüht es im Sommer wie in einem Gärtchen von den auserlesensten Kräutern. Die Gletscher-Nelkenwurz strahlt mit großen goldgelben Blumen neben der purpurrothen Claytonia sarmentosa, dazwischen schimmern zahlreiche Anemonen, gelbblühende Steinbrecharten und himmelblaue Vergißmeinnicht. Freilich sind solche auserlesene Plätzchen nur einzeln vorkommend, meilenweit umher herrscht die drückendste Einförmigkeit: schwarzgrauer Torfboden mit einzelnen Grasbüscheln, Mooshäufchen und Flechtenlagern bedeckt.

Seemann hat im westlichen Eskimolande 315 Pflanzenarten gesammelt, darunter 249 Gefäßpflanzen und 66 Kryptogamen. Eben so haben Pullen, Penny und Ede Verzeichnisse der Gewächse jenes Gebietes geliefert.

Die Flora der nördlichen Tundren hat ein ganz eigenthümliches Gepräge. Unter 243 Phanerogamen (Blütenpflanzen) sind nur 2 baumartige Gewächse, 23 strauchartige, 195 Stauden, 7 zweijährige Pflanzen und nur 12 Sommergewächse. Es haben sich unter den ungünstigen Verhältnissen, welche hier walten, nur äußerst wenig Gewächse erhalten können, die innerhalb eines Jahres ihren Wachsthumscyclus vollenden und bei ihrer Fortpflanzung ausschließlich auf Samen angewiesen sind. Die Mehrzahl der Polarpflanzen zeigt ganz denselben Charakter, welcher die Flora der Hochalpen in der Nähe der Gletscher charakterisirt. Sie entwickeln ausdauernde unterirdische Stöcke, nach oben in dichtstehende Astbüschel getheilt, deren Spitzen im Moos- und Flechtenteppich verborgen liegen. Hier treiben sie dichte Blattkissen, aus denen sich die oft großen Blumen nur wenig erheben. Es ist das Zwerggeschlecht der Blumenwelt, gegenüber den Riesen der Felsen und Eismassen.

Die größte Weißtanne, welche man im nordwestlichen Eskimolande angetroffen hat, war 40 bis 50 Fuß hoch und hatte einen Umfang von 4 bis 5 Fuß, war aber bereits 150 Jahr alt. Die höchste Weide (Salix speciosa), die gesehen wurde, maß 20 Fuß in der Höhe und hatte einen Durchmesser von 5 Zoll. Sie sah so jugendlich aus, daß man nach unserer gewöhnlichen Schätzung ihr ein Alter von 5 bis 6 Jahren zugesprochen haben würde, eine Zählung der Jahresringe wies aber ein Alter von 80 Jahren nach. Im Großen und Ganzen kann man die Flora jenes Gebietes dahin bezeichnen, daß sie vorherrschend aus Stauden gebildet wird, die abwechselnde, einfache Blätter haben, regelmäßige weiße oder gelbe Blumen und trockene Früchte tragen. Bei 83 Arten hat man weiße Blumen gefunden, bei 59 grünliche, bei 43 gelbe, bei 25 purpurne, bei 14 blaue, bei 7 rosenrothe und bei 3 weinrothe. Scharlachroth fehlt gänzlich. Das Vorherrschen des Weiß, das in der Thierwelt des Polarkreises so auffallend ist, macht sich auch in der Blumenwelt geltend. Außer dem Einfluß der Wärmeverhältnisse ist auch die ununterbrechende Sommerbelenchtung nicht ohne Einwirkung auf die Gewächse. Interessant sind in dieser Beziehung jene Versuche, welche der mehrgenannte Berthold Seemann bei seiner Polarfahrt an mitgenommenen Pflanzen anstellte. Er hatte hierzu solche Arten ausgewählt, die eine große Empfindlichkeit gegen das Licht zeigen und dies durch Ausbreiten und Zusammenfalten der gefiederten Blätter zu erkennen geben. Eine Bohne (Phaseolus), welche in der tropischen Zone ihre Blätter um 5 Uhr zum Schlaf zu falten pflegte, behielt dieselben hier in der Polarsonne bis gegen 8 Uhr ausgebreitet, dann schlossen sie sich, vorausgesetzt, daß sie nicht vom unmittelbaren Sonnenstrahl getroffen wurden. Letzteres führte selbst um Mitternacht ein Erwachen der Pflanze herbei.

Am zahlreichsten sind auf den Tundras die Familien der Moose und Compositen vertreten; von erstern finden sich 30, von letztern 26 Arten. Dann folgen die Flechten mit 21 Arten, die Gräser (20), die Steinbrechgewächse (19), die Rosengewächse (18), die Kreuzblümler (17) und die Hahnenfußgewächse nebst den Nelkenblümlern (jede mit 15 Arten). Die artenreichsten Gattungen sind Steinbrech (Saxifraga) mit 18 und Fingerkraut (Potentilla) mit 9 Arten. Weide, Hahnenfuß (Ranunculus) und Widerthonmoose (Polytrichum) sind je mit 8, Läusekraut (Pedicularis) und Astmoos (Hypnum) mit je 7 Arten vertreten und vom Kreuzkraut (Senecio) sind deren 6 vorhanden. Die meisten dieser Gewächse finden sich auch auf den Rocky-Mountains, so wie in den übrigen Polarländern Asiens und Europa's, nicht wenige auch auf den Alpen, einige sogar am Südpol. Nur wenige Arten sind den nordamerikanischen Polarländern ausschließlich angehörig.

Eine Eigenthümlichkeit der Polarkräuter ist ihr unschuldiger, harmloser Charakter. Es giebt hier nur sehr wenige und noch dazu nicht sehr gefährliche Giftpflanzen und nur zwei Arten, eine Rose und die Gletscher-Nelkenwurz, sind mit Dornen bewaffnet. Wir haben in dem Anfangsbilde dieses Abschnittes eine Anzahl der am häufigsten vorkommenden Polarkräuter zusammengestellt. Fig. 1 ist die weitverbreitete Rauschbeere (Empetrum nigrum); 2 der Polar-Beifuß (Artemisia polaris); 3 die achtblättrige Silberwurz (Dryas octopetala); 4 der rasenbildende Steinbrech (Saxifraga caespitosa); 5 Alpen-Vergißmeinnicht (Myosotis alpestris); 6 einblütiges Wintergrün (Pyrola uniflora); 7 das vielerwähnte Löffelkraut (Cochlearia officinalis).

So wenig die Pflanzenwelt des Poles Gefahren bietet, so wenig gewährt sie freilich auch den Polarbewohnern unmittelbar Nutzen. Von einer Benutzung des Holzes ist kaum die Rede, wenn man von einigen Weidengesträppen Grönlands absehen will, die ein dürftiges Brennholz liefern. Einige, mehrfach in den vorhergeschilderten Reisen genannte Kräuter, z. B. Ampfer (Rumex domesticus) und Löffelkraut, so wie selbst die Wurzeln von Knöterricharten (Polygonum), dienen in der einfachen Küche der Eskimo. Am wichtigsten erscheinen noch die Heidelbeeren und Sumpfbeeren, die man nicht selten erst im Frühjahr sammelt. Die im Spätsommer eingetragenen läßt man statt jeder anderweitigen Zubereitung einfach gefrieren, um sie aufbewahren zu können. Dem Handelsverkehr bietet die Pflanzenwelt jenes ganzen Gebiets nichts Nennenswerthes, derselbe wird stets auf die Erzeugnisse des Thierreichs angewiesen bleiben.

Die Erhebung des Landes über den Spiegel des Meeres, nach welcher sich in wärmeren Zonen die verschiedenen Pflanzengeschlechter in übereinander liegende, oft ziemlich scharf von einander gesonderte Zonen scheiden, ergiebt im Polarkreise kaum einen Unterschied in der Vegetation. Wo überhaupt Gewächse fortkommen können, sind es auch ziemlich dieselben Arten, nur an geschützten Stellen dichter und üppiger, an ungünstigeren Lokalen dürftiger und einzelner auf Oasen beschränkt.

Obschon die Westküste Grönlands an mehreren Stellen hoch ansteigt, an der Waigatstraße z. B. 6000 Fuß erreicht, so ist hier doch keine scharfe obere Grenze des Pflanzenlebens wahrnehmbar. Es hängt das Gedeihen der Gewächse hier inniger mit der Vertheilung des mächtigen Gletschereises zusammen, das nach dem Innern des Landes hin bei 2000 Fuß a. H. beginnt. An den Höhen zwischen der Waigatstraße und dem Omenaks-Fjord finden sich bei einer Erhebung von 4500 Fuß noch eine namhafte Anzahl blühender Pflanzen. Auf jener, unter dem 71⁰ n. Br. gelegenen Halbinsel ist der Granitboden vom Strande an bis zu 2000' Höhe mit niedrigen Sträuchern aus Rauschbeeren, Andromeda u. a. bedeckt. Die leeren Stellen sind von Moosrasen oder einem Teppich aus Gräsern bekleidet. Zwischen 2—3000 Fuß Erhebung werden die Pflanzen etwas sparsamer, nackte Felsen treten vorherrschender zu Tage. Der grüne Moosteppich ist durch den schönblumigen Schnee-Hahnenfuß geschmückt und im Uebrigen herrschen außer den Flechten die Gräser und Riedgräser vor. Bei 3500 Fuß hört die graue Weide (Salix glauca) auf und die verhältnißmäßig wenigen Pflanzen finden sich nur noch einzeln in geschützten Verstecken. Bei 4500 Fuß Höhe beginnt die zusammenhängende Decke aus Eis und Schnee; aber selbst hier bilden eine Anzahl Blumen einen buntfarbigen Saum. Häufig sind der stengellose Mohn, Fingerkräuter (Potentilla Vahliana), Steinbrecharten (Saxifraga tricuspidata, oppositifolia, caespitosa), Mieren (Alsine rubella), Silenen (Silena acaulis), Hungerblümchen (Draba arctica), Schwingelgräser (Festuca nardifolia), einige Riedgräser und Flechten.

Auf den nördlichsten Inseln an der Nordseite Amerika's verklingt das Pflanzenleben in den letzten dürftigen Spuren. Hier und da verleiht die Schneealge dem Schnee am Fuße der Klippen eine rosenrothe bis purpurrothe Färbung.

Auf den Eismassen des Wellington-Kanals traf man noch große Mengen von einer Nostochinee (Gallertalge), welche von Berkeley Hormosiphon arcticus benannt wurde. Sie kann ihres Schleimgehalts wegen zur Nahrung benutzt werden. Viele Stellen der Inseln sind aber völlig von Pflanzenwuchs entblößt; so z. B. die Küste an der Nordwestseite von King Williams-Land, die sehr niedrig und flach ist. Sie entbehrt fast aller Gewächse und zeigt statt derselben kahle Kieselbänke und niedrige Inseln als Einfaß. Die davor befindliche Victoria-Straße ist meistens mit schwerem undurchdringlichen Packeis bedeckt.

XIV.
Das Thierleben der Polarwelt.

Reichthum des Meeres. Walfisch. Finwal. Weißfisch. Seehunde. Haifisch. Kabliau. Lachsforelle. Lump. Buttfische. Seezunge. Miesmuschel. — Landthiere: Renthier; Fuchs. Pelzthiere des Festlandes; Pelzhandelsgesellschaften. Seeotter. Büffel. Kaninchen. Moschusochs. Seebär. Seelöwe. Amphibien. Wolf. Eskimohund.

Nicht die Erde ist innerhalb des Polarkreises die Allernährerin, sondern das Meer. Der Ausspruch Humboldt's: „Es ist die Frage: ob das Land eine größere Fülle von Leben erzeugt, oder der Ocean!" wird uns nirgends näher geführt und zu Gunsten des letztern beantwortet, als an den Küsten des Polarmeeres. Der gefrorene Boden und die feste Felsenklippe weisen Spaten und Pflug zurück; was je die einheimische oder gepflegte Pflanzenwelt bietet, hat kaum eine höhere Bedeutung als die einer Abwechselung bietenden Leckerei. Das Meer dagegen, das durch den Wechsel von Ebbe und Flut, durch die Strömungen und Wellenbewegung, durch das Kalben und Wandern der Eisblöcke wenigstens an einzelnen Stellen selbst in den strengsten Wintern offen gehalten wird, bietet sowol dem Menschen als auch den meisten jener Thiere, welche das Land bewohnen, eine unerschöpfliche Fülle von Nahrung.

Nur das Renthier und der Polarhase, sowie die Schneehühner, Schneeammern und einige wenige andere, finden an dem Pflanzenteppich des Landes ihren Unterhalt; der König jenes Gebietes, der mächtige Eisbär, sowie seine Begleiter, der Polarfuchs und selbst der Wolf, leben von dem, was der Seestrand Lebendiges bietet. In Ermangelung von Besserem verzehren sie in Gemeinschaft mit dem Eskimo und dessen Hunde die Muscheln, welche die zurückweichende Flut bloßlegt.

Die Existenz der zahlreichen Meeresthiere beruht nur zum Theil auf den Seegewächsen, zum größern Theil auf anderen animalischen Wesen. Sobald man sich den Meerestheilen nähert, in denen das große Treibeis sich zu zeigen beginnt, sieht man das Wasser oft eine Strecke von vielen Meilen eine schmutzig grüne Farbe annehmen. Jene trübe Färbung rührt von mikroskopischen Wesen her, die von einigen Forschern zu den Pflanzen, von andern zu den einfachsten Thiergeschlechtern gezählt werden. Scoresby, der erfahrene Polarfahrer, nimmt an, daß mehr als eintausend Quadratmeilen des nördlichen Eismeeres im buchstäblichen Sinne des Wortes von organischen Körpern wimmeln.

Wo an der Küste Grönlands das klare Meerwasser einen Blick in die Tiefe erlaubt, gewahrt man am Grunde einen Wald von riesenhaften Tangarten, zwischen deren 12 bis 16 Fuß langen und ½ Fuß breiten Blättern es von Thieren aller Art sich regt. Eben so bekleiden korallenartige Rinden überall die auf dem Meeresboden liegenden Steine, ja sogar den Thon und Lehm, den man aus der Tiefe heraufholt. Eine Unmasse krebsartiger Geschöpfe übernehmen hier die Rolle der Termiten heißer Zonen.

Für die Eskimo haben die Meeressäugethiere die größte Bedeutung. Da in den vorhergegangenen Reiseschilderungen eingehender einer Anzahl dieser Nahrungsquellen, so wie der Lebensweise jener Thiere und der Art sie zu fangen gedacht worden ist, so heben wir hier nur einige von denen hervor, die dort gar nicht oder nur kürzer berührt wurden.

Von den Walthieren sind für die Grönländer besonders die Beluga oder der Weißfisch und der Narwal wichtig.

Der eigentliche Walfisch oder Bartenwal, der in alten Zeiten von den Eskimo mit Harpunen und Blasen von den Weiberbooten aus gefangen wurde, wird jetzt vorzugsweise eine Beute der Europäer. In neuern Zeiten ist der Ertrag dieser Seejagd von Jahr zu Jahr geringer geworden und für die Bewohner Grönlands hat er keinen sonderlichen Segen hinterlassen. Durch die Walfischfangstationen wurden eine Anzahl der zerstreut wohnenden Grönländer auf einzelnen Punkten versammelt, sie entwöhnten sich ihrer ursprünglichen Lebensweise und der Seehundsjagd mit dem Kajak, wurden zwar zu Zeiten durch das Fleisch der erlegten Wale mit Nahrung überstürzt, in desto größeren Zeiträumen aber auch dem Mangel preisgegeben und an die Unterstützung durch die Dänen und an Trägheit gewöhnt.

Der Finwal, an Größe dem Wal nicht viel nachstehend, von dem europäischen Schiffer aber wegen seiner Gefährlichkeit gemieden, wird durch den Grönländer verwundet, sobald es gelingt, ihm an der Küste beim Schlafen nahe zu kommen. Ist er in Folge des Blutverlustes ermattet, so läßt er sich leichter harpuniren und liefert dann auf einmal gegen 20,000 Pfund Fleisch außer dem Thran und der eßbaren Haut.

Der sogenannte Weißfisch ist ein Wal von 12 bis 16 Fuß Länge, der im Durchschnitt gegen 1½ Tonnen Speck giebt. Er nähert sich der Küste gewöhnlich kurz nach dem Aufbrechen des Wintereises und vor dem Bilden des neuen. Besonders wird sein Fang regelmäßig in bestimmten Fjorden und der Diskobai getrieben. Jährlich mögen an den Küsten des dänischen Grönlands gegen 1000 Weißfische und Narwale erlegt werden. Nicht unbedeutende Mengen Thran erhält man auch von den antreibenden Aesern größerer Walthiere. In den Fjords von Holsteenborg fischte man 1854 gegen 95 Tonnen sogenanntes Flußfett, einer thranigen Substanz, aus dem Meere auf. Im Ganzen sind im Süden von Grönland in den letzten 10 Jahren durchschnittlich 500 Tonnen Speck in den Handel gebracht worden, jenen nicht mit gerechnet, den die Grönländer selbst verbrauchen.

Von den verschiedenen **Seehundsarten** kommen jährlich ungefähr 35—36,000 Häute in den Handel, außerdem kann man auf jedes Individuum noch jährlich 4 Häute zum Verbrauch rechnen, so daß mehr als 50,000 dieser Thiere jährlich erlegt werden mögen. Fast jede der zahlreichen Arten dieses Geschlechts bietet in ihrer Haut einen besondern Vortheil. Während die einen sich besser zu Kleidungsstücken eignen, werden andere zum Ueberzug der Kajaks und Weiberboote, noch andere zur Herstellung der Wurfleinen und Angelriemen benutzt. Außer den früher geschilderten Fangarten ist durch die Dänen auch noch der Fang mittelst eigenthümlicher großer Netze eingeführt worden und zeigt sich an geeigneten Stellen sehr einträglich. Zum Fang der genannten Weißfische benutzt man ebenfalls besondere Netze, die eine Länge von 90 bis 300 Fuß haben. Welche Wichtigkeit das Walroß für die Eskimo an der nördlichsten Küste Grönlands hat, haben wir aus Kane's Reise vielfach erfahren.

Eine besondere Bedeutung hat im dänischen Grönland in neuern Zeiten der Fang des großen nordischen **Haifisches** erlangt, eines Thieres, das gewöhnlich 8—12, mitunter aber auch bis 18 Fuß lang wird. Ungleich seinem gefürchteten Namensvetter in wärmern Meeren, wird er Menschen und lebenden Thieren nicht gefährlich, um so lieber aber sammelt er sich beim Aase und erleichtert hierdurch, sowie durch seine Gierigkeit und Trägheit, den Fang.

Man erzählt in dieser Beziehung, sowie in Bezug auf seine Gleichgültigkeit gegen Verwundungen die unglaublichsten Geschichten; Schiffer berichten, daß ein Hai, den man gefangen und, nachdem man ihm die Leber ausgeschnitten, wieder ins Wasser geworfen hatte, doch gleich darauf an den Köder des Hakens wieder angebissen habe.

Sobald man darauf rechnen kann, daß das neugebildete Wintereis liegen bleibt, schlägt man Oeffnungen in dasselbe und hängt Eingeweide von Seehunden u. dgl. als Lockspeisen in dieselben. Mitunter lockt man den Fisch auch bei Nacht durch Fackeln und fängt ihn dann, sobald er sich an der Oberfläche zeigt, mittelst eines kurzen, krummgebogenen, eisernen Hakens. Zwei Männer sind erforderlich, das schwere Thier aufs Eis zu ziehen, wenn nicht, was auch vorkommt, das Thier dem Fischer den Gefallen thut, und sich selbst nach dem Köder auf die Oberfläche des Eises hinausschnellt. In solchem bequemen Falle schlägt man dem Fisch sofort Handhaken in die Augen, um ihn festzuhalten. Will man nicht fortwährend am Eisloche auf der Lauer stehen, so hängt man die Lockspeise an einem eisernen Haken mittelst einer 4 bis 6 Fuß langen Eisenkette ins Wasser und befestigt letztere auf dem Eise. Freilich läuft man hierbei Gefahr, daß währenddem der gefangene Hai von seinen Kameraden bis auf den Kopf aufgezehrt wird.

Der Polarhaifisch. 263

Walroſſe auf Treibeis.

Im Omenaks-Fjord läßt man große Fiſcherhaken mit Köder an langen Schnü=
ren aus gewöhnlichem Bindfaden auf den Grund des Meeres. Das träge, dumme
Thier läßt ſich mit Hülfe ſolcher Faden, die nicht ſtärker ſind als dickes Segelgarn,
bis an die Oberfläche des Waſſers ziehen. Um zu ſehen, ob ein Hai angebiſſen
hat, befeſtigt man die Schnüre an langen, biegſamen Stangen. Man bringt jähr=
lich durchſchnittlich gegen 360 Tonnen Haifiſchleber in den Handel, die zur Her=
ſtellung von Thran dienen. Das Fleiſch wird ſelten verzehrt, ſondern meiſtens
den Hunden preisgegeben, bei welchen es aber, wenn ſie noch nicht an ſeinen Ge=
nuß gewöhnt ſind, oft eigenthümliche Krankheitserſcheinungen hervorruft. Ge=
ſünder zeigt es ſich nach mehrmaligem Ausfrieren, Auspreſſen oder Abkochen. In
Südgrönland finden die Eskimo die knorpeligen Haifiſchknochen beſonders delikat.

In manchen Jahren erscheinen an bestimmten Stellen der grönländischen Küste große Mengen des großen **Dorsch** oder **Kabliau**. So wurden in einem Jahre bei Christianshaab und Egedesminde gegen 40,000 Stück dieser Fische gefangen und von ihnen 65 Tonnen Leber in den Handel gebracht. Die getrockneten Fische werden zu Wintervorräthen benutzt und könnten bei jener Menge für 1200 Menschen ausreichen. Leider sind bei so ungewöhnlich günstigen Gelegenheiten in der Regel zu geringe Arbeitskräfte vorhanden, so daß die Mehrzahl der Fische in Fäulniß übergeht und Raben und Hunden zum Futter wird, ehe man sie zubereiten kann. Man fängt den Dorsch gewöhnlich von Böten aus, von denen jedes 3 bis 4 Schnüre mit Angelhaken auslegt und in guten Zeiten täglich 500 Stück fangen kann. Am ergiebigsten zeigt sich der Fang vom August bis Oktober, und zwar zwischen bestimmten Schären und der Landküste.

Zu den beliebtesten Sommerbelustigungen der dänischen Nordgrönländer gehört der Fang der **Lachsforelle**. Dieser Fisch, der gewöhnlich ziemlich fett und einige Pfund schwer wird, zieht zu bestimmten Zeiten des Jahres in den grönländischen Flüssen stromauf nach den Landseen. Bei dieser Gelegenheit fängt ihn die grönländische Handelsgesellschaft durch Netze, die man an den Flußmündungen querüber gezogen hat, oder auch durch Reußen weiter oben im Strom. Die Grönländer, besonders ihre heranwachsenden Knaben, stechen ihn vom Kajak aus oder von Steinen im Flußbett.

An bestimmten Stellen der grönländischen Küste erscheint während einiger Wochen im Juni oder Juli ein kleiner Fisch, mit dem Salm verwandt, in ungeheuren Mengen. Man nennt ihn fälschlicherweise daselbst Häring, obschon er nur halb so groß als dieser ist; die Eingeborenen heißen ihn **Angmaksätte**. Im Disko-Fjord drängen sich seine Schaaren so massenhaft zusammen, daß man die Fische mit der Hand greifen kann. Gewöhnlich gebrauchen die Grönländer ein kleines Netz an einer Stange zu diesem Fange. Bevor sie durch die Dänen Bindfaden erhielten, fertigten sie solche Schöpfer aus zubereiteten Sehnen. Was man von den Angmaksätten nicht sofort verzehrt, wird zum Aufbewahren auf Klippen oder Geflechten aus Zweigen getrocknet. Besonders in Südgrönland vertreten sie dann eine Zeitlang im Jahre die Stelle des Brodes. Man schätzt die hier gefangene Menge der Angmaksätten auf 1½ Millionen Pfund; 15 bis 30 Fische wiegen im frischen Zustande ungefähr ein Pfund.

Kurz vor der Angmaksätte erscheint an der Küste der **Lump**, ein kurzer, dicker und dabei fetter Fisch, zum Laichen. Wie jene, liebt er stets bestimmte Stellen und ernährt die an denselben wohnenden Grönländer jährlich einige Wochen. Am weitesten nach Norden scheint der **Schellfisch** zu gehen und die Baffinsbai soll mitunter förmlich von ihm wimmeln. Er scheint die vorzüglichste Nahrung der Seehunde, Weißfische und der verwandten Walthiere zu bilden und wird von den Grönländern mit kleinen Haken geangelt, die zu mehreren an einer Schnur 4—5 Ellen ins Wasser hinabgelassen werden.

Weniger bequem ist der Fang der **Heiligbutte**, **Hundszunge** und anderer Bewohner des schlammigen Meeresgrundes. Man bedarf zu demselben

Miesmuschel. Seevögel. Renuthiere.

Angelschnüre von 350—380 Faden Länge, die man aus dünnem Bindfaden oder aus Fischbein herstellt. Letzteres verräth besser den Ruck des anbeißenden Fisches. Die Heiligbutten werden bis 100 Pfund schwer, die Hundszungen dagegen 10—20 Pfund. Man erräth das Dasein dieser Bewohner der Tiefe theils durch das Aufsteigen der todten Fische an die Oberfläche, theils durch die Seehunde, die mit ihrer Beute im Maule auftauchen.

Wir können nicht sämmtliche Fischarten des nordischen Meeres aufzählen, die außer den genannten wichtigsten noch in kleinern Mengen gefangen werden, wol aber müssen wir noch der Miesmuschel gedenken, welche an der ganzen Küste entlang verbreitet ist und bei eintretender Ebbe vorzüglich durch Kinder gesammelt wird. Sie bildet während des Sommers das Hauptnahrungsmittel der Hunde und fast während des ganzen Jahres die Speise der...

Von den zahlreichen Krebsen und Krabben benutzen die ...länder nur die größern Arten.

Nächst den Meeresthieren sind die Seevögel für die Polarbewohner von Wichtigkeit, und in den vorhergeschilderten Reisen, sowie besonders in Kane's Polarfahrt vielfach erwähnt worden. Man benutzt von ihnen ebensowol das Fleisch und die Federn, wie die Eier. In Bezug auf die letztern sind die Grönländer keineswegs wählerisch, und verschmähen sie selbst dann nicht, wenn dieselben etwa bereits Anfänge von jungen Vögeln enthalten. Sie sammeln die Eier und Daunen an den Nistplätzen mitunter mit ziemlicher Gefahr und stellen auch schwimmende Fallen an der Küste auf, in denen sie die Vögel fangen. Das Werfen des Vogelpfeiles gehört zu den Hauptbelustigungen der Kinder und Erwachsenen, Vogelflinten sind dagegen nur im Süden gebräuchlich. Aus den Bälgen der Eidergänse rupft man die größern Federn aus, so daß nur die Daunen zurückbleiben, und verwendet sie, sowie auch die Bälge der Alken und Lummen, zu Kleidungsstücken. Je 20 bis 30 Bälge geben einen Anzug für einen Erwachsenen. Im Jahre 1855 wurden allein im dänischen Grönland gegen 30,000 Eidervögel und 69,000 Alken erlegt und das von diesen Thieren gewonnene Fleisch dürfte mindestens auf 100,000 Pfund zu veranschlagen sein; die hier in einem Jahre gesammelten Eier schätzt man auf 200,000 Stück.

Während des strengern Winters ziehen sich die Seevögel nach den südlichern offenen Wasserstellen zurück, und auf dem Lande verbleiben dann nur die Schneehühner, Raben und einige sperlingsartige Vögel. Ist es sehr kalt, so verschwinden auch diese, kehren aber bei eintretendem milderen Wetter wieder zurück.

Unter den Landthieren ist das Rennthier das wichtigste, und nicht wenige Grönländer beschäftigen sich mit der Erlegung desselben. Im Mai oder Juni verlassen die meisten Eingeborenen ihre Winterwohnungen, vertauschen sie mit Zelten und führen im Laufe des Sommers ein mehr oder weniger herumziehendes Leben. Zunächst fangen sie dann in der Nähe ihrer Wohnungen Weißfische und Seehunde und trocknen aus dem reichen Erlös dieser Jagd die etwaigen Wintervorräthe; dann ziehen sie, nachdem sie ihre Hunde durch Aussetzen auf kleine Inseln verwahrt und sich selbst überlassen haben, auf weitere Reisen. Einzelne

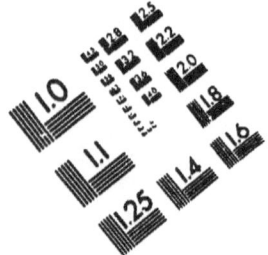 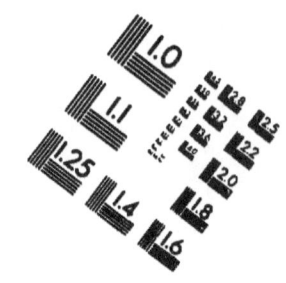

**IMAGE EVALUATION
TEST TARGET (MT-3)**

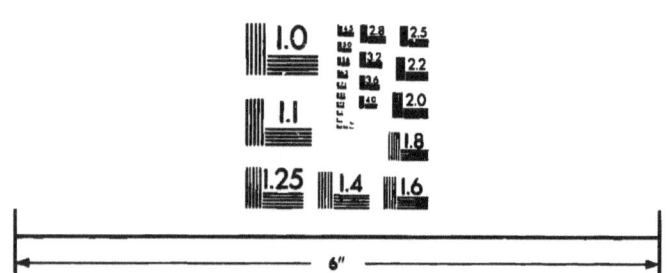

Photographic
Sciences
Corporation

23 WEST MAIN STREET
WEBSTER, N.Y. 14580
(716) 872-4503

widmen sich dem Lachsfang, die andern suchen die Rennthierdistrikte auf. In manchen Gebieten werden auch während des Winters eben soviel Rennthiere erlegt, wie während des Sommers. Durchschnittlich liefert Grönland jährlich 4—5000 Rennthierfelle in den Handel, und die Eingeborenen verbrauchen selbst eine bedeutende Menge derselben für sich. Sie fertigen Kleider aus ihnen, breiten sie auf die Schlafstellen in den Häusern und auch auf den Schlitten. Auch zur Bekleidung der Zelte und der Winterhäuser wendet man sie an. Das Fleisch, an Geschmack demjenigen des Hirsches und Rehes ähnlich, wird nicht selten von den Eskimo gleich roh verzehrt, so wie sie auch den Inhalt des ersten Magens, aus dem zuerst gekauten Futter bestehend, als Delikatesse betrachten. Die Sehnen werden sorgsam zubereitet, zum Nähen und Binden benutzt und die lose auf dem Lande herumliegenden abgeworfenen Geweihe zu allerlei Geräthschaften verarbeitet. Man rechnet, daß im dänischen Grönland jährlich früher 16,000, jetzt 8—9000 Rennthiere geschossen werden. Von Eisbären, die im Norden Grönlands ein wichtiges Nahrungsmittel der Eskimo abgeben müssen, werden im dänischen Theil dieses Landes jährlich nur gegen 30 Stück erlegt, Füchse dagegen in bedeutenden Mengen, besonders der Pelze wegen. In Südgrönland kommen jährlich gegen 1200 blaue und 600 weiße Fuchsbälge in den Handel. Die Schneehühner werden besonders von den Dänen gesucht und gekauft. An einzelnen Stellen fangen sie die Jäger mit Schlingen aus Sehnen, welche mitten an einem langen Riemen sitzen, den man über die Ruheplätze der Thiere hinwegzieht; anderwärts schießt man sie auch mit Vogelflinten. Ein Jäger erlegt gewöhnlich täglich zehn Stück, mitunter aber auch bis 20. Der Gesammtertrag dieser Jagd wird in Südgrönland auf 10,000 Stück veranschlagt.

In Nordgrönland kann von einer Einführung der Hausthiere nicht wol die Rede sein; im Süden hat man nach mehreren mißlungenen Versuchen es dahin gebracht, daß man gegenwärtig ungefähr 30—40 Stück **Hornvieh**, 20 **Schafe** und 100 **Ziegen** überwintert. Während des Sommers ist der Unterhalt der Thiere sehr leicht, für den Winter muß man aber durch hinreichende Heuvorräthe sorgen, die durch Grönländer sehr mühsam zusammengebracht werden. Kühe und Ziegen gewöhnen sich übrigens auch daran, gedörrte Fische zu verzehren, besonders die erwähnten kleinen Angmaksätten. Den Hauptvortheil gewähren Milch und Fleisch, die Wolle der Schafe wird dagegen schlecht, letztere Thiere selbst gerathen durch das Klettern auf den Felsen in einen halbwilden Zustand, und da man keine geeigneten Hunde besitzt, so ist ihre Zucht ziemlich mühsam.

Aehnlich wie in Grönland beruht auch in den nördlichen Theilen des amerikanischen Festlandes die Existenz des Menschen fast ausschließlich auf der Thierwelt. Die Eskimostämme und Indianerhorden jenes Gebietes leben während des größten Theils im Jahre vom Fischfang, die kleinste Zeit von der Jagd der Landthiere. Letztere haben in höherem Grade die Aufmerksamkeit der handeltreibenden Völker auf sich gezogen, und zwar hier fast ausschließlich der Pelze wegen. Schon zeitig, als man noch allen Ernstes an der Möglichkeit einer nordwestlichen Durchfahrt festhielt, wurde man auf die Vortheile des Pelzhandels aufmerksam und beutete dieselben an der Westküste Amerika's nach Kräften aus. Seeotterfelle, die man im Nutkasund für eine wollene Decke oder geringere Erzeugnisse europäischer Manufaktur einkaufte, erhielt man in Kanton im Jahre 1790 mit 100 bis 150 Thalern bezahlt, ja die bloßen Schwänze wurden mit 6—20 Thalern verkauft. Außerdem fanden die Pelze der Biber, Flußottern, Marder, Hermeline u. s. w. willige Käufer. Jährlich unterhielten englische Schiffe den Zwischenhandel zwischen China und dem nordwestlichen Amerika mit einer kurzen Unterbrechung, die 1789 dadurch eintrat, daß die Spanier im letzten Auflodern ihres alten Zorns als alleinige Herren der Welt und des Meeres englische Schiffe mit Beschlag belegten und die Mannschaften gefangen hielten.

Indianer beim Fischfang.

Bereits im Jahre 1670 hatten eine Anzahl spekulative englische Kaufleute sich vereinigt, um den Pelzhandel in den Ländern um die Hudsonsbai in möglichster Ausdehnung zu treiben. Sie erwirkten sich bei Karl II. das ausschließliche Recht, von den Indianern der Hudsonsbai=Länder Pelze und andere Waaren einzukaufen, und bildeten so die noch gegenwärtig bestehende Hudsonsbai=Gesellschaft. Es war freilich durch Nichts erwiesen, woher England das Recht erhalten hatte, ohne Weiteres über Länder zu verfügen, die längst von andern Völkern bewohnt waren, und daß ein solches Privilegium respektirt ward, hatte seinen

Grund nur darin, daß Niemand vorhanden war, der es wehren konnte. Jene Länder, deren Grenzen man lange Zeit gar nicht festzusetzen vermochte, umfassen einen Flächenraum von mehr als 125,000 deutschen Geviertmeilen, sind also mehr als zwanzig Mal größer als Großbritannien. Nur ein sehr kleiner Theil des Gebiets, das sogenannte Rupertsland, ist kultivirt, alle übrigen Länder haben bis jetzt nur Interesse erlangt durch die von ihnen bezogenen Pelze.

Die meisten Pelze, die theils nach Europa, theils nach Asien gehen, sind von Bibern, Bären, Hermelin, Fuchs, Luchs, Marder, Iltis, Nörz (Minx), Bisamratte, Otter, Raccun (Waschbär), Zobel und Kaninchen.

Die Erlegung der Pelzthiere wird vorzugsweise durch die Indianer getrieben, die man möglichst unwissend läßt über die Preise, zu denen ihre Produkte jenseits des Oceans abgesetzt werden. Nur an den Grenzen der Vereinigten Staaten haben die sogenannten Wilden etwas mehr Licht über die Handelsverhältnisse erhalten, und man ist deshalb gezwungen worden, ihnen gegenüber anders zu verfahren, als man es mit den nördlichern Stämmen gewöhnt ist. Der Pelzhandel ist ein Tauschhandel, bei dem die Gesellschaft außerordentliche Prozente nimmt. Forster erzählt, daß die Gesellschaft am Ende des vorigen Jahrhunderts, zur Zeit, als Rußland mit England zerfallen war, jährlich 1000 Prozent verdient habe. Als Gegenwerth erhalten die Jäger Gewehre, Schrot und sonstigen Schießbedarf, Kleidungsstücke und wollene Decken, Beile nebst anderweitigen Handwerkszeugen, so wie eine Menge Kleinigkeiten, die in Europa sehr wenig kosten, in den Augen der Rothhäute aber einen hohen Werth haben, z. B. Glasperlen, Ahlen, Haken, Nadeln, Zwirn u. dgl. Auf jeder der 150 Stationen oder Forts, welche über das weite Gebiet zerstreut liegen, ist ein „offener Laden" mit dergleichen Sachen vorhanden und derselbe stets auf zwei Jahre mit Vorräthen versehen.

Gewöhnlich erhalten die Pelzjäger Flinten, Schießbedarf, Kleider, Decken u. dgl. bereits vorschußweise und haben am Ende der Jagdzeit in Fellen zu zahlen. Das Biberfell bildet gewöhnlich die Münzeinheit dieses Tauschhandels. Im Frühling erscheinen die Jäger und Fallensteller mit ihrer Beute in der Station; es wird Abrechnung gehalten, der Werth der Felle abgeschätzt, der Werth der auf Credit im Herbst gegebenen Ausrüstung in Abzug gebracht und danach empfängt der Jäger eine Anzahl gezeichneter Holzstückchen, deren jedes den Werth eines Biberfelles anzeigt und durch die er sich im Laden die erwünschten neuen Gegenstände verschaffen kann. Größere Artikel gelten „ei Biber", während eine entsprechende Anzahl kleinere ebenfalls „einen Biber ausmachen. Ein Rock gilt 6 Biber, eine Flinte 20, ein Messer 2 u. s. w. Man bestimmt ferner, wie viel Biber einem Silberfuchs und wie viel weniger werthvolle Pelzfelle einem Biber gleichkommen. So machen z. B. zwei Marder einen Biber, zehn Moschusratten ebenfalls einen Biber, vier Biber einen Silberfuchs.

Die geringeren Pelzwaaren werden von der Handelsgesellschaft um einen, im Verhältniß zu den kostbarern selteneren, etwas höhern Preis bezahlt. Sie bezweckt dabei, daß die Jäger die erstern nicht vernachlässigen, die letztern nicht ausrotten, sondern den Markt mit beiden Arten versorgen.

Jagd auf das Elennthier.

Im Jahre 1857 veranschlagte man die Bewohnerschaft des Hudsonsbai-Gebiets auf 140,000 Indianer und 11,000 Weiße oder Mischlinge. Von diesen rechnet man etwa 60,000 Jäger und Fallensteller. Auf den Kopf mag ungefähr an europäischen Handelswaaren jährlich 1 Pfund Sterling an Werth kommen. Als ein Verdienst rechnet es sich die Hudsonsbai-Gesellschaft besonders an, daß sie streng die Einfuhr von Branntwein als Bezahlungsmittel verboten hat.

Früher ward die Jagd der Pelzthiere vorzugsweise von abenteuerlustigen Europäern getrieben, gegenwärtig sind deren nur noch verhältnißmäßig wenige dabei beschäftigt, die meisten Pelzjäger sind Indianer oder Mischlinge. Die Jagden in den weiten, äußerst sparsam bewohnten Ländern sind reich an Abenteuern und Gefahren. (Siehe das beigegebene Tonbild.) Die unfreundliche Witterung und der Mangel an genießbaren Pflanzen sind die beiden größten Uebel, und es kommen ab und zu Fälle vor, daß Jäger während des Winters buchstäblich verhungert sind.

Die abgezogenen Felle werden von den Jägern einigermaßen zubereitet und dann nach den Handelsstationen gebracht. Diese Forts bestehen gewöhnlich nur aus einigen wenigen Blockhäusern und einem bedeutend großen Lagerraume. Sechszehn der größten Forts stehen unter der Verwaltung von Haupt-Faktoren, fünfundzwanzig der nächstwichtigen werden durch Haupt-Händler beaufsichtigt, und die übrigen, etwa 120, durch geringere Beamte.

Die Hauptfaktoren sind Mitglieder der Gesellschaft selbst und erhalten statt weiterer Besoldung einen Antheil am Gewinn. Den niederen Beamten wird stets Aussicht auf Erlangung besserer Posten eröffnet. Es sind dies meistens abgehärtete, wetterfeste Leute, die von Egland oder den Orkney-Inseln aus einwandern und durch pflichttreue Verwaltung ihr Glück zu machen suchen, was ihnen in den meisten Fällen auch gelingt. Schon in ihren geringern Stellungen beginnen sie gewöhnlich damit, daß sie von ihrem Gehalte etwas zurücklegen, und vorkommenden Falls rücken sie in bessere Posten nach. Sie leben sehr einfach und haben in ihren Verhältnissen weder Neigung noch Gelegenheit, viel zu verthun. Kaum eine zweite Gesellschaft kann sich besserer Diener rühmen.

Einmal im Jahre kommen die vornehmsten Beamten zusammen und halten eine Art Rath unter dem Vorsitz Sir Georg Simpson's, der seit 40 Jahren Gouverneur des Gebiets der Gesellschaft ist. Von ihnen erhalten die Leiter der Stationen allgemein gehaltene Instruktionen, in unbedeutendern Fällen sind sie auf ihr eignes Ermessen angewiesen.

Sind in den Stationen hinreichende Mengen von Pelzwerk angehäuft, so werden selbige nach dem Hauptquartier transportirt. Dies befindet sich in Montreal am St. Lorenz und in der York-Faktorei an der Hudsonsbai. Der beschwerliche Transport des Pelzwerks ist Sache der „Voyageurs", deren bei den Franklin'schen Reisen öfter gedacht wurde.

Die „Voyageurs" der Pelzkompagnie reisen gern in Gesellschaften, sogenannten „Brigaden", beisammen. Eine solche besteht aus drei oder mehr Birkenrindenkähnen, jeder mit acht Mann besetzt, und bei einer Länge von 28 Fuß, einer Breite von 4 bis 5 Fuß noch so leicht, daß sie eben so über die schwierigen

Stellen desselben Flusses, als zu einem entfernten Stromgebiet getragen werden können. Die Fracht bindet man dabei in Ballen zu je 90 Pfund und jeder Kahn vermag außer der Mannschaft noch 25 solcher Ballen zu tragen. Im Lande selbst heißen diese Reisenden gewöhnlich Mangeurs du Lard, Schweinefleischesser, wahrscheinlich wegen ihrer Verdauungsstärke und wegen des Appetites, den sie besonders am Ende ihrer großen Reisen mitbringen.

So sehr man im Allgemeinen gegen die Monopole eingenommen sein kann, so scheint doch die Hudsonsbai=Gesellschaft eine glänzende Ausnahme zu machen. Eine Freigebung des Handels würde wahrscheinlich eine Ausrottung der Pelz= thiere und gleichzeitig ein Aussterben der Indianerstämme mit sich führen. Frei= lich dürfte dieser Fall später oder früher doch eintreten, sobald die europäischen Ansiedler auch hier stärker vordringen. Zu gewissen Zeiten liegen Schiffe bereit, die Pelzwaaren nach Europa zu bringen. Auch sie gehören der Gesellschaft und sind für diesen eigenthümlichen Verkehr speziell eingerichtet. In London hält die Gesellschaft gewöhnlich jährlich einmal eine große Auktion, auf welcher jährlich im Durchschnitt 700,000 Stück Felle verkauft werden. Ein bedeutender Theil der= selben geht nach Leipzig, das den Haupt=Rauchwaarenmarkt des europäischen Festlandes bildet.

In ähnlicher Weise, wie man von England aus seine Aufmerksamkeit auf den Pelzhandel der Hudsonsbai=Länder gerichtet hatte, waren auch unternehmende Kaufleute von Kanada aus thätig gewesen. Nachdem sie sich eine Zeitlang unter einander auf alle mögliche Weise verfolgt und gehindert, vereinigten sie sich 1783 unter dem Namen der Nordwest=Compagnie und erwuchsen bald zum ge= fährlichen Concurrenten der Hudsonsbai=Gesellschaft. Es kam zwischen den Dienern beider Gesellschaften zu blutigen Fehden. Zur Zeit ihrer höchsten Blüte hatte die Nordwest=Compagnie 50 Agenten, 70 Dolmetscher und 1120 Voyageurs, und ihre Geschäftsführer traten auf den jährlichen Conferenzen zu Fort William mit allem Stolz und Gepränge feudaler Barone auf. Die Einwirkung dieser Compagnie auf die Indianer ward besonders dadurch höchst nachtheilig, daß sie Branntwein als Bezahlung verabreichte. Durch die gegenseitigen Beeinträchtigungen sank der Pelzhandel in den Jahren von 1808 bis 1821 so, daß beide Gesellschaften es schließ= lich für nothwendig einsahen, sich zu vereinigen. Im letzten Jahre verschmolzen beide zur jetzigen Hudsonsbai=Gesellschaft, deren Gebiet vom Stillen Ocean bis Labrador, vom Eismeer bis zum Red=River reicht. Von dieser Zeit an begannen auch die Einkünfte der Gesellschaft sich bedeutend zu heben.

Als ein Beispiel für das Verhältniß der Menge des verschiedenen Pelzwerks führen wir das Verzeichniß der Rauchwaaren an, welche am 30. August 1848 in London versteigert wurden. Es waren: 21,349 Biberfelle, 808 Flußotterfelle, 195 Seeotterfelle, 150 Robbenfelle, 744 Pekanfelle (kanadische Marder), 1344 Fuchs= felle, 2997 Bärenfelle, 29,785 Marderfelle, 14,103 Minkfelle (Mustela vison), 18,553 Bisamrattenfelle, 1551 Schwanenfelle, 1015 Luchsfelle, 632 Katzenfelle, 1494 Wolfsfelle, 228 Vielfraßfelle, 2090 Waschbärfelle und 2884 Rehfelle. Neuer= dings sind die Einnahmen der Gesellschaft dadurch außerordentlich geschmälert worden, daß man statt der Herrenhüte aus Biber dergleichen aus Seide einführte. Es verursachte dies einen jährlichen Ausfall von gegen 450,000 Thalern.

Im russischen Nordamerika befindet sich der gesammte Pelzhandel als Monopol in den Händen der **Russisch-amerikanischen Gesellschaft**, deren Gebiet sich über die sämmtlichen russischen Inseln des Behringsmeeres und über die amerikanische Westküste bis zum 55° erstreckt. Jene Gesellschaft wurde im Jahre 1799 unter Kaiser Paul gestiftet und 1842 ihr abgelaufenes Privilegium auf neue 20 Jahre verlängert. Das Direktorium derselben, unter dessen Oberaufsicht die sämmtlichen Jagdposten stehen, hat seinen Sitz auf Sitcha in Neu-Archangel. Die russische Compagnie gerieth zwar mehrmals mit der englischen Hudsonsbai-Gesellschaft in Streitigkeiten, letztere wurden aber schließlich durch gütliche Vergleiche beigelegt.

Die Seeotter.

Die Russisch-amerikanische Pelzgesellschaft erhielt in dem Zeitraum von 1823 bis 1824 jährlich im Durchschnitt 1161 Seeotterfelle, 1600 Seebären, 900 schwarze Füchse, 8000 Biber, 1200 schwarzbäuchige Füchse, 2200 rothe Füchse, 700 weiße Eisfüchse, 2400 dunkle Eisfüchse, 240 Bären, 200 Luchse, 80 Vielfraße, 790 Sumpfottern (Störze), 800 amerikanische Zobel, 240 Bisamratten, 10 Wölfe, außerdem ansehnliche Mengen Walroßzähne, Bibergeil und etwas Fischbein. Die Felle von jungen Seebären finden namentlich in Kanton in China einen ziemlich sichern Markt.

Dasjenige Pelzthier, welches anfänglich den meisten Anstoß zum Pelzhandel an der Nordwestküste gab, ist die **Seeotter**, eine Verwandte der Flußotter. In ihrer Nahrung fast ausschließlich auf Seefische und andre Meeresthiere ange=

wiesen, hält sie sich die meiste Zeit im Meere selbst auf, besonders gern in den schwimmenden Büscheln des sogenannten Seeotterkrautes (Thalassiophyllum Clathrus), einer Tangart mit sonderbar durchbrochenen Blättern. Zum Schlafplatz und Lager wählt sie die abgelegenen und schwerzugänglichen Klippen der Inseln.

Zum Fange der Seeotter vereinigen sich gewöhnlich die Bewohner der Aleuten zu zahlreichen Gesellschaften. Dreißig bis hundert Boote finden sich an dem Sammelplatze ein und stellen sich unter den Befehl eines Anführers. Erfolgreich kann die Jagd nur bei ruhigem Wetter angestellt werden. In langer Linie ausgebreitet rudert man, aufmerksam spähend über das Meer, und schließt sofort einen Kreis, sobald man eine Seeotter auftauchen sieht. Sie entgeht dann selten den Pfeilen der geübten Schützen, die bei jedem neuen Athemholen von allen Seiten auf dieselbe abgeschossen werden.

Einzelne kühne Jäger suchen sogar während der heftigen Winterstürme die Seeotter am einsamen Felsengestade auf, zu welchem sie sich dann zu flüchten pflegt. Sie beschleichen sie dann und tödten sie mittelst der Keule oder der Büchse. Auf einigen Inseln des Bezirkes von Otscha fängt man auch Seeottern mit Netzen.

Im Süden des Hudsonsbai-Gebietes spielen die mächtigen Bison- oder Büffelherden eine große Rolle und werden jährlich Veranlassung zu großartigen Jagdzügen. Durch jene Jagden erhielt man nicht blos die geschätzten Büffelpelze, die als Schlafsäcke von großem Vortheil auf den Reisen in nördlichen Gegenden sind, sondern auch den vielbesprochenen Pemmikan.

So weit die Waldungen reichen, gehn auch Elennthiere, Hirsche, Rehe, Luchse und Vielfraße. Auf den Wiesen und an den Uferabhängen der südlichen Ströme sind Kaninchen in großer Menge vorhanden. So sind z. B. die Gegenden am Athabaska und Saskatschewan, vorzüglich aber die Umgebungen des Forts Edmonton reich an diesen Thieren, die man daselbst in ähnlichen Fallen fängt, wie bei uns die Maulwürfe. Nur macht man die Schnellhölzer, welche das gefangene Thier emporheben, entsprechend lang, um es den Wölfen und Luchsen unmöglich zu machen, mit den Jägern zu concurriren. Von den Voyageurs wird das Jagdeigenthum der Indianer in den Fallen respektirt, so wie dort auch umgekehrt die Indianer-Jäger das Jagdeigenthum der Europäer achten.

So litt der Reisende Paul Kane auf einem seiner Streifzüge einst bittern Hunger und seine Begleiter öffneten deshalb einen Versteck, „Cache", in welchem ihre Kameraden Lebensmittel verborgen hatten. Es waren ihnen jedoch Indianer in gleicher Verlegenheit bereits zuvorgekommen, hatten aber, nachdem sie den „Cache" geleert, als Zahlung eine Quantität Pelzwerk hinterlassen. Es zeigt sich hier ein Verkehr zwischen Europäern und Indianern, der außerordentlich von dem Verfahren der Nordamerikaner in den Vereinigten Staaten absticht.

Auf den nördlichen Tundras vertreten die schafähnlichen Moschusochsen den Bison, und das Rennthier wandert in Herden je nach der Jahreszeit nördlich und südlich. Es wird hauptsächlich durch die Mosquitos und Rennthierbremsen veranlaßt, im Sommer sich nach den Gebirgswaldungen und nach dem Norden zu wenden.

Walrosse. 273

An der Küste des Behringsmeers und des nördlichen Eismeers begegnen wir ziemlich denselben Thieren wie an den Gestaden von Grönland: Robben, Walrosse, Seelöwen und Walfische nehmen nächst den Fischen den ersten Rang ein. Auf ihrem Vorkommen beruht die Existenz der Eskimo und der Indianerstämme des nördlichen Gebiets.

Ein junger Seelöwe.

In einigen Gegenden sind bestimmte Arten jener Thiere die vorherrschend häufigen, — solche Distrikte, in denen das Thierleben nur sparsam ist, können auch nicht von Eskimo bewohnt werden. An den Pribilow-Inseln, St. Georg und St. Paul, ist der Lieblingsaufenthalt des Seebären und Seelöwen. Unzählige Thiere der letzten Art bedecken wie ein breiter lebendiger Gürtel den Strand von St. Georg und zwischen ihnen nisten eben so zahlreiche Schaaren von Seevögeln (Uria).

An der Nordküste der Halbinsel Aljaska finden sich jährlich im Sommer zahlreiche Walrosse ein, besonders jüngere Thiere. Sie lagern sich gewöhnlich am untern Saume des Strandes, der von den Flutwellen erreicht wird. Hier werden sie durch die Bewohner der Aleuten überfallen und mit Spießen und schweren Aexten erschlagen. Der Aleute betrachtet die Walroßjagd als die gefährlichste von allen und nimmt vorher von den Seinen Abschied wie ein Krieger vor der beginnenden Schlacht. Jährlich tödtet man in Nordwest=Amerika zwischen 2—4000 Walrosse und bringt ihre Zähne in den Handel. Das Fell wird zum Einpacken der Pelzballen benutzt und in China wiederum zur Emballirung der Theekisten verwendet.

Die Seebären schlägt man vorzüglich auf St. Paul und eine Anzahl Aleuten von den Fuchsinseln halten sich dieser Jagd wegen ausschließlich auf jenem Eilande auf. In der letzten Hälfte des April pflegen sich die zottigen Thiere dem Strande zu nahen, und nachdem sie sich genugsam vom Ufer entfernt und gelagert haben, versuchen die Jäger sie zu beschleichen und sie vom Wasser abzuschneiden. Die Alten läßt man entkommen, da ihr Fell werthlos ist; die Jungen dagegen werden mit Keulen erschlagen. Anfang Oktober verlassen die Thiere das Land wieder und ziehen nördlich.

Die Seelöwen (Otaria Stelleri) erlegt man vorzüglich, um mit ihren Fellen die kleinern und größern Boote zu überziehen und aus ihren Gedärmen einen wasserdichten Ueberwurf über die Kleidung zu fertigen. Mit den Barthaaren verziert der Jäger seine Kopfbedeckung und aus den Schwimmhäuten stellt er Schuhsohlen her. Der Seelöwe geht nördlich nicht weiter als bis zum $63^{1}/_{2}^{0}$ und übertrifft den Seebären an Stärke. Den Hauptvertrag der Jagd liefern auch an der Küste des nördlichen Festlandes von Amerika wie in Grönland, einmal die Seehunde, dann die Fische. So wichtig die Walfischjagd für die seefahrenden Nationen Europa's sein mag, für die eigentlichen nordischen Völker liefert sie keine regelmäßige und gleichförmige Nahrungsquelle und es wird mehr als ein besonderer Glücksfall betrachtet, wenn es gelingt, einen jener Meeresriesen zu erlegen.

Kühne Jäger der Aleuten greifen den Walfisch sogar einzeln an. Sie suchen in ihrer Baidare (Kajak) demselben so behutsam als möglich bis in unmittelbare Nähe zu kommen und schleudern ihm dann den Speer so tief als möglich hinter der Vorderflosse in den Leib. Im Laufe von zwei oder drei Tagen stirbt das Thier an der Wunde und das ans Ufer treibende Cadaver wird zerlegt. Freilich gehen bei dieser Fangart die meisten jener Thiere nutzlos verloren. So wurden im Sommer 1831 bei Kadjack 118 Wale angeworfen, aber nur 43 derselben wiedergefunden. Seit 1833 wird der Walfischfang auch hier von den Russen in der bekannten Weise mit Harpune und Leine betrieben.

An den Küsten von Spitzbergen wird gegenwärtig der Walfischfang kaum noch im Auge behalten. Nur Walrosse, Seehunde und Rennthiere geben noch einige Ausbeute und es gehen zu diesem Zweck jährlich etwa 12 Fahrzeuge von Hammerfest und Tromsöe dorthin ab.

Die nordwestlichen Eskimo erlegen bei der Seejagd den Walfisch und bisweilen den Narwal, das Walroß und vier Arten von Seehunden, den Eisbär und einige Arten von Fischen. An den Einfahrten und in den Flüssen wird ihnen reiche Beute zu Theil durch den Lachs, den Häring und den Stint nebst andern größern oder kleinern Fischen. Die Jagd auf dem Lande liefert das Rennthier, den Imna (Argali), den Hasen, den braunen und schwarzen Bär, Vielfraße und

Marder, den Wolf, Luchs, blaue und schwarze Füchse, Biber, Moschusratten und Lemminge. Großen Wildreichthum erhält das Land im Sommer durch die zurückkehrenden Vögel, besonders Gänse und Enten. Den Winter über bleibt außer dem Schneehuhn auch der Rabe in den unwirthlichen Gegenden zurück. Das Fleisch des sämmtlichen genannten Wildprets wird von dem wenig wählerischen Eskimo ohne Unterschied verzehrt, — nur den Raben weist er von seiner Tafel zurück.

Lurche wagen sich nicht in die kalten Länder des Polarkreises, die Thierwelt entbehrt deshalb ähnlich wie die polare Pflanzenwelt die verderblichen Gifte; selbst die Raubthiere jener Zone sind, verglichen mit denen der heißen Gegenden, weniger bösartig. Der Eisbär steht noch als wichtigster Vertreter dieser Gruppe da, denn so trübselig und furchteinflößend das Geheul des nördlichen Wolfes auch sein mag, so sehr es ein geeignetes Concert zum Kreischen des Eises und dem Schrei der Seevögel bildet, so wird der Wolf doch unter der Hand des Menschen zum nutzbaren Thiere. Er wird oft von den Eskimo gefangen, um die Hunde mit demselben zu kreuzen und diesen mehr Größe und Kraft zu geben. Die Aehnlichkeit zwischen Wolf und Eskimohund ist in hohem Grade überraschend. Beide haben das dumpfe melancholische Geheul und die ganze Gestalt beider gleicht sich außerordentlich. Nur bei näherer Betrachtung erkennt man, daß der Hund einen etwas kürzern Kopf und kürzere Ohren hat, daß seine Augen kleiner und tieferliegend, seine Klauen kleiner und weniger ausgebreitet sind und sein buschiger Schwanz über den Rücken gekrümmt ist. Die Farbe des Eskimohundes ist eben so veränderlich wie bei den Hunden unserer Heimat.

18*

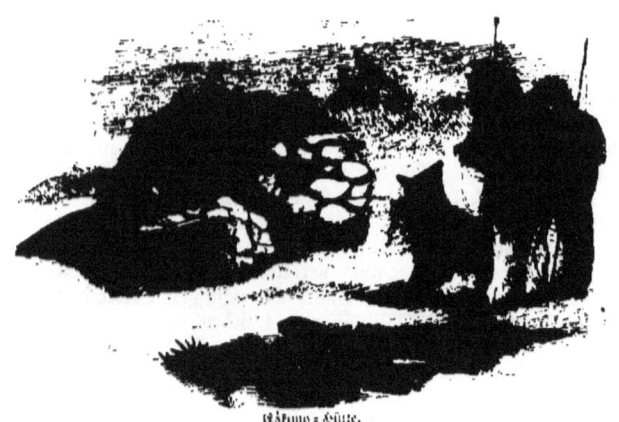
Eskimo-Hütte.

XV.
Der Mensch am Nordpol.

Eskimo: Bevölkerung Grönlands. Europäische Ansiedelungen in Grönland. Erik. Helge. Thorgils an der Ostküste. Geschichte der dänischen Kolonie. Eskimo des Festlandes. — Die Indianerstämme des Nordens. Bewohner der Aleuten.

Nirgends zeigt sich der Einfluß der klimatischen Verhältnisse, der natürlichen Beschaffenheit des Wohnplatzes auf den Menschen stärker und in grelleren Farben als in den Ländern am Nordpol. Nur diejenigen Völkerrassen sind überhaupt fähig sich jenen eigenthümlichen Verhältnissen anzupassen, welche im Stande sind, kräftige Fleischkost massenhaft zu verdauen und jene nothwendige Wärme im eignen Körper zu produciren, die äußerlich fehlt.

Derselbe Menschenschlag, die Eskimo, dessen nähere Bekanntschaft wir bei vielfachen Gelegenheiten in vorliegendem Bande gemacht, ist an den ganzen Nordküsten Grönlands, des Festlandes von Amerika und an den nördlichen Inseln verbreitet, allenthalben aber eng an die Existenz einer zahlreichen Thierwelt geknüpft. Der Mensch spielt hier ausschließlich die Rolle eines Raubthiers, die Pflanzenwelt bietet kaum mehr als eine unbedeutende Leckerei in einigen Salatkräutern und Beeren.

In allen den Landstrichen, in denen nicht während des ganzen Jahres auf sichern Fang zu rechnen ist, können selbst Eskimo keine bleibende Stätte gründen. Je nach der Größe der Ausbeute, welche eine Fangstelle regelmäßig bietet, wird auch von der Natur selbst die Anzahl der Familien bestimmt, die sich daselbst niederlassen können. Man findet deshalb die Eskimo gewöhnlich nur in kleinen

Horden beisammen wohnend und in den nördlichsten Gegenden befremdender Weise gerade in der Nähe der großen Gletscher, da durch das Kalben der letztern das Eis fast immer stellenweise offen erhalten wird und sich gewisse Seehundsarten nach diesen Luftlöchern hinziehen. Wie viele Eskimo am Smithsund, wie viele an der Ostseite Grönlands und im Innern desselben wohnen, wenn überhaupt dort dergleichen vorhanden sind, ist unbekannt, höchst wahrscheinlich ist es nur eine sehr geringe Zahl. Am besten ist man über die Eskimo im dänischen Grönland unterrichtet, das in zwei Provinzen: in Nordgrönland und Südgrönland getheilt wird. Ersteres begreift die Distrikte in der Umgebung der Diskobucht, letzteres die Gegenden nach Kap Farwel hin.

Im Jahre 1850 zählte Nordgrönland 3400 Bewohner überhaupt, unter diesen gegen 100 Dänen. Diese Bevölkerung war über 5 Breitegrade (von 68° bis 73° n. Br.) etwa so vertheilt, daß auf dem südlichsten von 68° bis 69° reichlich über 1000 Menschen wohnten, zwischen 69° bis 70° etwa wieder 1000 Personen, zwischen 70 bis 71 gegen 800, zwischen 71 bis 72 dagegen keine Seele und zwischen 72° bis 73° etwa 400. An sechs Plätzen wohnten damals über 100 Personen beisammen, sonst aber kommen gewöhnlich nur gegen 40 Seelen auf einen Wohnplatz.

Die Bevölkerung des ganzen dänischen Südgrönlands betrug im Jahre 1855 etwas über 6000 Eingeborene und 120 Europäer, also im ganzen Lande nicht mehr als die Einwohnerzahl eines Landstädtchens in Deutschland. Diese Zahl war über einen Küstenstrich von 140 Meilen Länge und an einzelnen Stellen 6—8 Meilen Breite vertheilt. An einem Punkte liegen 15 Meilen, an einem andern 10 Meilen zwischen den nächsten beiden bewohnten Orten, in den günstigsten Fällen sind sie wenigstens 6 bis 8 Meilen von einander entfernt.

Die ganze Volksmenge Südgrönlands ist in etwa 130 Wohnplätzen vertheilt, der größte derselben hat etwas über 300 Einwohner, drei zwischen 2—300, 11 zwischen 1—200, 193 zwischen 50—100, 36 zwischen 25—50 und 60 unter 25.

Die meisten Eskimo auf Grönland zeigen wohlgenährte und gutbeleibte Gestalten, denen man selten Spuren des Hungers anmerkt, welcher oft genug unter ihnen seine furchtbare Gewalt geltend macht. Die Gesichter der kleinen Kinder strotzen in dem Grade von Fett, daß die Augen fast darin verschwinden und die Nase vertieft statt erhaben erscheint. Im Alter von 5 bis 6 Jahren haben sie in der Regel frische Röthe auf den Wangen und sind wahre Bilder von Gesundheit und Wohlleben. Außer der sehr nahrhaften Kost, die fast nur aus Fleisch, Fett und Fisch besteht, trägt der fortwährende Aufenthalt im Freien während des Sommers, ja selbst während eines großen Theiles im Winter sehr viel zur Kräftigung und Erfrischung des Körpers bei. Freilich erzeugt ihnen das angestrengte Sehen über glitzernde Eisflächen und blendende Schneefelder, oft bei schneidendem Winde, häufig Entzündung der Augen. Die Gesichtsbildung erinnert stark an diejenige der mongolischen Rasse. Die groben, struppigen Haare sind rabenschwarz, die Männer lassen dieselben meistens schlaff über die Schultern herabhängen, nur zuweilen schneiden sie die Stirnhaare ab, um das Gesicht frei zu erhalten; die Weiber suchen ihren Stolz darin, sämmtliche Haare zu einem Schopf zusammenzuknoten.

Die veränderte Lebensweise beider Geschlechter macht sich bei vorgerücktem Alter bald auffallend bemerklich. Während die Männer im Kajak und mit dem Hundeschlitten sich vielfach herumtummeln und kräftigen, sitzen die Frauen fast immer in den engen Winterhäusern. Schon nach dem zwanzigsten Jahre verlieren sie die Jugendfrische, bei vorgerücktem Alter kümmern sie sich gewöhnlich nicht mehr um ihr Aussehen, ergeben sich der möglichsten Faulheit und Unreinlichkeit und im dänischen Gebiet dem übermäßigsten Kaffeetrinken und werden so bald widerlich häßlich. Die krumme Stellung, in der sie auf der Pritsche sitzen, macht ihren Gang schleppend und watschelnd; die frühere Fettheit hat nur noch

Eskimo-Mädchen bei ihrer häuslichen Beschäftigung.

unzählige Runzeln im Gesicht zurückgelassen, und sieht man sie so aus dem engen Hausgang säbelbeinig und gekrümmt herauskommen, halb kahlköpfig und die wenigen übrig gebliebenen Haare von den Seiten abstehend, von oben bis unten mit Lampenruß und Schmutz bedeckt, dann denkt man unwillkürlich an Dämonen oder Hexen.

Im Anfange des 10. Jahrhunderts war durch die unerschrockenen Seefahrer Norwegens Island entdeckt worden und ward bald danach das Asyl für alle jene unruhigen Köpfe, denen die Heimat keine bleibende Stätte mehr gewährte. In Ermangelung von Kompaß und ähnlichen nautischen Hülfsmitteln suchten sich die kühnen Schiffer auf andere Weise zu helfen. Der Normanne Flock z. B. nahm drei Raben mit, die er auf hoher See steigen ließ und nach deren Flug er sich richtete.

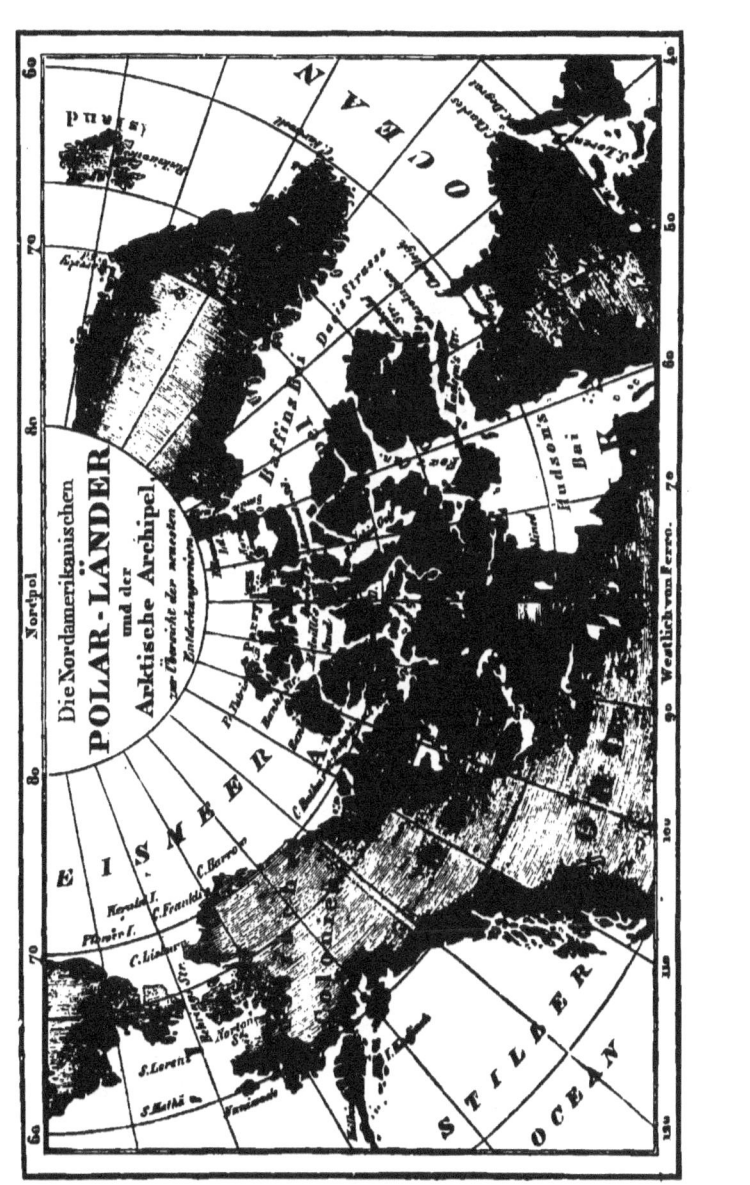

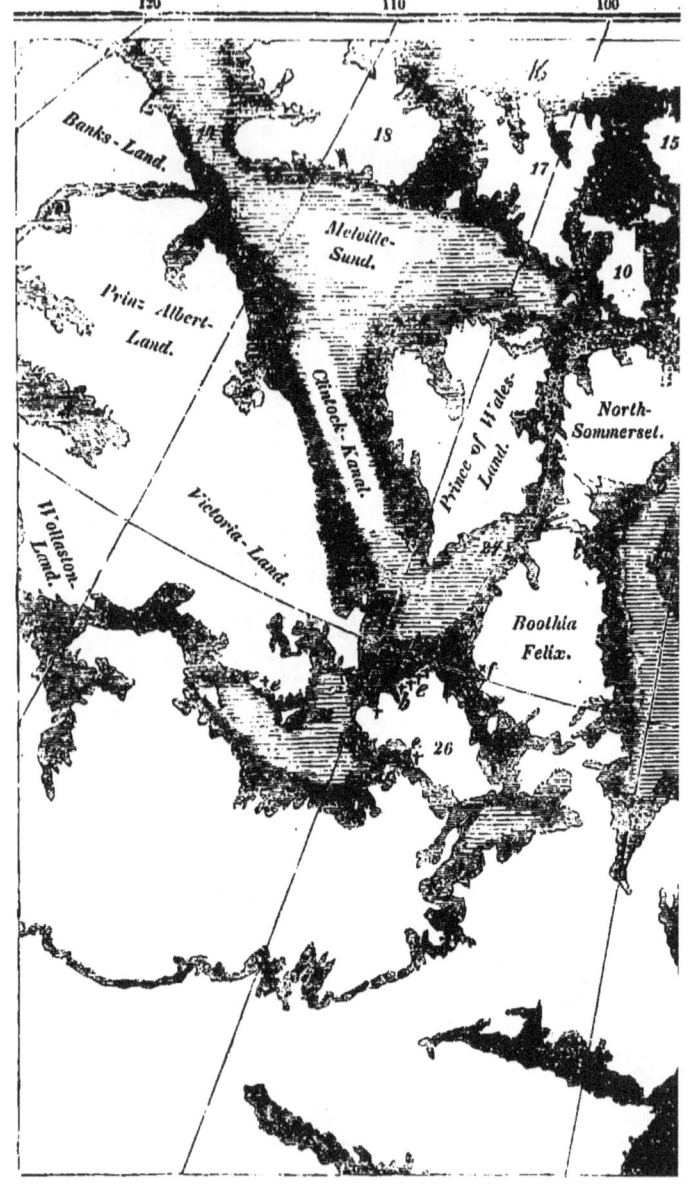

KARTE
zu
M'Clintock's Reisen.

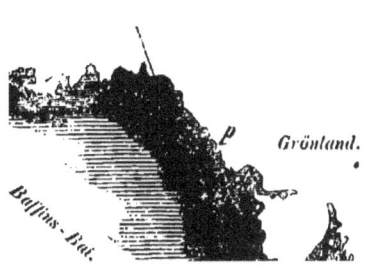

Erklärung der Karte zu M'Clintock's Reisen.

1. Davis-Straße.
2. Fox-Kanal.
3. Fury- u. Hekla-Straße.
4. Golf von Boothia.
5. Eklipse-Sund.
6. Prinz-Regent-Einfahrt.
7. Lancaster-Sund.
8. Barrow-Straße.
9. Peel-Sund.
10. Cornwallis-Insel.
11. Wellington-Kanal.
12. Jones-Sund.
13. Nord-Lincoln.
14. 15. Grinnell-Land.
16. Parry-Island.
17. Bathurst-Land.
18. Melville-Insel.
19. Banks-Straße.
20. Prinz von Wales-Straße.
21. Prinz Albert-Sund.
22. Dease-Straße.
23. Victoria-Straße.
24. Franklin-Straße.
25. Simpson-Straße.
26. King Williams-Land.
27. Großer Fischfluß.
28. Howe's Welcome.
29. Southampton-Insel.

a. Franklin-Route; Franklin zuletzt gesehen von Walfischfängern 26. Juli 1845.
b. Letzter Bericht Franklin's.
c. Erebus und Terror verlassen April 1848.
d. Erebus und Terror im Eise 1848.
e. Aufgefundene Spuren und Ueberreste der Franklin-Expedition durch M'Clintock.
f. Magnetischer Nordpol.
g. M'Clintock 6. Juli 1858.
h. M'Clintock 24. Juli 1858.
i. M'Clintock 6. Aug. 1859.
k. M'Clintock 17. Aug. 1859.
l. M'Clintock 18. Aug. 1859.
m. M'Clintock 19. Aug. 1859.
n. M'Clintock 21. Aug. 1859.
o. Melville-Bai.
p. Upernivik.
q. Waigat-Straße.
r. Insel Disko.

Der Häuptling Thorwald mußte mit seinem Sohne Erik wegen eines Todtschlags seinen Vätersitz Jäddern in Norwegen verlassen und setzte sich im Norden Jslands fest. Dieser Erik, welcher nachmals den Beinamen der „Rothe" erhielt, gerieth bald nach seines Vaters Tode in blutige Fehde mit seinen Nachbarn, ward friedlos erklärt und suchte abenteuerlustig sein Heil in der Fremde. Schon 970 hatte der Normanne Gunbiörn, durch einen Sturm westlich verschlagen, ferngelegene Schären und die Umrisse eines großen Landes entdeckt; dorthin beschloß Erik zu ziehen und erreichte 982 jenseits des Vorgebirges Hvarf (Kap Farwel) die Küste von Grönland. Dicht im Norden der Kolonie Julianehaab glaubt man die Stelle zu erkennen, an welcher er seinen festen Wohnsitz aufschlug. Noch heutiges Tages sieht man am Eriks-Fjord die Ueberreste von Eriks-Hause „Brattelid", d. i. Vertrauen auf den Abhang. Eine steile, gleichmäßige Felswand von 5—6 Ellen Höhe ist als Hinterwand benutzt (daher der Name) und die übrigen Mauern aus Steinen von 2—3 Ellen Länge, Breite und Dicke aufgeführt. Um seine Freunde zum Uebersiedeln von Jsland zu bewegen, nannte er das neue Land „Grönland" (Grünland); die aus jenen Zeiten vorhandenen Andeutungen über die Naturbeschaffenheit des Gebietes beweisen deutlich, daß Klima, Bodenbeschaffenheit und Pflanzenwuchs, Treibeis und die Ausdehnung des Binnenlandeises damals gerade so waren wie gegenwärtig.

Erik kehrte zwar nach Jsland zurück, mußte aber nach blutigem Kampfe mit seinen Feinden abermals weichen und in Grönland den Rest seines Lebens beschließen. Eine Anzahl seiner Freunde begleiteten ihn, andere folgten ihm nach. Die Erzählungen von den Abenteuern und Gefahren, welche die Grönlandfahrer damals auszustehen hatten, gaben denen der Neuzeit durchaus nichts nach. Zu den düstern Seiten, welche die Natur des Eismeeres und die Beschaffenheit des unwirthlichen Landes boten, gesellten sich noch die finstern Anschauungen der Heidenzeit, die von dem eben eingeführten Christenthum nur theilweise überwunden waren. Als Helge, einer jener Abenteurer, auf seiner Fahrt nach Grönland begriffen war, hatte er mit seinen Genossen, die noch meistens Heiden waren, durch widrige Winde, Stürme und Unwetter unsägliche Noth auszustehen, so daß die Schiffer, den schimpflichen Tod im Wasser fürchtend, bereits darüber beriethen: ob es nicht rathsamer sei, mit einander zu kämpfen, um ehrenhaft zu sterben und der Herrlichkeiten des andern Lebens gewiß zu sein. Helge räth dagegen zu christlichem Gebet, alsobald hellt sich der Himmel auf und vor ihnen liegt das „Land der Gletscher", Grönland.

Aus jener Zeit stammt auch die erste Nachricht einer Fahrt an die so schwer zugängliche Ostküste Grönlands. Thorgils, ein Freund Erik's, schiffte sich in Jsland mit Weib, Knechten und vielem Gut ein, um jenem zu folgen. Nachdem er den ganzen Sommer 998 durch widrige Winde auf dem Ocean herumgeworfen worden war, gerieth er im Oktober hoch nördlich an der Küste Ostgrönlands an den Strand. Sein Schiff zerschellte und nur das Boot ward gerettet. Aus Schiffsbretern und Steinen baut er eine große Winterhütte, in welcher sein Weib Thorey während des Winters von einem Sohne genas. Zu den gewöhnlichen Qualen des

Polarwinters gesellt sich noch die Noth, das kleine Kind zu ernähren. Die heidnischen Knechte führen zur Weihnachtszeit ihre Spiele zu Ehren der Götter auf, werden aber dabei von Raserei befallen und sterben größtentheils. Die übrigen werden durch Gespensterfurcht gequält, bis sie die Leichen der Gestorbenen verbrennen. Im Laufe des nächsten Sommers bleibt das Meer durch Eis verschlossen, jedoch gelingt es so viel Lebensmittel zu sammeln, daß man den zweiten Winter ebenfalls übersteht. Auch im nächsten Frühjahr weicht das Eis nicht. Thorey kränkelt und wird durch Ahnungen schwer geängstigt. Sie treibt Thorgils an, doch ein Entkommen aus dem fürchterlichen Lande zu versuchen; er steigt mit drei Knechten auf einen Berg, um auszuschauen, ob das Eis sich löse, während die andern Knechte mit dem Hausmeister fischen sollen. Bei seiner Rückkehr findet er die letztern mit dem treulosen Verwalter im Boote entflohen, sein Gut geraubt und das Weib ermordet. In seiner Verzweiflung: das kleine Kind zu retten, schneidet er sich selbst die Brustwarzen auf und läßt den Knaben am eignen Blute saugen, bis sich letzteres, so erzählt die Sage, allmälig in Milch umwandelt. Hierdurch ermuthigt, bauen die Verlassenen ein Boot nach Eskimo-Art, verproviantiren sich mit dem Fleische eines angetriebenen Thiercadavers, bei welcher Gelegenheit sie auch mit Eskimo, Skrälingern, die sie für gespenstische Unholde halten, zusammentreffen, und beginnen nun die beschwerliche Wanderung an der Küste entlang nach Süden. Unterwegs finden sie auch die entflohenen Knechte wieder und strafen den treulosen Mörder. Am Ende des dritten Jahres endlich gelangen sie in der Nähe des Kap Farwel zu einer normannischen Niederlassung und schließlich zu dem Wohnsitze Erik's.

Im Jahre 1034 ward Grönland dem Erzbisthum Adalbert's von Bremen zuertheilt; 1112 soll aber bereits ein Bischof Erik es von Island aus besucht haben. Im Jahre 1123 endlich wählte man sich einen eignen Bischof, den Priester Arnold; 18 Bischöfe werden als seine Nachfolger im Amte genannt, von denen manche freilich nie nach Grönland kamen.

In der Mitte des 13. Jahrhunderts verlor Grönland, sowie auch Island, seine Selbständigkeit und ward den nordischen Königen unterworfen. Der Verkehr ward schwächer, englische Freibeuter richteten im 15. Jahrhundert in den Niederlassungen arge Verwüstungen an und schließlich war doch das Land fast ganz verschollen. Als im 16. Jahrhundert John Davis die Küste Grönlands besuchte, waren die alten Ansiedler spurlos verschwunden; sie schienen theils ausgestorben zu sein, theils sich mit den Eskimo vermischt und deren Lebensweise angenommen zu haben.

Ums Jahr 1524 regte der Kanzler Erik Walkendorf den Plan an, mit Grönland wiederum Verbindungen anzuknüpfen, ward aber an der Ausführung desselben verhindert. Erst 1579 ging unter Friedrich's II. Regierung eine Expedition dorthin ab, deren Führer Allday war. Dieselbe konnte sich aber des Eises wegen dem Lande nicht nähern. Der erste Besuch, den die Dänen 1605 wirklich ausführten, endigte mit Menschenraub und Blutvergießen. Neue Expeditionen wurden angeregt durch die Sage, daß auf Grönland reiche Silbererze zu finden seien, hatten aber keinen Erfolg. Unter Leitung des Kanzlers Friis bildete sich

1636 in Dänemark schließlich die sogenannte grönländische Compagnie, die den Walfischfang und den Handel mit Grönland ins Auge faßte. Da die beschwerlichen Fahrten aber viele Täuschungen und wenig Gewinn brachten, schlief der Verkehr abermals ein, bis endlich es sich der Prediger Hans Egede zur Lebensaufgabe machte, Grönland zu christianisiren, und 1721 das erste Mal dorthin abging. Leider brachten die Europäer den Eskimo auch die Pocken mit und letztere richteten arge Verwüstungen an, so daß man die Zahl der Todten 1733 auf 2 bis 3000 veranschlagt. In der ganzen Umgegend von Godthaab sollen nur 8 Personen am Leben geblieben sein.

Der Handel mit Grönland ward von der dänischen Regierung anfänglich einem Privatmann, nachmals (1750) einer Gesellschaft überlassen, bis 1774 die Regierung denselben selbst übernahm. Man beförderte anfänglich besonders den Walfischfang, der gegenwärtig in dem Gebiet der Davisstraße nur noch wenig ergiebig ist. Aus dem Verkehr der Europäer mit den Grönländern sind für letztere sowol verderbliche als vortheilhafte Folgen entstanden. Außer den schon erwähnten pestartigen Epidemien, die zu mehreren Malen durch dänische Schiffe nach Grönland verschleppt wurden und unter der schwachen Bevölkerung in furchtbarem Grade wütheten, sind die Grönländer auch zu einigen Veränderungen in ihrer bisherigen Lebensweise veranlaßt worden, die sich nur verderblich zeigen. Der Walfischfang lockte eine Menge zerstreut wohnender Familien nach einigen wenigen Punkten, deren anderweitiger Jagdertrag ihnen nicht den erforderlichen Unterhalt gewährte. Ward ein Walfisch gefangen, so lebten Alle von dem Fleisch und den Eingeweiden eine Zeit lang im Ueberfluß; versagte aber das Jagdglück, so trat bei Mangel um so bitterer ein, dem die Dänen aus ihren Magazinen nur auf eine unzulängliche Weise abzuhelfen vermochten. Selbst die einzeln wohnenden Familien gewöhnten sich ferner Kaffee und Tabak als leidenschaftliche Bedürfnisse an und vertauschten oft genug den Speck und das Fleisch, das sie zu ihren Wintervorräthen so nöthig bedürfen, gegen die genannten Artikel. Auf der andern Seite lassen es sich besonders die auf Grönland wohnenden böhmisch-mährischen Brüder angelegen sein, die Gewohnheiten der Eskimo zu verbessern und sie besonders an mehr Reinlichkeit zu gewöhnen. Es ist auf Grönland ein Seminar eingerichtet worden, dessen Schüler Eskimo sind, die sich bei den Eingeborenen in Pension befinden. Besonders zeigen sich dieselben zu allen Sachen, welche Handgeschicklichkeit erfordern, sehr anstellig. Selbst die Literatur ist bis in jene eisigen Gebiete vorgedrungen.

In Godthaab ist 1859 eine kleine Buchdruckerei nebst einer lithographischen Presse eingerichtet worden und bereits ein Buch unter dem Titel „Kaladlit Okalluktualliait" veröffentlicht, das eine Sammlung Volkssagen in grönländischer und dänischer Sprache enthält. Dabei befindet sich auch ein Dutzend Illustrationen, von einem Grönländer selbst gezeichnet und in Holz geschnitten, und außerdem noch acht Gesänge mit Noten.

Aehnlich wie die Verhältnisse in Grönland sind, finden sie sich bei den sämmtlichen Eskimo auf den nordischen Inseln und an der Nordküste des Festlandes, nur daß hier der Einfluß anderer Nationen viel beschränkter ist. Ueber die Zahlenverhältnisse der Eskimo an dem östlichen Theile der Nordküste fehlen speziellere Angaben, — weite Strecken scheinen gänzlich ohne Bewohner zu sein.

Die Gesammtzahl der Eskimo im nordwestlichen Amerika beträgt schwerlich mehr als 2000 bis 2500 Seelen. Auf Point Barrow wohnten Ende 1853 309 Seelen, im nächsten Jahre jedoch nur 286. Auf Kap Smyth waren 40 Hütten mit 214 Bewohnern. Mit den benachbarten Indianern leben sie in Feindschaft, nur mit einer Abtheilung derselben, wahrscheinlich zum Stamme der Kutschin gehörig, treiben sie auf Herschel=Island Handel.

Ein Eskimodorf im Nordwesten (im russischen Gebiet) gleicht so ziemlich auch einem Grönländerdorfe. Es zeigt nichts von alle dem, was wir gewöhnlich bei einem Dorfe vermuthen, weder Straßen noch Brücken, weder einen Kirchthurm, noch freundliche Häuser, die zwischen dem dunkeln Grün von Baumpflanzungen hindurchschimmern. So wie der Sommer beginnt, verläßt auch der Eskimo seine unterirdische Winterwohnung, die maulwurfartige Höhle, die er durch seine Lampe und durch die eigne Körperwärme heizte. Sie sickert voll Schneewasser und wird zum Schlammloch, in dem das aufthauende Blut, sowie die Mengen sonstigen Vorraths, der in und um demselben sich aufhäufte, einen unerträglichen Gestank verbreiten. Knochen und Lappen von Fellen, zerbrochene Schlitten und anderer Schutt liegt umher, saftige Kräuter, welche stickstoffreichen Boden bevorzugen, wuchern üppig über die Fußtritte der Bewohner, während die letztern nach der Küste gezogen sind und dort unter leichter Zeltdecke ein Jägerleben führen.

Im westlichen Eskimolande waren bis zum Jahr 1850 einige Rüben, welche der Befehlshaber eines russischen Handelspostens in der Nähe des Fort St. Michael gesäet hatte, die einzigen kultivirten Pflanzen.

Im Hochsommer segeln von Asien aus jährlich 4 bis 5 Boote über die Behringsstraße über die Diomed=Inseln nach dem Kap Prince of Wales und unterhalten dort mit den Eingeborenen in der Nähe des Norton=Sundes und Port Clarence einen Tauschhandel, bei welchem Tanzvergnügen und Schmausereien die Einförmigkeit des Lebens unterbrechen. Die Asiaten bringen Kessel, Messer, Tabak, Glasperlen und Zinn zu Pfeifen als Zahlmittel gegen Pelze. Die Leute von Nunatak, d. h. die Bewohner des Binnenlandes, verbreiten die von den Russen erhaltenen Gegenstände durch Binnenhandel an der ganzen Nordküste entlang. Die Eskimo von Point Barrow gehen während des Sommers auf Booten und Schlitten bis nach der Harrison=Bai und treffen am Colville mit den östlichen Stämmen zusammen. Hier wiederholen sich mehrere Tage hindurch die Gelage, auf welche sich beide Parteien ein ganzes Jahr lang gefreut haben.

Im Süden schließen sich auf dem Festlande allenthalben Indianerstämme an die Eskimo an. Am untern Mackenzie sind die Kutschin=Indianer (Louchaur) die nächsten Nachbarn der Eskimo und zugleich deren erbitterte Feinde. Südlicher wohnen zahlreiche Stämme, die unter dem gemeinschaftlichen Namen der Tinnes zusammengefaßt werden. Die Hundsrippen= und Hasen=Indianer sind die bekanntesten von ihnen. Die Rothmesser=, Biber=, Straffbogen= und Schaf=Indianer gehören ebenfalls zu den Tinnes. Die Ebenen vom

Indianerstämme. Bewohner der Aleuten.   283

Saskatschewan bis zu den Sümpfen der Hudsonsbai werden von den Krihs oder Knistinoeur eingenommen und an diese schließen sich südlicher die Tschippe=wäer oder Sauteurs.

An der Westseite der Felsengebirge breiten sich andere Indianerstämme aus, unter denen die Flachkopf=Indianer (Tschinucks) am Columbia die bemerkenswerthesten sind. Nördlicher von diesen haben die Babines oder Dick=lippen ihren Sitz, während zwischen dem Columbia und der Nordgrenze der Vereinigten Staaten die Chualpay's wohnen.

Bewohner der Aleuten.

Der Volksstamm, welcher die mehrfach erwähnten Inseln der Aleuten inne hat, erinnert auffallend an die japanischen Ainos. Es ist ein von Natur heiteres, gutmüthiges Völkchen, das fast ausschließlich vom Fischfang lebt. Leider ist es durch die Herrschaft der Russen in drückende Leibeigenschaftsverhältnisse gerathen, die seinen Lebensmuth und seine Kraft gebrochen haben.

Jeder Aleute zwischen 18 und 50 Jahren ist der russischen Pelzgesellschaft zu einem dreijährigen Dienste verpflichtet; durch denselben wird er aber fast stets zum

Schuldner des Kaufherrn, der ihm eine Menge ehedem ungekannter Bedürfnisse angewöhnt, und die Schuldenlast steigert sich bei dem Wucherzins der Gläubiger wie eine Lawine, so daß er bald auf Abtragung derselben verzichten muß.

Zum Theil haben wir bei Gelegenheit der ersten Franklin'schen Reisen die genannten Völker besprochen, zum größern Theil versparen wir uns aber ein spezielleres Eingehen für den folgenden Band dieses „Buchs der Reisen", welcher die Indianer-Stämme Nordamerika's hauptsächlich behandeln wird.

Das Interesse Europa's und überhaupt der civilisirten Völker wird in neuerer Zeit durch das Zusammentreffen mehrfacher Umstände gerade auf jene nördlichen und westlichen Theile der neuen Welt gelenkt.

Es ist bekannt, daß das Privilegium der Hundsonsbai-Gesellschaft zu Ende läuft, und die Frage nach dem Schicksal jener großen Ländergebiete wird zur brennenden. Gleichzeitig lenken die aufgefundenen Goldschätze den Strom unternehmender Auswanderer nach dem Fraser-Fluß und seiner Umgebung, und die bereits erblühten Kolonien Kaliforniens sind es wiederum, welche durch ihren neu eröffneten Handel Japan als nächstem Nachbar die Hand reichen. Der Verkehr mit dem fernen Westen steigert sich von Tag zu Tag, und die Versuche, eine Passage im Norden zu finden, sind eigentlich noch nicht aufgegeben, sondern nur vom Wasser auf's Land und in etwas niedere Breiten verlegt worden.

Mehrfach sind in den neuesten Zeiten Expeditionen ausgesendet worden, um die Uebergänge über die Felsengebirge eingehender zu untersuchen. Sie werden uns in dem nächsten Bande dieses „Buchs der Reisen" besonders beschäftigen.

An die Bilder vom kalten hohen Norden schließen sich uns dann bunte mannichfaltig wechselnde und belebte Landschaften an: die blumenreiche Prairie mit Bisonherden und Waarenzügen, — der frische üppige Wald mit den Lagern der rothen Jäger, die Hochgebirge mit ihrem Metallreichthum. Von den Kämpfen und Mühseligkeiten der ersten Ansiedler beginnend, folgen wir der Entwickelung des Völkerlebens jener Länder bis zum regen Treiben der Gegenwart, und es gewährt uns ein besonderes Vergnügen, mitten in dem eigenthümlichen Völkergemisch, das sich an der Küste des Stillen Meeres entfaltet, die Fäden zu verfolgen, welche uns mit den Stammesgenossen im fernen Westen verknüpfen.

www.ingramcontent.com/pod-product-compliance
Lightning Source LLC
Chambersburg PA
CBHW022048230426
43672CB00008B/1103